시간과 윤리

존재론적 윤리학의 시도

이 저서는 2017년 정부(교육부)의 재원으로 한국연구재단의 지원을 받아 수행된 연구임(NRF-2017S1A6A4A01020770)
This work was supported by the National Research Foundation of Korea Grant funded by the Korean Government(NRF-2017S1A6A4A01020770)

시간과 윤리

존재론적 윤리학의 시도

한상연 지음

시간과 윤리

존재론적 윤리학의 시도

한상연 지음

펴낸이 | 이숙
펴낸곳 | 도서출판 서광사
출판등록일 | 1977. 6. 30.
출판등록번호 | 제 406-2006-000010호

(10881) 경기도 파주시 회동길 77-12 (문발동)
대표전화 (031) 955-4331 팩시밀리 (031) 955-4336
E-mail: phil6161@chol.com
http://www.seokwangsa.co.kr | http://www.seokwangsa.kr

제1판 제1쇄 펴낸날 — 2021년 5월 10일

ISBN 978-89-306-2119-9 93110

| 머리말 |

실존의 근원적 분열로서의 시간성과 영원

위대한 철학의 한계를 발견하는 정신은 영민하다. 그러나 그 한계를 빌미로 위대한 철학의 실패와 좌절을 논하는 정신은 오만하고 어리석다. '시간과 윤리'라는 제목의 이 책은 영민함과 어리석음 사이에서 위태롭게 줄타기를 하던 정신의 기록이다. 하이데거를 정점으로 하는 존재론적 사유가 그 특유의 한계로 인해 좌절할 위기에 처해 있다는 것을 드러내면서, 동시에 그 한계를 철저하게 존재론적으로 넘어서고자 하는 것이 필자가 이 책을 쓰게 된 동기이다.

존재론은 근원적으로 윤리학적이다. 존재론에서 인간 현존재의 존재가 이중의 가능근거로서 파악되어 있기 때문이다. 우선 현존재의 존재는 도구적 의미연관이 지배하는 일상성의 가능근거이다. 하지만 동시에 일상성의 한계를 넘어 존재의 본래적이고도 근원적 의미를 회복할 가능근거이기도 하다. 유감스럽게도 존재론의 윤리학적 성격은 아직까지 그 누구에 의해서도 온전히 파악된 적이 없다. 그 이유는 단순하고 분명하다. 현존재의 존재가 그 근원적 규범성과의 관계 속에서 올바로 해명되지 못했다.

존재론에 정통한 독자에게는 현존재의 존재의 근원적 규범성이라는 표현이 생뚱맞게 들리기 쉽다. 특히 고대 그리스의 윤리학은 근대 윤리학의 주류인 규범윤리학과 성격을 달리한다는 식의 통념적 견해에 비추어보면 더 그럴 것이다. 하이데거의 존재론은 근대의 철학보다 고대 그리스철학에 더 가깝지 않은가? 그러나 조금만 생각해보면 현존재의 존재가 근원적으로 규범적 성격을 지닐 수밖에 없다는 것을 곧 알 수 있다.

우선 현존재의 일상성 자체가 규범과 무관한 것일 수 없다. 하이데거는 『존재와 시간』에서 일상성 및 일상세계를 주로 도구적 의미연관의 관점에서 기술한다. 어떤 점에서 보면, 일상세계의 이런저런 규범들 역시 도구적 의미연관의 관점에서 해석될 수 있다. 일상적 규범이란 결국 일상세계를 위해 적합하고 유용한 존재로서 현존재의 존재를 한정하고자 하는 권력의 기제이기 때문이다. 그러나 규범으로 인해 현존재의 일상성은 규범에의 순응과 저항이라는 이중적 양상을 지니게 된다. 언뜻 생각해보면, 규범에 순응하는 현존재는 비본래적이고 일상적이지만, 저항하는 현존재는 본래적이고 비일상적이라고 판단하기 쉽다. 그러나 문제가 그리 단순하지는 않다. 저항 및 투쟁이란 결국, 그것이 일상세계에서의 삶을 위한 것이라는 점에서 보면, 일상적 존재방식의 하나일 뿐이다. 나는 무엇을 위해 규범에 순응하거나, 반대로 저항하는가? 통념적으로 말하자면, 나를 위해서이다. 그러나 이러한 대답은 존재론적으로 온당하지 못하다. 현존재는 타자와의 실존론적 관계 속에서 존재하는 존재자이기에, '나를 위해서'라는 말은 존재론적으로 자신과 타자의 실존론적 관계의 성격 규정을 위해 마음 씀이라는 의미로 해석되어야 한다. 나의 저항과 투쟁이 일상세계에서의 현존을 위한 것인 경우, 저항하고 투쟁하는 나는 여전히 철저하게 일상적인 존재자로 남을 뿐이다. 흔히 역사란 저항과 투쟁을 통해 만들어지는 것이라는 식으로 말한다. 하지만 통념적 의미의 역사란 자신과 타자 사이의 실존론적 관계의 성격을 일상적인 방식으로 새롭게 규정하고자 하는 저항과 투쟁의 일환일 뿐이다. 이 점에서는 자유나 평등, 인권 같은 특정한 이념을 위한 저항과 투쟁 역시 마찬가지이다. 존재론적 진실 가운데 하나는 존재란 결코 어떤 이념적 가치로 환원될 수 없는 것이라는 것이다. 이념을 위한 투쟁이란 결국 삶에 이로운 것으로 상정된 가치를 위한 투쟁과 같은 것이고, 그런 한에서 자신과 타자 사이의 실존론적 관계의 성격을 일상적인 방식으로 규정하고자 하는 투쟁 이상도 이하도 아니다.

원론적으로 말하자면, 규범에 대한 저항과 투쟁은 오직 일상적인 자기를 자기-아님으로서 부정할 수 있는 현존재의 가능성을 통해서만 존재의 본래적이고도 근원적 의미를 회복하기 위한 것으로서의 성격을 지닐 수 있다. 그러나 이러한 진실은 현존재의 본래성이, 하이데거가 죽음의 선구성 및 불안 개념을 통해 설명한 것과 달리, 단순히 세계와의 근원적 무-연관성을 통해서만 규정될 수 있는 것이 아님을 드러낸다. 이 말은 현존재의 존재를 그 근원적 규범성의 관점에서 고찰하는 경우 현존재의 존재가 세계와 근원적으로 무-연관적인 것으로서 파악되어야 한다는 존재론적 명제가 부정되어야 한다는 것을 뜻하지 않는다. 그러나 저항과 투쟁이 일어나는 곳은 결국 일상세계이다. 나는 일상세계를 지배하는 규범에 저항해야 할 뿐 아니라, 적어도 나의 저항과 투쟁이 일상적인 자기를 자기-아님으로서 부정할 존재론적 가능성의 실현을 위한 것인 한에서, 내가 그 안에서 저항하고 투쟁할 곳으로서의 일상세계를 규범적 의미연관으로부터 자유롭게 하고자 마음써야 한다. 현존재의 존재란, 그 근원적 규범성의 관점에서 보면, 근원적으로 규범적인 일상세계를 규범과 무-연관적인 것으로 전환하고자 하는 역설과 모순에 의해 특징지어져야 하는 것이라는 뜻이다.

하이데거에 따르면, 현존재의 존재의 존재론적 의미는 시간성이다. 현존재의 존재가 근원적으로 규범적이라는 점에서 보면, 시간성은 실존의 근원적 분열의 드러남으로 파악되는 경우에만 그 의미가 온전히 해명될 수 있다. 실존의 분열은 현존재의 일상적이고 비본래적인 존재방식과 죽음의 선구성 및 불안이 일깨우는 본래성에의 결단을 통해서만 설명될 수 있는 것이 아니다. 일상적 존재자로서의 자기를 자기-아님으로 부정하는 순간마다 현존재의 존재는 저항의 가능성 속에서 드러나는 본래적 자기 존재의 역설과 모순에 부딪히게 된다. 근원적으로 규범적인 존재자로서의 현존재는 자신의 본래성을 자각하는 경우 자신의 존재를 규범이 지배하는 일상세계와 무-연관적인 것으로 규정하도록 할 존재론적 가능성을 발견하고 또 실현하기 위해 마음 써야 한다. 그러나 다른 한편 현존재는 역설적이게도 이러한 가능성의 실현을 위해 철저하게 일상적인 존재자가 되기를 지향해야 한다. 규범과 무-연관적인 것이 되어야 하는 것은, 일상성이 현존재의 근원적 존재방식의 하나라는 점에서, 바로 일상세계이다. 오직 일상세계가 규범과 무-연관적인 것이 되는 한에서만 규범에 대한 현존재의 저항과 투쟁은 마무리될 수 있는 것이다.

필자는 실존의 근원적 분열로서의 시간성이란 현존재의 존재를 영원성을 향한 존재기획으로서 드러내는 것이라고 본다. 이 책은 이러한 생각에 대한 존재론적 논증의 기록이다. 물론 시간적인 존재자로서 현존재가 그리로 향해 나아갈 영원성이란 결코 무시간성이나 무한한 양으로서의 시간 등과 같은 것을 뜻하는 말일 수 없다. 존재론적으로 영원성이란 그 자체로 현존재의 존재의 근원적 역설과 모순을 드러내는 말이다. 오직 개별화되지 않고 파편화되지 않은 존재자의 존재만이 영원성으로서의 존재의미를 지닐 수 있다. 즉 현존재가 영원성을 향한 존재기획으로서 파악되어야 한다는 말은 현존재가 자신의 존재를 존재의 근원적 전체성의 개별화된 서술과 표현으로 이해할 가능성의 존재자라는 것을, 그리고 바로 이러한 존재자로서 존재의 근원적 전체성의 회복을 자신의 존재론적 의무로서 자각할 수밖에 없는 존재자라는 것을, 뜻한다.

광의의 존재론은 철학 자체이다. 철학이란 본래 존재론으로서의 성격을 지니는 것이라는 뜻이다. 이 책에서는 하이데거, 슐라이어마허, 사르트르의 철학이 주로 다루어졌다. 필자는 하이데거, 사르트르, 슐라이어마허의 철학이 모두 현상학적 존재론으로 규정될 수 있다고 본다. 이와 관련된 논증들은 필자가 지금까지 여러 저술들을 통해 제시한 바 있다. 관심 있는 독자들의 일독을 바란다. 물론 이 책에서도 이와 관련된 논증들이 다양한 방식으로 제시될 것이다.

하이데거와 사르트르의 철학은 후설과 칸트로부터 매우 커다란 영향을 받으며 형성되었다. 현대 해석학의 창시자이기도 한 슐라이어마허의 철학은 칸트 철학에 대한 비판적 성찰을 통해 현상학적 존재론으로서의 성격을 지니게 되었다고 볼 수 있다. 존재론적 관점에서 시간과 윤리의 관계의 문제를 다루는 이 책에서 후설과 칸트의 철학이 적지 않은 비중을 차지하는 이유이다.

이 책의 출판에 도움을 준 모든 분께 감사의 마음을 드린다. 서광사는 한국의 철학도에게 매우 각별한 의미가 있는 출판사이다. 이익만을 추구하지 않고 철학의 발전을 위해 오래전부터 늘 최선을 다해온 흔치 않은 출판사이기 때문이다. 이 책의 출판이 서광사에게 좋은 일이 되기를 바란다.

| 차례 |

서론

인간 현존재의 근원적 존재방식으로서의 시간과 윤리

이 책의 목적은 현상학적·존재론적 시간 개념에 대한 분석과 이해를 바탕으로 존재론적 윤리학을 체계적으로 정초할 가능성을 밝히는 것이다. 그 중심에는 하이데거, 후설, 칸트, 슐라이어마허, 사르트르가 있다. 슐라이어마허가 사르트르와 하이데거를 잇는 가교 역할을 하게 될 것이다. 또한 사르트르에 대한 비판적 연구가 칸트, 후설, 하이데거 사이의 철학적 관계를 밝히는 데 도움을 줄 중요한 관점들을 제공하게 될 것이다.

하이데거에 대해 비판적인 사상가들은 하이데거의 철학이 본질적으로 비윤리적이라거나 심지어 반윤리적이라고 여기는 경우가 많다. 아마 이러한 문제제기에 대한 반응은 크게 세 가지로 나뉠 수 있을 것이다. 첫째, 하이데거의 철학이 윤리에 대해 실제로 적대적이라고 대답하는 것이다. 둘째, 이러한 견해는 편견에 지나지 않는다고 대답하는 것이다. 이 경우 하이데거의 철학은 그 자체로 윤리적이거나 윤리적이 될 가능성을 지니고 있다고 상정된다. 셋째, 하이데거의 철학은 윤리와 본래 무관하다고 대답하는 것이다. 즉, 하이데거의 철학은 윤리에 특별히 호의적이지도 않고 적대적이지도 않다고 주장하는 것이다.

우선 첫 번째와 세 번째 입장을 다룬 뒤 두 번째 입장에 관해 생각해 보기로 하자. 첫 번째와 세 번째 입장은 일견 하이데거 철학과 윤리의 관계를 각각 다르게 해석하는 것처럼 보이기 쉽다. 그러나 양자는 윤리에 관한 동일한 관점에서 출발한다. 절대적이고 올바른 윤리적 판단의 기준이 존재한다는 입장이 그것이다.

절대주의적 윤리관과 존재론

이 세 가지 견해들은 윤리를 어떻게 이해하는가에 따라 그 타당성 여부가 각각 달라질 수 있다. 만약 윤리를 선악을 가르는 절대적이고 보편타당한 기준에 의거해 삶을 꾸려 나가야 할 인간의 의무를 표현하는 말로 이해하는 경우 하이데거의 존재론은 비윤리적이거나 반윤리적인 철학으로 이해될 수 있다. 이와 달리 윤리의 역사성과 상대성을 긍정하는 경우 하이데거의 철학은 그 자체로 윤리적이거나 이런저런 윤리관 형성의 근거로 판단될 수 있다.

첫 번째 입장은 암묵적으로 절대성과 보편타당성에 근거해 있는 것으로 상정되는, 그리고 바로 그러한 의미에서 절대주의적이라 지칭될 수 있는, 윤리를 전제할 수밖에 없다. 윤리적 기준이 각자의 사상적 입장이나 가치관에 따라 상이할 수 있음을 전제하는 경우 특정한 사상에 대해 반윤리적이라고 비난하기는 어렵기 때문이다. 설령 역사적·문화적 문맥에 따라 윤리 기준이 상이할 수 있음을 인정하더라도 사정은 마찬가지이다. 특정한 사상에 대한 윤리적 비판은 이미 그 자체로 윤리의 절대성에 대한 신념의 표현이기 때문이다. 윤리적 비판은 어떤 경우에도 넘어서는 안 될 어떤 윤리적 선이 있음을 전제하기 마련이다. 예컨대 나라마다 시대마다 윤리적 규범은 다를 수 있지만 이기적인 목적으로 살상하는 것은 언제나 윤리적으로 비난받을 일이라고 생각하는 경우를 생각해보자. 이 경우 윤리의 절대성은 긍정적인(positive) 방식 대신 부정적인(negative)인 방식으로 제기된다. 반드시 해야 할 윤리적 의무를 긍정하는 방식으로 절대적 기준을 제시하는 대신 특정한 행위를 어떤 상황에서도 하지 말아야 할 행위로 간주하고 부정하는 방식으로 절대적 기준을 제시한다는 뜻이다. 절대주의적 윤리는 선과 악을 가르는 기준의 실재성에 대한 형이상학적 믿음을 전제로 하고 있으며, 서구에서는 전통적으로 절대자로서의 신 개념에서 출발하는 철학과 신학이 대체로 이러한 경향을 대변해왔다.

물론 하이데거의 존재론이 절대주의적 윤리에 반드시 적대적이라고 단정할 필요는 없다. 원한다면 하이데거의 존재론과 전통 철학의 윤리 개념을 조화시키려 시도해볼 수도 있다. 하이데거에게 존재론이란 존재의 의미에 대한 철학적 물음을 뜻할 뿐으로, 특정한 개념의 옳고 그름을 따지고 또 확정 짓는 것은 존재론의 과제가 아니기 때문이다.

그러나 선악을 가르는 절대적이고 보편타당한 기준을 전제하는 윤리 개념에는 이미 이러한 기준의 존재를 의문시하는 모든 철학적 경향들을 반윤리적인 것으로 돌려버리게 하는 억압적 사유가 내재되어 있기 마련이다. 여기서 억압적 사유란 아예 의문을 허용하지 않는 사유를 뜻하지 않는다. 사유란 그 자체로 의문에서 출발하는 것일 수밖에 없기 때문이다. 그것은 다만 의문의 해소를 자명한 것으로서 전제하게 만드는 사유를 뜻한다. 의문을 품되, 의문에 대한 아직 발견되지 않은 해결책이 발견될 것으로서 미리 전제되는 사유가 억압적 사유라는 뜻이다. 이러한 사유는 통상 믿음이 강하고 집착적인 경우에 나타난다.

신의 존재에 대한 믿음에 집착할 때, 이러한 믿음을 바탕으로 선과 악을 가르는 절대적이고 보편타당한 기준이 반드시 있으리라고 생각하게 될 때, 이러한 생각에 반하는 모든 현상과 경험은 오직 믿음을 더욱 굳건하게 하려는 일종의 시험 같은 것으로만 파악된다. 어떤 의미에서 우리가 품고 있는 모든 종류의 믿음은 다소간 억압적 사유의 근거로 작용하기 마련이다. 그러므로 사유란 원래 믿음에 대한 철저하고도 근본적인 반항으로서만 온전할 수 있다. 그런 점에서 선악을 가르는 절대적이고도 보편타당한 기준이 존재한다는 믿음은, 그것이 편견 없는 정신에 의해 철저하고도 수미일관하게 진행된 사유에 근거해 있지 않는 한에서, 이미 그 자체로 반사유적이다.

하이데거의 철학이 윤리와 본래 무관하다는 세 번째 입장 역시 암묵적으로 절대적이고 보편타당한 윤리 개념을 전제한다. 하이데거의 철학은 세계-안에-있는 인간 현존재의 존재방식에 대한 존재론적 기술이기도 한 바, 이러한 기술의 근저에 깔린 철학적 입장과 관점은 윤리적 함의를 지닐 수밖에 없기 때문이다. 달리 말해 하이데거의 철학이 윤리와 본래 무관한 것이라는 입장은 하이데거의 존재론이 함축하고 있는 인간 현존재의 근원적 윤리성에 대한 부정이 아니라 현존재의 윤리성에 대한 존재론적 기술이 특정한 유형의 윤리관으로 이어질 논리적 필연성에 대한 부정이다. 물론 이 말은 하이데거의 존재론에 근거해서 서로 상이한, 심지어 양립 불가능하기까지 한, 윤리적 관점들이 생겨날 수 있음을 함축한다. 그렇기에 하이데거의 철학이 윤리와 본래 무관하다는 생각은 원래 하이데거의 철학이 특정한 유형의 윤리관의 절대화로 이어질 수 없다는 생각의 불건전한 표현에 지나지 않는다. 논리적으로만 보면 이러한 생각은 존재론적으로 상대주의도 절대주의도 절대화될 수 없다는 것을 함축한다. 그러나 상대주의도 절대주의도 절대화될 수 없다는 생각은 그 자체로 이미 상대주의적이다. 윤리적 상대주의의 절대화는, 그 철저하고도 수미일관한 적용에서는, '모든 행위가 허용될 수 있다'는 입장으로 이어지기 마련이고, 그런 점에서 윤리에는 본디 어떤 현실적 근거도 있을 수 없음을 전제하는 일종의 절대주의적 윤리부정이다. 즉, 윤리적 상대주의의 절대화는 실은 – 절대주의적 윤리관과 정 반대의 관점에서 이루어지는 – 상대주의적 윤리관의 부정인 것이다. 바로 그렇기에 하이데거의 철학이 윤리와 무관하다는 생각은 하이데거의 철학이 윤리에 대한 상대주의적 관점을 증진시키는 결과로 이어질 수밖에 없다는 진단이기도 하다.

그런데 이러한 생각은 과연 온당한 것일까? 하이데거의 철학이 상대주의적 윤리관을 증진시키게 되리라는 생각은 하이데거의 존재론이 절대주의적 윤리관에 대한 비판을 함축하고 있음을 전제한다. 바로 그런 점에서 하이데거의 철학은, 비록 하이데거 본인은 특정한 유형의 윤리관을 합리화하지 않는다고 하더라도, 결국 윤리에 대해 가치중립적일 수 없다. 절대주의적 윤리의 관점에서 보면 하이데거의 철학은 그 자체로 반윤리적이라는 결론이 도출될 수 있기 때문이다.

사실 이러한 입장에 대해서는, 절대주의적 윤리관이 윤리에 대한 상이한 입장들을 가르는 기준으로 작용하는 한에서는, 논박의 여지가 있을 수 없다. 절대적이고 보편타당한 윤리란 그 자신에 반하는 모든 윤리 개념을 반윤리적인 것으로서 이미 전제하는 개념이기 때문이다. 그것은 마치 흰색만이 올바르고 깨끗한 색이라고 정의해놓고 나면 자동적으로 나머지 모든 색이 다 올바르지 못한 더러운 색으로 정의 내려지게 되는 것과 마찬가지이다. 흰색이 아니라 다른 색도 올바르고 깨끗한 색일 수 있다는 생각이 상대주의적이라고, 더 나아가 바로 그런 이유로 반윤리적이라고, 낙인이 찍힐 수 있는 가능성은 오직 흰색 절대주의에 의해 인위적으로 조성될 뿐이다. 즉, 상대주의란 절대주의에 기생하는 그 파생물에 불과하다.

결론부터 말하자면, 하이데거의 존재론이 실제로 상대주의적 윤리관을 증진시키는 방향으로 작용한다고 간주할 필요는 없다. 하이데거의 존재론이 기술하는 현존재의 근원적 윤리성은 절대주의와 상대주의의 이분법적 도식을 넘어서는 것이기 때문이다. 흰색만이 올바르고 깨끗한 색이라는 것을 전제로 하면 어떤 논리를 대도 흰색이 아닌 나머지 모든 색은 다 올바르지 못하고 더러운 색이라는 결론이 나올 수밖에 없다. 따라서 흰색 절대주의를 논박하려면 흰색 절대주의의 근거가 되는 전제, 즉 흰색만이 올바르고 깨끗한 색이라는 전제나 어떤 절대적인 색이 있을 수 있다는 전제를 아예 받아들이지 않아야 한다. 마찬가지로 상대주의의 함정에 빠지지 않으면서 절대주의적 윤리관을 논박하려면 절대주의적이지 않으면서 동시에 상대주의적이지도 않은 윤리가 가능하다는 식으로 논하려 해서는 안 된다. 절대주의적 윤리관을 전제하는 한, 절대주의적이지 않은 모든 윤리는 상대주의적인 것으로서 미리 파악되어 있기 때문이다. 달리 말해 절대주의적 윤리관에 대한 유일하게 가능한 논박은 절대적이고 보편타당한 윤리라는 개념의 유의미성을 아예 받아들이지 않는 경우에만 발견될 수 있다. 절대성의 이념을 전제하는 경우 절대적이지 않은 모든 것은 다 상대적이라는 귀결을 피할 수 없기 때문이다.

아마 혹자는 이렇게 되물을 것이다. 어떻게 보편타당한 윤리 개념의 유의미성을 받아들이지 않으면서 상대주의적이지 않을 수 있을까? 절대적이고 보편타당한 기준을 전제로 하지 않는 모든 윤리는 이미 그 자체로 상대주의적이지 않은가? 절대성의 이념을 받아들이지 않는 것은 그 자체로 이미 상대주의적 신념의 표현이 아닌가? 불행하게도 철학의 역사는 이러한 단순논리로 인해 생겨나는 갖가지 혼란으로 가득 차 있다. 만약 절대성의 기준이 형식적 행위의 수미일관성에 있다면 현실적으로 절대성의 기준을 발견할 가능성은 전무하다. 살인을 금하는 윤리적 계명에 대해 생각해보자. 누군가는 '살인하지 말라'는 계명의 절대성을 지키기 위해 어떤 경우에도 무기 들기를 거부할 수도 있지만 다른 누군가에게는 이러한 입장 자체가 살인에 대한 암묵적 동조일 수 있다. 예컨대 이웃이 무장한 강도에 의해 살해당하지 않도록 함께 싸우는 대신 그냥 내버려두는 경우가 그러하다. 각자는 자신의 입장을 변호하기 위해 천 가지 만 가지 논리를 댈 수 있지만 '살인하지 말라'는 계명의 절대성이 구체적인 삶의 상황 속에서 어떻게 해석되어야 하는지 모두가 납득할 수 있게 밝혀주는 논리는 발견될 수 없다. 윤리적 절대성의 기준을 정신 및 마음의 순수성에서 발견하려 해도 결과는 마찬가지이다. 만약 누군가 '순수한' 애국심의 발로로 파쇼적인 조국을 지키기 위해 자발적으로 참전하는 경우, 그리고 그의 행위로 인해 무수한 사람들이 사상되는 경우, 그의 마음의 '순수함'은 그가 윤리적으로 올바른 인간이라는 것을 보증해주는가? 설령 누군가 보편적 인류애를 발휘하려는 '순수한' 마음으로 평화주의적 입장을 견지하는 경우라도 의문은 사라지지 않는다. 만약 제국주의적 침략에 맞서 식민지의 국민들이 무장투쟁을 전개하는 경우 그는 이러한 무장투쟁을 평화를 사랑하는 '순수한' 마음으로 비난해야 하는가? 물론 그는 점잖게 양비론을 펼칠 수도 있고, 심지어 최악을 막기 위해 차악을 선택한다는 마음으로 식민지 국민들의 무장투쟁을 적극적으로 지지할 수도 있다. 그는 언제나 소위 '순수한' 마음으로 생각하고 행동하려 한다. 하지만 그 마음의 바탕에는 그로 하여금 이런저런 생각과 행동을 선택하게 하는 사상과 가치관, 신념이 언제나 이미 깔려 있기 마련이다. 즉, 구체적 삶의 현실 속에서 소위 '순수한' 마음이란 허명에 불과하다. 그것은 기껏해야 자신이 옳다고 생각하는 대로 행동하려는, 그리고 그런 점에서 실질적으로는 상대주의적 윤리관을 전혀 배제하지 못하는, 마음의 결의를 뜻할 뿐이다. 하이데거 식으로 표현하면 인간 현존재는 언제나 이미 세계 안에 내던져져 있는 존재자이고, 이는 우리의 마음과 정신이 세계를 지배하는 이런저런 유의미성 맥락과 무관한 것일 수 없음을 뜻한다.

그런데 우리의 마음과 정신이 유의미성 맥락과 언제나 이미 관계를 맺고 있다는 것을 분명히 해두면 통념적 의미의 절대주의적 윤리란 실은 근원적으로 상대적인 윤리판단의 준거들 중 하나에 대한 편파적이고 오용된 절대화에 지나지 않는다는 점을 헤아릴 수 있게 된다. 윤리적 타당성의 기준을 형식적 행위의 수미일관성에 두든 마음의 순수함에 두든 결과는 달라지지 않는다. 행위뿐 아니라 마음까지도 결국 각 개인의 성향과 가치관에 따라 제각각 다르게 발현될 것이기 때문이다. 제각각 다르게 발현되는 행위와 마음이 윤리적 판단 기준의 보편타당함에 대한 증거일 수 없음은 물론이다.

절대주의적 윤리관을 받아들이지 않는 모든 사상이 다 상대주의적이라는 생각은 앞서 말한 '근원적으로 상대적인 윤리판단'의 상대성을 절대성으로부터 파생하는 개념처럼 오인함으로써 생겨나는 오류추론의 결과에 지나지 않는다. 설령 신과도 같이 절대적이고 보편타당한 윤리적 판단 기준의 근거가 되어줄 존재자가 존재한다고 전제하더라도 우리의 마음과 정신이 세계를 지배하는 이런저런 유의미성 맥락과 언제나 이미 관계를 맺고 있다는 사실이 바뀌는 것은 아니다. 복수의 현존재가 자신이 처한 구체적인 상황 속에서 최대한 윤리적으로 되려고 애를 써도 각각의 현존재가 드러내는 윤리성의 형식과 내용은 제각각 다를 수밖에 없다. 우리가 관계하는 유의미성 맥락이, 그리고 심지어 각자 유의미성 맥락과 맺는 관계의 방식 자체마저도, 다원적이고 중층적이기 때문이다.

이러한 상대성은 결코 절대성으로부터 파생하는 개념일 수 없다. 존재론적으로 보면 각자는 그저 그 자신이 처해 있는 상황 속에서 그 자신에게 가장 알맞은 방식으로 최대한 훌륭해지기 위해 노력할 수 있을 뿐이다. 즉, 존재론적으로 현존재는 그 자신이 처해 있는 실존적 상황 속에서 그가 실현할 수 있는 최대한의 존재가 되도록 청유되고 있다. 이러한 청유를 받아들이는 자에게 청유 자체는 언제나 절대적이고 유일무이하다. 그가 청유를 받아들이는 방식은 타자와 다르고, 그런 점에서 오직 상대적일 수 있을 뿐이다. 그러나 그는 언제나 절대적인 윤리적 청유와 명령 속에서 거주하는 자이다. 그 자신의 존재가 그 자체로서 이미 유일무이한 고유성에 의해 특징지어지기에 그는 오직 자기 자신에게만 허용되는 유일무이한 방식으로 자신이 실현할 수 있는 최대한의 존재가 되어야 한다.

시간, 윤리 그리고 자기의식의 존재론적 관계

억압적 사유로부터 벗어나려는 자에게 하이데거의 존재론과 윤리의 관계에 대한 온당한 입장은 두 번째뿐이다. 즉, 하이데거의 존재론이 비윤리적이거나 심지어 반윤리적이라고 여기는 것은 편견에 지나지 않는다는 뜻이다. 여기서 편견이란 윤리 및 존재의 의미에 대한 형이상학적 선견으로부터 출발하는 모든 철학적 입장을 포괄하는 말이다. 절대주의적 윤리 및 그 파생 개념으로서의 상대주의적 윤리는 윤리에 대한 철저하고도 수미일관한 사유를 방해할 뿐이다. 경험과 현상을 통해 증명될 수 없으면서도 당연한 것으로 상정된 전제—예컨대 신과도 같이 절대적 판단 기준의 근거가 되어주는 어떤 존재자가 존재한다는 식의—에 대한 믿음과 집착이 사유할 자유를 억압하기 때문이다.

사실 하이데거의 존재론이 그 자체로 윤리적 성격을 지니고 있음은

"시간성이 현존재의 근원적 존재의미를 이룬다"[1]는 『존재와 시간』의 유명한 명제에 이미 잘 나타나 있다. 시간성의 독일어 원어는 'Zeitlichkeit' 이며, 『존재와 시간』에 따르면 "시간성은 있어오며-현재화하는 도래로서 스스로 시간화한다."[2] 주의할 점은, '시간화한다' 에 해당하는 독일어 원어 'zeitigen' 이 '산출하다', '끄집어내다', '내보이다' 등의 뜻을 가지고 있다는 것이다. '시간성이 현존재의 근원적 존재의미를 이룬다' 는 명제와 '시간성이 스스로 시간화한다' 는 하이데거의

1 M. Heidegger, *Sein und Zeit*, Tübingen 1993, 235.

2 Ibid., 350. 이기상의 번역본에는 똑같은 문장이 "시간성은 기재하는-현재화하는 도래로서 시간화된다"로 번역되어 있다. (마르틴 하이데거, 『존재와 시간』, 이기상 옮김, 까치, 2007, 461-462) 별 무리 없는 번역이다. 그러나 이 글에서는 두 가지 이유로 달리 번역하게 되었다. 첫째, '기재' 는 자칫 그 독일어 원어인 'gewesend' 가 시간적으로 과거에 속한 어떤 것의 존재를 표현하는 말인 것처럼 오인하게 할 수 있다. 거칠게 말해, 'gewesend' 란 현존재가 세계 속에 피투된 존재자의 존재로서 자신의 존재를 넘겨받고 있다는 것과 현존재의 피투성이 현존재의 존재를 근원적으로 구성하고 있음을 표현하는 말이다. 필자는 이러한 'gewesend' 의 의미에 '기재' 라는 한자어보다 '있어옴' 이라는 한글 표현이 더 잘 어울린다고 생각한다. 'gewesend' 란 현존재의 존재를 구성하는 것으로 - 단순히 과거에 이미 존재하게 된 것으로 그치는 것이 아니라 현존재의 존재의 가능근거로서 지속적으로 작용하며 - 있어오면서 현존재의 지금과 도래할 미래를 근원적으로 열어내는 것이기 때문이다. 게다가 이렇게 번역하면 'gewesend' 가 '있음' 을 뜻하는 'sein' 과 연관된 말이라는 것이 더욱 선명하게 드러나게 될 것이다. '시간성은 … 시간화된다' 는 이기상 번역본의 문장은 'Die Zeitigkeit zeitigt sich' 를 번역한 것으로서, 문법적으로 보면 올바르다. 필자 역시 재귀적 표현을 대체로 수동태 문장으로 번역하는 편이다. 그러나 이러한 수동태 문장은 자칫 존재론적 의미의 시간성이 어떤 외적인 것에 의해서 시간화되는 것이라는 선입견을 불러일으키기 쉽다. 그러나 하이데거의 존재론에서 시간성이란 고대 그리스의 퓌시스 개념에 상응하는 개념으로서, 퓌시스가 스스로 그 자신을 이루고 또 드러내듯, 스스로 시간화하는 존재의 근원적 의미를 표현하는 말이다. 바로 이러한 이유로 필자는 '시간성은 … 시간화된다' 라는 번역 대신 '시간성은 … 스스로 시간화한다' 는 번역을 선택하게 되었다.

주장은, 그것이 현존재의 실존적 존재구조와의 관계 속에서 제시되는 한에서, 그 자신을 역사적 존재자로서 산출하고 또 드러낼 수 있는 현존재의 근원적 존재방식을 지칭하는 말로 이해되어야 한다는 뜻이다.

그렇다면 자신의 존재를 역사적 존재자의 존재로서 산출하고 또 드러낼 수 있는 현존재의 근원적 존재방식을 가능하게 하는 것은 과연 무엇일까? 전통 철학적으로 보면 그것은 분명 자기의식이다. 물론 하이데거는 현존재를 자기의식이라는 말로 설명하지 않는다. 그 이유는 무엇보다도 우선 자기의식이라는 용어 자체가 세계와 분리될 수 있는 순수한 주체로서의 의식을 암시하기 쉽기 때문이다. 현존재가 언제나 이미 세계 속에 피투된 존재자인 한에서, 그리고 그러한 존재자로서 현존재가 자신의 피투성을 지금 여기의 현재와 도래할 미래의 근원적 가능근거로서 지니는 한에서, 세계와 분리된 순수의식 같은 것은 현존재의 구체적 삶의 경험과 현상에서 발견될 수 없다. 현존재의 의식은, 의식하는 활동의 관점에서 고찰되든 이러한 의식의 활동에 의해 대상화된 의식의 관점에서 고찰되든, 언제나 이미 세계화되어 있기 마련이다. 활동하는 의식도 언제나 이미 세계화된 그러한 의식으로서 활동할 수 있을 뿐이고, 그러한 의식에 의해 대상화된 의식도 언제나 이미 세계화된 그러한 의식으로만 대상화될 수 있다. 그러나 전통 철학적 개념으로서의 자기의식이 세계와 분리된 순수한 주체로서의 의식을 암시하기 쉽다는 것을 빌미로 자기의식이라는 개념 자체가 불합리하고 잘못된 것이라고 단정 지을 필요는 없을 것이다. 우리가 자기 자신을 의식하며, 즉 자기의식을 지니고서, 살아간다는 것은 이론의 여지가 있을 수 없는 분명한 사실이기 때문이다.

전통 철학적 개념으로서의 자기의식이 순수 주체라는 형이상학적 망념을 암시한다는 점을 못마땅하게 여기는 사람이 취할 수 있는 태도는 두 가지이다. 하나는 자기의식이 존재함을 긍정하면서 동시에 자기의식에 대한 철학적 분석을 바탕으로 세계와 분리된 순수한 주체로서의 의식이란 불가능한 것임을 밝히는 것이다. 본문에서 상세하게 다루게 되겠지만 슐라이어마허와 사르트르가 그 대표적인 경우이다. 또 다른 하나는 자기의식이라는 말을 자기의식의 현상과 잇닿아 있는 다른 용어로 대체하거나 우회적으로 설명하는 방식이다. 하이데거가 그 대표적인 경우이다.

하이데거에 따르면 "현존재의 존재에는 자기해석이 속한다."[3] 이러한 주장은 분명 '자기 자신과 의식적 관계를 맺음이 현존재의 근원적 존재방식에 속한다'는 존재론적 진실의 우회적 표현이다. 물론 존재론적으로 의식이란 세계와 구분될 수 있는 별도의 영역으로서 파악될 수 있는 것이 아니다. 그러나 자기해석이란 분명, 전통 철학적으로 풀어 말하는 경우, 자기와의 의식적 관계를 표현한다. 해석이란 오직 의식을 지닌, 혹은 의식으로서 존재하는, 특별한 존재자만이 할 수 있는 것이기 때문이다. 따라서 '현존재의 존재에 자기해석이 속한다'는 말은 원래 '언제나 이미 세계화된 존재자로서의 현존재의 존재에 언제나 이미 세계화되어 있는 자기의 존재에 대한, 그리고 그 자체로 언제나 이미 세계화되어 있는 것으로서 존재하는, 의식과 이해가 속한다'는 것을 뜻한다. 여기서 현존재 및 현존재의 존재와 의식을 분리해서 '현존재의 존재에 의식이 속한다'라고 표현한 것은 현존재의 존재가 의식으로 환원될 수 없는 것이기 때문이다. 존재론적으로 '의식에 의한 해석과 이해'라는 전통 철학적 표현은 '순수 주체로서의 의식에 의한 해석과 이해'를 뜻하는 것이 아니라 현존재의 존재의 피투성이 이런저런 해석과 이해를 수행하는 현존재의 의식의 근원적 가능근거의 하나임을 뜻한다. 한마디로, 현존재의 이해와 해석은 오직 그 자신이 그 안에

3 M. Heidegger, *Sein und Zeit*, Tübingen 1993, 312.

피투된 존재자로서 처해 있는 세계와의 관계 속에서만 이루어지며, 이는 현존재의 의식 자체가 이미 피투성을 그 자신의 존재근거로 삼고 있음을 뜻한다.

아마 하이데거의 철학에 밝은 독자들 가운데는 현존재의 존재와 의식 및 자기의식의 관계에 대한 논의가 공허하고 별 의미 없다고 느끼는 이들도 있을 것이다. 이러한 논의는 기껏해야 하이데거의 존재론을 전통 철학과의 유비적 관계 속에서 이해하려는 경우에나 필요한 것이 아닐까? 하이데거의 존재론적 용어들을 통해 현존재의 존재에 관해 전통 철학보다 훨씬 더 적확하고 수미일관하게 논의할 수 있다고 전제하는 경우 의식이나 자기의식 같은 용어는, 하이데거 자신이 그렇게 한 것처럼, 차라리 사용하지 않는 것이 낫지 않을까?

이러한 물음은 논의를 통해 해결하려는 바가 무엇인지에 따라 각각 다르게 대답될 수 있다. 만약 현존재의 존재를 분석하고, 이러한 분석을 바탕으로 존재 자체의 의미를 밝히려 한다면 의식이나 자기의식 같은 용어는 사용하지 않는 것이 바람직할 것이다. 이러한 용어에 침전되어 있는 전통 철학적 관점과 의미가 존재론적으로 수미일관하게 사고하는 데 방해가 되기 쉽기 때문이다. 하이데거가 존재론적 기술에서 전통 철학적 용어를 사용하지 않으려 애쓴 이유가 바로 이것이다. 그러나 존재론적 윤리학을 기획하는 경우, 그리고 이러한 윤리학을 철학적 관찰자의 관점이 아니라 구체적 상황 속에 처한 현존재 자신의 관점에서 정초하려는 경우, 의식 및 자기의식 같은 용어를 폐기하는 것은 별로 적절하지 못한 일이라고 볼 수 있다. 이러한 용어는 철학의 용어이기도 하지만 동시에, 특히 오늘날처럼 삶과 존재에 대한 갖가지 담론들이 세인들의 의식을 쉴 새 없이 잠식해 들어가는 그러한 시대에는, 일상적 삶의 용어이기도 하다. 미셸 푸코가 여러 저술들을 통해 탁월한 방식으로 드러낸 것처럼 담론과 훈육의 메커니즘을 통해 자기검열의 주체를 생산하고 또 재생산하는 일은 우리 시대의 존속을 가능하게 하는 그 근거이기도 하다. 그런데 자기검열이란 자신을 의식의 주체로서 내면화하고 또 그러한 주체로서 자기 자신에 대해 끝없이 반성적 사유를 행하는 존재자의 존재방식에 속할 뿐이다. 물론 존재론적으로 의식의 주체로서 내면화된 자기 역시 실은 세계 속에 언제나 이미 피투된 존재자로서만 가능하다는 것을 지적하기는 어렵지 않다. 그러나 이러한 지적이 구체적 현존재가 자신의 존재를 자기 자신을 의식하는 그러한 존재자의 존재, 즉 자기의식의 주체로서의 존재로, 헤아린다는 사실을 무화하는 것은 아니다. 한마디로, 존재론적 윤리학의 기획은 의식 및 자기의식에 대한 존재론적 분석과 해명을 필요로 한다. 오직 이러한 작업을 통해서만 자신의 존재를 자기의식의 관점에서 헤아리게 된 현존재의 존재 그 자체로부터 제기되는 윤리적 물음들을 구체화할 수 있기 때문이다.

자기의식이란—푸코의 철학에서 표본적으로 나타난 것처럼—특정한 유형의 담론에서 나타나는 일종의 역사적 개념으로 파악될 수 있다. 그러나 자기의식이 일종의 역사적 개념이라는 전제로부터 그것이 어떤 현실적 근거도 결여하는 상대적 개념에 불과하다는 결론이 따라 나오는 것은 아니다. 역사적 개념으로서 상대화될 수 있는 개념들은 물론 있다. 예컨대 충성이란 그것이 봉건제에서 통용되는 개념인가 아니면 자본주의나 사회주의 같은 근대적 사회체제에서 통용되는 개념인가에 따라 각각 그 의미가 다를 수 있다. 그러나 이 경우에도 충성이 온전히 상대적이기만 한 개념이라는 것이 귀결되는 것은 아니다. 충성에 대한 상이한 해석과 이해는 오직 인간 현존재가 충성이라는 말에 걸맞은 방식으로 자기 자신을 이해하고 또 삶을 꾸려 나갈 가능성과 역량을 지닌 존재자라는 것을 전제로 하는 경우에만 가능할 수 있기 때문이다. 설령 토마스 홉스처럼 인간을 똑똑한 늑대라고 상정한 뒤

충성이란 의식적인 거짓이거나 기껏해야 자기기만에 불과하다고 주장하는 경우에도 결과는 달라지지 않는다. 이 경우 충성은 언제나 인간의 본성에 상응하지 않는 거짓 관념에 불과하다는 절대성이 확보되기 때문이다. 자기의식에 관해서도 우리는 같은 말을 할 수 있다. 자기의식에 대한 해석과 이해는 역사적·문화적 맥락에 따라 상이할 수 있으며, 자기의식이 자기의식으로서 선명하게 구성되고 드러나는 시대와 그렇지 못한 시대가 구분될 수도 있다. 그러나 이 모든 것은 자기 자신과 의식적 관계를 맺을 수 있는 현존재의 근원적 가능성과 역량을 전제할 수밖에 없다. 자기의식에 대한 해석과 이해가, 그리고 자기의식이라는 개념이 작용하는 방식이, 시대마다 사회마다 다를 수 있다는 것을 빌미로 자기의식이란 어떤 현실적 근거도 결여하는 상대적 개념에 불과하다는 결론을 내리는 것은 불합리하다는 뜻이다.

실은 그 반대이다. 자기의식을 포함해 현존재의 존재에 연관된 모든 개념은, 그것이 현존재의 존재론적 가능성과 역량에 잇닿아 있는 그러한 것인 한에서, 현존재의 근원적 존재방식의 표현으로 파악되어야 한다. 존재론적으로 이러한 개념을 '보편적' 개념으로서 유형화할 수 없는 까닭은 그 의미 자체가 특정한 유의미성 맥락과의 관계 속에서만 생성되고 또 파악되는 것이기 때문이다. 그러나 이러한 사실이 이러한 개념의—절대성의 논리적 반대 개념으로서의—상대성을 증명하는 것은 아니다. 보편적 개념으로서 유형화될 수 없는 것으로서 그것은 도리어 피투성을 그 자신의 존재로서 넘겨받을 수밖에 없는 현존재의 근원적 존재방식의 표현이기 때문이다.

'현존재의 존재에 자기해석이 속해 있다'는 하이데거의 주장은 현존재란 자기 자신의 존재에 대한 이해와 해석을 근거로 삼아 삶을 꾸려 나가는 윤리적 존재자라는 주장과 다르지 않다. 자신의 존재에 자기해석이 속해 있는 그러한 존재자는 그 자신의 존재에서부터 스스로를 시간화하는 존재자이다. 여기서 시간화란, 'zeitigen' 이라는 독일어 원어가 지시하는 바와 같이, 그 자신의 존재를 산출하고, 생성하며, 드러냄을 함축하는 말이다. 그렇다면 현존재란 생성의 주체로서 파악되어야 하는가? 이러한 물음에는 이미 현존재와 세계의 분리가 암묵적으로 전제되어 있기 쉽다. 그리고 이 경우 대답은 물론 '아니다' 이다. 현존재란 존재론적으로 세계로부터 분리된 존재가 아니기 때문이다. 현존재의 존재에는 이미 존재의 전체성이 깃들어 있으며, 그 자신의 존재를 산출하고, 생성하며, 또 드러내는 것으로서의 현존재의 존재의 시간화는 각각의 현존재에게서 일어나는 존재의 개별화 사건을 표현할 뿐이다. 즉, 존재론적으로 자기의식이란 시간성의 형식 속에서 그 자신의 존재를 끝없이 개별화하는 존재의 전체성의 표현이다.

이 책은 하이데거의 존재론을 후설, 슐라이어마허, 칸트 및 사르트르와 비교·분석하면서 이 다섯 명의 철학자들이 자기의식, 시간, 윤리의 관계에 대한 철학적 성찰을 통해 시간성의 형식 속에서 그 자신의 존재를 끝없이 개별화하는 존재의 전체성을 주제화하거나 이러한 작업을 예비했음을 드러내게 될 것이다. 이러한 작업의 근본 목적은 존재론적 윤리학의 정초이다. 시간과 윤리의 관계에 대한 이 책의 분석과 해명은 존재론적 윤리학을 정초하고 또 체계화하기 위한 준비 작업으로서의 의미를 지닌다.

제1부

자기의식의 현상학과 시간·존재·윤리

제1장

현상학적 의식과 시간:
후설과 하이데거

하이데거 존재론의 근본 성격에 관해 논하는 한 글에서 가다머는 다음과 같은 일화를 소개한다: "나는 후설의 시간론을 다루는 세미나를 연 적이 있다. 그 세미나는 풀다(Fulda), 빌(Wiehl), 크라머(Cramer) 등등 오늘날 유명한 많은 인물들이 수강했다. 어떤 계기에서인지 [하루는] 하이데거가 이 세미나를 방문해서 [수강생들에게] 물었다. '여러분, 『존재와 시간』은 후설의 시간론과 어떤 관계입니까?' 똑똑한 답변들이 많았지만 하이데거는 모두 부정했다. '제가 여러분께 알려드리지요. 아무 관계도 없습니다!' "[1]

이러한 이야기는 『존재와 시간』이 후설의 현상학과 아무 상관도 없는 책이라는 생각을 불러일으키기 쉽다. 잘 알려져 있듯이, 가다머는 『존재와 시간』이 하이데거 존재론의 근본 성격으로부터 많이 벗어난

---

1 H.-G. Gadamer, Erinnerungen an Heideggers Anfänge, in: Rodi, F. (Hrsg.), *Dilthey-Jahrbuch* Bd. 4 (1986-87), Göttingen 1987, 25.

작품이라고 여긴다. 가다머와 같은 입장을 취하는 연구자들은 대체로 하이데거 존재론이 우선 하이데거의 초기 프라이부르크 시절에 본격적으로 개진되었으나 정작 1927년 출판된『존재와 시간』은 하이데거 존재론이 왜곡된 형태로 나타나게 되었다는 관점을 취한다. 후설 현상학의 선험초월론적 관점을 수용하다 보니 현상학적 관점으로 환원될 수 없는 존재론의 근본 성격이 훼손되는 결과가 초래되었다는 것이다. 이러한 관점에서 보면 하이데거 철학의 '전회'는 후설 현상학의 선험초월론적 관점에 기대어 현존재의 실존적 존재구조를 분석하는 것을 존재론적으로 존재의 의미를 밝힐 그 선행 조건으로 삼았던『존재와 시간』의 관점을 포기하고 초기 프라이부르크 시절의 관점으로 되돌아가는 것을 뜻한다.

한 가지 흥미로운 것은『존재와 시간』의 시간 개념이 후설의 시간론과 아무 관계도 없다는 하이데거의 진술이『존재와 시간』에 대한 가다머 자신의 비판적 평가와 잘 어울리지 않는 것처럼 보인다는 것이다. 만약『존재와 시간』의 시간 개념이 후설 현상학과 아무 상관도 없는 것이라면『존재와 시간』이 가다머의 주장과 달리 후설 현상학과 매우 상이한 관점에서 서술된 것이라고 보아야 하지 않을까? 제목에서도 알 수 있듯이 시간은『존재와 시간』의 가장 핵심적인 개념이 아닌가? 물론 해결책이 아주 없는 것은 아니다. 예컨대『존재와 시간』의 시간 개념 자체는 후설 현상학과 아무 상관도 없지만 그 외 나머지 개념에 대한 하이데거의 관점은 대체로 후설 현상학을 반영한다는 식으로 상정할 수도 있다.

이 책의 논의를 통해 차차 드러나게 되겠지만 필자는『존재와 시간』에 대한 가다머의 비판적 평가에 동의하지 않는다. 하이데거 철학의 '전회'가 선험초월론적 현상학을 일정 부분 수용한『존재와 시간』과 근본적으로 다른 관점에서 존재의 의미를 해명하려는 취지를 반영하는 것이기는 하다. 그러나 이전과 다른 관점을 취함이 반드시 이전의 관점을 포기함을 뜻하지는 않는다. 예컨대 인간과 사회의 관계를 경제학적 관점에서 고찰하던 연구자가 그 한계를 절감하고 정치학적 관점이나 역사학적 관점에서 새롭게 고찰하기 시작했다고 해서 그가 이전의 경제학적 관점을 올바르지 못한 것으로 여기고 포기했다고 볼 수는 없을 것이다. 하이데거 철학의 '전회' 역시 마찬가지이다. 과연 하이데거가 『존재와 시간』의 한계를 파악하고 '전회' 이후 존재사적(seinsgeschichtlich) 관점을 취한 것은 사실이다. 그러나 '전회' 이후의 존재사적 관점은 『존재와 시간』의 선험초월론적 관점과 양립 가능할 뿐 아니라 실은 선험초월론적 관점에 의해 추동된 『존재와 시간』의 존재론을 그 전제로서 지닌다. '전회' 이후의 하이데거 철학은 『존재와 시간』과의 연관 속에서만 온전히 이해될 수 있다는 뜻이다.

그렇다면 『존재와 시간』의 시간 개념과 후설 현상학의 관계는 어떻게 이해되어야 할까? 가다머가 회상하는 것처럼 양자 사이에는 아무 관계도 없는 것인가? 이러한 물음은 관계의 의미를 어떻게 이해하는가에 따라 달라질 수 있다. 만약 후설 현상학을—의식을 자아와의 관계 속에서 이해하든 아니면 자아의 관여 없이 수동적으로 종합하는 활동성의 관점에서 이해하든—일종의 의식철학으로 한정 짓는 경우 『존재와 시간』의 시간 개념은 후설 현상학과 거의 아무 상관도 없다. 하이데거의 존재론은, 심지어 그가 존재론의 방법론적 토대로서 이해한 현상학마저도, 의식철학의 한계를 크게 넘어서는 것이기 때문이다.[2] 즉, 의식철학으로서의 현상학과 하이데거 존재론의 시간 개념은 가다머의 회상이 암시하는 것처럼 서로 이질적이다. 그러나 후설 현상학 자체에

2 존재론의 방법론적 토대로서의 현상학에 관한 하이데거의 입장에 대해서는 다음을 참조: M. Heidegger, *Sein und Zeit*, Tübingen 1993, 27 이하.

의식철학의 한계를 넘어설 가능성이 함축되어 있다고 여기는 경우, 설령 정작 후설 본인은 이러한 가능성을 인지하지 못했다고 하더라도, 『존재와 시간』의 시간 개념이 후설 현상학과 무관한 것이라고 단정하기는 어렵다. 하이데거가 후설 현상학을 높게 평가하고 진지하게 연구한 까닭은 그가 후설 현상학에서 의식철학의 한계를 넘어설 가능성을 발견했기 때문이다. 하이데거가 의식철학의 한계를 온전히 극복하지 못한 후설 현상학과 거리를 두었다는 사실로부터 하이데거의 존재론이 후설 현상학과 무관하다는 결론이 따라 나오는 것은 아니라는 뜻이다.

시간 개념과 관련해서도 마찬가지 이야기를 할 수 있다. 잘 알려져 있듯이, 후설의 시간 개념은 파지와 예지 개념을 중심으로 전개되었으며, 이는 시간에 대한 후설의 성찰이 지각체험과 의식의 관계에 대한 현상학적 분석에서 출발했음을 뜻한다. 이러한 시간 개념 자체는, 하이데거의 진술에 대한 가다머의 회상이 알려주듯, 『존재와 시간』의 시간 개념과 거의 아무 상관도 없다. 그러나 이러한 사실의 의미를 너무 과장할 필요는 없을 것이다. 『존재와 시간』의 방법론적 토대가 현상학이라는 점을 고려해보면 『존재와 시간』의 핵심 개념인 시간에 대한 분석과 이해 역시 현상학적 방법론에 의거해 이루어졌다고 보는 편이 타당할 것이다. 비록 존재론적 시간 개념 자체는 후설 현상학으로부터 벗어나 있고, 또한 후설의 시간 개념과 완전히 다른 층위의 개념으로서 이해되어야 한다고 하더라도, 이로부터 존재론적 시간 개념이 현상학으로부터 아무 영향도 받지 않았다는 결론이 나오는 것은 아니다.

결국 가다머의 생각과 달리 『존재와 시간』의 시간 개념과 후설 현상학의 관계에 대한 물음은 여전히 열린 문제이다. 이 문제를 해결하려면 후설 현상학의 근본 의의를 존재론의 관점에서 분석하고 해명하는 작업이 선행되어야 한다. 즉, 현상학적 의식과 시간의 관계에 대한 후설의 논의가 지니는 철학적 의의와 한계가 존재론적으로 밝혀져야 한다. 오직 이러한 작업에 근거해서만 시간에 대한 하이데거의 존재론적 이해와 하이데거 본인이 존재론의 방법론적 토대라고 주장한 현상학과의 관계가 드러날 수 있는 것이다.

1. 헤라클레이토스적 흐름으로서의 현상학적 의식

현상이란 무엇인가? 『존재와 시간』에서 현상은 "자신을-자기-자체에서-보이는-것"(das Sich-an-ihm-selbst-zeigende)[3]으로 정의된다. 일견 현상에 대한 이러한 정의는 후설의 현상학과 상충되는 것처럼 보이기 쉽다. 만약 현상이 자신을-자기-자체에서-보이는-것이라면, 우리는 응당 의식초월적인 존재에 대한 물음을 던져야 하는 것이 아닐까? 존재론적으로 말하면, 이러한 물음은 주체로서의 의식과 인식 대상으로서의 현상, 그리고 현상의 근거가 되어줄 어떤 의식초월적 존재자의 존재에 대한 존재적 구분에 기인하는 것이다. 결론부터 말해 이러한 구분은 하이데거의 존재론뿐 아니라 후설의 현상학과도 무관하다. 실은 후설이 의식의 존재에 대한 철학적 물음을—현상학적으로 자연적 의식태도라 지칭된 소박한 존재믿음에 기인하는—의식에 대한 존재자적 이해에 입각해 제기해온 전통 철학의 한계를 넘어서려 했다는 바로 그러한 점이 하이데거에게 후설 현상학이 중요했던 결정적 이유이다.

잘 알려져 있듯이, 후설에게 현상이란 경험의 절대적 한계를 지시하는 말로, 의식초월적 존재자의 존재물음에 대한 괄호 치기를 전제한

---

3 M. Heidegger, *Sein und Zeit*, Tübingen 1993, 31.

다. 의식초월적 존재자의 존재물음에 대한 괄호 치기가 전제된다는 점에서 후설에게 현상은 근본적으로 의식에 속한 것으로 파악될 수 있다. 즉, 현상학적으로 현상은 의식내재적이다. 그러나 현상의 의식내재성을 현상이 의식초월적 존재자의 존재와 별개의 존재영역을 형성하는 그러한 의미의 의식에 내재해 있다는 뜻으로 오인해서는 안 된다. 이러한 의미의 의식내재성은 현상 일반이 아니라 기억현상과 같은 특별한 경우에만 적용될 수 있는 개념이기 때문이다. 아니, 실은 기억현상마저도 엄밀한 의미에서는 이러한 의미로 의식내재적이지 않다. 현상학적 의식 자체가 의식초월적 존재자의 존재를 전제하는 개념이 아니기 때문이다.

동이 틀 무렵 집을 나서다 마당 한 구석에 꽃이 피어 있는 것을 발견한 경우를 생각해보자. 통념적으로 보면, 꽃은 내 의식 밖의 객체적 사물로서 발견되는 것이고, 이러한 관점은 다른 사람 역시 똑같은 사물을 꽃으로서 발견한다는 사실을 통해 증명되는 것처럼 여겨진다. 하지만 철학적으로 보면, 이러한 통념적 믿음은 실제 사태에 전혀 부합하지 않는다. 꽃은 나에게 발견되고 지각된 현상으로서만 나타날 수 있고, 객체적 사물로서의 꽃이 그 자체로서 경험되는 일은 일어날 수 없다. 누군가 중증의 색맹으로 태어나서 흑백이나 회색 같은 무채색 외에 다른 색깔은 한 번도 본 적이 없다고 상정해보자. 그는 오직 회색빛 꽃을 볼 수 있을 뿐이고, 다른 사람이 보는 붉은색 꽃은 그에게 아예 존재하지 않는 것과 마찬가지이다. 단 한 번도 붉은색을 본 적이 없기 때문에 붉은색이라는 관념 자체가 명확한 감각적 이미지와 결합되어 있지 않은 것이다. 한 마디로 그는 세상을 흑백으로 볼 수 있는 역량만 지니고 있고, 그 때문에 세상의 모든 것이 그에게는 흑백으로만 나타날 뿐이다. 그런데 마찬가지 논리를 색맹이 아닌 소위 보통 사람들에게도 적용할 수 있다. 사람들은 흔히 세상이 자신이 발견하는 바 그대로 실재한다고 여긴다. 그러나 이러한 경향은 다만 대다수의 사람들이 세상을 동일한 방식으로 경험하는 것처럼 여겨지기 때문에 생겨나는 것에 불과하다. 거의 모두가 세상을 다양한 색을 지닌 사물들의 세계로 경험하니 세상이 실제로도 다양한 색을 지닌 사물들의 세계로서 존재한다고 상정하는 식이다. 그러나 다양한 색을 지닌 사물들의 세계란 색을 지각할 수 있는 인간의 역량에 의해 나타난 현상적 세계일 뿐 결코 객관적으로 존재하는 세계가 아니다.

생각이 여기에 이르면 다음과 같은 생각을 하기 쉽다: '우리가 경험하는 세계는 언제나 현상적 세계일 수밖에 없지만 아무튼 그 근거로서 객관적 사물들의 세계가 실재하기는 한다.' 이러한 생각은 현상으로서 경험되는 사물을 실체화하는 생각이다. 철학적으로 보면 이러한 생각 역시 온당하지 못하기는 마찬가지이다. 우리가 실재한다고 여기는 세계가 실은 꿈속 세상에 불과할지 모른다는 데카르트의 의심이나 장자의 호접몽 이야기가 경험적 현상의 이면에 그에 상응하는 객관적 사물들의 세계가 실재한다는 생각에 대한 대표적인 비판이다. 제4차 산업혁명이 일어나는 인공지능의 시대에는 보다 과학적이고 현대적인 방식으로 객관적 세계의 실재성에 대한 믿음을 논박할 수 있다. 예컨대 공상과학 영화 〈매트릭스〉의 이야기처럼 우리가 살고 있는 세계가 인공지능에 의해 제작된 가상의 세계라고 생각해보자. 매트릭스 안에서 사람들은 세상이 경험되는 바 그대로 존재한다고 여기거나 혹은 경험되는 현상적 세계의 근거로서 무언가 객관적 사물들의 세계가 존재할 것이라고 믿는다. 그러나 사람들이 그 안에서 살고 있는 세계가 매트릭스에 지나지 않는다면 경험되는 모든 것은, 심지어 자기 자신의 몸까지도, 0과 1 두 가지 숫자로 구성된 정보들의 집합에 지나지 않는다.

결국 우리에게 확실하고 의심 불가능한 것으로서 남는 것은 현상과 현상을 의식하는 의식의 존재밖에 없는 셈이다. 현상이 우리 경험의 절대적 한계를 지시한다는 후설 현상학의 근본 전제가 뜻하는 바가 바로 이것이다. 현상이 아닌 어떤 실재적 존재자의 존재를 지시하는 모든 개념은, 그것이 실제적으로 체험된 현상이 아니라는 바로 그러한 이유로, 이미 철학적으로 무근거하다. 그러므로 엄밀한 사유를 추구하는 철학은 의식초월적 존재자의 존재에 대해 묻기를 그치고 오직 현상 및 현상을 의식하는 의식의 본질과 작용에 대한 물음만을 던져야 한다.

물론 의식초월적 존재자의 존재에 대해 묻기를 그쳐야 한다는 현상학적 통찰은 실재로부터 분리된 의식내재적인 세계로 관심을 돌려야 함을 뜻하지 않는다. 후설에게 의식이란 현상을 담고 있는 별개의 존재영역으로서 상정된 것이 아니기 때문이다.

1) 주체 없는 의식으로서의 현상학적 의식

후설의 현상학적 의식을 현상을 담고 있는 별개의 존재영역으로 오인한 사상가들 가운데 하나는 들뢰즈이다. 들뢰즈에 따르면 후설의 현상학은 "내재성의 평면을 의식의 장"으로 취급하는 "코기토의 철학"이며, 그런 점에서 "데카르트"나 "칸트" 철학의 한계로부터 벗어나지 못하고 있다. 여기서 코기토의 철학이란 "내재성"을 "순수한 의식, 즉 생각하는 주체에 내재하는 것으로 상정"하는 철학이다.[4] 현상과의 연관 속에서 고찰해볼 때 들뢰즈의 주장은 결국 데카르트, 칸트, 후설의 철학은 모두 코기토의 철학으로서 현상 및 현상적 세계 전체를 의식내재적인 것으로서 파악한다는 뜻이다. 현상과 존재의 관계에 대한 통념적 관점에서 보면 현상학에 대한 들뢰즈의 비판은 그 자체로 도발적이다.

---

4 G. Deleuze, / F. Guattari, *Qu'est-ce que la philosophie?*, Paris: Minuit 1991, 47 이하.

현상이란 결국 인간 현존재처럼 의식을 지닌 특별한 존재자에 의해 체험된 것으로서 생성되는 것이 아닌가? 그렇다면 현상은 객관적으로 실재하는 것이 아닌 셈이고, 그러한 것으로서 결국 의식에 내재하는 것이 아닐까? 그런데 역으로 보면, 들뢰즈의 후설 비판에 담긴 이러한 도발성은 들뢰즈가 현상학적 현상 개념을 통념적 관점에 입각해서 소박하고 조야하게 해석하고 있음을 드러낸다.

현상 및 현상적 세계 일반이 의식내재적이라는 생각의 전제는 무엇일까? 그것은 무엇보다도 우선 의식이 여타 존재자의 존재영역과 구분되는 하나의 독립된 존재영역을 이루고 있다는 판단이다. 예컨대 우리에게는 의식이 있고, 의식에 의해 의식되는 사물 및 세계는 의식 밖에 실재하거나 의식 밖의 실재에 의해 야기된 현상이라고 판단하는 경우가 그러하다. 물론 이러한 판단은 암묵적으로 의식이 의식되는 세계와 별개의 것으로서 존재함을 전제한다. 의식 밖에 실재하는 어떤 것이란 의식과 별개의 존재영역에 독립적으로 존재하는 것이라는 점에서 이러한 의미의 실재는 결국 의식이 아닌 것으로서 실재하는 어떤 것과 별개로 존재하는 의식의 관념을 함축할 수밖에 없다는 뜻이다. 혹자는 의식 아닌 것으로서 실재하는 것은 그 자체로, 즉 의식과 별개로, 존재하는 것이지만, 의식이란 의식이 아닌 어떤 실재적 존재자에 의존해서만 존재할 수 있다고 주장할지도 모르겠다. 그런데 이러한 의존성이란 의식이 자신이 아닌 어떤 실재적인 것에 의해 존재하게 된다는 의미이거나, 자신이 아닌 어떤 실재적인 것과의 관계 속에서만 존재할 수 있다는 의미 외에 다른 아무것도 뜻하지 않는다. 결론부터 말하자면, 이러한 문제제기는 의식이란 별개의 존재영역에 독립적으로 존재하는 것이라는 관점을 뒤집지 못한다. 예컨대 인간이 신과도 같은 어떤 초월적 존재의 권능에 의해 존재하게 되었다는 신학적 관점은 인간이 신과 별개의 존재자로서 존재함을 부정하는 것이 아니다. 또한 특정한 종류의 벌레가 땅속에서만 살 수 있다는 사실로부터 그것이 땅과 구분될 수 없는 것이라는 결론이 나오는 것도 아니다. 한마디로, 의존성에 대한 언급은 타자에 의존하는 한 존재자의 독립성과 개별성에 대한 완전한 부정일 수 없다.

다시 원래의 문제로 돌아가 보자. 현상이란 여타 존재자들과 별개로 존재하는 의식에 내재하는 것으로서 파악될 수 있는가? 경험적으로 보면 의식내재적인 것으로서 판단될 만한 현상은 분명 존재한다. 예컨대 잠을 청하려 이부자리에 누워 아침에 본 꽃을 떠올리는 경우가 그러하다. 내가 지금 떠올리는 꽃의 이미지 역시 하나의 현상으로서 경험되는 것이지만, 그것은 마당에 있지 않고 내 마음속에 있다. 그렇다면 밝을 때 마당으로 가서 실제로 보는 꽃은 어떠한가? 철학적으로 보면 내가 지금 보는 붉은 꽃 역시, 꽃의 붉음이 색을 지각할 수 있는 인간의 역량의 표현으로서만 나타날 수 있는 것이라는 점에서 보면, 의식과 무관하게 별개로 실재하는 꽃이 아니라 하나의 현상이다. 하나의 현상으로서, 마당에 핀 붉은 꽃은 어디에 존재하는 것인가? 그것은 현상으로서 내 마음속에 존재하는 것인가, 아니면 마당에 있는 것으로서 내 마음 밖에 있는 것인가? 이러한 난제가 발생하는 근본적인 원인은 실은 의식과 의식된 현상의 구분 그 자체에 있다. 현상학적으로 보면 의식과 의식된 현상의 관계는 역동적이다. 한편 의식되고 체험된 것으로서 현상은 의식에 속한다. 즉, 그것은 의식과 무관하게 별개로 존재하는 것이 아니다. 다른 한편 현상에 관한 것으로서, 의식은 현상이 일어나는 세계에 속해 있다. 의식 역시 자신이 아닌 여타의 것과 구분될 수 있는 것으로서 별개로 존재하는 것이 아니라는 뜻이다.

의식하는 의식과 의식된 것으로서의 현상적 세계 간에 맺어지는 이러한 역동성은 객체적 사물들의 세계에 대한 존재론적 부정을 뜻하는 것으로 오인되어서는 안 된다. 이러한 부정 자체가 암묵적으로 객체적 사물들의 세계라는 형이상학적 개념을 논리적으로 긍정되거나 부정될 수 있는 자명한 개념으로서 전제하고 있기 때문이다. 의식과 현상적 세계 간의 관계에 대한 현상학적 언명들은 최대한 형이상학적 선입견을 배제하고 오직 엄밀하고 수미일관하게만 사고하려는 의지의 결과일 뿐이다. 현상을 지각된 사물의 현상이라는 의미로 좁게 이해하는 사람이라면 의식하는 의식과 의식된 것으로서의 현상적 세계 간에 맺어지는 역동성이 세계에 대한 지각체험의 관점에서만 타당할 수 있다고 여기기 쉽다. 이러한 사람은 예컨대 다음과 같은 의문을 제기할 것이다: '의식과 세계의 관계를 자연과학의 관점에서 바라보는 경우에도 세계가 의식과의 근원적 관계 속에서 알려진 현상적인 것으로서 파악될 수 있을까? 세계에 대한 자연과학적 해석은, 비록 그것이 근원적으로는 지각체험을 통해 세계 및 세계내부적인 이런저런 사물들의 존재가 현상적으로 알려지는 것을 전제한다고 해도, 의식과 무관한 세계의 존재를 그 자체로서 드러낸다고 볼 수 있지 않는가?' 그러나 자연과학적 세계해석은 존재자의 수량화를 전제하고, 존재자의 수량화는 존재자를 수학적으로 해석할 수 있는 인간의 역량에 의해 가능해진다. 해석하고 이해하는 의식의 존재에 의존한다는 점에서 자연과학의 세계 역시 의식과 무관한 순수하게 객체적 사물들의 세계로 파악될 수 없다. 실은 자연과학의 세계 역시 현상의 영역에 속한다. 자연과학적으로 수량화된 세계란, 그것이 수량화된 것으로서 이미 판단하고 해석하는 의식의 작용과 행위에 근거해 있는 것인 한에서, 의식과 별개의 영역에 속하는 세계로서 파악될 수 없다는 뜻이다. 간단히 말해, 우리가 의식하고 있으며 또 장차 의식하게 될 모든 것은 사념하고 판단하는 의식의 역량에 상응하는 방식으로 구성된 현상으로서만 존재할 수 있다. 설령 미지의 사물과 조우하는 경우에도 결과는 달라지지 않는다. 미지의 사물 역시 미지의 사물로서 이미 파악되어 있으며, 그 발견을 가능하게 할 형상과 크기, 색감이나 소리 같은 감각적 요소 등을 지니고 있다는 점에서, 실은 그 자체로 이미 파악되고 구성된 현상이다. 미지의 사물이란 비현상적인 것으로서 알려지지 않은 사물이 아니라 현상적 세계에 아직 익숙한 것으로서 자리매김되지 않은 특별한 현상에 속한다는 뜻이다.

다시 한번 강조하건대 의식과 현상의 관계에 대한 현상학적 기술은 결코 현상 및 현상적 세계와 무관한 독립적 의식의 존재를 전제하지 않는다. 『논리연구』의 개정판에 붙인 한 각주에서 후설은 "경험적 나란 물리적 사물과 동일한 위상의 초월"[5]이라고 밝힌다. 주어진 문장 자체만 놓고 보면 그 의미는 두 가지로 해석될 수 있다. 하나는 경험적 나와 물리적 사물과 동일한 방식으로 초월적 관계를 이루는 어떤 순수한 나의 존재가 전제되는 것으로 해석하는 것이다. 즉, 비경험적이고, 선험적이며, 동시에 그러한 것으로서 경험적 자아에 대해 초월적인 존재자로서의 위상을 지니는 순수한 나가 존재하고, 이러한 선험초월적 자아의 관점에서 보면 경험적 나 역시 물리적 사물과 마찬가지로 순수한 나의 존재영역 밖에 머무는 초월적 존재자로서의 위상을 지닌다고 상정하는 것이다. 또 다른 하나는 이와 정 반대로 '나'라는 말이 전제하는 경험적 의식의 자기동일성이 실은 현상 및 현상학적 의식에게서 발견될 수 없는 형이상학적 초월자로서 배제되어야 한다는 뜻으로 해석하는 것이다. 결론부터 말해 위 문장에 대한 올바른 해석은 후자이다. 『논리연구』의 후설은 순수한 나(자아)의 이념을 배격하기 때문이다. 순수한 나의 이념에 관한 상세한 분석 뒤에 후설은 다음과 같이 밝힌다: "이제 나는 내가 [경험들의] 관계중심(Beziehungszentrum)으로서 [파악될] 이 시원적 나[자아]를 아예 발견할 수 없었음을 솔직하

5 E. Husserl, *Logische Untersuchungen II-1*, Tübingen 1993, 356.

게 고백해야 한다. 내가 주목한, 즉 인지할 수 있었던 유일한 것은 경험적 나와 그것의 경험적 관계들인 바, 이 관계들은 특정한 순간 특별한 '관심'의 대상들이 되는 자신의 체험들이나 외적 대상들과 경험적 나 사이에 맺어진다. 그 외 [경험적 나의] '밖'이나 '안'에는 나와 이러한 관계를 맺지 않는 많은 잔여들이 있을 뿐이다."[6]

이 인용문은 경험적 나가 어떤 자기동일적인 것으로서 존재하기는 하지만 경험적 나의 구성을 가능하게 하는 어떤 시원적 나로서의 순수한 나가 존재하지는 않는다는 뜻으로 해석되어서는 안 된다. 경험적 나란 그 특별한 관심의 대상이 되는 자신의 체험들 및 경험적 나가 자신으로 환원할 수 없는 그러한 것으로서, 그리고 바로 그러한 의미에서 외적 대상으로서, 파악하는 현상과의 관계 속에서 끊임없이 변하는 것이기 때문이다. 이와 달리 경험적 나 자체가 순수한 자기동일성의 관점에서 파악될 수 있다면 후설은 경험적 나의 순수한 자기동일성을 곧 순수한 나의 존재에 대한 증명으로 받아들였을 것이다.

이제 '경험적 나란 물리적 사물과 동일한 위상의 초월'이라는 후설의 주장으로 돌아가 보자. 앞에서 밝힌 것처럼 현상학의 근본 전제 중 하나는 초월적 존재자의 존재에 대한 물음을 괄호 치는 것이다. 통념적으로 우리에게 매 순간 사념하고, 판단하고, 회상하거나 이런저런 감각적 느낌을 수용하는 나의 존재는 분명하고 확실하다. 현상학적으로 표현하면 나의 존재의 명증성은 언제나 충전적이며, '나는 생각한다, 그러므로 존재한다'는 데카르트의 유명한 명제가 알려주는 것처럼 활동하는 나의 존재가 나 자신에 의해 의식되는 한에서 나의 존재가 분명하고 확실하다는 사실은 부정될 수 없는 것처럼 여겨지기 쉽다. 그러나 내가 존재하는 것으로서 상정하는 나란 구체적으로 무엇을 의

6 Ibid., 361.

미할까? 우리에게 친숙한 모든 사물들은 어제나 오늘이나 같은 것처럼 여겨지지만 실은 매 순간 변해가는 경험적 대상일 뿐이다. 마찬가지로 경험적 나란 실은 매 순간 변해가는, 그리고 그러한 이유로 자기동일성의 표현으로서의 나라는 말과는 원래 어울리지 않는, 경험적 의식의 실체화의 산물에 지나지 않는 것이 아닐까? 적어도 『논리연구』의 후설은 그렇게 생각했다: "만약 [경험적 나의] 이러한 초월성을 배제하고 순수-현상적 소여로 환원하는 것이 어떤 순수한 나도 그 잔여로서 남기지 않는다면, '나는 존재한다'의 실질적인 (충전적인) 명증성 역시 있을 수 없다."[7] 『논리연구』에서 후설이 순수한 나의 이념을 배제한다는 점을 고려하면 이 인용문은 분명 '나는 존재한다'의 실질적이고 충전적인 명증성에 대한 부정으로 읽혀야 한다. 한 마디로, 『논리연구』의 후설에게 의식이란 엄밀한 의미에서 어떤 주체와 같은 것으로 파악될 수 있는 것이 아니다. 주체로서 상정될 나의 존재 자체가 체험된 현상과의 관계 속에서 끝없이 변해가는 것이기 때문이다.

현상 일반을 의식초월적 존재자와 별개의 존재영역에 속한 의식에 내재적인 것으로 파악해서는 안 되는 이유가 바로 여기에 있다. 후설에게 현상학적 의식이란 원래 그 자신의 고유한 존재영역을 지니고서 체험된 현상들을 자기 아닌 것으로서 자신의 존재영역 밖에 자리매김하는 의식이 아니라 체험된 현상과의 관계 속에서 끝없이 유전하는 헤라클레이토스적 흐름으로서 파악된 것이다. 물론 경험적 나에 의해 체험된 현상은 언제나 외적 대상으로서 판단된다. 체험된 것으로서 현상이란 체험하는 나와 외적 관계를 맺는 것일 수밖에 없기 때문이다. 그러나 현상학적으로 보면 체험하는 나의 존재의 명증성은 결코 충전적이지 않다. 현상학적 의식은 자기의 존재의 명증성을 충전적으로 지니

---

7 Ibid., 357.

는 자기동일적 나의 존재영역이 아니라 경험적 나가 자기에게 외적인 것으로서 상정하는 현상들을 아우르며 동시에 경험적 나의 이념적 자기동일성을 경험적 나에게 그때마다 관심의 대상이 되는 현상들의 흐름 속에서 해소해버리는 의식이다. 한마디로 현상학적 의식이란 우리에게 알려져 왔고, 지금 현재 알려져 있으며, 또한 장차 알려질 존재의 전체성을 표현하는 말이다. 존재의 전체성을 표현하는 말로서 현상학적 의식은 원래 의식 안과 밖의 존재자적 구별과 무관하다.

2) 존재의 전체성의 표현으로서의 현상학적 의식

들뢰즈처럼 후설 현상학의 현상 개념이 의식내재적인 것이라고 생각하는 이들은 대체로 후설의 현상학이 전통 철학적 순수 자아의 이념으로부터 벗어나지 못했다고 간주한다. 이러한 생각이 완전히 틀린 것이라고 보기는 어렵다. 분명『논리연구』의 후설은 순수한 나 혹은 순수 자아의 이념을 거부한다. 그러나 잘 알려진 것처럼, 1913년에 출판된『이념들 I』에서는 입장을 바꾸어 순수한 나의 이념을 받아들인다. 이러한 관점의 전환은 물론 다음과 같은 물음을 불러일으키기 마련이다:『논리연구』의 현상학과『이념들 I』의 현상학은 같은 것인가 다른 것인가?

형식논리적으로 보면 이러한 물음은 우문에 불과하다. 전자가 순수한 나의 이념을 거부하는 데 반해 후자는 수용한다는 점에서 양자 사이에는 분명 차이가 있기 때문이다. 그러나 양자가 본질적으로는 같지만 전자 혹은 후자가 논리적으로 수미일관하지 못했기 때문에 순수한 나의 이념을 거부하거나 혹은 반대로 수용한 것이라고 상정해볼 수도 있다. 실제로『이념들 I』의 후설은『논리연구』의 현상학이 비록 순수한 나의 이념에 관해 논리적으로 수미일관하지 못하긴 했지만『이념들 I』의 현상학과 다르지 않다고 여긴다.『이념들 I』의 서문에서 후설은『이념들 I』의 현상학을 "순수 현상학"으로 본질(을) 규정하면서, "우리가 바야흐로 [『이념들 I』에서] 그리로 향한 길을 트려는 순수 현상학은 『논리연구』에서 처음으로 출현한 것과 같은 것"[8]이라고 밝힌다. 여기서 순수 현상학이란 무엇보다도 우선 초월적 존재자의 존재에 대한 형이상학적 물음을 배제하고 순수한 현상적 소여에 관심을 돌리는 현상학을 지칭하는 말이다. 그렇다면 『이념들 I』 역시 현상을 의식내재적인 것으로 환원하지 않는다는 결론이 나온다. 물론 앞서 지적한 것처럼 현상학적 의식을 전통 철학적 의식과 구분해서 존재의 전체성을 표현하는 것으로 파악하는 경우 현상은 의식내재적인 것이라고 말할 수도 있다. 현상학적 의식이 존재의 전체성을 표현하는 한에서, 그리고 바로 그러한 것으로서 의식의 안과 밖이라는 존재자적 구별과 무관한 것인 한에서, 의식 밖의 존재란 상정될 수 없는 것이기 때문이다. 즉, 현상학적 의식이란 안과 밖의 구분을 모르는, 그리고 바로 그러한 점에서 절대적인, 내재성의 평면이다. 그러나 의식초월적 존재자의 존재영역과 별개의 독립된 영역에 존재하는 것으로서 상정된 통념적 의식에 내재하는 것으로서 『이념들 I』의 현상 개념을 이해해서는 안 된다. 의식이 의식초월적 존재영역으로부터 구분되는 별개의 존재로 상정되는 경우 현상학은 이미 현상적 소여의 초월적 근거로서 상정된 의식초월적 존재에 관해 묻고 있는 셈이고, 그런 한에서 『이념들 I』의 후설이 추구하는 순수 현상학과 이질적인 것이 되어버리고 말기 때문이다.

그런데 순수한 나의 이념을 수용하면서 동시에 현상적 소여의 초월적 근거로서 상정된 의식초월적 존재에 관한 물음을 배제하는 일이 어떻게 가능할 수 있을까? 혹시 『이념들 I』 이후 후설의 현상학은 일종의

8 E. Husserl, *Ideen zu einer reinen Phänomenologie und phänomenologischen Philosophie I* (Husserliana Bad III/1), Den Haag 1976, 4. 원문에서의 강조.

주관적 관념론으로 전락해버린 것이 아닐까? 솔직히 필자는 후설 현상학의 수미일관한 발전을 위해 순수한 나의 이념은 원래 불필요했을 뿐 아니라 심지어 해가 되기까지 했다고 여긴다. 그러나 미리 선입견을 갖고 섣불리 『이념들 I』 이후의 후설 현상학을 주관적 관념론과 같은 것으로 단정 짓기보다 우선 후설에게 순수한 나의 이념이 구체적으로 뜻하는 바가 무엇인지 살펴보아야 한다.

순수한 나의 이념이 현상적 소여의 초월적 근거로서 상정된 의식초월적 존재에 관한 물음과 연관되어 있다는 생각은 응당 순수한 나의 이념이 의식초월적 존재와 별개의 존재영역을 이루는 것으로서의 의식 개념을 전제한다는 것을 전제한다. 만약 순수한 나가 가능한 모든 현상들을 포괄하는 현상적 세계를 자기의 의식에 내재하는 것으로서 구성해낸다고, 또한 동시에 이러한 의식과 구분된 의식초월적 존재가 존재하지 않는다고, 상정한다면, 순수한 나의 이념이란 결국 영혼이나 의식 같은 정신적 존재자 및 정신적 존재자에 의해 산출되는 인식과 관념 외에는 아무것도 존재하지 않는다는 버클리 류의 관념론의 표현에 불과할 것이기 때문이다. 물론 이 경우 의식 외부에 존재하는 의식초월적 존재에 관한 물음은 불필요해진다. 존재하는 모든 것이 의식내재적인 것이거나 의식을 자기의 의식으로서 지니는 영혼일 것이기 때문이다. 바로 여기서 순수한 나의 이념과 현상적 소여의 초월적 근거로서 상정된 의식초월적 존재가 서로 맞물려 있다는 생각의 전제가 무엇인지 분명하게 드러난다. 그것은 순수한 나를 의식초월적 존재자와의 관계 속에서 의식내재적 현상들을 산출하는 주체로서 파악하는 것이다. 주체와 객체의 구분을 전제하는 경우 순수한 나란 물론 객체가 아니라 주체로서 상정된 존재자이다. 그리고 순수한 나의 이념이 필연적으로 현상적 소여의 초월적 근거로서 상정된 의식초월적 존재에 대한 물음과 연관되어 있다고 전제하는 한에서 주체로서의 나는 의식초월적 존재자와 무관하게 순수하게 독립적으로 의식내재적 현상들을 산출하는 것일 수 없다. 그것은 오직 의식초월적 존재자와의 관계 속에서만 의식내재적 현상들을 그 자신의 의식에 속한 것으로서 산출할 수 있을 뿐이다.

결국 순수한 나의 이념은, 그것이 의식초월적 존재에 관한 물음과 연관 지어져 있는 경우, 의식초월적 존재자와의 관계를 통해 경험적 나의 존재를 가능하게 할 이런저런 현상적 소여를 산출하는 주체로서 상정되는 셈이다. 즉, 순수한 나에게 현상적 소여의 산출을 가능하게 할 주체적 역량이 속해 있어야 한다. 그러나 『이념들 I』의 후설이 수용한 순수한 나의 이념은 이러한 종류의 주체적 역량과 무관하다. 앞에서 우리는 『논리연구』의 후설이 순수한 나를 경험들의 관계중심(Beziehungszentrum)으로 이해함을 살펴보았다. 『이념들 I』의 후설이 수용하는 순수한 나 역시 모든 경험과 현상들을 나의 것으로서 이해하게 만드는 관계중심으로서 상정된 것이다. 그런데 후설에 따르면 경험들의 관계중심이라는 것 외에 순수한 나에 귀속될 수 있는 어떤 속성이나 역량 같은 것은 전무하다: 현상적 소여 및 경험 일체를 그 자신에 관계하는 것으로서 이해하게 만드는 "그것[순수한 나]의 '관계방식' 혹은 '행위방식'을 도외시하는 경우 그것[순수한 나]은 어떤 본질성분도 지니고 있지 않은 완전히 공허한 것이고, 해명할 수 있는 어떤 내용도 지니고 있지 않으며, 원래 기술할 수 없는 것이다. 그저 순수한 나가 있다고 말할 수 있을 뿐 그것에 관해서는 다른 어떤 말도 할 수 없는 것이다."[9] 결국 순수한 나는 『이념들 I』의 후설에게 의식초월적 존재와의 관계를 통해 의식내재적 현상들을 산출하는 주체가 아니다. '어떤 본질성분도 지니고 있지 않은 완전히 공허한 것'으로서 순수한

9 Ibid., 179.

나는 그 무엇을 산출할 역량을 지니고 있을 수 없고, 심지어 한갓된 지각과 사념의 주체로서도 파악될 수 없다. 지각과 사념 역시 지각하고 사념할 역량을 전제로 하는 것이기 때문이다. 결국 경험과 현상의 관계중심이라는 점을 제외하면 순수한 나란 무에 지나지 않는 셈이다. 경험과 현상이 '나의 것'의 형식 속에서 일어나게 한다는 점에서 보면 순수한 나는 순연한 무일 수 없다. 그러나 내용 없는 공허한 것으로서 순수한 나는 실질적으로는 무이다.

철학적으로 이러한 나에 관해 말하는 일이 정당할 수 있을까? '어떤 본질성분도 지니고 있지 않은 완전히 공허한 나'란 일종의 형용모순에 불과한 것이 아닐까? 어떻게 완전히 공허한 것으로서 실질적으로는 무에 지나지 않는 나라는 개념이 철학적으로 정당화될 수 있을까? 이러한 문제를 따지기에 앞서 우선 『이념들 I』의 현상학 역시 의식을 의식초월적 존재자의 존재와 별개의 존재로 이해하는 것이 아님을 분명히 해두어야 한다. '어떤 본질성분도 지니고 있지 않은 완전히 공허한 나'는 그러한 것으로서 응당 현상을 의식에 소여된 것으로서 산출할 주체일 수 없고, 의식에 자기동일성을 부여할 순수한 나가 주체가 아닌 한에서 의식 역시 나에게 속한 것일 수 없다. 후설이 『이념들 I』에서 수용한 순수한 나의 이념이 현상적 소여의 초월적 근거로서 상정된 의식초월적 존재에 관한 물음과 연관된 것이 아니라는 것이 이로써 분명히 드러난다. 만약 들뢰즈가 지적한 것처럼 현상 및 현상적 세계 일반이 현상학적으로—의식초월적 세계와 구분되는—의식내재적인 것으로 파악되어야 한다면 이때의 의식이란 자신의 안과 밖의 상대적 구분에 의거해 활동하는 통념적이고 경험적인 의식과 전적으로 다른 층위의 개념이라는 것이 함께 전제되어야 한다. 이러한 의식은 자기의 안과 밖의 구분을 모르는 절대적 내면성에 의해 특징지어져야 하고, 바로 그러한 것으로서 존재의 전체성의 표현이다.

그런데 순수한 나의 이념은 현상학적으로 정당할까? 앞서 필자는 순수한 나의 이념이 현상학적으로 불필요하다는 필자의 소견을 적시한 바 있다. 그 이유는 간단하다. 동일성이란 원래 인식과 실천의 필요에 의해 요청되는 이념일 뿐 실제로 체험되거나 구체적 체험연관 속에서 발견될 수 있는 것이 아니기 때문이다. 『논리연구』의 후설이 순수한 나의 이념을 거부한 까닭이 바로 이것이다. 반면 『이념들 I』의 후설이 순수한 나의 이념을 수용한 것은 인식의 필요에 의해 요청되는 동일성의 이념을 실제적인 것으로 오인했기 때문이다.

동틀 무렵 마당에서 본 꽃이 화사하고 싱그러웠으나 며칠이 지나자 시들어버린 경우를 생각해보자. 화사했던 이전의 꽃과 시들어버린 지금의 꽃은 같은 것인가 아니면 다른 것인가? 꽃의 지각을 가능하게 하는 감각적 요소의 관점에서 보면, 그리고 감각적 요소들을 포함하는 체험된 현상 그 자체에서 보면, 양자는 분명 서로 다르다. 세상에 있는 다른 모든 유한한 존재자들과 마찬가지로 꽃은 항구적이고 언제나 동일한 것으로서 거기 있는 것이 아니고 실은 시간의 흐름 속에서 끝없이 변해가는 것으로서 거기 있다. 그러나 우리는 양자를 같은 꽃이라고 여기고, 하나의 꽃이 한때 화사했지만 지금은 시들어버렸다는 식으로 생각한다. 왜 그러한가? 꽃과 우리의 관계가 꽃을 하나의 존재자로서 인지하고 수용함을 전제하기 때문이다. 헤라클레이토스가 적시한 대로 만물은 실은 끝없이 유전할 뿐이다. 시간의 흐름 속에서 단 한 순간이라도 동일성을 온전히 유지할 수 있는 것은 아무것도 없으며, 모든 존재자가 때로는 그 자신이 변하고, 때로는 그것이 그것 외의 것과 맺는 관계가 변하면서, 절대적이고 부단한 차이의 흐름으로서 존속한다. 그러나 우리가 그 무엇을 한 존재자로서 발견함은 그것을 다른 것과 구분되는 고유한 것으로서 개별화함에 근거해 있고, 개별화된 모든 것은 동일한 것으로 존속하는 존재자로서 발견되고 인지된다. 실천적 존재자로서 나는 꽃을 가꾸어야 하는 자이고, 꽃이 잘 자라도록 물을 주거나 잡초를 뽑아야 하는 자이며, 이러한 실천적 관계 속에서 자신과 꽃을 서로 영향을 주고받는 것으로서 인지해야 하는 존재자이다. 바로 그러한 이유로 우리는 절대적이고 부단한 차이의 흐름으로서 존속하는 존재를 동일한 것으로서 존속하는 존재자들의 세계로 환원하게 되는 것이다. 그러나 인식과 실천의 필요에 의해 동일성의 이념이 요청된다는 것을 근거로 체험된 현상으로서의 존재자가 실제로 자기동일성을 지니고 있는 그러한 존재자라는 결론을 내려서는 안 된다. 순수한 현상적 소여 자체는 절대적이고 부단한 차이의 흐름으로서 발견되는 것이기 때문이다. 나의 자기동일성 역시 우리가 발견하고 인지하는 사물적 존재자의 동일성과 다르지 않다. 전통 철학적으로 말하면 체험된 현실 속에서 존재하는 우리는 끝없이 변해가는 존재자이며, 우리가 내일 일을 염려하며 사는 까닭도 실은 바로 여기에 있다. 변화와 무관한 존재자란 오늘도 내일도 똑같을 것이고, 그러한 것으로서 내일 일에 대한 염려와도 무관한 존재자이다. 그럼에도 우리는 자기 자신이 언제나 똑같은 자기 자신으로 존속하는 존재자처럼 생각하고 스스로 자기동일성을 부여한다. 왜 그러한가? 한마디로, 우리가 살아야 할 존재자로서 여기 있기 때문이다. 살려면 삶의 존속에 유리하거나 불리한 것들을 발견하고 또 인지해야 하며, 아울러 그러한 것들을 자신을 위해 유리하거나 불리한 것으로서 파악하게 할 그 근거로서의 자기동일성이 필요하다. 달리 말해 동일성의 이념은, 의식의 자기동일성까지 포함해서, 일종의 삶의 현상이다. 오직 살아 있는 것만이, 살아야 하는 것으로서 세계 안에 던져진 존재자만이, 실천하고 인식할 필요를 지닐 수 있고, 실천하고 인식할 필요의 충족은 언제나 동일성의 계기를 전제하기 마련이다.

이러한 생각을 바탕으로 우선 후설 현상학의 의의와 한계에 관해 논해보자. 후설이 오랜 망설임 끝에 순수한 나의 이념을 수용했다는 사실은 후설이 현상이란 삶에 근거를 둔 것이라는 존재론적 진실에 충실하지 못했음을 드러낸다. 그 원인은 무엇보다도 우선 후설이 보편학으로서의 현상학을 지향했다는 점에서, 즉 순수 현상에 대한 후설의 현상학적 탐구가 인식론적으로 정향되어 있었다는 점에서, 찾을 수 있다. 인식이 문제가 되는 한에서 현상에 대한 이해는 존재자의 동일성에 대한 천착 속에서 이루어질 수밖에 없고, 바로 그러한 이유로 현전자로서, 즉 눈앞의 것으로서, 현상을 파악하려는 경향 역시 나타나게 된다. 들뢰즈나 데리다처럼 현상학에 비판적인 사상가들이 현상학에서 통념적 의미의 의식내재성에 얽매어 있는 코기토의 철학을 발견하거나 현전자 중심의 형이상학적 사고를 발견하게 되는 근본 이유 역시 바로 이것이다. 현상에 대한 이해가 현전자 중심으로 이루어지는 경우 현상은 그것을 자신에게 외적인 존재자로서 발견하고 인지하는 의식과의 관계에서 파악되게 된다. 그런데 현상과 의식 간에 형성되는 외적인 관계란 필연적으로 의식이 스스로를 자기동일적인 것으로서 발견하고 인식함을 전제하기 마련이다. 현전적 존재자로서 발견되는 현상과 마찬가지로 동일성을 지닌 존재자로서 자기를 발견하고 인식하는 의식만이 자기와 타자를 구분할 수 있고, 자기와 타자를 구분할 수 있는 존재자만이 자신이 아닌 그 무엇과 외적인 관계를 맺을 수 있기 때문이다.

주의할 점은, 후설 현상학의 한계에 대한 이러한 논의가 현상학적 의식 개념이 그 자체로서 문제가 됨을 뜻하지는 않는다는 것이다. 비록 인식론에 정향된 후설 현상학의 성격으로 인해 현상학적 의식이 통념적 의미의 의식과 곧잘 혼동되는 결과가 초래되기는 했지만 말이다. 존재론의 관점에서 보면 전통 철학적 선입견을 불러일으키기 쉬운 의식 개념을 존재론적으로 더욱 적합한 개념으로 대체하는 것이 더 낫다. 하이데거가 의식이나 자기의식 같은 개념의 사용을 피하고 현존재를 존재론의 핵심 개념으로 도입한 까닭이 바로 이것이다. 그러나 그렇다고 해서 현상학적 의식이 그 자체로 존재론과 상충된다는 결론이 나오는 것은 아니다. 현존재 역시 분명 하나의 의식으로서 존재하는 존재자이고, 그런 점에서 현존재의 존재와 연관된 모든 현상들은 의식과 무관할 수 없다. 심지어 존재론의 올바른 발전은 오직 의식의 존재에 대한 현상학적 탐구를 수반하는 경우에만 가능해지는 것이라고 볼 수도 있다. 존재론이란 존재의 의미를 묻는 철학인 바, 오직 하나의 의식으로서 존재하는 존재자만이 존재의 의미를 물을 수 있기 때문이다.

여기서 필자가 앞서 현상학적 의식의 본래적이고도 근원적인 규정으로서 제시한 명제에 관해 조금 더 구체적으로 생각해보자: '현상학적 의식은 존재의 전체성의 표현이다.' 그런데 대체 어떻게 하나의 의식이 존재의 전체성의 표현일 수 있을까? 의식의 지향적 구조에 대한 후설의 언명이 잘 알려주듯이 의식이란 그 자신이 아닌 다른 어떤 것과의 관계 속에서만 존재할 수 있지 않는가? 만약 의식이 자신이 아닌 것과의 관계 속에서만 존재할 수 있다면 의식은 자신과 외적으로 구분되는 존재자를 지니는 셈이고, 그런 한에서 오직 존재의 한 부분만을 표현하는 것이 아닐까? 자신이 아닌 것을 지니고서 그것과 외적 관계를 맺는 의식이 어떻게 존재의 전체성의 표현일 수 있을까? 결론부터 말하자면, 이러한 의문들은 모두 현상학적 의식을 '지금 현실적으로 사념하고 판단하는' 의식으로 잘못 한정함으로써 생겨나는 오류추론의 결과이다. 엄밀히 말해 지금 현실적으로 사념하고 판단하는 의식은 현상학적 의식의 한 부분이라고 정의될 수도 없다. 지금 현재 자신이 음식에 마음을 빼앗겼다고 생각해보자. 나는 지금 배가 고프고, 그 때문에 내 마음은 식당 종업원이 가져다 줄 음식물에 대한 생각으로 가득 차 있다. 즉, 지금 현실적으로 활동하는 나의 마음은 음식에 관한 마음이다. 그런데 이러한 사실로부터 음식에 관한 마음이 나의 마음의 전부라거나 혹은 일부라는 식으로 말하는 것은 온당치 못할 것이다. 나의 마음은 끝없이 활동하는 삶의 표현으로서 하나의 전체를 이루며 그저 있을 뿐이다. 다만 특정한 삶의 순간마다 나의 마음은 마음에 관심의 대상이 될 만한 그 무엇과 현실적인 관계를 맺게 될 뿐이다.

의식이 의식된 현상, 즉 사념하고 판단하는 의식의 활동의 대상과 구분되는 주체라는 생각은 의식된 현상이 의식과 구분되는 별개의 것임을 전제한다. 이런 견해는 일견 타당한 것처럼 보이기 쉽다. 잠자리에서 떠올리는 꽃의 이미지는 하나의 현상으로서 의식에 의해 의식되는 현상이지만 의식은 이러한 현상을 능동적으로 떠올리고 또 사념하는 하나의 주체이다. 이보다 더 자명한 생각이 또 있을까? 그러나 문제가 그리 간단한 것은 아니다. 꽃의 이미지를 의식 속에 하나의 현상으로서 떠올리려면 의식은 그저 공허한 것이어서는 안 된다. 현상의 형성 및 형성된 현상에 대한 의식의 사념은 그러한 형성과 사념을 가능하게 할 수 있는 어떤 역량을 전제로 해서만 가능할 수 있기 때문이다. 철학에 익숙한 독자라면 선험성이라는 말로 이러한 문제를 풀려고 할지 모른다. 감각기관을 통해 수용된 감각적 질료들을 적절하게 배열해서 하나의 현상을 구성해낼 수 있는 선험적 역량이 이러한 문제의 근본적인 해결책이라고 여기면서 말이다. 그런데 선험성이란, 그것이 말 그대로 경험에 선행하는 어떤 것으로서 파악되는 한에서, 그 자체로서는 공허한 것이다. 엄밀히 말해 선험성이란 의식의 존재의 가능조건일 수는 있어도 그 자체로 의식일 수는 없다. 즉, 선험적 의식이나 선험적 자아란 원래 형용모순에 불과하다. 공허한 것으로서 선험적인 그 어떤 존재 자체에는 현상을 형성해내고, 형성된 현상에 대해 사념하고 판단하는 활동을 가능하게 하는 것이 전무하기 때문이다. 비유적으로 말하자면 그것은 마치 아무 프로그램도 설치되어 있지 않고, 또 아무 데이터도 저장되어 있지 않은 컴퓨터가 그 자체로서는 아무 작업도 할 수 없는 것과 같다. 이런저런 프로그램을 실행하고 또 이런저런 데이터를 사용해 어떤 유의미한 결과를 산출해낼 수 있는 능력을 갖추고 있다 해도 컴퓨터 그 자체는 아무 작업도 할 수 없는 공허한 기계에 불과하다. 마찬가지로 선험성의 이념에 호소하는 일은 위의 문제를 해결하는 데 필요한 하나의 방편일 수는 있어도 결코 그 자체로 충분하지 않다. 선험적인 모든 것은, 걸려 있는 문제가 구체적 체험연관에 관한 한에서, 그 자체로는 공허할 뿐이기 때문이다. 여기서 의식이란 과연 무엇을 뜻하는 말인지, 의식으로 한정될 수 있는 범위는 어디까지인지, 일단 생각을 정리해보자. 의식이란 무엇보다도 우선 의식할 그 무엇, 사념하고 판단할 그 무엇, 사념하고 판단할 그 무엇의 형성을 가능하게 할 그 어떤 것을 하나로 아우르는 말일 수밖에 없다. 그 무엇인가 의식할 거리로서도 이러한 의식할 거리의 형성을 가능하게 어떤 질료적인 것으로서도 주어져 있지 않은 의식이란 존재할 수 없는 바, 그것은 의식 자체가 언제나—후설이 의식의 근본 구조를 그 지향적 구조에서 찾았듯이—의식에게 의식할 거리로서 주어져 있는 것과의 관계 속에서만 존재할 수 있는 것이기 때문이다. 순수한 나란 관계의 중심일 뿐 그 자체로는 어떤 본질성분도 지니지 않은 완전히 공허한 것이라는『이념들 I』의 명제는 이 저술을 기점으로 본격적으로 개진되기 시작한 현상학의 선험초월론적 전환이 의식을 선험초월적 주체로서의 순수한 나에 의해 산출되는 현상들의 영역과도 같은 것으로 설정함을 뜻하지 않는다는 것을 알려준다. 모든 경험의 계기들을 나의 경험의 형식 속에서 파악하도록 할 관계중심으로서의 순수한 나는 아무 내용 없는 공허한 것으로서 의식에게 의식할 거리로서의 현상을 산출해주는 그 주체일 수 없다. 그렇다면 무엇이 의식할 거리로서의 현상을 산출하는 주체인가? 현상학적으로 보면 그것은 존재의 전체성의 표현으로서의 의식 자체이다. 여기서 의식이 존재의 전체성의 표현이라는 것은 그것이 사념하고 판단하는 행위의 주체로 한정될 수 있는 것이 아니라는 것을 전제한다.

의식을 의식의 대상과 구분하는 전통 철학적 사고방식에 익숙한 사람에게는 이러한 주장이 논리의 한계를 뛰어넘는 아포리아처럼 들리기 쉽다. 그러나 여기에는 이해 못할 아포리아 같은 것은 조금도 들어있지 않다. 잠자리에서 아침에 본 꽃의 이미지를 떠올리는 경우로 돌아가 보자. 만약 의식이—후설이 순수한 나에 대해 진술한 것처럼—어떤 본질성분도 지니지 않고 어떤 의식내용과도 무관한 순수한 주체로서의 존재라면 그러한 의식 자체로부터는 꽃의 이미지가 떠오를 수 없다. 의식이 지금 실제적으로 의식하는 꽃의 이미지와 그러한 이미지의 형성을 가능하게 하는 어떤 질료적인 것은 그 자체로 의식에 속한 것이며, 의식과 무관할 수 없는 것으로서, 그 자체 의식이기도 하다. 결국 그것은 의식 밖에 의식과 무관한 것으로서 존재하는 초월자가 아닌 것이다. 만약 의식에 의해 의식되는 모든 현상들을 의식 아닌 것으로서 의식의 영역으로부터 모두 배제해버리는 경우 의식은 그저 공허할 뿐인 존재가 될 뿐이다. 아니, 엄밀히 말해 공허한 존재로서의 의식이란 그 자체 형용모순에 지나지 않는다. 사념하고 판단할 거리로서 주어져 있는 현상과의 관계를 떠나서는 어떤 의식도 사념하고 판단하는 것으로서 존속할 수 없기 때문이다. 그러므로 의식이란 의식에 의해 의식되는 대상과 별개의 존재로서 간주될 수 없다. 의식이란, 그것이 의식하는 활동 속에서 존재하는 것이라는 바로 그러한 이유로, 자신이 의식하는 것을 자기의 존재의 가능근거로서 자기 존재 안에 포괄해야 하는 것이라는 뜻이다.

그렇다면 잠자리에서 떠올리는 꽃의 이미지처럼 마음속에 표상되는 현상이 아니라 실제로 존재하는 사물과 의식의 관계는 어떻게 이해되어야 할까? 실제로 존재하는 사물이란 바로 그러한 것으로서 의식과 무관하게 독립적으로 존재하는 것이 아닌가? 그런데 이러한 의문의 바탕에도 실은 의식을 의식하는 주체로 한정 짓는 통념적 오해가 깔려 있다. 의식이란 그 자신이 의식하는 것을 자기 존재의 가능근거로서 자기 존재 안에 포괄해야 하는 것이라는 명제는 여기서도 여전히 유효하다. 우리가 자연적 의식태도에 입각해서 의식의 밖에 존재하는 객체적 사물로서 인식하는 것이 실은 현상적 존재자로서 거기 있음은 모든 체험연관에서 통용될 수 있는 철학적 진실이다. 예컨대 사람들이 흔히 마음 밖의 사물로 오인하는 한 송이의 꽃은 꽃의 향기와 색깔을 체험하고 이해할 역량을 지닌 의식적 존재자의 존재에 기인하는 하나의 현상일 뿐이다. 이러한 생각이 비논리적인 아포리아처럼 여겨지기 쉬운 까닭은 두 가지이다. 하나는 의식을 의식의 대상과 독립적인 주체적 존재자로 규정하는 통념적인 오류판단이다. 또 하나는 현상을 독립적인 주체적 존재자로 상정된 의식에 속한 것으로서 한정하는 역시 통념적인 오류판단이다. 경험의 절대적 한계를 지시하는 말로서 현상학적 현상 개념은 의식초월적 존재자의 영역에 속한 것도 아니고 주체로서의 의식에 의해 의식내재적인 것으로서 산출된 의식 밖의 사물의 주관적 표상으로 한정될 수 있는 것도 아니다. 현상이란 현상학적으로 구체적 삶의 현실 속에서 체험되어 왔고, 지금 체험되고 있으며, 또 앞으로 체험될 존재의 전체를 표현하는 말이다. 현상으로서 그것은 의식과 무관한 것일 수 없다. 현상이란 언제나 의식적 존재자의 체험에 의해 일어나는 것이기 때문이다. 그러나 체험된 것으로서의 현상이 현상적이지 않은 어떤 존재자의 존재를 의식 밖에 속하는 것으로서 지시한다고 여겨서는 안 된다. 체험될 수 있는 모든 것은 객체적 사물로서가 아니라 언제나 이미 체험된 현상으로서만 알려질 수 있기 때문이다.

아마 우리로 하여금 사물을 의식과 무관하게 실재하는 것으로서 파악하게 하는 근본적인 원인들 가운데 하나는 미래의 예측 불가능성 및 세계의 광활함일 것이다. 때로 예기치 못한 일이 벌어진다는 사실, 그리고 세계에 내가 가본 적도 없고 또 앞으로도 영영 갈 수 없는 그런 곳이 많다는 사실은 분명 세계 및 세계 안의 이런저런 존재자들이 다 의식과 무관한 것으로서 실재한다는 것을 증명하지 않는가? 그러나 세계 및 세계 안의 모든 존재자들이 어떤 객체적인 것으로서가 아니라 오직 체험된 현상으로서만 알려질 수 있다는 자명한 철학적 진실에 입각해서 생각해보면, 우리가 체험할 수 있는 모든 것이, 전체로서의 세계까지 포함해서, 존재의 전체성의 표현으로서의 의식에 속한 것으로서만 알려질 수 있다는 현상학적 진실이 이러한 문제제기로 인해 조금이라도 손상되는 것은 아니다. 현상학적 의식이란 한 경험적 자아로서의 나에게 속한 것도 아니고, 사념하고 판단하는 주체로서 한정될 수 있는 것도 아니며, 심지어 우리가 통념적으로 물질적인 것으로 파악하는 사물들의 세계를 자기 밖에 있는 것으로서 배제하는 것도 아니다. 그것은 다만 우리가 존재로서 체험하거나 상상할 수 있는 모든 것이 현상적인 것으로서만 가능할 수 있다는, 그리고 현상이란 그 자체 의식의 근원적 가능근거로서 의식에 속한 것이라는 자명한 진실을 표현할 뿐이다.

어쩌면 이러한 철학적 진실이 관념론적 세계관의 올바름을 증명하는 것이라고 생각하는 독자가 있을지도 모르겠다. 만약 의식이 그 근원적 의미에서 존재의 전체성의 표현으로 이해되어야 한다면 이는 곧 모든 존재자가 의식에 의해 구성되고 사념된 것으로서만 존재할 수 있다는 것을 뜻할 테니 말이다. 그러나 존재의 전체성의 표현으로서 현상학적 의식을 규정함은 유물론적 세계관에 대립적인 세계관으로서의 관념론을 표명하는 것과는 엄격하게 구분되어야 한다. 존재자가 의식에 의해 구성되고 사념된 것으로서만 존재할 수 있다는 생각은 이미

의식을 주체로서 한정 짓고 있다. 그러나 의식을 의식에 의해 생성되고 구성되는 것으로서의 현상과 구분되는 주체로서 규정하는 경우 우리는 다시 앞서 언급한 '공허한' 주체 문제로 되돌아가게 된다. 존재의 전체성의 표현으로서 현상학적 의식을 규정함은 존재란 우리에게 언제나 구체적인 체험연관 속에서만 알려지는 것이라는 자명한 진실의 표현일 뿐이다. 구체적 체험연관 속에서 알려지는 것으로서 존재는 의식 밖의 존재로서가 아니라 어떤 안과 밖의 구분도 모르는 절대적 내면성의 존재로서 고지된다. 존재와 의식이란 각각 별개의 영역을 구성하는 것이 아니라 서로가 서로를 자기에게 속한 것으로서 규정하는 불가분의 관계에 있는 것이다.

2. 현상학적 의식과 시간

현상학적 의식이 존재의 전체성의 표현이라는 것은 윤리에 대한 이해를 위해 어떤 의미를 지닐까? 우선 현상학적 의식 개념으로부터 윤리를 의식주체의 판단과 행위를 규정짓는 것으로 파악하는 규범 중심적 사고의 한계가 분명하게 드러난다. 이것은 물론 규범 및 규범윤리학이 불필요하다는 뜻이 아니다. 그러나 규범 중심적 사고란 결국 특정한 생각이나 행위의 결과에 대한 윤리적 책임을 타자와 외적으로 구분되는 존재자로서의 인간 주체에게 돌리게 되는 결과로 이어지기 마련이다. 그러한 것으로서 그것은 현상학적 의식 개념에 상응하는 의미의 윤리에 근거한 것일 수 없다. 존재의 전체성의 표현으로서 현상학적 의식이란 자신과 타자의 외적 구별로부터 벗어나 있는 것이기 때문이다.

자신과 타자의 외적 구별에 대한 지양은 윤리학적으로 한 가지 심각한 문제를 야기할 수 있다. 그것은 바로 책임의 주체에 관한 문제이다. 만약 우리가 타자와 외적으로 구별될 수 있는 의식주체로서 존재하는 것이 아니라면 자기 자신에게나 타인에게 이런저런 행위의 결과에 대한 책임을 묻는 일은 어떻게 정당화될 수 있을까? 또 한 가지 간과할 수 없는 문제는 타자로서의 의식의 문제이다. 우리에게 의식이란 언제나 개별화된 것으로서 체험된다. 바로 그렇기에 우리는 나의 의식 내지 너의 의식에 관해 말하게 되는 것이다. 우리의 구체적 체험연관에서 분명하게 드러나는 의식의 개별성과 복수성은 하나의 의식이 존재의 전체성의 표현이라는 명제가 거짓임을 증명하는 것이 아닐까? 현상학적 의식과 시간의 관계를 논하는 이 절에서는 이러한 문제들에 관한 구체적인 해명이 아니라 그 예비 작업만이 제시될 것이다. 이는 동시에 이 절의 작업이 현상학적 시간 개념에 대한 체계적인 정리가 아니라 현상학적 시간이해로부터 존재론적 윤리학의 정초를 위해 유의미할 수 있는 관점들을 발견하고 해명하는 데 주안점을 둔다는 것을 뜻하기도 한다.

후설의 현상학적 시간 개념을 살펴보기에 앞서 우선 위에 언급된 두 문제에 관해 간략하게나마 생각을 정리해보자. 그러면 현상학적 시간 개념을 구체적으로 이해하는 데도 도움이 될 것이다.

첫 번째 문제는 타자와 외적으로 구별되는 의식주체에게만 윤리적 책임을 물을 수 있다는 것을 전제로 한다. 그런데 여기서 외적으로 구별됨이란 과연 무엇을 뜻하는 말일까? 그것은 타자와 내가 상호작용하지 않는, 완전히 구분된 별개의 존재영역에 속해 있다는 뜻일까? 물론 그럴 수는 없다. 상호작용하지 않는 별개의 존재영역에 속한 것들은 서로에게 좋은 영향도 나쁜 영향도 끼칠 수 없고, 따라서 서로에게 책임질 이유도 지니지 않기 때문이다. 그렇다면 상호작용이 일어나는 단일한 존재영역에 속하면서도 서로가 서로를 자신과 완전히 구분되는 타자로만 이해함을 뜻하는 경우는 어떠한가? 이 경우에도 윤리적 책임 같은 것은 제기될 수 없다. 자연 속의 동물들이 각자 살아남기 위해 최선을 다하듯이 서로에게 완전한 타자이기만 한 개별자들은 서로를 위해 배려할 마음과 무관한 존재자들이고, 서로를 위해 배려할 마음이 없는 존재자들은 서로에게 윤리적 책임을 물을 수 없기 때문이다. 그렇다면 타자와 외적으로 구별되는 의식주체에게만 윤리적 책임을 물을 수 있다는 주장은 온당치 못한 셈이다. 윤리적 책임이란 원래 타자와 외적으로 구별되지 않는 의식적 존재자에게만 돌릴 수 있는 것이기 때문이다. 한마디로 윤리적 책임을 물을 수 있는 존재자는 그 근원적 존재에서는 타자와 외적으로 구분될 수 없음에도 불구하고 개별화된 것으로서 주체화된 역설적인 존재자이다. 존재론적 윤리학이 해명해야 할 근본 문제들 중 하나가 바로 이것이다. 자기와 타자를 가르는 구분 없이 존재하는 존재자의 개별화와 주체화를 가능하게 하는 그 가능근거에 대한 물음이 존재론적 윤리학의 출발점이 되어야 한다는 뜻이다.

두 번째 문제 역시 실은 같은 역설과 결부되어 있다. 우리의 구체적 체험연관은 분명 의식이란 언제나 이미 개별화된 것으로서 존재한다는 사실을 드러낸다. 나에게는 나의 의식이, 너에게는 너의 의식이 있는 것이다. 만약 현상학적 의식이 자신과 타자 간의 어떤 외적 구분도 없는 절대적 내재성의 평면을 이루고 있다면, 그리고 바로 그러한 것으로서 존재의 전체성의 표현이라면, 의식의 개별화와 복수화를 가능하게 하는 그 근거는 과연 무엇인가?

이러한 문제를 해명할 단초는 후설의 현상학적 시간론에서 발견된다. 현상학적으로 시간이란 전체로서의 존재에서 일어나는 주름 잡힘과도 같다. 시간은 존재의 시간화이며, 존재의 시간화는 동시에 실존자의 현출이다. 존재자들 간의 어떤 외적 구분도 없는 절대적 내재성의 평면에서 일어나는 개별화와 복수화가 곧 현상학적 시간이며, 이는 곧 시간이란 그 자체가 하나의 실존임을 뜻한다.

1) 자기동일성과 비자기동일성의 역설적 통일로서의 순수한 나와 현상학적 시간

시간이란 무엇인가? 현상학적으로 보면 시간에 대한 물음은 현상학적 사유의 역설에 관한 물음이기도 하다. 우리에게 시간이란 생생한 삶의 체험연관 속에서 알려지는 것이며, 그런 한에서 현상적 세계에 속하는 것이다. 어떤 의미로 시간은 현상적 세계를 구성해내는 의식의 활동에 의존하는 것이라고 볼 수 있다. 그러나 우리는 우리 자신의 존재를 언제나 이미 시간 속에 머무는 존재자의 존재로서만 헤아릴 수 있을 뿐이다. 그런 한에서 시간은 나의 의식에 의존해서 생겨나는 것일 수 없다. 언제나 이미 시간 속에 머무는 존재자는 시간의 근거일 수 없기 때문이다.

사실 이러한 문제는 비단 시간 개념과의 관계 속에서만 발견되는 것이 아니다. 현상학적으로 보면 의식의 활동과 작용이 현상적 세계 일반에 선행하며, 이는 세계의 존재가 세계를 현상적인 것으로서 구성하고 산출해내는 의식의 작용에 의거해 있다는 뜻이다. 결국 현상적 세계란 칸트식의 물 자체가 아닌 것이다. 그러나 이러한 현상학적 진실이 우리가 우리 자신을 언제나 이미 세계 안에 있는 존재자로서 발견하게 된다는 사실을 바꾸는 것은 아니다. 그런데 내가 언제나 이미 세계 안에 있는 존재자라는 사실은 세계가 나의 존재에 의거해 있는 것이 아니라 실은 그 역이라는 사실을 알려준다.

메를로-퐁티는 현상학이 함축하고 있는 이러한 역설을 가장 예리하게 지적하고 또 분석한 사상가들 중 하나이다. 『지각의 현상학』 서문에서 메를로-퐁티가 적시했듯이, "현상학은 본질탐구로서, 그것이 가르

쳐주는 바에 따르면, 모든 문제들이 본질규정을 통해 해소되기를 원한다." 여기서 본질규정이란 "지각의 본질의 규정이며, 예컨대 [그러한 것으로서 동시에] 의식의 본질의 규정"이기도 하다. 여기서 모든 문제들이 지각 및 의식의 본질의 규정이라는 말은 무엇보다도 우선 세계란 우리에게 늘 현상적인 것으로서만 알려지는 것이며, 그러한 것으로서 지각과 의식의 활동에 의해 정립되는, 그리고 그런 한에서 객체적 세계가 아니라 의식 자신에 귀속되어야 할, 본질들에 의해 구성되는 것이라는 뜻이다. 한마디로, 현상학이란 존재를 의식에 의해 구성된 현상들의 세계로 환원하려는 경향에 의해 특징지어진다. 그러나 메를로-퐁티에 따르면 "동시에 현상학은 모든 본질을 실존 안으로 되돌려놓고, 인간과 세계를 그 '현사실성'에서 이해할 것을 요구하는 철학이기도 하다." 물론 이러한 관점에서 보면 현상학은 단순히 의식 및 의식에 의해 구성된 현상의 절대화만을 추구하는 철학이 아니다. 결국 후설의 현상학이란 모든 철학적 문제들을 의식의 본질에 대한 규정을 통해 해소하려는 철학이면서 동시에 의식의 본질 및 의식의 작용에 의해 본질들로 환원된 존재를 그 실존과 현사실성의 관점에서 고찰하려는 철학이다. 메를로-퐁티는 "후설 자신의 철학에서 반영되는 모순"에 관해 말한다. 후설의 현상학이 지향하는 두 가지 과제의 해명은, 적어도 전통 철학적 관점에서 보면, 상충되는 철학적 입장을 요구하는 것처럼 보인다는 뜻이다.[10]

메를로-퐁티가 언급한 후설 현상학의 모순은 사실 현상학적 시간에서 가장 집약적으로 나타나는, 그리고 바로 여기에서 그 근원적 유래가 발견되는, 현상학적 존재의 역설을 뜻한다. 이 말은, 후설이 처음부터 시간에 대한 현상학적 분석에 입각해서 상충하는 것처럼 보이는 두

---

10 M. Merleau-Ponty, *Phénoménologie de la perception*, Paris 1945, 10.

상이한 입장을 절충하려 시도했다는 뜻이 아니다. 다만 시간에 대한 현상학적 이해 자체 안에서 한편 모든 문제들을 지각 및 의식의 본질규정을 통해 해소하면서 동시에 모든 본질을 실존 안으로 되돌려놓아야 할 철학적 필요성이 가장 분명하게 발견된다는 뜻이다. 그렇다면 이러한 철학적 필요성은 왜 현상학적 존재의 역설로 이어지는가? 의식의 본질규정을 통해 해소된 것은 실존자가 아니며, 실존에 속하는 것으로서 파악된 것은 그 자체로 이미 의식의 본질규정을 넘어서 있기 때문이다. 현상학은 현상과 실존의 관계에 관한 이러한 모순과 역설을 해명해야 하는 과제를 안고 있는 것이다.

잘 알려져 있듯이 후설의 시간 분석은 지각체험에 대한 현상학적 분석에 토대를 두고 있다. 그러나 우리에게 주어진 근본 문제는 시간과 윤리의 관계에 관한 존재론적 해명이므로 먼저 지각체험의 계기를 포괄하면서도 동시에 윤리적 함의를 지니는 예시를 하나 살펴본 뒤 시간에 관해 먼저 생각해보자. 이러한 작업을 통해 우리는 지각체험에 대한 현상학적 분석에서 출발하는 후설의 시간론과 이후에 본격적으로 다루어질 존재론적 시간론 및 윤리 개념을 연결시킬 철학적 단초를 발견하게 될 것이다.

어느 추운 겨울밤 어둡고 구불구불한 골목길을 걷고 있던 나에게 불현듯 이상한 소리가 들려오기 시작했다. 나는 처음 추위에 떠는 고양이의 울음소리라고 생각했다. 그러나 한 걸음씩 앞으로 나아가는 사이 나는 그 소리를 사람이 고통스러워하며 내는 신음소리로 인지하게 되었다. 과연 골목길을 조금 돌아가자 가로등 아래 한 남자가 피를 흘리며 쓰러져 있는 것이 보였다. 나의 마음은 순식간에 연민으로 물들어버렸고, 당장 달려가 그를 도와야 한다는 생각이 일종의 윤리적 명령처럼 급박하게 나의 마음을 몰아치기 시작했다. 그러나 그에게 달려가 그 얼굴을 보는 순간 나는 온몸이 얼어붙는 듯했다. 그는 삼 년 전 나의 연인을 죽인 살인자 아닌가. 불행하게도 그가 살인자라는 것을 명백히 드러낼 증거는 발견되지 않았다. 하지만 정황상 그가 살인자가 아닐 가능성은 희박했다. 나를 보며 "도와주세요!"라고 말하던, 내 연인의 살인자로 내게 회상된, 남자의 눈빛에 불안과 두려움이 어리는 것이 보였다. 그는 "아! 당신이군요!"하고 작게 울부짖듯 말하더니 "저, 아무도 죽이지 않았어요! 저, 결백해요! 제발 믿어주세요!"라고 덧붙였다. 하지만 나의 마음은 이미 싸늘하게 식어 있었다. 그를 구해야 한다는 생각은 이미 사라져버렸고, 마음은 분노와 복수심에 사로잡힌 채 그가 이대로 죽어가는 것을 지켜보는 것이 나을지 아니면 그 전에 직접 그를 죽이는 것이 나을지 고민할 뿐이었다.

이 이야기는 단순한 허구로서든 아니면 실화로서든 일련의 사건들이 시간적으로 진행되는 과정을 기술하는 이야기라고 볼 수 있다. 모든 정황들을 다 생략하고 나의 사념과 감각, 행위에만 초점을 맞추는 경우 가장 먼저 일어난 사건은 나의 보행이고, 소리의 지각이 그 다음이며, 이어 소리를 고양이의 울음소리로 해석함, 사람의 고통스러운 신음소리로 재해석함, 연민과 윤리적 의무감을 느낌, 소리를 내는 사람에게로 달려감, 그가 연인을 죽인 원수임을 깨달음, 분노와 복수심을 느낌, 그가 저절로 죽도록 내버려두어야 할지 직접 죽일지 망설임 등이 순차적으로 일어난다. 그런데 이 모든 과정 속에서 개인적 성향이나 가치관, 경험 등과 무관한 순수한 지각체험이라 할 만한 것은 아직 고양이의 울음소리로 해석되기 이전에 일어난 소리의 지각뿐이다. 물론 엄밀하게 보면 이 소리 역시 실은 나에 의해 미지의 소리로서 이미 해석된 소리이며, 추운 겨울밤 좁고 구불구불한 골목길을 걷고 있는 나의 상황 속에서 들려온 것으로 인지된 소리이다.

그런데 소리의 지각은, 그것이 순수한 지각이든 아니면 상황에 대한 이해와 결합된 지각이든, 어떻게 가능할까? 후설이 시간의식에 대한 자신의 사유 초기(1893~1911년) 단계에서부터 밝혀왔듯이 청각을 비롯한 모든 지각의 체험은 근원인상(Urimpression)과 그 파지(Retention; 과거파지)로의 변양을 전제하기 마련이다. 형식논리적으로는 파지를 전제하지 않는, 즉 지각의 한 순간 울린 뒤 아무 기억도 남기지 않고 사라진 소리에 대해 말할 수도 있다. 그러나 우리의 구체적 체험 연관에 비추어보면 이러한 의미의 소리는 존재할 수 없다. 소리란 물리적 사물의 속성이 아니라 청각을 지닌 한 의식적 존재자의 역량에 의해 나타나는 일종의 현상이기 때문이다. 어떤 물리적 객체에 의해 일어나는 파동은 그 자체로서는 아직 소리가 아니고, 설령 귀를 비롯해 청각을 가능하게 할 이런저런 신체기관들 및 신경세포를 지닌 육체가 있어도 외부 자극에 대한 육체의 반응을 감각적인 것으로서 수용하고 이해할 의식이 없으면 파동과 육체의 만남은 어떤 소리도 생성해내지 못한다. 한마디로, 소리란 오직 의식에 의해 소리로서 의식된 것으로서만 가능하다는 것이다. 그런데 소리로서 의식된 소리는 언제나 이미 그 자체로서 지금 이전의 시간계기, 후설이 파지에 대해 언급할 때 늘 사용하는 표현을 차용하면, '지금 막 지나간' 소리에 대한 기억을 함축하기 마련이다. 소리를 들음은, 그것이 소리를 듣는 의식에 의해 이미 울려버린 것으로서 의식된다는 점에서, 지금 막 지나간 시간에 대한 의식을 수반한다는 뜻이다. 타인과 대화를 하거나 음악을 듣는 일상적인 상황에 빗대어 생각해보면 소리가 언제나 지금 이전의 시간계기를 지닌다는 것이 한층 분명하게 드러난다. 나는 지금 듣고 있는 이 소리가 누군가의 말소리라는 것을, 혹은 라디오에서 흘러나오는 음악이라는 것을, 어떻게 알 수 있을까? 어떤 기억의 계기도 함축하지 않는, 그리고 그러한 의미에서 순수한 소리는 내가 말소리나 음악소리로 이해하는 소리에서 발견될 수 없다. 결국 나로 하여금 말소리를 말소리로, 음악소리를 음악소리로, 받아들이게 하는 것은 지금 들려오는 소리 이전의 소리에 대한 기억이다. 물론 소리를 듣는 의식에게 이전의 소리에 대한 기억은 지금 들려오는 기억과 시간적으로 단순히 동떨어진 것으로서만 기억되지 않는다. 소리에 대한 기억은, 그 기억이 어느 시점의 소리를 향해 있든지, '지금 막 지나간' 것의 형식 속에서 사라져가는 소리들에 대한 순차적 기억의 전체 속에서 멀거나 가까운 것으로서 자리매김된다. 소리를 말소리나 음악소리로 지각함을 가능하게 하는 것은 바로 이러한 과정이다.

소리의 지각의 가능근거인 기억은 응당 시간의식을 수반한다. 기억은 마음속 표상에 대한 단순한 사념이 아니라 지금 표상되는 것이 과거에 속한 것임을 함께 의식함이기도 하다. 물론 의식되는 표상의 시간적 앞섬에 대한 의식은 동시에 이제 곧 도래할 시간에 대한 예지의 의식이기도 하다. 지나간 소리와 지금 들려오는 소리의 연속 속에서 내가 소리에 관심을 기울임은 소리와 나의 관계가 지금 당장 단절될 수 있는 것이 아님을 자각함과 같기 때문이다. 물론 소리는 언제고 끝나기 마련이다. 그러나 소리의 끝남이 소리와 내가 단순히 무관계해짐을 뜻하지는 않는다. 소리의 끝남이란 소리의 지속에 대한 예지를 전제하는 것이기 때문이다. 구체적으로 말해, 음악이 마침내 끝났다는 생각은 음악이 끝난 그 시점보다 소리가 더 지속되리라고, 혹은 바로 그 시점에 소리가 끝나게 되리라고, 혹은 그보다 조금 더 앞선 시점에 끝나야 했으리라고 판단했음을 뜻한다. 설령 부지불식간에 음악이 끝났다고 해도 사정은 바뀌지 않는다. 음악이 끝났음을 추후로 자각함은 음악의 지속을 예기해왔음을 뜻하고, 동시에 음악이 끝난 후 이제 음악이 사라진 시간이 이어질 것임을 예기하게 됨을 뜻하기 때문이다. 바로 그렇기에 소리의 끝남 역시 실은 이제 곧 들려올, 혹은 이제 곧 들려오기를 그칠, 소리와 소리 없이 지속할 세계의 침묵에 대한 예지를 전제로 해서만 가능한 사건인 것이다.

그렇다면 소리의 지각의 근거인 시간의식의 시간은 주관적인 것인가 아니면 객관적인 것인가? 파지 및 예지는 나의 지각에서 발견되는 시간계기들이며, 파지하고 예지하는 나의 의식의 활동이 없으면 생기지 않는다. 아니, 엄밀한 의미에서 파지와 예지란 사물적 존재자의 현상처럼 생겨날 수 있는 것이 아니라 실은 파지하고 예지하는 의식의 행위 자체이다. 게다가 과거와 현재를 가르는 그 기준은 결국 나의 현재이며, 그런 한에서 과거 및 현재 역시 자신의 존재를 지금의 존재로서 현전화하는 의식의 활동에 의지하는 셈이다. 이러한 점에 비추어보면 시간은 분명 나의 활동에 의거해 생겨나는 그러한 점에서 객관적이지 않고, 그렇기에 결국 주관적이다. 그러나 다른 한편 나는 결코 내가 듣는 소리의 시간적 흐름을 자의적으로 바꿀 수 없다. 라디오에서 흘러나오는 음악소리는 나의 주관적 의지나 심정과는 무관하게 그 자체로 흐를 것이고, 그 자체의 시간을 지니며, 음악이 지니는 그 자체의 시간은 나의 의식에 속한 주관적 소리일 수 없다. 이러한 역설은 앞에서 언급된 '나와 상처 입은 원수의 만남' 이야기에서도 고스란히 발견된다. 결국 그 이야기는 나의 이야기이다. 추운 겨울밤 골목길을 걷던 것도 나였고, 소리를 들은 것도 나였으며, 그 소리를 고양이의 울음소리로, 사람이 내는 고통스러운 신음소리로, 해석한 것도 나였다. 그 뿐인가? 연민과 의무감을 느낀 것도 나였고, 소리의 근원지를 향해 달려간 것도 나였으며, 그 근원지에서 연인을 죽인, 혹은 나 자신이 그러한 자로서 회상하는, 한 인간의 얼굴을 발견하고 온몸이 얼어붙는 듯한 충격을 받은 것도 나였다. 내가 나의 것으로서 수용하고 이해하는 일련의 경험들과 그 경험들 속에서 나타나는 이런저런 느낌과 상념, 판단, 결의 등이 없으면 이야기는 형성되지 않았을 것이며, 이야기 속에서 전개된 시간의 흐름 역시 없었을 것이다. 결국 내가 생생하게 체험한 시간은 공허한 물리적 시간이 아니라 삶의 의미로 충전된 시간인 것이다. 그러나 나의 것임에도 이야기의 흐름 자체는 나의 자의에 의해 변할 수 있는 것이 아니다. 내가 경험하고 목도한 일련의 사건들을 회상할 때 나는 회상되는 사건들이 나의 주관적 의지나 결의에 의해 뒤바뀔 수 있는 것으로서 연속된 것이 아니라 불변하는 순서 속에서 진행된 것임을 인정하지 않을 수 없다. 물론 나의 기억은 헝클어질 수 있고, 헝클어진 기억 속에서 사건들의 순서는 종종 뒤바뀐다. 그러나 그러한 뒤바뀜 역시 이미 사건들의 불변하는 순서를 전제로 해서만 뒤바뀜으로서 인지될 수 있다. 결국 기억되는 모든 나의 경험과 이야기들은, 그것이 나의 존재에 의거한 그러한 것으로서 순수하게 객관적인 것이 아님에도 불구하고, 마치 나 자신의 존재와 처음부터 무관했던 것처럼 그 자신의 과정과 순서를 지니게 되는 것이다.

현상학적 의식이란 존재의 전체성의 표현이라는 관점에서 보면, 그리고 보다 일반적으로 말해 현상이란 현상학적으로 경험의 절대적 한계를 지시하는 말이라는 점을 고려해보면, 이제 문제가 되는 것은 세계 안에 그 자체로 존재한다고 상정되는 객관적 시간을 의식의 구체적 체험연관 속에서 발견되는 현상적 시간으로 환원하는 것이다. 결론부터 말하자면 이러한 환원은 근본적으로 오직 개별화된 의식의—즉 경험적 나에 의해 나의 경험들의 장으로서 파악되는—경험세계와 개별화된 의식의 것으로 한정될 수 없는—즉 나와 타자의 공통된 존재지반으로서 펼쳐지는—공동 세계와의 동일화를 통해서만 가능할 수 있다. 그 이유는 간단하다. 시간객관 혹은 객관적인 것으로서 파악되는 시간 역시 현상학적으로 보면 구체적 체험을 통해 알려진 것일 수밖에 없다. 우리가 경험하는 시간이란 과거, 현재, 미래의 세 가지 시간계기들 및 지각체험을 통해 주관적이거나 객관적인 사건들의 연쇄적 흐름으로서 파악된 일련의 과정을 전제하는 바, 시간계기들과 사건들의 연쇄적 흐름으로서의 과정이란 그러한 것들을 하나의 통일된 배열로서 파악할 수 있는 의식의 활동을 통해서만 나타날 수 있는 것이기 때문이다. 그럼에도 시간이 마치 객관적인 것처럼 파악됨은 그것이 나의 주관적 경험에 한정될 수 없는 것으로서 인지됨을 뜻한다. 즉, 구체적 체험연관을 통해서만 알려지는 것이면서도, 그리고 바로 그런 점에서 엄밀한 의미로 객관적일 수 없는 그러한 것이면서도, 시간은 나의 주관적 경험에 한정될 수 없는 것이라는 의미로 객관화된다. 이러한 객관화를 가능하게 하는 세계란 결국 의식과 무관한 물리적 사물들의 세계로 한정되지 않으면서 동시에 개별화된 의식의 세계로도 한정될 수 없는 특별한 체험의 세계일 수밖에 없다. 『이념들 I』이나 후설의 초기 시간론에서 명시적으로 주제화된 것은 아니지만 이러한 사정에 상응하는 현상학적 개념은 바로 생활세계이다. 후설은 『경험과 판단』에서 다음과 같이 설명한다: "경험의 세계로 되돌아감은 '생활세계', 즉 그 안에서 우리가 언제나 이미 살고 있고, 그리고 모든 인식의 실현 및 모든 학문적 규정들에 토대가 되어주는 그러한 세계로 되돌아감이다."[11]

『경험과 판단』은 1919/20년 겨울학기의 후설 강의 〈발생적 논리학〉을 기초로 하여 란트그레베가 20년대의 여타 강의들, 1910~14년의 수고 등에서 자료들을 취합해 편집한 책이다. 『경험과 판단』의 토대인 〈발생적 논리학〉 강의가 수행된 1919/20년은 후설의 시간론 중기에 가까운 시기이다. 그러나 필자의 판단으로는 이러한 문제의식의 단초는 이미 1913년에 출판된 『이념들 I』에서 이미 발견된다. 이 말은 물론 생활세계 및 발생적 현상학의 논점들이 이미 『이념들 I』에서 구체화되었다는 것을 뜻하지 않는다. 『이념들 I』의 근본 관점은 순수한 나의 이념을 중심으로 전개되고 있으며, 이는 후설의 주저로 통하는 이 책이

11 E. Husserl, *Erfahrung und Urteil*, Hamburg 1972, 38.

선험초월론적 인식론에 정향되어 있음을 뜻한다.

잘 알려져 있듯이 하이데거를 포함해 들뢰즈나 데리다처럼 후설과 비판적인 거리를 둔 철학자들은 대체로 『이념들 I』에서 데카르트적 코기토의 잔재를 발견한다. 또한 아돌프 라이나크, 에디트 슈타인 등과 같은 후설의 제자들이 『이념들 I』을 신칸트주의적 인식론으로의 퇴행으로 간주했다는 것 역시 연구자들 사이에서는 상식으로 통한다. 필자 역시 『이념들 I』에 대해 비판적이다. 사실 후설은 『이념들 I』 이후에도 현상학에서 데카르트적 코기토의 잔재를 청산하는 데 실패한다. 그 까닭은 무엇보다도 우선 후설이 현상학을 엄밀한 보편학으로서 정초하려는 관점을 견지하였다는 점에서 발견될 수 있다. 엄밀한 보편학인 한에서 현상학은 결국 인식론적으로 정향될 수밖에 없고, 인식론적으로 정향된 철학은 이미 그 자체로 삶의 체험연관에서 발견되는 현상들의 세계가 보편학의 체계로 환원될 수 있다는 선입견의 표현인 것이다. 그러나 하나의 철학이 지니는 한계는 그것이 자신의 한계 안에 머무르려는 경향에 의해 지배됨을 뜻하지는 않는다. 엄밀한 의미에서 한계란 그 한계를 넘어서려는 운동이 존재하는 한에서만 한계일 수 있다. 후설의 현상학이 그러하다. 비록 후설의 현상학이 보편학을 추구하는 인식론의 한계 안에 머물고 있었다고 해도, 이미 그 안에서는 새로운 철학을 향한 정신의 운동이 생동하고 있었던 것이다.

『이념들 I』에서 발견되는 코기토의 관점은 단순히 데카르트적 코기토의 현상학적 변종과 같은 것으로 파악되어서는 안 된다. 실은 그 반대이다. 데카르트적 코기토로 현상학적 성찰이 눈길을 돌리는 바로 그 지점에서 실은 가장 급진적으로 데카르트적 코기토를 해체할 가능성의 맹아가 움터난다. 후설의 현상학은 데카르트적 코기토를 가능하게 한 자아 및 의식의 이념 그 한가운데로 들어가서 자아 및 의식의 실체화를 불가능하게 할 근본 원리를 밝혀내는 것이다.

'현상학적 시간과 시간의식' 이라고 명명된 『이념들 I』의 한 절에서 근원인상과 파지, 예지의 관계를 주제화하고 분석한 뒤 후설은—체험지평을 다루는 그 다음 절에서—다음과 같이 주장한다: "방금 다룬, 반성하는 (내재하는) 지각의 소여로서의 체험의 일반적인 특성은 보다 포괄적인, 다음의 것을 그 **본질법칙**에서 알려주는, [체험의 특성의] 한 성분이다: 모든 체험은 단지 하나의, 본질적으로 그 자체 안에 닫힌, 체험연관 안에 서 있는 시간적 **순서**의 관점 아래에만 있는 것이 아니라 **동시성**(Gleichzeitigkeit)의 관점 아래에도 있다. 이것은 모든 체험이 **지금** 체험들의 지평을 갖는다는 것을, 그리고 이 체험들의 지평 역시 '지금' 의 본래적 형태를 갖는다는 것을, 그리고 그러한 것으로서 순수한 나의 **본래적 형태를**, 그것[순수한 나]의 전체의, 본래적인, 의식의-지금을 갖는다는 것을 말한다."[12]

이 난해하고 복잡한 글의 의미를 이해하려면 '순수한 나의 본래적 형태가 의식의-지금' 이라는, 마지막 문장에서 추려낼 수 있는 명제에 먼저 주목해야 한다. 이 명제에서 지금이라는 시간계기는, 의식의-지금이라는 형식 속에서, 순수한 나의 본래적 형태로 제시되어 있다. 그런데 지금이 순수한 나의 본래적 형태라는 것은 대체 무엇을 뜻할까? 그 해답의 단초는 순수한 나란, 비록 후설에 따르면 어떤 본질내용도 없는 공허한 것에 지나지 않을지라도, 아무튼 일종의 존재자와 같은 것으로서 파악된 것이라는 점에서 우선 발견될 수 있다. 하나의 존재자와 같은 것으로서 순수한 나는 현실적인 존재의 지평을 지녀야 하며, 이 현실적인 존재의 지평은 순전히 과거에 속한 것이거나 미래에 속한 것일 수 없다. 즉 지나간 것 및 지나간 것에 관한 기억의 지평이

12 E. Husserl, *Ideen zu einer reinen Phänomenologie und phänomenologischen Philosophie Buch I* (Husserliana Bad III/1), Den Haag 1976, 184. 원문에서의 강조.

나 장차 도래할 것에 대한 예기 및 이러한 예기에 의해 선취되는 미래의 지평은 순수한 나의 존재근거로서의 현실적인 존재의 온전한 지평일 수 없는 것이다. 무엇이든 존재하는 것은, 존재하는 것으로서 지각되고 또 의식되는 것은, 바로 지금 존재하는 것일 수밖에 없으며, 이는 과거와 미래는 이미 지난 것과 아직 도래하지 않은 것으로서 바로 지금의 시간에 의거해 있다는 진실의 드러남이기도 하다. 바로 그런 점에서 순수한 나의 존재근거로서의 현실적인 존재의 지평은 지금을 전제할 수밖에 없으며, 이는 현재가 순수한 나에게 과거, 현재, 미래의 세 시간계기들 가운데 가장 우월하고 절대적이라는 것을 뜻한다. 물론 현재의 절대화는 그 자체로 현재를 자기의 존재의 현실적인 지평으로서 지니는 순수한 나의 절대화이기도 하다. 현재, 과거, 미래의 세 시간계기들 가운데 현재가 가장 우월하고 절대적인 한에서, 그러한 현재의 의식을 가능하게 하는 한 존재자로서의 나의 존재가 그 자체로 현재뿐 아니라 과거와 미래의 근원적 가능근거로서 파악되어야 하기 때문이다.

이처럼 『이념들 I』의 현상학적 시간 분석이 현재 및 순수한 나의 절대화로 이어지는 한에서 『이념들 I』의 현상학은 분명 순수한 나 중심의 철학, 즉 코기토의 철학이라 할 만하다. 체험의 다기한 지평들 일체가, 각각의 체험의 지평 속에서 발견되는 시간의 전체가, 경험적 의식 및 그러한 의식에게서 나타나는 체험연관의 전체가, 순수한 나의 존재에 의거해 있는 것으로 제시되고 있는 것이다. 그런데 이러한 순수한 나의 존재 및 경험의 중심으로서의 순수한 나의 존재에 의거해 가능해지는 의식의 자기동일성은 어떻게 자각되는 것일까? 이러한 물음에는 이미 『이념들 I』의 코기토 중심의 철학을 시간과 현상학적 의식 간의 관계에 대한 『이념들 I』의 관점 그 자체를 활용해서 해체시킬 가능성이 담겨 있다. 자각되는 것인 한에서 순수한 나는 그 자체로 부단한 체험의 흐름 속으로, 그 흐름 안에서 나타나는 시간의 통일적 구조 속으로, 시간의 근원적 계기들에 속한 과거와 미래 속으로, 파지와 예지 속으로, 흩어져가는 비현재적이고 비자기동일적인 것으로서 드러나기 때문이다. 순수한 나의 이념 자체가 그것에 의거해 가능해지는 의식의 자기동일성을 근원적으로 무근거한 것으로서 드러낸다는 뜻이다.

필자의 소견으로는, 순수한 나에 대한 현상학적 절대화가 함축하는 이러한 역설이 실은 현상학적 시간 개념과 생활세계 개념의 핵심이다. 만약 순수한 나가 현재성과 비현재성, 자기동일성과 비자기동일성의 역설과 모순 위에 서 있는 존재라면, 그러한 나를 경험의 중심으로서 지니는 현상학적 의식 역시 개별화된 자아의 의식으로 환원될 수 없다. 후설의 현상학에서 생활세계란 실은 개별화된 자아의 의식으로 환원될 수 없는, 존재의 전체성의 표현으로서의 현상학적 의식의, 존재의 장으로서 설정된 것이다.

2) 실존화로서의 시간화

『이념들 I』에 따르면 "현상학적 시간은 모든 체험의 일반적 특성으로서"[13] 파악되어야 한다. 이 명제는 무엇보다도 우선 현상학적 시간이 순수한 나의 시간으로서 파악되어야 함을 암시한다. 순수한 나가 모든 경험(Erfahrung)의 관계중심이고, 그런 한에서 모든 체험(Erlebnis)의 일반적 특성으로서의 시간 역시 모든 경험의 관계중심인 순수한 나와의 관계 속에서만 가능할 수 있기 때문이다. 여기서 필자가 굳이 경험과 체험을 구분한 까닭은 현상학적으로 체험이란 원래 순수한 나에 귀속될 수 있는 것이 아니라는 판단 때문이다. 『이념들 I』에서 경험과 체험의 엄밀한 구분이 발견되지 않는 까닭은 아마 후설이 순수한 나의

13 Ibid., 180.

이념을 수용한 점에서 찾을 수 있을 것이다. 경험의 독일어 원어 'Erfahrung'은 원래 '듣고 알다', '배워 알다'의 의미를 함축하고 있는 말로서 직접적인 체험 자체뿐 아니라 체험으로부터 얻을 수 있는 인식의 계기 또한 함축한다. 필자가 앞서 지적했듯이 동일성의 이념은 원래 인식의 필요에 의해 제기되는 것인 바, 동일성의 이념이 인식의 필요에 의해 제기된다는 것으로부터 동일성의 근거가 될 순수한 나와 같은 것이 실제로 존재한다는 결론이 나오는 것은 아니다. 이러한 생각을 토대로 경험과 체험, 그리고 순수한 나의 관계에 관해서 우리는 다음과 같이 말할 수 있다: 순수한 나의 이념은 체험의 흐름을 향한 현상학적 의식의 인식적 관심에 의해 정립되는 것으로, 체험의 연속적인 흐름으로부터 각각의 시간마다의 체험들을 개별화함과 이렇게 개별화된 체험들을 순수한 나와의 관계 속에서 가능해진 것으로 간주함이 체험을 순수한 나를 관계의 중심으로 삼는, 그리고 그러한 것으로서 나의 인식의 원천이 되는, 경험으로 전환하는 그 조건이다.

필자가 아는 한에서 이러한 관점은 후설에 의해—적어도 그 의미가 온전히 드러나는 데 충분할 만큼은—명확하게 정리된 적이 없다. 그러나 후설 역시 암묵적으로 이러한 관점에서 현상학적 시간을 다룬다는 것은 분명해 보인다. 『이념들 I』의 다음 구절을 한번 살펴보자: "모든 실제적 체험은 필연적으로 하나의 지속하는 체험이다 (우리는 그 명증성을 체험현실의 명석한 직관에 근거하여 성취한다); 그리고 이 지속과 함께 그것은 지속함의 무한한 연속 안에—하나의 충전된 연속 안에—배열된다. 그것은 필연적으로 모든 방면으로 무한한, 충전된 시간지평을 갖는다. 그것은 동시에 그것[체험]이 하나의 무한한 '체험흐름'에 속한다는 것을 말한다. 모든 개별적 체험은 시작될 수 있듯이 끝날 수 있고, 그럼으로써, 예컨대 기쁨의 체험처럼, 자신의 지속을 종결한다. 그러나 체험흐름은 시작할 수도 끝날 수도 없다. 시간적인 존재로서 [개별화된] 모든 체험은 그것[체험]의 [근거인] 순수한 나의 체험이다. 여기에는 필연적으로 (우리가 알고 있듯이 공허한 논리적 가능성이 아닌) 가능성이 속해 있는 바, 그것은 내가 [자아가] 이 체험에 자신의 순수한 나-시선(Ich-Blick)을 던져서 그것을 실제로 존재하는 것으로서, 현상학적 시간 속에서 지속하는 것으로서, 파악할 가능성이다."[14]

인용문에서 우리가 가장 주목해야 하는 부분은 체험흐름은 원래 무한한 것이라는 주장과 시작되고 또 끝나는 것으로서 개별화된 모든 체험은 무한한 체험흐름에 속한다는 주장이다. 그런데 무한한 체험흐름이란 대체 무엇을 말하는 것일까? 전통 철학적으로 표현하자면, 우리는 모두 유한한 존재 아닌가? 유한한 존재로서 내게는 탄생의 시간과 죽음의 시간이 있고, 이는 나의 의식과 체험이 시간적으로 유한하다는 것을 뜻하지 않는가? 혹시 후설이 말하는 무한한 체험흐름이란 개별화된 모든 체험흐름이 그 자신의 시간적 한계를 넘어서는 체험흐름의 전체에 속한다는 것을, 그리고 이 체험흐름의 전체는 결국 나에 속한 것이므로 개별 체험흐름의 한계를 확장한다는 점에서는 매 순간 무한한 것처럼 상정되지만 실은 나 자신의 존재와 마찬가지로 유한하다는 것을, 뜻하는 것일까? 만약 의식이 나의 탄생과 더불어 시작하고 또 나의 죽음과 더불어 끝나는 것이라면, 그리고 그러한 것으로서 타자와 구분되는 개별자로서의 나에게 귀속되는 것이라면, 이러한 물음에 대해 가능한 답변은 오직 긍정만이 있을 뿐이다. 그런데 그것은 결국 의식의 존재를 자신과 외적인 관계를 이루고 있는 물리적 사물들의 존재와의 유비 속에서 설명하려는 통속적 경향을 반영한다. 하나의 사물은 우리가 보는 앞에서 생성되거나 제작될 수 있고, 또 소멸하거나 폐기

14 Ibid., 182.

처분될 수 있다. 하나의 육체는 우리가 보는 앞에서 암컷의 자궁 밖으로 나올 수 있으며, 또 자신의 생기를 상실하고 부패하거나 먹힘으로써 존재하기를 그칠 수 있다. 그런데 우리가 자기의 의식이라 파악하는, 혹은 자기의 존재를 의식하고 그것과 관계를 맺는, 의식의 존재는 어떠한가? 이러한 의식은, 후설이 잘 적시한 것처럼, 체험흐름 속에서 특정한 체험흐름이 지속하는 것으로서 개별화되는 경우에만 나타날 수 있다. 즉, 자기에 대한 의식이란 자기와의 관계 속에서만 존재하는 의식이 아니라 자기 아닌 것으로서 하나의 체험흐름이 개별화되고 주제화되어 의식과 관심의 관계를 맺을 때 비로소 나타나게 된다. 의식과 관심의 관계를 맺는다는 점에서, 즉 사념하고 판단하는 의식이 사념하고 판단할 거리로서 파악하고 지향적 관계를 맺는다는 점에서, 개별화되고 주제화된 체험흐름은 사념하고 판단하는 의식과 마치 외적 관계를 맺고 있는 것처럼 나타나게 된다. 그러나 필자가 앞에서 지적했듯이 사념하고 판단할 거리로서 주어져 있는 현상과의 관계를 떠나 독립자존할 수 있는 순수한 의식이란 그 자체로 이미 형용모순에 지나지 않는다. 의식이란 의식하는 활동으로서만 존속하는 것이며, 이는 의식이 의식할 거리로서 주어져 있는 현상을 의식 그 자체의 근원적 요소로서 지닌다는 것을 뜻하는 것이다. 그렇다면 자기의 의식을 가능하게 하는 체험흐름의 개별화 및 주제화는, 개별화되고 주제화된 체험흐름이 무한한 체험흐름에 속할 뿐 아니라 그 자체로서 의식의 근원적 요소라는 바로 그러한 점에서, 자기의 의식 자체가 실은 무한한 의식의 흐름 속에서 그때마다 나타나는 일종의 주름 같은 것에 지나지 않는다는 것을 드러낼 뿐이다.

우리는 깨어 있는 시간 동안 거의 언제나 다소간 자기를 의식하며 존재하기 마련이다. 그것은 깨어 있음 자체가 무한한 체험의 흐름 속에서 부단히 체험의 개별화가 일어나고 있음을 뜻하는 것이기 때문이다. 앞서 예시로 든 이야기로 돌아가 보자. 나는 추운 겨울밤 골목길을 걷고 있었고, 골목길을 걷던 나는 특별히 자기 자신에 대한 반성적 성찰 같은 것은 하지 않았다. 하지만 그럼에도 나는 늘 자기를 의식하고 있었다. 추위가, 어둠이 일깨우는 불안이, 아무도 없는 골목길에서 울리는 나의 발걸음 소리가, 무한한 체험흐름으로서의 의식을 추위와 불안을 느끼거나 발걸음 소리를 듣는 특별한 의식으로서, 그러한 것의 지각에 대한 관심 속에서 주제화된 나의 의식으로서, 일깨우고 있었기 때문이다. 불현듯 들려온, 내가 처음 고양이의 울음소리라 파악했던, 어떤 소리에 내가 주의를 기울이게 됨은 통념적으로 보면 외부세계에 나타난 물리적 현상으로서의 소리에 대한 반응이다. 그러나 현상학적으로 보면 순수하게 물리적인 현상이란, 그것이 지각하고 판단하며 또 사념하는 의식과 독립적인 것으로서 정의되는 한에서, 원래 존재하지 않는다. 소리로서, 하나의 현상으로서, 그것은 그 자체로 존재의 전체성의 표현으로서의 현상학적 의식에 속한 것이다. 달리 말해 소리에 의해 의식이 불현듯 새로운 각성을 얻고 또 소리에 주의를 기울이는 한 존재자의 의식으로서 특별히 주제화됨은 현상학적 의식이 나의 의식으로 환원될 수 없는 것임을 알리는 그 증거이다. 내가 나의 것으로서 인정할 수 없는 소리가 실은 이미 현상학적 의식에 속해 있고, 나의 의식이란 그 현상학적 의식의 한시적 양태로서 현상학적 의식 자체에 속한 이런저런 현상들과의 유한한 관계 속에서 명멸하는 것이기 때문이다.

경험적 나에 의해 나와 외적인 관계를 맺고 있는 것으로서 파악되는 모든 현상이 실은 존재의 전체성의 표현으로서의 현상학적 의식의 드러남이라는 사실은 내가 소리를 고통당하는 사람의 신음소리로 재해석할 때 극명하게 드러난다. 그 소리는 객관적 방관자로서의 나에 의해 나와 무관한 외적 존재자로서 정립된 한 생물로서의 인간에게서 나는 소리가 아니다. 그 소리는 내 안에서 부지불식간에 연민이 일어나게 하는 소리이며, 당장 그에게로 달려가서 그를 도와야 한다는 윤리적 청유와 명령을 불러일으킨 소리이고, 그러한 것으로서 타인의 고통을 느끼고 윤리적 책임의식을 느낄 수 있는 나의 존재의 고유함이 드러나도록 하는 소리이다. 그렇기에 그 소리는 내 의식 밖에 있는, 나와 외적으로 구분되는, 한 사물적 존재자에게서 유래하는 물리적 현상일 수 없다. 그것은 현상학적 의식의 소리이며, 어떤 개별 주체의 주관적 의지나 판단과 무관하게 연속적인 흐름으로서의 의식 안에서 연민과 책임의식이 떠오르도록 하는 어떤 양심의 부름이다. 물론 양심의 부름에 순응하거나 저항할 행위의 주체로서의 나는 고통받는 한 인간의 신음소리로서 개별화되고 주제화된 체험흐름에 의해 일깨워진 존재자이며, 그러한 존재자를 일깨우는 특별한 현상으로서의 소리는 자기의식에 속한 것이기도 하고 자기의식의 근원적 근거로서의 무한한 현상학적 의식에 속한 것이기도 하다.

혹시 후설의 현상학적 시간론에 대한 필자의 해석과 그 윤리학적 확장이 지나친 논리비약이라고 여겨지는 독자가 있다면 우선 위의 이야기에서 윤리학적 함의들은 제외하고 다음과 같은 점에 주목해주기 바란다: 후설의 현상학적 시간론에 따르면 자기에 대한 의식과 그러한 의식과 관계를 맺고 있는 모든 개별화된 체험흐름은 모두 무한한 체험흐름에 속한 것이다. 이러한 생각이 가장 분명하게 정립된 저술은 바로 『경험과 판단』이다. 이 책에는—대략 1930년대 초에 시작된 것으로서 간주되어야 할—시간의 의미를 현상학적 구성이론을 통해 해명하려는 후설의 성찰이 담겨 있는 바, 그 가장 중요한 특징 중 하나는 지향성을 시간화 및 현재화로서 재정립하는 것에 있다.

지향성의 시간화란 대체 무엇을 뜻할까? 그리고 시간의 의미를 현상학적 구성이론을 통해 해명하려는 후설의 성찰이 지향성의 시간화로 이어진 까닭은 무엇인가? 우리는 이미 위에서 그 해명의 단초를 살펴보았다. 잘 알려진 대로 지향성이란 의식의 지향적 구조를 표현하는 말로서, 의식이 판단하고 사념하는 의식으로 한정될 수 없는 그 무엇과의 관계 속에서 존속함을 뜻한다. 그런데 무한한 체험의 흐름 자체에서는 의식의 지향적 구조를 가능하게 할, 즉 의식을 그것에 관한 의식으로서 주제화할, 그 무엇이 발견될 수 없다. 즉, 의식의 지향적 구조는 무한한 체험흐름에서 그 무엇이 의식될 것으로서 나타나게 되었음을 전제하고, 이는 체험흐름이 개별화되었음을, 시작될 수 있고 또 끝날 수 있는 그러한 지속으로서의 하나의 체험흐름이 무한한 체험흐름에 속한 것으로서, 개별화되었음을 뜻한다. 이러한 개별화를 가능하게 하는 것은 물론 절대적 시간으로서의 현재이며, 개별화된 체험흐름의 지속이란 개별화된 체험흐름이 현재화된 것으로서 동시에 과거와 미래의 시간계기를 지니고 있음을 뜻한다. 예컨대 기쁨이나 슬픔 같은 감정의 체험에 관해 생각해보자. 감정은 시작될 수 있고 또 끝날 수 있는 것으로서 체험되는 것이며, 실제로도 언제나 시작과 끝을 지니는 개별 감정으로서 체험된다. 그런데 감정체험이 시작과 끝을 지님은 그것이 하나의 지속임을 뜻하고, 그러한 것으로서 무한한 체험흐름에 귀속된 것임을 뜻한다. 결국 감정체험이란 무로부터 갑자기 일어나는 것이 아니라 의식의 체험흐름의 한 계기로서 일어나는 것이기 때문이다. 즉, 의식의 지향적 구조 속에서 의식이 관계하는 한 상관자로서 나타나는 감정은 현재화된 것이며, 현재화된 것으로서, 비록 눈앞에 보이는 사물은 아니라고 할지로도, 생생하게 현전하는 것이고, 그러한 것으로서 과거와 미래의 시간계기를 지닌 하나의 지속이다. 그런데 현상학적으로 보면 감정뿐 아니라 모든 존재자의 현상이 다 그러한 과정을 통해 존재하게 된 것이라고 볼 수 있다. 자연적 의식태도에서는 외적 사물로 인식되는 꽃 역시 실은 하나의 현상으로서 체험흐름의 지속에 속한 것이고, 의식의 지향적 구조 속에서 현재화된 것이며, 현재화된 것으로서 시간성을 자기의 근원적 존재로서 지니는 실존자로 파악된 것이다. 한마디로, 한 존재자의 존재는 개별화된 체험흐름에 의해 역시 개별화된 것으로서 주제화된 자기의식과의 관계 속에서 실존자로 파악된 것이며, 여기서 실존자로서 파악되는 존재자의 존재란 자기의식의 개별화 및 주제화를 가능하게 한 개별화된 체험흐름 그 자체이다. 『경험과 판단』의 표현을 따르자면 시간의식에서 발견되는 시간계기들 및 그러한 시간계기들이 알려주는 지금의, 지난, 도래할 등등의 의미는 모두 "시간적 존재자로서 현존하는 것(Da-seiendes)의, 개별적으로 존재하는 것의, 양태들이다."[15]

이제 후설의 현상학적 시간론에 대한 필자의 윤리학적 확장에 대해 생각해보자. 현상학적 시간에 대한 후설의 언명 속에서 윤리적 함의가 잘 발견되지 않는 것은 그가 어떤 유의미성도 담겨 있지 않은 순수한 지각체험에 기대어 현상학적 시간의 의미를 해명하기 때문이다. 물론 후설이 곧잘 시간의식의 예로 사용하는 멜로디는 그 자체로 유의미성을 함축하는 말이다. 멜로디란 음악에 속한 것으로서 소리에 아름다움과 의미를 담아낼 수 있는 우리의 문화적 역량의 표현이기 때문이다. 그러나 후설은 음악의 유의미성 자체에 주의를 기울이기보다 소리를 지각하는 의식에서 발견되는 시간성의 계기들을 드러내는 데 집중한다. 소리를 하나의 순수한 지각대상처럼 상정한 뒤 소리를 자신의 상관자로서 지니는 의식에서 발견되는 시간계기들을 특정한 유의미성 맥락과 무관하게 모든 사람의 모든 지각체험에 공통되게 적용할 수 있는 보편적인 것으로서 제시한 것이다. 하지만 후설이 이러한 지각체험의 근원적 계기로서의 유의미성을 아예 발견하지 못했다거나 충분히

---

15 E. Husserl, *Erfahrung und Urteil*, Hamburg 1972, 470.

주목하지 않았다는 식으로 생각할 필요는 없다. 예컨대 후설이 모든 경험과 가치판단, 모든 인식과 학문의 공통된 지반으로서 제시한 생활세계 개념은 유의미성 맥락과 무관한 순수한 지각체험이란 원래 가능하지 않은 것임을 알려준다. 필자가 주목하는 것은 다만 시간계기에 개별 체험의 특수성을 뛰어넘는 보편성을 부여하려는 후설의 의도 자체이다. 필자의 소견으로는, 시간계기의 보편성은 직접적인 체험연관에서 발견될 수 있는 순수한 현상적 소여가 아니라 오직 반성적 사유의 산물일 뿐이다.

아마 혹자는 이렇게 물을 수도 있겠다: 그러나 모든 사람이 모든 경험 속에서 과거, 현재, 미래 및 지난, 지금의, 도래할 등의 시간계기들이나 시간감각들을 지님은 사실 아닌가? 물론 그렇다. 그러나 이러한 물음 자체가 이미 생생한 체험연관에서 알려지는 것들에 대해 추상적이고 반성적인 사유를 수행함으로써 제기된 물음이다. 구체적 삶의 현실 속에서 그러한 시간계기들이 순수하게 보편적이고 형식적인 것으로서 주어지는 일은 일어나지 않는다. 시간계기들이란 고유한 것으로서 개별화되고 주제화된 체험흐름의 지속 속에서 그때마다 나타나는 것이기 때문이다. 예컨대 현상학적 시간의식의 윤리적 함의를 밝힐 목적으로 필자가 예시로 든 앞의 이야기에서 화자가 예지하는 도래할 시간은 오직 그에게만 고유한 삶의 시간으로서 예지된다. 고통에 못 이겨 신음하는 한 인간을 향해 나는 왜 달려가려 했는가? 그것은 그의 신음소리가 내 마음 밖의 물리적 현상이 아니라 존재의 전체성의 표현으로서의 의식의 드러남이기 때문이다. 의식된 것으로서 그것은 이미 의식에 속한 것이며, 의식되게끔 개별화되고 주제화된 것으로서 나의 자기의식의 가능근거이기도 하고 그 구성요소이기도 하다. 지금 내게 의식할 거리로서 주어진 소리와 무관한 나의 자기의식이란 존재할 수 없는 허명에 불과한 것이다.

한 인간의 신음소리를 듣고 그를 향해 달려가는 나에게 방금 지나간 것은 무엇인가? 그것은 보편적 시간계기들에 속한 그 무엇이 아니라 내가 들은 신음소리 그 자체, 신음소리로 인해 내 안에서 일어난 연민과 윤리적 책임의식 등등이다. 그러나 마치 사물적 존재자처럼 일종의 '무엇-있음'으로서 파악되는 이 모든 것들은 실은 나 자신의 것으로서 개별화되고 주제화된 현상학적 의식의 행위와 존재 그 자체이다. 마찬가지 이야기를 '지금의', 앞으로 '도래할' 등등의 말에도 적용할 수 있다. 현재와 미래란, 그리고 이러한 시간 개념의 원형적 표현으로서의 지금과 도래란, 그 근원적 의미에서는 가치중립적인 보편적 형상과 같은 것으로서 추상화되고 형식화될 수 있는 것이 아니다. 나의 지금은 연민과 윤리적 책임의식, 양심의 지금이며, 그 부름에 응답하는 지금이고, 도래 역시 지금의 내가 응답하려 시도하는 양심의 부름에 응답하거나 응답하지 못할 자신의 존재의 도래일 뿐이다. 지금과 도래가 나 자신의 존재의 지금이자 도래임에도 불구하고 나 자신의 존재에 속한 것으로 한정될 수 없는, 그리고 그러한 의미에서 대개 보편적인 것으로서 파악되는, 절대성을 띠게 되는 까닭은 나 자신의 존재 자체가 존재의 전체성의 표현으로서의 현상학적 의식에 속해 있기 때문이다. 역설적으로 말해 나 자신의 존재의 지금과 도래는 그 자체로 이미 나 자신의 존재에 속한 지금과 도래가 아니다. 지금과 도래를 자신에게 귀속시킬 나 자신의 존재 자체가 현상학적 의식의 무한한 체험흐름 속에서 그때마다 개별화되고 주제화됨으로써 나타나는 비실체성을 특징으로 삼고 있기 때문이다. 명멸하는 것에는 물론 소유가 없고, 소유가 없는 것에는 실체성이 없으며, 실체성이 없는 것에는 오직 관계가 있을 뿐이다. 시간의 계기들이란 비실체적 존재로서의 내가 역시 비실체적인 현상적 존재와 맺는 관계의 전체성 외에 다른 아무것도 표현하지 않는다. 그런데 그러한 것으로서 시간 및 시간의 계기들은 본래 보편화될 수 있는 것이 아니다. 비실체적으로 명멸하는 관계로서의 존재는 보편화할 수 있는 그 어떤 것도 보지(保持)하지 않기 때문이다.

나의 의식과 현상학적 의식의 관계에 관한 지금까지의 언명들에도 불구하고 자연적 의식태도의 관점에서 보면 한 가지 의문이 여전히 해결되지 않은 채 남아 있다. 그것은 의식 그 자체가, 적어도 자연적 의식태도의 관점에서 보면, 개별화된 체험흐름과 마찬가지로 시작되고 또 끝나는 것이라는 점으로 인해 생겨나는 의문이다. 의식이란 결국 내 탄생과 더불어 나의 의식으로서 생겨나고 또 내 죽음과 더불어 끝나는 것이 아닌가? 설령 나의 삶에 의거해 일어나는 체험흐름의 매 순간 나 자신에게 속한 의식이 명료하게 개별화되고 또 주제화되는 것은 아니라고 할지라도 그러한 의식, 즉 나의 탄생 및 죽음에 의해 시작되거나 끝나는 의식은 결코 존재의 전체성의 표현이라 말할 수 없는 것이 아닌가?

그렇다면 인간이 만든 사이보그를 예로 삼아 이 문제에 관해 생각해 보자. 이 사이보그는 지금까지 자신을 인간이라고 생각해왔으나 방금 전 자신이 사이보그임을 알게 되었다. 자신을 만든 한 과학자가 자신이 사이보그임을 드러내는 의심의 여지 없는 증거를 보여준 것이다. 사이보그의 의식이 인간의 것보다 열등하지 않고 동일하거나 오히려 더 탁월한 것이라고 상정하는 경우 우리는 그 사이보그가 과학자에 의해 프로그램 된 대로 움직이는 자동기계가 아니라는 것을 받아들여야 한다. 적어도 형이상학적으로 자유란 원래 불가능한 것으로서 인간의 의식 역시 실은 그 자신에게 내재된 어떤 내적 원리와 인과율의 법칙 등에 의해 정해진 대로 사념하고 판단할 뿐이라고 미리 전제하지 않는 경우에는 그러하다. 이 경우에도 과학자를 비롯해 사이보그 자신이 아닌 모든 관찰자들은 사이보그의 의식이 인간의 것과 거의 구분할 수 없으리만치 정교하게 만들어진 그 몸의 제작과 더불어 시작된 것이라고 말할 수 있다. 결국 사이보그의 의식이란 사이보그의 제작 이전에는 없던 것이기 때문이다. 그런데 사이보그의 제작에 의해 가능해진 의식의 시작이란 대체 무엇을 뜻하는 말일까? 사이보그의 머리에 이식된 어떤 프로그램이 작동함으로써 사이보그가 의식을 지니기 시작했다고 전제해보자. 이 경우 우리는 외적인 관찰자로서 사이보그의 의식이 프로그램의 작동과 더불어 시작되었다고 말할 수 있다. 하지만 프로그램의 작동 그 자체는 아직 의식의 시작이 아니다. 의식이란 의식하는 활동과 무관할 수 없는 바, 의식의 의식하는 활동은 지각을 통해 그 무엇인가가 의식할 거리로서 주어짐을 전제하기 때문이다. 사이보그에게 의식할 거리로서 주어지는 것은, 그가 인간과 구분될 수 없게끔 제작된 그러한 존재자로서 인간과 같은 종류의 몸과 의식을 지니고 있는 경우, 무엇보다도 우선 체험흐름이다. 그런데 그가 의식할 거리로서 지니는 체험흐름은 과학자에 의해 이식된 프로그램과 동일시될 수 없다. 그것은 장차 자신의 존재와 이런저런 존재자들의 존재 및 그 존재의 근원적 지평으로서의 세계의 존재로서 주제화될 체험흐름이며, 이는 사이보그가 의식할 거리로서 지니는 체험흐름이 그에게 그 자신의 존재자를 비롯한 모든 존재자의 실존화의 근거임을 뜻한다. 아니, 엄밀한 의미에서 체험흐름은 사이보그가 의식할 거리로서 지니는 체험흐름이 아니라 실은 그로부터 사이보그가 그 자신을 의식적 존재자로서 자각하게 할 그 근거로서 일어난 체험흐름이다. 자기의식이란 체험흐름 속에서 그때마다 개별화되고 주제화되는 것으로서 명멸하는 것이기 때문이다. 그런데 바로 이 지점에서 자연적 태도의 의식과 존재의 전체성의 표현으로서의 현상학적 사이에 날카로운 모순과 대립이 생겨난다. 우리가 지각하는 세계가 우리 마음 밖에 객체적 존재자들의 세계로서 실재한다고 믿는 자에게 사이보그의 의식은 세계 안에 있는 이런저런 객체적 존재자들 간에 맺어진 상호작용에 의해 인과율적으로 생겨난 것이다. 과학자의 활동을 원인으로 삼아 사이보그의 몸과 그 머리에 이식될 프로그램이 생겨나고, 사이보그의 머리에 프로그램이 이식됨을 원인으로 삼아 사이보그의 의식이 생겨났다는 식이다. 현상학적 의식의 관점에서 보면 이러한 추론은 부단한 체험흐름의 개별화에 의해 지속하는 한 체험흐름으로서 현재화된 것을 실체화함으로써 얻어진 오류추론에 불과하다. 실존하는 모든 것은, 상호작용의 전 과정이 일어나는 세계까지 포함해서, 객체적으로 실재하는 것이 아니라 개별화된 체험흐름의 현재화에 의해 실존자로서 정립된 것이고, 그러한 것으로서 이미 그 자체 체험흐름 외에 다른 아무것도 아니다. 즉, 현상학적 의식의 관점에서 자신의 존재를 헤아리기 시작한 의식은, 설령 그 자신이 자연적 의식태도를 지닌 외부 관찰자의 눈에는 인과율적 상호작용에 의해 시작되고 또 끝나는 것으로서 파악된다고 하더라도, 그 자신의 존재근거와 기원을 이러한 상호작용의 존재지반으로서의 세계에서 찾을 수 없다. 세계 자체가 현재화되고 또 실존화된 하나의 지속하는 체험흐름으로서 존재의 전체성의 표현으로서의 현상학적 의식에 속한 것이기 때문이다.

그런데 현상학적 의식이 그 자신의 존재근거와 기원으로서 발견하는 존재지반이란 대체 무엇인가? 그것은 현상학적 의식과 마찬가지로 하나의 의식으로서 파악되어야 하는가, 아니면 의식과 다른 그 무엇으로 파악되어야 하는가? 현상학적 의식이 존재의 전체성의 표현이라는 관점에서 보면 현상학적 의식은 그 자신의 기원 역시 그 자신과 구분될 수 없는 하나의 의식으로서 파악해야 한다. 자신과 구분되는 존재에게서 그 자신의 존재근거와 기원을 발견하는 의식은 존재의 전체성의 표현으로서 규정될 수 없기 때문이다.

이러한 관점에 대한 해명의 단초는 슐라이어마허에게서 발견된다. 독자들은 슐라이어마허와 하이데거의 철학적 관계를 다루는 다음 장에서 슐라이어마허의 철학이 후설 현상학과 근본적으로 같은 관점에서 출발하는 하나의 현상학적 존재론이라는 것과, 슐라이어마허의 현상학적 존재론에서 세계로 환원될 수 없는 존재의 의미에 대한 물음이 자기의식에 대한 현상학적 분석을 바탕으로 탁월하고 명석하게 해명되어 있음을 발견하게 될 것이다.

제2장

자기의식의 역사성과 존재론적 안에-있음의 윤리: 슐라이어마허와 하이데거

하이데거 연구자들을 당황스럽게 하는 한 가지 사실이 있다. 그것은 O. 푀겔러와 H. 오트 등 몇몇 저명한 하이데거 연구자들의 연구를 통해 원래 후설 현상학에 정향되어 있었던 하이데거 철학의 해석학적 전환이 슐라이어마허의 결정적인 영향하에 이루어졌음이 밝혀졌다는 것이다.[1] 이러한 사실은 많은 하이데거 연구자들, 특히 하이데거의 제자이자 철학적 해석학의 창시자로 통하는 가다머의 입장과 상충된다. 가다머가 슐라이어마허의 방법론적 해석학을 낭만주의적 천재미학에 근거한 객관주의적 해석학으로서 규정하고 맹렬하게 비판하였음은 상식에 속한다. 그런데 객관주의적 성향의 철학이 어떻게 하이데거의 해석학적 존재론에 결정적인 영향을 끼칠 수 있었을까?

---

1 하이데거의 슐라이어마허 연구와 그 의의에 관해서는 특히 다음의 세 저술들을 참조. H. Ott, *Martin Heidegger*, Frankfurt a. M. / New York 1988; O. Pöggeler, *Heidegger in seiner Zeit*, München 1999; ders. *Heidegger und die hermeneutische Philosophie*, Freiburg / München 1983.

이러한 의문이 쉽게 풀리지 않는 이유는 크게 두 가지로 나뉠 수 있다. 첫째, 하이데거와 슐라이어마허의 철학적 관계가 정교하고 엄밀한 철학적 분석에 의해 밝혀진 것이 아니라는 점이다. 푀겔러와 오트 등의 연구자들의 주장은 하이데거가 초기 프라이부르크 시절 남긴 종교철학적 메모와 그 외 이런저런 사적인 기록에 바탕을 두고 있는 정황론적인 성격의 것일 뿐 하이데거와 슐라이어마허의 철학에 대한 체계적인 분석에 근거한 것은 아니다. 둘째, 슐라이어마허 철학의 어려움이다. 슐라이어마허의 철학은 자기의식의 본질과 구조에 대한 매우 독특한 관점에서 출발하는 것으로, 슐라이어마허 고유의 개념과 표현에 익숙하지 않은 연구자들은 슐라이어마허의 저술들을 정교하게 해독해내기가 어렵다. 마치 하이데거의 존재론이 그러한 것처럼 말이다. 게다가 슐라이어마허의 해석학이 일종의 객관주의적 세계관에 바탕을 두고 있다는—필자의 관점에서 보면 분명 일면적이고 올바르지 못한—편견이 만연해 있는 것도 슐라이어마허의 철학을 올바로 이해하는 데 크게 방해가 된다. 이러한 이유들로 인해 하이데거의 해석학이 슐라이어마허를 통해 가능해진 것임을 발견한 연구자들조차 양자 사이의 철학적 관계에 대한 정교한 해명을 수행해내지 못하는 것이다.

슐라이어마허와 하이데거의 철학적 관계를 시간 및 윤리 개념을 중심으로 분석하기에 앞서 우선 슐라이어마허의 해석학에 대한 편견에 관해 잠깐 생각해보자. 잘 알려진 것처럼 슐라이어마허허의 해석학은 개개인의 주관에 치우치지 않고 글의 뜻을 올바로 해석하는 것을 목적으로 삼는다. 즉, 그것은 올바른 해석을 위한 방법론으로서 창안된 것이다. 그러나 이러한 사실이 슐라이어마허의 해석학이 객관주의적 세계관에 바탕을 두고 있음을 나타내는 것은 아니다. 예컨대 슐라이어허의 방법론적 해석학이 객관주의적이라고 여기고 비판한 가다머의 입장에 동조하는 사람이 가다머의 글을 읽는 경우를 생각해보자. 그는 가다머와 마찬가지로 객관주의적 해석학에 대해 비판적이지만 정작 그 자신은 가다머의 글을 가다머 본인의 의도와 다르지 않게 이해하려고 노력하게 된다. 물론 이러한 노력이 가다머의 의도에 대한 완벽한 이해로 이어질 수 없다고 지적할 수도 있고, 모든 해석은 불변하는 의미의 재현이 아니라 그 창조적 적용이라고 이야기할 수도 있으며, 개별적인 글의 한계를 넘어서는 것으로서 그 근본 토대가 되는 의미지평의 무한함을 언급할 수도 있다. 그러나 가다머의 저술 자체가 하나의 철학적 저술로서 이런저런 철학적 관점들에 대한 비판적 논구를 담고 있다는 사실을, 객관주의에 대한 가다머의 비판 자체가 이러한 논구의 하나라는 사실을 간과해서는 안 된다. 모든 비판적 논구는 응당 논구가 뜻하는 바에 대한 왜곡이 일어나지 않도록 주의하고 경계할 것을 암묵적으로 요청하기 마련이다. 오직 독자가 이러한 요청에 부응해서 저자의 의도를 올바르게 이해하려고 노력하는 경우에만 논구가 논구로서 작용할 수 있게 되는 것이다. 한마디로, 개개인의 주관에 치우지지 않고 글의 뜻을 올바로 해석하는 것은 비단 슐라이어마허 해석학의 목적일 뿐 아니라 실은 글을 읽는 모든 사람들이, 특히 그 글이 비판적 논구를 담고 있는 경우에는 더욱 강한 정도로, 당연하게 설정하는 글 해석의 목적인 것이다.

방법론은 방법론일 뿐이다. 슐라이어마허의 해석학이 개개인의 주관과 편견에 치우치지 않는, 그리고 바로 이러한 의미에서 객관적인, 해석을 가능하게 할 방법론으로서 창안되었다는 것을 빌미로 슐라이어마허의 철학이 그 자체로 객관주의적이라고 단정하는 것은 온당치 못한 일이라는 뜻이다. 실제로 슐라이어마허 철학의 중심에는 종교론이 있고, 슐라이어마허의 종교론이 종교를 학문과 도덕으로 환원될 수 없는 인간의 근원적 존재의 표현으로서 규정하고 있음은 철학적 상식에 속한다. 슐라이어마허가 종교의 본질을 밝히는 『종교론』의 두 번째 강연에서 밝힌 것처럼 "종교는 그 본질이 형성하는 모든 것에서뿐 아니라 그 작용이 특징짓는 모든 것에서 형이상학 및 도덕과 대립"[2]한다. 여기서 종교와 대립하는 형이상학과 도덕은 존재를 존재자 중심으로 이해하는 두 가지 경향을 뜻한다. 존재를 실체적 존재자의 존재로 환원시키는 형이상학과 규범적 의무와 책임의 문제를 해결하기 위해 인간을 개별 존재자로서의 주체로 한정 짓는 전통적 의미의 도덕이 삶과 존재의 참된 의미를 가린다는 것이 슐라이어마허 종교론의 핵심적인 문제의식이라는 뜻이다.

그렇다면 종교란 무엇인가? 우리는 앞장에서 후설의 현상학이 존재의 전체성의 표현으로서의 현상학적 의식을 중심으로 전개된 것임을 살펴보았다. 이와 유사한 이야기를 슐라이어마허의 종교론에도 적용할 수 있다. 슐라이어마허에게 종교란 자신의 의식과 존재를 존재의 전체성의 표현으로서 이해할 수 있는 인간 현존재의 경건한 감정을 표현하는 말이기 때문이다.

1. 현상학적 의식으로서의 종교 감정

존재론적 윤리학의 관점에서 슐라이어마허와 하이데거의 철학적 관계를 다루는 이 장은 슐라이어마허의 종교 개념이 인간 현존재의 의식을 존재의 전체성의 표현으로서 보는—후설적 의미의—현상학적 관점에서 출발한다는 대명제에서 출발한다. 슐라이어마허가 1768년생으로 1770년생인 헤겔과 동시대인이라는 점을 고려해보면 이러한 명제가 이상하게 들리기 쉽다. 후설은 1859년생이다. 그러니 슐라이어마허는

2 F. 슐라이어마허, 『종교론』, 최신한 옮김, 대한기독교서회, 2002, 56.

후설보다 거의 한 세기 전에 태어난 인물이다. 게다가 위대한 현상학적 운동의 서막을 연 후설의 저서 『논리연구』의 초판이 출판된 것은 1900/01년이다. 슐라이어마허가 후설 현상학의 영향을 받았을 리는 만무한 것이다.

물론 혹여 후설이 슐라이어마허를 연구한 적이 있다면 후설의 현상학이 슐라이어마허의 영향하에 발전되었다고 추론할 수도 있다. 하지만 그럴 가능성 역시 매우 희박하다. 사실 슐라이어마허뿐 아니라 칸트와 피히테, 헤겔, 셸링으로 이어지는 독일관념론 전통 역시 후설에게 별 영향을 끼치지 않은 것으로 보인다. 『논리연구』 및 그 이전의 후설 저술들을 읽어본 연구자라면 후설의 철학이 독일 철학보다 실증주의를 비롯한 오스트리아 철학의 전통에 더 가깝다는 인상을 받아본 적이 있을 것이다. 물론 앞장에서 살펴본 것처럼 후설은 『논리연구』의 저술에 매진하던 시기부터 신칸트주의와 씨름을 벌였다. 하지만 이 역시 신칸트주의적 인식론에 정향된 연구였을 뿐 칸트 철학 자체에 대한 본격적인 연구와는 다소 거리가 있다.

그러나 슐라이어마허의 철학은 분명 현상학적이다. 일체의 선입견을 배제하고 현상학적 의식에 직접적으로 주어진 순수한 현상적 소여에 대한 탐구에서 출발하는 후설 현상학의 관점을 슐라이어마허가 선취했다는 뜻이다. 아마 대다수 독자들에게 이러한 주장은 매우 생경하게 느껴질 것이다. 그러나 슐라이어마허의 철학과 후설 현상학 사이의 유사성에 대해서는 이미 몇몇 연구자들이 지적한 바 있다. 그 중 가장 체계적이고 구체적인 연구 성과를 남긴 연구자는 로버트 윌리엄스이다. 윌리엄스에 따르면 슐라이어마허의 종교철학은 일종의 현상학적 환원에서 출발하는 철학으로서, 어떤 철학적 세계관도 전제하지 않고 오직 자기의식 그 자체에 대한 현상학적 탐구와 기술을 통해 종교의 본질을 밝히려 시도한다. 비록 슐라이어마허에게서 후설이 사용한 것과 같은 현상학적 개념들 자체는 발견되지 않는다고 해도 슐라이어마허의 철학이 그 본질에 있어서 현상학적임은 분명하다는 것이다.[3]

물론 슐라이어마허와 후설 사이에 차이가 없는 것은 아니다. 우선 슐라이어마허는 개념들의 체계로서의 철학을 거부하는 입장이었으며, 그 때문에 그의 철학 역시 후설의 현상학과 달리 체계적이지 않다. 그런데 시간과 윤리의 관계를 존재론적 관점에서 해명하려는 우리의 과제를 위해서는 슐라이어마허 철학의 바로 이러한 점이 매우 의미심장하다. 필자는 앞장에서 후설의 주저 『이념들 I』이 순수한 나의 이념을 중심으로 전개된 것을 비판하면서, 순수한 나의 이념이 전제하는 자기동일성이란 인식의 필요성에 의해 제기되는 것일 뿐 현상적 소여 그 자체에서 직접적으로 발견될 수 있는 것이 아님을 지적한 바 있다. 슐라이어마허가 개념들의 체계로서의 철학을 거부한 이유는 그에게 삶과 존재란 본래 이론화될 수 있는 것이 아니기 때문이다. 한 가지 흥미로운 사실은 자기의식에 대한 슐라이어마허의 분석에도 후설이 경험들의 관계중심으로서 정의한 순수한 나와 비견될 만한 의식의 자기동일성의 근거에 대한 설명이 발견된다는 사실이다. 그럼에도 슐라이어마허는 순수한 나의 이념이나 순수한 이성의 이념 같은 것은 인정하지 않았다. 그것은 슐라이어마허에게 자기동일성이란 의식이 특정한 체험의 순간마다 일어나는 변화를 자신으로 환원될 수 없는 그 어떤 존재와의 관계로 인해 일어나는 자신의 변화로서 개별화하고 주제화할 때 일어나는 것이기 때문이다. 여기서 후설과 슐라이어마허 사이의 미

---

3 이 점에 대해서는 윌리엄스의 다음의 두 저술을 참조할 것: R. R. Williams, *Schleiermacher The Theologian*, Philadelphia 1978; Immediacy and Determinacy in Schleiermacher's Phenomenology of Self-conciousness, in: Selge, K.-V. (Hrsg.) *Internationales Schleiermacher-Kongreß Berlin 1984*, Berlin / New York 1985.

묘하고도 결정적인 차이 하나가 나타난다. 후설의 순수한 나의 이념은 철학적 반성에 의해 의식의 자기동일성의 현실적인 근거로서 파악되고 또 제기된 것이다. 반면 슐라이어마허가 언급하는 의식의 자기동일성 및 그 가능근거는 철학적 반성에 의해 경험적 나와 구분되는 순수한 나로서 확정될 수 있는 것이 아니라 다만 구체적인 의식이 자기에게서 일어나는 변화를 그때마다 개별화하고 주제화할 때 함께 정립되는 것으로서 언급된 것일 뿐이다. 그것은 경험적 나가 삶의 현장 속에서 겪게 되는 이런저런 변화를 자기에게서 일어나는 변화로 받아들이면서, 이러한 변화를 그때마다 자기의 변화로서 주제화함과 조금도 다르지 않다.

필자는 후설 역시 순수한 나의 이념을 도입하는 대신 슐라이어마허와 같은 입장을 취했어야 한다고 생각한다. 시간을 체험의 실존화라는 관점에서 해명할 때 후설이 염두에 두었던 것은 단 한 순간도 자기동일적이지 않은 체험흐름의 의식이 이런저런 이유로 그때마다 기울이는 관심에 의해 개별화되고 주제화될 때—현전하는 것으로서—비로소 시간화되고 또 실존화한다는 것이다. 즉, 체험흐름은 개별화를 통해 자기동일적인 실존자로서 시간화되지만, 체험흐름 자체는 언제나 어떤 동일성도 모르는 부단한 변화와 순수한 차이의 흐름으로서만 가능할 뿐이다. 의식의 자기동일성에 대해서도 마찬가지 이야기를 할 수 있다. 의식의 자기동일성이란 부단한 흐름으로서의 의식이 개별화됨으로써 자기동일적인 실존자로서 시간화되었음을 뜻하지만, 의식 자체는 언제나 부단한 변화와 순수한 차이의 흐름으로서만 가능하다. 슐라이어마허는 이러한 현상학적 진실을 명확히 알고 있었으며, 바로 그러한 이유로 인식론에 정향되지 않은 고유한 존재의 철학으로서 현상학적 사유를 전개해나갈 수 있었다. 슐라이어마허가 하이데거의 해석학적 전환에 결정적인 영향을 끼친 것 역시 바로 여기에 기인한다. 슐라이어마허를 통해 하이데거는 인식론적이지 않은 방식으로 삶과 존재에 대해 현상학적 탐구를 전개해나갈 가능성에 눈뜨게 되었으며, 하이데거의 해석학은 비현상학이 아니라 실은 삶과 존재에 대한 인식적 관심으로부터 해방된 새로운 존재의 현상학이었던 것이다.

1) 직접적 자기의식과 순수한 차이의 흐름으로서의 시간

슐라이어마허의 자기의식 현상학을 이해하려면 우선 현상학적 의식을 존재의 전체성의 표현으로서 규정함이 의식에 대한 전통 철학적 실체화나 절대화와는 무관한 것임을 분명히 해둘 필요가 있다. 우리에게 의식은 분명 개별적인 것으로서 파악되는 것이며, 우리가 의식을 '나의 것'으로 여기게 되는 까닭 역시 이것이다. 의식에 대한 전통 철학적 실체화는 '나의 것'의 형식을 통해 파악되는 의식이 나의 존재에 의해 개별화된 것이라는 바로 그러한 이유로 삶에 대한 우리의 구체적 이해와 양립하기 어렵다. 한마디로, 내가 죽으면 나의 존재에 의해 개별화된 의식 역시 존재하기를 그칠 수밖에 없는 것이다. 그러나 현상학적 의식이 체험하는 모든 것은 그 외연에 있는 것이 아니라 체험된 현상으로서 그 자체 현상학적 의식의 본질적인 구성요소라는 것을 고려해 보면 우리는 곧 의식과 무관하게 그 자체 실재하는 것으로서 상정된 외부세계의 이념이나 물질적 사물의 이념 역시 현상적 의식의 실체화 외에 다른 아무것도 아니라는 사실을 알게 된다. 즉, 현상학적 의식을 위해 세계란 그 자체 현상학적 의식의 부단한 흐름으로서만 이해될 수 있다. 나의 존재에 의해 개별화된 의식이 생겨나기 이전의 세계나 나의 죽음에 의해 개별화된 의식이 무화된 이후의 세계나 나는 현상학적 의식의 흐름으로서밖에 표상해낼 수 없는 것이다.

현상학의 근본 성격에는 현상학적 의식 개념이 전통 철학적 실체화 및 절대화와 무관하다는 것이 속한다. 『이념들 I』이 순수한 나의 이념을 중심으로 전개된 저술임에도 불구하고 현상학적 저술로서 평가될 수 있는 이유가 바로 여기에 있다. 후설의 순수한 나의 이념은 전통 철학적 영혼이나 칸트식의 순수이성처럼 의식의 초시간적 본질에 대한 규정으로서 이해될 성질의 것이 아니다. 그것은 다만 아무 본질내용도 없고, 심지어 순수한 나로서 지칭된다는 것 외에 달리 규정될 수조차 없는, 경험들의 공허한 관계의 중심을 뜻할 뿐이다. 이러한 사실이 중요한 이유 중 하나는 의식의 근본 구조와 본래적 작용방식 등에 대한 후설의 성찰과 유사한 것이 후설 이전의 다른 사상가들에게서도 종종 발견되기 때문이다. 의식의 실체화를 암시하는 모든 형이상학적 경향이 철학적 사유의 가장 심원한 근거 및 원리에 대한 성찰에 입각해 철저하게 배제되었다는 점이야말로 실은 후설의 철학을 현상학으로서 규정짓게 하는 가장 근본적인 이유라는 뜻이다.

후설에 따르면 의식의 근본 구조는 지향성이다. 즉, 의식은 '그 무엇에 관한 의식'으로서만 존속할 수 있다. 의식이란 의식하는 활동으로 환원될 수 없는 그 어떤 현상성과의 관계구조 속에서만 파악될 수 있다는 뜻이다. 그런데 의식의 지향적 구조에 대한 성찰은 사실 후설에게서 처음 제기된 것이 아니다. 예컨대 이미 프리드리히 실러에게서, 비록 후설 현상학에서처럼 체계적이고 정교한 방식으로 이루어진 것은 아니라고 할지라도, 우리는 의식의 지향적 구조에 대한 분석과 해명을 발견할 수 있다. 그 분명한 예시는 초시간성과 시간성의 종합으로 규정된 실러 특유의 실존성 개념이다. 『인간의 미적 교육에 관하여』의 열한 번째 서간에서 실러는 다음과 같이 주장한다: "오직 변하는 한에서만 그[인간]는 실존한다; 오직 불변하는 한에서만 그[인간]는 실존한다."[4]

---

4 F. Schiller, *Über die ästhetische Erziehung des Menschen*, Stuttgart 1963, 44.

이 역설적인 주장은 인간이란 “개인”(Person)과 “상태”(Zustand)로 나뉘어 고찰될 수 있는 존재자라는 문제의식에 기인한다. 시간 속에서 변해가는 유한한 존재자로서 인간은 사물과 마찬가지로 언제나 이런 저런 상태에 있다. 그러나 만약 인간이 시간의 흐름 속에서 끝없이 변해가는 상태에만 있다면 그 자신을 하나의 실존자로서 의식하지 못할 것이다. 우리에게는 분명 자기동일성에 대한 의식이 있는 바, 실러의 관점에서 보면 이는 곧 나 자신을 한 개인으로서 이해하게 할 불변하는 자기에 대한 의식이 있음을 뜻한다. 그러한 점에서 시간적인 존재자로서의 나의 존재를 가능하게 하는 것은 세계 안에 머물며 세계 안의 이런저런 사물들과 마찬가지로 나의 존재가 “시간화”되고 변화하고 있다는 사실과 그럼에도 나의 존재가 궁극적으로 “절대적 나”에 근거해 있다는 사실의 역설적인 종합이다. 실러는 “신성을 향한 소질을 인간은 논박의 여지 없이 그의 개인성(Persönlichkeit) 그 자체 안에 지니고 있다”고 밝힌다. 여기서 신성을 향한 소질은 초시간적 존재자로서의 절대적 나에 나의 실존이 근거해 있음을 전제하고, 그것이 신성 그 자체로서가 아니라 신성을 향한 소질로서 파악됨은, 나의 실존이 절대적 나에 근거해 있음에도 불구하고, 이미 시간화된 존재자로서 내가 나 자신의 존재를 초시간적 절대자를 향해 가는 도상에 있는 것으로서 파악해야 하기 때문이다.[5]

비록 의식에 대한 명시적인 표현들은 등장하지 않지만 인간의 개인성과 상태성에 대한 쉴러의 설명은 인간의 의식이란 자기에게서 일어나는 변화에 대한 의식과 그 변화의 흐름 속에서 불변하는 것으로서 존속하는 자기에 대한 의식이라는 두 상반된 계기의 종합임을 암시한다. 풀어야 할 문제가 인간의 개인성인 한에서, 그리고 개인성이란 자

5 Ibid., 42 이하.

신의 상태 및 자기동일성에 대한 의식을 전제로 한다는 점에서, 실러의 주장은 실질적으로 의식이란 지각체험에 의해 일어나는 변화에 대한 의식과 그러한 지각체험을 언제나 자기의 체험으로서 이해하도록 할 자기동일성에 대한 의식의 종합으로 이해되어야 함을 함축한다.

이렇게 보면 실러 역시 분명 의식의 지향적 구조에 눈뜬 사상가로 자리매김될 수 있다. 그럼에도 실러의 철학은 현상학과 거리가 멀다. 현상성의 한계를 초월하는 절대적 실체로서의 자아 및 신이 개개인의 개인성을 가능하게 할 그 근거로서 전제되고 있기 때문이다. 즉, 실러의 철학은 현상학보다 전통 철학적인 실체형이상학에 더 가깝다. 필자가 앞서 밝힌 것처럼 현상학을 현상학으로 만들어주는 가장 결정적인 관점은 존재의 전체성의 표현으로서의 현상학적 의식이 의식에 대한 전통 철학적 실체화 및 절대화와 무관하다는 것이기 때문이다.

슐라이어마허에게서도 의식의 지향적 구조 및—후설로 하여금 순수한 나의 이념을 수용하도록 하고, 실러로 하여금 어떤 초시간적 존재자로서의 절대적 나의 이념을 상정하도록 한—경험들의 관계중심으로서의 자아에 대한 명확한 성찰이 발견된다. 슐라이어마허는 『기독교신앙』에서 자기의식에 대해 다음과 같이 설명한다.

"사람들이 오로지 자신의 순수한 자아 자체만을 의식하게 되는, 시간을 충족시키면서 등장하는 순수한 자기의식이 있는가 하면, 하나이든 여럿이든, 규정적으로 총괄되어 있든 무규정적이든 간에 항상 어떤 것과 관계하는 의식이 있다. 왜냐하면 특별한 계기에는 우리가 항상 동일한 계기로서의 우리 자신에 대한 자기의식을 가지며 특별한 계기에는 다시금 한 순간에 다른 순간으로 변화하는 계기로서의 우리 자신에 대한 다른 자기의식을 갖는 것이 아니라, 각각의 의식은 인간이 변화하는 자신에 대해 갖는 직접적 의식이므로 이 둘은 각각의 규정적 자기의식을 구성하는 요소에 지나지 않기 때문이다."[6]

자기의식에 관한 슐라이어마허의 성찰이 의식 일반에 적용될 수 있는 것은 슐라이어마허에게 본래적 의미의 자기의식이 반성적 성찰에 의해 매개된 것이 아니라 직접적 자기의식으로서 모든 가능한 의식의 존재론적 근거가 되는 것이기 때문이다. 그 무엇을 의식함은 지각을 전제로 하는 것이고, 지각이란 외적 사물 그 자체의 변화를 통해서가 아니라 자기에게서 일어나는 변화를 통해서 의식되기 마련이다. 바로 그런 점에서 자기의식이란, 그것이 자기에게서 일어나는 변화의 계기를 통해 파악되는 한에서는, 의식 일반과 구분되는 의식의 특수한 유형으로서가 아니라 활동하는 의식의 존재론적 근거로서 이해되어야 한다.

인용문은 슐라이어마허가 실러와 마찬가지로 인간의 의식을 두 가지 상반된 의식의 종합으로 이해함을 드러낸다. 하나는 시간을 충족시키면서 등장하는 순수한 자아에 대한 의식이고, 여기서 순수한 자아란 실러가 불변하는 것이자 인간의 개인성을 가능하게 하는 그 근거로서 제시한 절대적 나에 대한 인식에 상응하는 말이라 볼 수 있다. 한 가지 결정적인 차이는 시간을 충족시키면서 등장하는 순수한 자아가 슐라이어마허에게서는 초시간적 실체로서의 자아를 지시하지 않는다는 것이다. 슐라이어마허의 『종교론』에 따르면 "종교는 우주에 대한 직관과 감정이다."[7] 여기서 종교가 우주에 대한 직관과 감정이라는 말은 인간이 그 자신을 우주 안의 존재로서 이해함을, 우주의 서술과 표현으로서 부단한 우주의 작용으로부터 자유로울 수 없는 존재임을 뜻한다.

---

6 F. 슐라이어마허, 『기독교신앙』, 최신한 옮김, 한길사, 2006, 65 이하.

7 F. 슐라이어마허, 『종교론』, 최신한 옮김, 대한기독교서회, 2002, 55.

이러한 관점은 분명 불변하는 절대적 자아의 이념에서 인간의 신성을 향한 소질을 발견한 실러의 관점에 대립적이다. 인간에게 불변하는 절대적 자아가 있다는 형이상학적 믿음이 아니라 실은 인간이 우주의 서술과 표현으로서 부단한 우주의 작용에 의해 지금의 자신과 다른 그 무엇이 되어가고 있다는 사실이 인간의 종교성의 표현으로 파악되고 있기 때문이다. 잘 알려져 있듯이, 슐라이어마허는 『기독교신앙』에서 종교를 절대적 의존감정으로 규정한다. 만약 인간이 자기 자신을 불변하는 실체처럼 이해한다면, 그리고 이러한 이해가 자신이 지닌 신성 내지 종교성의 근거가 되는 것이라면, 인간은 본래 절대적 의존감정과 무관한 존재로서 파악되어야 할 것이다. 불변하는 실체적 존재는 말 그대로 변화와 무관한 존재이고, 변화와 무관한 존재는 오직 독립자존할 뿐 자신이 아닌 그 무엇에 의존하는 존재가 아니기 때문이다. 결국 슐라이어마허가 직접적 자기의식의 한 구성요소로서 발견한 순수한 나는 『이념들 I』의 후설이 아무 본질내용도 없는 경험들의 공허한 관계중심으로서 제기한 순수한 나와 같은 것이라는 결론이 나온다. 한마디로 슐라이어마허에게 순수한 나란 변화하는 자기와 별개의 존재로서 상정된 것이 아니라 자신의 부단한 변화를 자기의 변화로서 자각하게 할 그 근거를 뜻한다. 바로 그 때문에 슐라이어마허는 순수한 나에 대한 의식과 자신이 아닌 그 어떤 것과 관계하는 의식이 따로 나타나는 것이 아니라 양자가 변화하는 자기에 대해 인간이 갖는 의식의 두 구성요소라고 설명하는 것이다.

주의할 점은, 인용문이 '순수한 나'가 존재한다는 슐라이어마허의 철학적 선언이 아니라는 것이다. 앞장에서 우리는 의식하는 의식이란 체험흐름의—현상학적으로 의식하는 의식이란 이 체험흐름과 별개로 존재하는 것이 아니라 그것과 하나로서 불가분의 통일성을 이루는 바—개별화를 뜻하는 것이며, 의식하는 의식에서 발견되는 자기의식 역시 개별화된 체험흐름을 상관자로 지니는 그러한 자기에 대한 의식임을 살펴보았다. 즉, 체험흐름으로서의 의식에게 자아란 그 자신의 개별화를 통해 그때마다 생겨나는 것이고, 그런 한에서 체험흐름으로서의 의식 그 자체에는 어떤 순수한 자아도 순수한 현상적 소여로서 주어져 있지 않은 것이다. 슐라이어마허가 말하는 의식이란 거의 언제나 '의식하는 의식'을 뜻한다. 바로 그렇기에 자기의식이 의식을 가능하게 하는 그 근거로서 제시될 수 있는 것이며, 또한 순수한 나에 대한 의식이 의식의 근원적 구성요소로서 파악될 수 있는 것이다. 그러나 이것을 근거로 슐라이어마허가 체험흐름으로서의 의식에 대해 무관심했거나 무지했다는 식의 결론을 내려서는 안 된다. 인용문에 등장하는 '인간이 변화하는 자신에 대해 갖는 직접적 의식'이란 몸 및 몸에 의해 일어나는 감각이나 지각과 무관한 것으로서 존재하는 의식이 몸에서 일어나는 지각을 자기의 지각으로서 받아들인다는 것을 뜻하는 것이 아니기 때문이다. '변화하는 자신'의 자신은 의식의 자신이며, 몸과 무관한 의식이 아니라 몸과 하나로서, 언제나 이미 육화된 의식으로서, 우주의 작용에 의해 일어나는 체험흐름상의 변화를 자기의 변화로서 수용하는 의식이다. 슐라이어마허에게 자기의식이란 체험흐름으로서의 의식을 포괄하는 개념이 아니라 체험흐름으로서의 의식에게서 그때마다 일어나는 체험흐름의 개별화 및 개별화된 체험흐름을 상관자로서 지니는 의식하는 의식으로 한정된 의미를 지닌다는 뜻이다. 슐라이어마허는 『종교론』에서 "우주가 [형이상학적 이념으로서의] 신보다 더 많은 존재"라고 지적하면서 "유한성의 한복판에서 무한자와 하나가 되고 순간 가운데 영원인 것이야말로 종교의 불멸성"이라고 밝힌다.[8] 여기서 '우주가 신보다 더 많은 존재'라는 명제는 참된 종교는 형이상

8 Ibid., 118.

학적 실체 개념으로서의 신이나 영혼, 불변하는 순수한 절대자아 등과 같은 것에 대한 믿음의 표현일 수 없다는 것을 뜻한다. 종교적 직관과 감정의 대상인 우주는 그 자체 무한자의 존재의 표현이고, 우주에 대한 직관과 감정 속에서 무한자와 하나가 됨은 우주의 작용에 의해 자신에게서 일어나는 끝없는 변화를 무한자를 향해 가는 도상에서 일어나는 일로 수용함을 뜻한다. 어떤 실체적 자기동일성에 매몰되지 않고서 자기 자신을 순수한 변화와 차이의 관점에서 고찰하는 것—바로 이것이 직접적 자기의식에서 나타나는 '시간을 충전하며 등장하는 순수한 자아'의 의미이다. 순수한 변화와 차이의 흐름으로서 자기 자신을 주제화함이 순수한 나의 가능근거라는 것이다.

그런데 자기 자신을 의식함이 어떻게 직접적 자기의식일 수 있을까? 이러한 의식은 자기에 대한 일종의 반성적 의식 아닐까? 이러한 문제의식은 이미 슐라이어마허 생전에 제기된 바 있다. 자신의 친구 뤼케에게 보내는 한 서한에서 슐라이어마허는 『기독교신앙』에서 절대적 의존감정이 직접적 자기의식으로 정의된 것에 대한 브레트슈나이더의 비판을 소개한다. 브레트슈나이더의 비판의 요지는 의존감정이란 자신의 의존성에 대한 사유를 매개로 하는 것이므로 직접적 자기의식일 수 없다는 것이다. 이에 대해 슐라이어마허는 자신의 의존감정 개념이 우리 존재의 "직접적 실존관계"의 표현이라고 지적하면서, 그러한 것으로서 반성적 사유에 의해 매개된 감정으로 이해될 수 없음을 짤막하게 피력한다.[9]

슐라이어마허의 자기변론이 올바른 것인지 판단하려면 우선 자기의식의 구조에 대한 슐라이어마허의 설명에 대해 면밀히 성찰해보아야

---

9 F. Schleiermacher, *Über die Glaubenslehre. Zwei Sendschreiben and Lücke*, in: ders., *Theologisch- dogmatische Abhandlungen und Gelegenheitsschriften* (KGA 1, Abt. 10), Berlin / New York 1990, 316 이하 참조.

한다. 형식논리적으로만 보면 자기의식이란 자기에 대한 의식이므로 그 자체 반성적 구조를 지니고 있다고 볼 수 있다. 자기에 대한 의식으로서 자기의식은 자기를 대상화함을 전제로 하기 때문이다. 그러나 구체적 체험연관 속에서 실제적으로 나타나는 자기의식은 자기를 대상화하는 의식의 활동에 의해 비로소 가능해지는 것이 아니다. 문득 찬 기운을 느끼고 자신이 깊은 잠에서 깨어나는 경우를 생각해보자. 잠이란, 그것이 의식의 완전한 소멸을 뜻하는 것이 아닌 한에서, 의식하는 의식의 휴면상태와도 같은 것으로, 의식되지 않는 의식의 흐름의 역설을 우리에게 알린다. 물론 원한다면 의식되지 않는 의식의 흐름 같은 것은 존속할 수 없고, 다만 잠들어 있는 동안 끝없이 의식하며 활동하던 의식이 실제로 느끼고 생각한 바가 잠에서 깬 우리에게 망각되었을 뿐이라고 말할 수도 있다. 그러나 이 경우에도 우리는 여전히 의식되지 않는 의식의 흐름에 대해 말할 수 있다. 나를 잠에서 깨운 차가움 자체가 오직 의식의 활동을 전제로 하는 경우에만 지각되고 또 의식될 수 있는 바, 지금 의식하며 존속하는 의식은 이미 일어난 지각에 반응하는 의식일 뿐 그러한 지각을 가능하게 한 의식은 아니기 때문이다. 깨어 있는 우리의 의식하는 활동으로 환원될 수 없는 의식이 존재함을 알리는 보다 분명한 현상 중 하나는 바로 꿈이다. 꿈은 우리의 의식에 속한 것으로서, 꿈 및 꿈에서 발견되는 모든 것들은 결코 의식과 외적인 관계를 이루고 있는 것이 아니다. 그럼에도 우리는 꿈속에서 예기치 못했던 현상들과 만나기도 하고 무언가 무서운 것에 의해 쫓기기도 한다. 지금 활동하는 의식으로 환원될 수 없는 그 어떤 의식의 흐름에 의해 산출된 이미지들이 지금 활동하는 의식을 압도해오는 경험을 우리는 꿈꾸면서 하게 되는 것이다. 그런데 꿈속에서 꿈속 이미지에 놀라고 쫓기는 의식이든, 차가움이나 뜨거움처럼 통념적으로 외부 대상의 작용에 의해 일어나는 것으로 여겨지는 그러한 감각에 놀란 의식이든, 의식은 언제나 놀란 자기에 대한 의식의 계기를, 그때마다 일어나는 감각 및 지각에 의해 각성된 자기에 대한 의식의 계기를, 지니기 마련이다. 이러한 자기에 대한 의식은 물론 어떤 반성적 사유에 의해 매개된 의식이 아니다. 그것은 감각에 의해 즉각 일깨워진 자기의식이며, 자기에게서 일어나는 변화에 대한 직접적인 의식이고, 이 직접적 자기의식 속에서는 자기의 존재가 자기가 아닌 그 무엇에 의존해 있음이 이미 명명백백하게 드러나 있다. 자기에게서 일어나는 변화란 자기에게 변화를 불러일으키는 그 어떤 능동적 존재에의 의존성에 대한 표현이기 때문이다. 바로 이러한 의미에서 자기의식으로서의 절대적 의존감정은, 그것이 아직 외적인 것으로서 대상화된 존재자의 의식에 의해 매개되지 않은 한에서, 반성에 의해 매개된 자기의식이 아니라 직접적 자기의식인 것이다. 실은 슐라이어마허가 사용하는 '절대적' 이라는 말의 의미가 바로 여기에 있기도 하다. 유한한 대상적 존재자와의 관계에 대한 의식 속에서 생겨난 의존감정은 절대적일 수도 없고, 직접적일 수도 없다. 대상적 존재와 자기의 존재에 대한 의식에 의해, 그리고 의식된 대상적 존재와 자신이 맺고 있는 상호작용의 관계에 대한 의식에 의해, 매개된 것이기 때문이다. 그러나 자기에게서 일어나는 변화에 대한 의식은, 적어도 그 자체만으로는, 어떤 외적 관계와도 무관하다. 변화가 바로 자기에게서 일어나는 변화이고, 변화를 불러일으키는 어떤 능동적 주체에 대한 표상도 아직 일어나지 않았으며, 이러한 변화와 동떨어진 것으로서 실체화될 수 있는 자기의 관념 역시 생기지 않았기 때문이다.

후설에게 시간이란 현상학적 의식에게서 일어나는 시간화에 의해 나타나는 것이다. 부단한 체험흐름의 개별화가 일어나 현전화하는 것이 절대적 시간으로서의 현재의 가능근거이고, 현재가 하나의 절대적 기준으로서 과거와 미래의 가능근거이다. 이러한 설명을 단순히 현전의 형이상학에 근거한 것으로 치부하는 것은 분명 터무니없는 단순논리이다. 현상학적 의식 자체가 부단한 체험흐름과의 통일성 속에서 제시되었고, 절대적 시간으로서의 현재 역시 부단한 체험흐름의 개별화를 통해 비로소 가능한 것으로서 파악되었기 때문이다. 그러나 슐라이어마허의 관점에서 보면 현전화란 이미 그 자체로서 근원적 시간성이 아니라 오직 파생적 시간성만을 나타내는 것이라고 말할 수 있다. 자기의식을 자기에게서 일어나는 변화를 통해 설명하는 것은 변화에 대한 자각이 그 자체로 순수한 체험흐름의 지속이라는 관점에서 일어난 것임을 알린다. 자기에게서 체험흐름을 흐름으로서 자각함이 일어나고, 체험흐름의 개별화를 가능하게 하는 자각의 순간이란 개별화된 체험흐름을 현전화하는 시간이 아니라 순수한 흐름으로서 포착하는 시간이다.

왜 이러한 차이가 생긴 것일까? 왜 똑같이 체험흐름의 관점에서 의식 내지 자기의식을 고찰함에도 불구하고 후설에게서는 현전화가 시간의 가능근거로 제시됨에 반해 슐라이어마허에게는 순수한 흐름으로서 자기에게서 일어나는 변화 그 자체가 시간의 가능근거로 파악될 수 있게 된 것일까? 사실 슐라이어마허가 시간 개념을 명시적으로 주제화하거나 상세하게 다룬 적은 없다. 그렇다고 슐라이어마허에게 시간에 대한 성찰이 부재하다고 단정해서는 안 된다. 나중에 살펴보게 되겠지만 슐라이어마허에게 인간 및 우주의 존재는 부단한 차이의 흐름으로서 존속하는 것이고, 자신의 존재로서의 부단한 차이의 흐름 가운데 존재의 절대적 내면성과 통일성이 드러나도록 하는, 존재이해의 역설과 결부된, 존재이다. 바로 이러한 점에서 슐라이어마허의 존재 개념은 가장 순수하고 원본적인 시간으로서의 역사성을 지시하는 것이다.

앞서 언급한 것처럼 인식론적으로 정향되어 있는 후설과 달리 슐라이어마허는 삶과 존재란 근원적으로 인식 및 학문의 대상으로 환원될 수 없다는 입장을 취한다. 시간의 가능근거로서 절대적 시간으로서의 현재를 발견함은 이미 의식하는 의식이 지각하고 사념할 거리로서 주어진 그 무엇과 외적 관계를 이루고 있음을 전제한다. 물론 엄밀한 의미에서 의식은 자신에게 지각하고 사념할 거리로서 주어진 것과 외적으로 구분될 수 없다. 의식이란 오직 그 무엇에 관한 의식이라는 지향적 구조 속에서만 존속할 수 있는 바, 이는 의식에게 지각하고 사념할 거리로서 주어진 그 무엇 자체가 의식의 본질적 구성요소라는 것을 뜻하기 때문이다. 그러나 현재란 그 무엇의 현전성을, 그리고 지금 현전하고 있는 것과 의식의 관계를, 전제로 하는 것이기에, 현재를 기준으로 삼아 나타나는 시간이란 지각하고 사념할 거리로서 주어진 그 무엇이 의식에게 하나의 실존자처럼 현전하게 되었음을 전제한다. 즉, 실제로는 외적으로 구분될 수 있는 것이 아니어도 현전하는 것으로서 실존화한 것은 의식하는 의식에게 마치 외적 관계를 이루고 있는 그러한 존재자처럼 나타나는 현상이라는 뜻이다. 물론 순수한 변화란 우리에게 의식될 수 없다. 자기에게서 일어나는 변화의 자각조차도 오직 변화의 흐름의 개별화를 통해서만 가능할 수 있고, 그런 점에서 모든 자각은 후설이 현전화라는 말로 설명하는 어떤 과정을 전제로 하는 것이라고 말할 수도 있다. 그러나 이러한 현전화란 의식을 두 가지 상반된 방향으로 정향시키는 현전화이다. 하나는 현전하는 실존자에게로 눈을 돌려 자신과 실존자 사이에 맺어진 외적 관계를 중심으로 존재와 시간의 의미를 헤아리도록 하는 현전화이다. 또 다른 하나는 실존자의 실존화를 가능하게 한 근원적 체험흐름 그 자체에게로 눈을 돌려 자신과 실존자 사이에 맺어진 관계가 외적으로 구분될 수 없는 것임을, 실존자의 실존화를 가능하게 한 것이 자기에게서 일어난 변화의 개별화라는 것을 깨달음으로써 어떤 외적 구분과도 무관한 절대적 내면성의 관계로서 실존자와 의식의 관계를 헤아리도록 하는 현전화이다. 후설의 현상학처럼 인식론적으로 정향된 현상학은 시간을 전자의 관점에서 파악하는 경향을 보이기 마련이다. 결국 인식이란 인식하는 주체로서의 의식에 의해 그 무엇인가 인식할 대상으로서 발견됨을 전제로 하기 때문이다. 반면 슐라이어마허의 현상학처럼 인간 현존재의 존재를 무한한 우주의 서술과 표현으로서 이해하는 철학에서는 현전화 및 현전화에 의해 가능해진 절대적 현재 중심의 시간은 근원적이고 참된 시간일 수 없다. 그러한 철학의 관점에서 보면 현전화 자체가 순수한 차이의 흐름의 한시적 응집 내지 그 흐름 위에 생긴 주름 같은 것에 지나지 않기 때문이다.

중요한 것은 무한한 우주의 서술과 표현으로서 실존하는 인간 현존재에게 그 자신과 외적으로 대립해 있는 존재자는 존재하지 않는다는 사실이다. 슐라이어마허에게 인간 현존재는 실존하는 모든 것과 절대적 내면성의 관계를 맺고 있는 존재자이고, 그러한 존재자의 의식이란 그 자체로 존재자 간의 어떤 외적 구별도 허용하지 않는 존재의 전체성의 표현이다.

2) 윤리의 실존적 근거로서의 직접적 자기의식

자기 자신의 존재를 무한한 우주의 서술과 표현으로서 이해하는 인간에게 윤리란 어떤 의미를 지닐까? 전통적으로 윤리란 대체로 두 가지 상반된 관점에 입각해서 해석되어 왔다. 하나는 행복주의이다. 행복주의란 인간 행위의 근원적 동기와 목적이 행복이라는 관점으로서 고대 그리스 윤리학의 대체적인 경향이었으며, 무신론이나 유물론적 성향을 띤 철학 역시 대개 행복주의적 경향을 띠기 마련이다. 심지어 기독교 신학사상 역시 기본적으로 일종의 행복주의적 윤리관에서 출발하는 것이라고 볼 수 있다. 비록 원죄로 인해 자기구원을 이룰 수는 없어도 인간이 기쁨과 구원을 갈구하는 존재로서 상정되기 때문이다. 또 다른 하나는 의무주의이다. 의무주의란 행위의 결과가 자신에게 좋은 것이든 나쁜 것이든 상관없이 무조건적으로 복종해야 할 규범과 의무가 존재한다는 관점에서 출발하는 윤리사상을 일컫는 말이다. 칸트가 그 대표자로 통하며, 기독교 신학사상은 한편 행복 및 구원이 인간 행위의 기본적 동기라는 것을 인정한다는 점에서는 행복주의적이지만, 신의 명령에 대한 무조건적인 복종을 강조한다는 점에서는 의무주의적이라고 볼 수 있다. 결론적으로 말해 행복주의와 의무주의는 모두 자신의 존재를 우주의 서술과 표현으로서 이해하는 인간 현존재에게 어울리지 않는다. 양자가 모두 한 개체로서의 자아와 타자 사이의 외적 대립과 구분에서 출발하기 때문이다.

우선 행복주의에 관해 생각해보자. 인간 행위의 근본 동기가 행복이라는 말은 인간이 자신의 행복을 실현하기 위해 의지를 발휘할 수 있다는 것을 뜻한다. 또한 행복이 특정한 상황이나 충동적 행동의 결과로 저절로 이루어지는 것이 아니라 행복을 향한 의지에 의해 실현되는 것으로서 파악되는 한에서 인간은 행복의 실현을 위해 무엇을 어떻게 해야 하는지 인식할 수 있고 또 이해할 수 있는 이성적 역량에 의해 특징지어진다. 즉, 행복주의란 인간이 행복을 실현할 주체적 이성과 의지를 지니고 있는 존재자라는 관점에서 출발하는 윤리인 것이다. 그런데 이 점에서는 의무주의 역시 마찬가지이다. 인간에게 결과와 상관없이 무조건적으로 지켜야 할 윤리적 규범과 의무가 있다는 말은 인간이 그러한 규범과 의무를 인식할 수 있을 뿐만 아니라 실천할 수도 있다는 것을 전제한다. 만약 인간이 무조건적인 규범과 의무를 인식할 수 없거나, 인식한다고 하더라도 실천할 수 없다고 여기는 경우 무조건적인 규범과 의무란 아무 현실성도 없는 공허한 이념에 불과할 것이기 때문이다. 결국 행복주의와 의무주의는 서로 대립적인 입장임에도 불구하고 인간을 이성적 의지의 주체로 상정한다는 점에서는 같은 셈이다. 물론 행복주의도 의무주의도 그 바탕에 깔려 있는 세계관이나 인간관이 어떤 것이냐에 따라 크게 달라질 수 있다. 예컨대 유물론적 행복주의는 이성을 자기를 위해 무엇이 유리한지 헤아릴 줄 아는 이해타산의 관점에서 규정할 것이고, 유신론적 행복주의는 신의 섭리와 의지에 대한 인식 가능성의 관점에서 규정할 것이다. 그러나 어떤 경우든 인간이 이성적 의지의 주체로서 파악된다는 점에서는 마찬가지이다.

슐라이어마허의 종교론으로부터 도출될 수 있는 윤리는 이러한 의미의 행복주의나 의무주의와는 무관한 것일 수밖에 없다. 자신의 존재를 우주의 서술과 표현으로서 이해하는 존재자는 자신을 이성적 의지의 주체와 같은 것으로 헤아리지 않기 때문이다. 슐라이어마허에게는 심지어 자신의 존재를 통해 개별화된—즉 통념적으로는 보통 나라는 한 개인의 의식으로 파악되는—의지마저도 실은 그 자신의 의식이 아니다. 그것 역시 실은 부단한 우주의 작용에 의존하는 것이고, 우주의 서술과 표현으로서 개별화된 것이기 때문이다. 한마디로, 종교는 도처에서 서로 외적으로 대립하고 있는 것처럼 보이는 것들의 근원적 통일성이 드러나도록 한다. 모든 개별자는 타자와의 외적 대립 속에서 존재하는 것이 아니라 절대적 내면성의 관계를 이루며 존재하는 바, 이는 개별자의 존재 자체가 무한한 우주 안에-있음이라는 존재구조를 지니기 때문이다.

전통적인 행복주의나 의무주의의 관점에서 보면 인간 현존재를 무한한 우주의 서술과 표현으로서 이해하는 것이 윤리를 불가능하게 만드는 것처럼 보이기 쉽다. 그러나 실은 그 반대이다. 서로 외적으로 대립하는 존재자들 사이에서는 어떤 윤리적 의무도 생겨날 수 없기 때문이다.

자식을 학대하는 부모에 대해 생각해보자. 이러한 부모가 윤리적으로 비난받아 마땅하다는 생각은 이미 부모와 자식이 단순히 서로 외적으로 대립하는 관계에만 있지 않다는 것을 전제한다. 어린 자식의 존재는 부모의 존재에 의해 가능해진 것이고, 또 의존하는 것이며, 그런 한에서 독립자존하는 주체와도 같은 것으로 파악될 수 없다. 자신이 아닌 타자의 존재에 자신의 존재근거를 두고 있는 존재자는 순수한 주체일 수 없다는 뜻이다. 그렇다면 부모의 경우는 어떠할까? 일견 부모는 자식이 부모에게 의존하는 것과 달리 자식에게 의존하지 않는 것처럼 보이기 쉽다. 부모의 존재는 자식의 존재에 의해 가능해진 것도 아니고 또 의존하지도 않는 것처럼 여겨지기 쉽다는 것이다. 그러나 부모로서 존재함은 전적으로 자식의 존재에 의해 가능해진 것이고, 그런 점에서 부모의 존재는, 비록 자식의 부양을 받지 않은 경우라 하더라도, 자식의 존재에 의존하는 것이라고 볼 수 있다. 게다가 부모와 자식 간의 관계는 부모나 자식의 어떤 주체적인 결단이나 의지에 의해 일방적으로 이루어질 수 있는 성격의 것이 아니다. 자식을 갖기로 결정하는 경우, 이러한 결정의 전제가 되는 것은 성행위를 통해 새로운 생명의 탄생이 가능해진다는 믿음 및 여자의 자궁 속에서 한 번 수정이 이루어지고 나면 온전한 아이가 되어가는 과정이 진행되기 마련이라는 믿음이다. 오직 이러한 믿음을 전제로 해서만 남자와 여자는 부모가 될 결의를 품을 수 있고, 그런 한에서 이러한 결의 역시 실은 자신의 선택과 의지에 의해 바꿀 수 있는 것이 아닌 어떤 섭리와 존재에 대한 의존감정의 표현이다. 그런데 부모가 자식에 대해, 혹은 자식이 부모에 대해 지니는 의무는 바로 이러한 깨달음, 즉 자신의 존재와 자식의 존재가 모두 각각의 개인의 주체적 결단과 의지의 산물일 수 없다는 깨달음에 근거를 두고 있다. 의무란 의무를 수행할 당사자에 의해 자의적으로 선택될 수 있는 것이 아니라 그의 존재의 기원이 되고 또 의지처가 되는 그 어떤 존재에 의해 결정되는 것이어야 하기 때문이다.

내가 타자에 대해 지니는 윤리적 의무란 나와 타자의 관계가 외적 대립의 관계로 규정될 수 없음을 전제한다. 그런 한에서 윤리의 근거를 개별화된 인간의 이성과 의지에서 찾는 것은 그 자체로 하나의 오류판단에 따른 귀결이거나 불충분한 사유의 표현에 불과할 뿐이다. 나와 타자 사이의 윤리적 관계는 나와 타자가 하나의 나뉠 수 없는 전체를 이루고 있음을 전제하는 것이다. 여기서 나뉠 수 없는 전체란 두 가지 관점으로 나뉘어 고찰될 수 있다. 하나는 하나의 세계 안에 함께-있음이다. 또 다른 하나는 세계를 통해 드러나는 전체 존재의 작용에 의해 실존하게 되었음이다. 물론 양자는 별개의 사태를 지시하는 것이 아니라 하나의 사태를 표현하는 두 상반된 방식일 뿐이다. 하나의 세계 안에 함께-있음이란 세계가 공통된 생활지반으로서 나와 타자 사이의 관계가 세계에 대한 공통된 이해에 지반을 두고 있음을 전제한다. 세계를 통해 드러나는 전체 존재의 작용에 의해 실존하게 되었음이란 함께-있음의 관계로 맺어진 나와 타자가 그 자신에 존재근거를 둔 개별 실체로서 존재하는 것이 아니라 전체 존재의 작용에 그 근원적 가능근거를 둔 존재자로서 존재함을, 그리고 세계가 나와 타자의 실존을 포괄하는 전체 존재의 현상으로서 고지됨을 뜻한다.

이제 이러한 생각을 바탕으로 직접적 자기의식에 관한 슐라이어마허의 현상학적 성찰이 윤리의 이해를 위해 어떤 의미를 지니는지 존재론적으로 헤아려보자. 앞서 우리는 행복주의와 의무주의가 지니는 문제가 무엇인지 살펴보았다. 행복주의와 의무주의는, 개별화된 이성적 주체로 인간을 상정함으로써 나와 타자의 관계를 외적 대립의 관계로 이해하도록 한다는 바로 그러한 점에서, 윤리적 이해와 행위의 존재론적 근거를 은폐해버리고 만다. 서로 외적으로 나뉜 존재자들 사이는 본래 윤리와 무관한 관계이기 때문이다. 물론 행복주의와 의무주의에 입각해서 이러한 문제를 해명하려고 시도할 수도 있다. 예컨대 생존을 도모하는 데 유리한 정황에 대한 공통의 이해에 의해, 혹은 선험적으로 주어진 이성적 이념에 의해, 윤리적 규범의 실천이 자명한 인간의 의무로서 미리 주어져 있다는 식으로 설명하면, 서로 외적 대립의 관계를 맺고 있는 개별자들이 왜 윤리의 관점에서 자신의 삶과 존재를 헤아려야 하는지 설명할 수 있게 된다. 그러나 나와 타자의 관계를 윤리적 관계로 이해하게 할 그 근거에 대해 행복주의 및 의무주의의 관점에서 제기되는 모든 설명들은 기본적으로 형이상학적 이념으로의 도피를 통해서 얻어지는 것일 수밖에 없다. 나와 타자의 관계가 생존을 도모하는 데 유리한 정황에 대한 이해에 근거를 두고 있음은, 이러한 근거가 가장 근원적이고 주요한 근거로서 이해되는 한에서는, 인간이란 본래 윤리와 무관한 존재라는 암묵적 전제에서 출발하는 것이다. 생존을 위한 이해로부터 발원하는 윤리는 냉정한 이해타산의 결과일 뿐이기 때문이다. 인간과 윤리의 근원적 무관계성에 대한 형이상학적 단정이 앞서 있다는 점에서 이러한 견해는 현상학적으로 정당하지 않다. 선험적으로 주어진 이성적 이념에 호소하는 것 역시 이 점에서는 조금도 다르지 않다. 아니 이러한 방식에서는 필연적으로 인간의 현실적 실존과—인간이 마땅히 그렇게 되어야 할—이상적 인간상 간에 심각한 괴리가 생겨나게 된다. 인간의 윤리적 의무가 어떤 선험적 이념에 의해 무조건적인 것으로서 주어진 것이라는 생각은 암묵적으로 인간의 삶의 현실이 인간으로 하여금 윤리적 존재가 되게 할 그 근거로서 파악될 수 없음을 전제한다. 만약 삶의 현실이 그 자체로 윤리적 존재의 근거가 될 수 있는 것이라면 우리는 응당 삶의 현실 자체에 대한 구체적 이해에서 윤리적 의무의 근거를 발견하려 노력해야 할 것이기 때문이다.

행복주의와 의무주의는 모두, 설령 양자가 완전한 오류로서 파악될 수 있는 것은 아니라고 전제해도, 언제나 양자의 한계를 넘어서는 절대적 내면성의 관계를 암묵적으로 전제하기 마련이다. 부모와 자식 간에 맺어지는 윤리적 관계가 의무보다 행복을 더욱 큰 동기로 삼아 맺어지는 것이라고 상정해보자. 이 경우 우리는 부모가 자식을 사랑하고 또 자식을 위해 헌신함이, 혹은 반대로 자식이 부모를 공경하고 또 부모를 위해 헌신함이, 개별화된 행위의 주체로서의 부모나 자식을 위해 그 자체로 좋은 일임을 전제하게 된다. 그런데 왜 개별화된 행위의 주체로서 서로 외적인 관계를 맺고 있는 개별자들이 서로를 위해 행하는 사랑과 헌신이 각자에게 좋은 것일까? 그것은 물론 헌신함으로 인해 감수해야 할 희생보다 그를 통해 얻게 될 어떤 행복이나 충족감이 더욱 소중하고 크기 때문이다. 이로써 한 가지 사실이 분명하게 드러나게 된다. 그것은 서로가 서로에게 기꺼이 사랑과 헌신을 행하는 관계란, 각자가 그때마다 개별 행위자로서나 행위의 수용자로서 존재하게 됨을 전제한다는 점에서는 분명 외적 관계로서 파악될 수 있지만, 실은 이미 외적 구분이 지양된 절대적 내면성의 관계로 파악되어야 한다는 것이다. 부모가 자식에게, 자식이 부모에게, 서로를 위한 행위를 한다는 점에서 양자는 서로 외적으로 구분되어 있다. 그러나 이러한 외적 구분은 사랑과 헌신의 행위를, 설령 이러한 행위를 통해 한 개별자인 자신에게 고통이나 금전적 손해가 따른다고 하더라도, 행위의 대상뿐 아니라 행위의 주체인 자신을 위해서도 좋은 일이라는 판단과 느낌을 전제한다는 점에서 보면 이미 절대적이지 않다. 부모와 자식의 관계는, 아니 존재자들 사이의 윤리적 관계는 모두, 서로가 서로를 나뉠 수 없는 하나의 전체에 속한 함께-있음의 존재자로서 수용하는 관계일 수밖에 없다. 바로 그런 점에서 오직 외적 구분이 지양된 절대적 내면성만이 윤리적 감정과 사념, 판단, 행위 등이 펼쳐지는 존재의 장일 수 있는 것이다.

의무주의의 경우는 어떠할까? 겉으로 보기에 의무주의는 행복주의와 달리 존재자들 사이의 윤리적 관계를 절대적 내면성의 관계로 상정할 어떤 이유도 지니지 않는 것처럼 보이기 쉽다. 행복주의적 윤리가 외적 관계의 지양을 전제할 수밖에 없음은 타자를 위한 행위가 실은 자기 자신을 행복으로 이끌고 가는 행위임을 전제하기 때문이다. 물론 행복주의적 윤리의 이상인 행복을 타인을 위한 배려와 직접적으로는 아무 상관도 없는 자기완성의 관점에서 이해하거나 공존을 위한 이기적 타산의 관점에서 이해할 수도 있다. 그러나 자기완성이란, 적어도 그 윤리적 의미에서는, 개별화된 삶에 대한 집착과 양립할 수 없는 것이라는 점에서, 그리고 공존을 위한 이기적 타산이란 그 자체로 이기적 개체들이 한 세계에 공속된 존재자로서 공존의 공가능성을 지닌다는 점을 전제로 할 수밖에 없다는 점에서, 양자는 각각 외적 구분의 지양을 암묵적으로 이미 전제하고 있다. 이에 반해 의무주의에서는 개별화된 삶에 대한 집착의 유무에 관심을 기울여야 할 필연적 이유가 없고, 이기적 개체들의 공존의 조건인 공속과 공가능성을 윤리의 근거로서 전제할 필연적 이유 또한 없다. 개별화된 삶에 대한 집착의 유무가 의무주의를 위해 중요하지 않은 까닭은 윤리의 근거가 무조건적인 의무로서 파악되기 때문이다. 올바른 판단과 행위를 가능하게 할 훌륭한 인격의 함양은 의무주의의 직접적인 관심사가 아니다. 누군가 훌륭한 인격을 지니고 있든 그렇지 못하든, 아무튼 의무주의에서 중요한 것은 우리가 의무를 무조건적인 것으로서 받아들이고 수행해내느냐의 여부이다. 마찬가지 이유로 이기적 개체들의 공존의 조건인 공속과 공가능성 역시 의무주의를 위해서는 결정적이지 않다. 수행해야 하는 윤리적 의무가 무조건적인 것인 한에서 그것은 공존의 조건인 공속과 공가능성 여부에 의해 조건 지어진 것일 수 없고, 설령 의무의 수행이 그 결과로서 평화롭고 행복한 공존의 가능성을 증진시킨다고 해도 결코 이러한 결과의 산출이라는 목적에 의해 제약되어서는 안 되기 때문이다.

'윤리란 결국 삶을 위한 것' 이라는 상식적 견해에서 보면 자신이나 타인의 행복을 보존하고 증진하려는 목적에 의해 조건 지어지지 않은 윤리란 공허하고 비이성적인 것처럼 여겨지기 마련이다. 그럼에도 엄격한 의무주의적 윤리관은 역사 속에서 결코 드물지 않게 발견된다. 예컨대 이삭을 제물로 바칠 것을 요구하는 야훼의 명령에 복종하는 아브라함의 이야기가 이러한 윤리관의 표본이라 할 만하다. 아브라함이 야훼의 명령에 복종한 까닭은 그가 그 명령을 무조건적으로 받들고 행해야 하는 절대적 명령으로서 받아들였기 때문이지 자신이나 이삭, 혹은 그 밖의 다른 누구의 행복을 도모할 목적으로 그렇게 한 것이 아니다. 즉, 아브라함의 선택은 행복 추구의 동기에 의해 근거 지어지지 않은 것이고, 그런 점에서 초월자의 명령을 무조건적인 의무로 받아들임 외에 다른 어떤 것도 그 조건으로서 전제하지 않는다. 한마디로, 의무주의에서 의무란 초월적인 존재로부터의 명령과 같고, 현세적 삶에서 인간이 도모하는 행복과 본래 무관하다. 바로 그렇기에 의무주의는 개별자들의 공존을 가능하게 할 공속과 공가능성에 대한 고려 없이 행위의 주체인 개별자들의 관계가 순수하게 외적으로 대립하는 관계라고 상정할 수 있다. 아니, 실은 의무주의란, 그 본래적이고 엄격한 의미에서는, 개별자들의 존재를 외적 대립의 관계로 상정함에서 출발하는 윤리관이라 볼 수 있다. 초월적인 존재로부터의 명령을 무조건적으로 수행해야 하는 존재자는 그러한 자로서 타자의 삶과 존재에 의해 조건 지어지지 않은 존재자이기 때문이다. 그러나 여기서 외적 관계란 결국 현세에서의 외적 관계라는 한정된 의미를 지닐 뿐이다. 의무주의의 의무가 모든 인간 현존재가 수행해야 할 의무로서 제시되는 한에서, 의무주의는 모든 인간 현존재가 초월자와의 관계 속에서 자신의 존재를 헤아려야 한다는 점에서 그 자체로 하나의 초월자임을 상정하는 셈이다. 결국 의무주의의 개별자들은 비현세적이고 비시간적인 초월자로서 서로 간의 어떤 차이와 분별도 모르는 동일자들인 셈이다.[10] 바로 이러한 이유로 의무주의 역시, 비록 현세적 삶의 층위에서는 개별자들 사이의 외적 대립을 전제하지만, 본래 형이상학적 초월을 개별자들 사이의 외적 대립이 지양된 절대적 내면성의 근거로서 전제하는 윤리관이라고 볼 수 있다. 의무주의에서 너와 나는 결국 초월자의 명령에 복종할 존재자로서 현세에 존재하는 것이고, 그런 한에서 초월자의 명령을 통해 드러나는 그 뜻과 의지 안에서 결국 하나인 것이다.

이제 개별자를 윤리적 판단과 행위의 주체로 상정하는 행복주의와 의무주의 역시 실은 개별자들 사이의 외적 관계의 지양을 암묵적으로 전제할 수밖에 없다는 사실을 고려하면서 그 존재론적 의미를 자기의식의 구조 속에서 드러나는 절대적 내면성으로서의 존재와 윤리의 관계를 중심으로 헤아려보자. 형식논리적으로 보면 행복주의 및 의무주의의 한계에 대한 것과 비슷한 유형의 비판이, 정 반대의 관점에서, 절대적 내면성의 이념에 대해 가해질 수 있다. 결국 풀어야 할 문제가 윤리인 한에서, 우리는 자신의 삶을 판단과 행위의 관점에서 헤아릴 수밖에 없고, 판단과 행위의 관점에서 삶을 헤아림이란 판단과 행위의 대상과 자신의 관계를 외적으로 서로 구분되고 대립된 관계로서 파악함을 전제하기 마련이다. 게다가 행복과 의무의 개념에 의거해 윤리를 설명하지 않는 경우 우리는 윤리적 판단과 행위의 목적을 구체화할 수 없게 될 위험에 처하기 쉽다. 결국 행복의 보존과 증진으로 이어지지

---

10 엄격한 의무주의 윤리학이 필연적으로 이러한 전제를 지니게 됨을 가장 분명하게 드러낸 이는 아마 G. 짐멜일 것이다. 짐멜의 주장에 따르면 '보편적인 인간'의 이념을 표방하는 칸트와 피히테의 개인주의는 각각의 개인을 본질적으로 동일한 이성의 양적 증가의 결과로서 파악한다는 점에서 양적 개인주의이다. 이 점에 대해서는 다음 참조: G. 짐멜, 김덕영 옮김, 『근대 세계관의 역사. 칸트·괴테·니체』, 길, 2007, 122 이하.

도 않고 또 의무의 수행으로 인정될 수도 없는 그러한 행위는 윤리적 행위일 수 없는 것이 아닐까? 만약 행복의 보존과 증진이나 의무의 수행을 윤리적 삶의 근원적 동기이자 목적으로 설정해야 한다면, 설령 개별자들 사이의 외적 대립이 지양된 절대적 내면성의 관점에 입각해서 윤리를 설명하는 것이 가능하다고 해도, 결국 행복주의나 의무주의 외의 다른 어떤 윤리적 입장도 불가능한 것이 아닌가? 이러한 문제는 결국 인간 현존재의 존재에 대한 이해와 해석의 문제이기도 하다. 이러한 문제가 제기되는 근본적인 이유는 인간 현존재가 개별자로서 존재함이 윤리의 가능조건의 하나라는 사실에 있다. 그러나 인간 현존재가 개별자로서 존재함이 윤리의 가능조건이라는 사실로부터 윤리에 대한 이해가 인간의—타자와의 외적 대립에서 드러나는—개별성을 중심으로 전개되어야 한다는 것이 자명하게 귀결되는 것은 아니다. 도리어 참된 윤리는, 적어도 존재의 전체성의 표현으로서의 현상학적 의식의 관점에서 보면, 개별적 주체의 해체를 통해서만 가능할 수 있다. 이러한 윤리는 오직 현상학적 존재론의 토대에서만 가능할 수 있고, 이는 윤리란 그 근원적인 의미에서는 실존의 본래적 양태로서 파악되어야 함을 뜻한다.

잘 알려져 있듯이, 칸트는 덕과 행복을 현세에서 종합하는 것이 불가능하다고 여긴다. 이러한 사실은 보편타당한 도덕의 법칙들은 감각적 경험에 의해 조건 지어진 것일 수 없다는 칸트 윤리학의 근본 관점의 반영이기도 하다. 행복이란 결국 긍정적인 감각과 결부된 어떤 것일 수밖에 없다. 행복을 추구하는 인간은 행복의 가능조건이자 그 실현인 어떤 감각적 경험에 조건 지어진 삶을 사는 경험적 인간이라는 뜻이다. 그렇기에 참된 덕은 행복과 같이 감각적으로 조건 지어진 인간 행위의 동기와 날카롭게 대립할 수밖에 없다. 오직 감각적으로 조건 지어지지 않은, 즉 행복과 무관한, 덕의 추구만이 이성적일 수 있고, 그런 한에서 감각 및 행복 추구의 동기에 의해 움직이는 현세적 삶은 초월적 이성의 명령에 자발적으로 순응하기를 원하는 이성적 인간의 덕과 종합될 수 없는 것이다. 즉, 칸트에게 도덕적 자아란 오직 초월적이고 절대적인 이성에 근거한 것으로서만 존속할 수 있다.

슐라이어마허 역시 덕과 행복을 현세에서 종합하는 것은 원리적으로 불가능하다고 여긴다. 그러나 동시에 슐라이어마허는 지성계와 현상계의 날카로운 대립에서 출발하는 칸트의 윤리학을 인간의 구체적 실존에 상응할 수 없는 공허한 윤리학으로 간주하고 거부한다. 왜 칸트의 윤리학은 공허한 것일 수밖에 없는가? 그것은 윤리학이란 근본적으로 개별적 인간들의 상호작용을 전제하는 것이기 때문이다. 나의 생각과 행위가 윤리적 성격을 띠게 되는 근본적인 이유는 그것이 타자에게 긍정적이거나 부정적인 영향을 끼칠 수 있기 때문이다. 그 누구에게도 아무 영향도 끼치지 못하는 생각과 행위의 윤리성이란 어불성설에 지나지 않는 것이다. 물론 상호작용의 관계가 윤리성의 충분조건일 수는 없다. 옳고 그름을 분간하지 못하는 비이성적 존재자들 사이의 관계는 상호작용의 관계로 규정될 수는 있을지언정 결코 윤리적 관계로 규정될 수는 없기 때문이다. 그러나 윤리적 이성은 구체적이고 현실적인 이성이어야 한다. 그것은 그 자체로 구체적이고 현실적인 상호작용의 세계에서 세계를 윤리적인 방향으로 변화시켜나갈 그 가능 근거로서 주어져야 하는 것이지 상호작용의 세계와 무관한 것으로서 주어져야 하는 것이 아니다. 슐라이어마허에 따르면 결국 윤리학이란 "이성적인 존재들의 다수성과 공동체성"[11]에 근거해 있는 것이다. 그렇기에 윤리적 이성은 공동체성의 윤리적 형성에 기여해야 하고, 그러

---

11 F. Schleiermacher, *Grundlinien einer Kritik der bisherigen Sittenlehre (Schleiermacher Werke I)*, Leipzig 1967, 24.

한 형성의 과정 속에서 부단히 작용하는 그 자체로 공동체적이고 역사적인 것이어야 한다.

그렇다면 덕과 행복이 현세에서 종합될 수 없다는 것이 슐라이어마허에게 뜻하는 바는 무엇일까? 만약 윤리적 이성이 공동체성의 윤리적 형성에 기여해야 하는 것이라면, 그리고 공동체성의 윤리적 형성이 공동체의 구성원인 동류의 인간들의 행복의 증진에 이바지해야 하는 것이라면, 결국 슐라이어마허의 윤리학은 덕과 행복의 현세적 종합일 수밖에 없지 않은가? 이러한 문제를 해결하려면 현세에서 덕과 종합될 수 없는 것으로서 제시된 행복의 의미가 먼저 분명해져야 한다. 칸트에게 그것은 기본적으로 감성적이고 주관적인 자기행복이다. "모든 행복주의자들은 실천적 이기주의자들"[12]이라는 『실천 이성 비판』의 유명한 명제가 그 증거이다. 슐라이어마허가 참된 덕과 대립적인 것으로서 파악하는 행복 역시 감성적이고 주관적인 자기행복이다. 이러한 의미의 행복은, 그것이 기본적으로 개별화된 자기의 행복에 한정된 의미를 지닌다는 바로 그러한 의미에서, 타자에 대한 진정한 사랑과 헌신의 가능성을 내포하는 참된 덕과 윤리의 근거일 수 없다. 그것은 개별화된 자기에게 한정된 배려의 결과물이고, 이러한 배려는 오직 그 우연적인 부산물로서만 타자에게 유익한 결과를 초래할 수 있을 뿐이다.

주의할 점은, 감정적이고 주관적인 자기행복이 오직 나쁜 의미로 이기적인 개인이 추구하는 행복일 뿐이라고 단정해서는 안 된다는 것이다. 아리스토텔레스 등에게서 발견되는 철학적 자기완성의 행복 역시 감정적이고 주관적인 자기행복으로 분류될 수 있다는 뜻이다. 철학적 자기완성이 공평무사하게 판단하고 행위할 수 있는 인간성의 실현이라고 이해하는 경우 인간의 자기완성에 의해 이루어지는 자족적 선으

---

12 I. Kant, *Kritik der Praktischen Vernunft*, VII 130.

로서의 행복은 분명 덕과 대립적이지 않다. 그러나 자기완성이 자기에 대한 배려를 통해 이루어진다는 점에서 보면, 자기완성의 행복은, 적어도 그 자체만으로는, 참된 의미의 덕의 온전한 실현을 의미할 수 없다. 자기완성은 인식 및 행위의 주체로서 작용하는 개별자로서의 자기에게 한정된 배려의 결과물일 뿐이고, 자기완성의 주체가 타자와의 관계 속에서 덕과 정의의 구현체로서 작용하는 것은 자기에 대한 배려의 부산물로서 일어나는 일이기 때문이다.

여기서 다시 원래의 물음으로 돌아가 보자. 덕과 행복이 현세에서 종합될 수 없다는 것이 슐라이어마허에게 뜻하는 바는 무엇일까? 칸트에게 덕과 행복이 현세에서 종합될 수 없는 까닭은 참된 의미의 덕이란 감성적 상호작용의 관계로 특징지어질 현세적 삶에 의해 조건 지어지지 않는 절대적 의무의 수행을 가능하게 하는 것이어야 하기 때문이다. 슐라이어마허 역시 참된 의미의 덕을 현세적 삶의 근본 경향인 상호작용의 제약으로부터 벗어날 가능성의 실현으로 이해한다. 그러나 지성적 세계와 현상적 세계의 날카로운 구별에서 참된 윤리의 이상을 정립할 철학적 근거를 찾았던 칸트와 달리 슐라이어마허는 상호작용이 이루어지는 세계의 한 가운데서 자신의 존재를 존재의 전체성의 표현으로서 새롭게 이해할 구체적 인간 현존재의 역량에서 가장 현실적이면서 동시에 가장 근원적인 윤리의 원형을 발견한다.

인간 현존재는, 그가 자신을 하나의 개별자로서 이해하는 한에서, 그 자신에게 언제나 하나의 능동적 주체이자 동시에 수동적 객체이다. 그런데 자신을 하나의 능동적 주체이자 동시에 수동적 객체로 이해하는 존재자는 사념과 판단의 동인을 자기를 위한 배려에서 발견할 수밖에 없는 존재자이다. 순수하게 능동적인 주체나 순수하게 수동적인 객체는 자기를 위한 배려와 무관한 존재일 수밖에 없다. 배려란 오직 타자의 작용에 긍정적이거나 부정적인 영향을 받을 수 있으면서 동시에 이러한 수동성의 한계를 자신의 사유와 행위를 통해 능동적으로 극복해나갈 수 있는 존재자에게만 유의미한 것이기 때문이다. 그러나 인간 현존재에게는 자신의 존재를 상호작용과 근본적으로 다른 관점에서 발견할 가능성이 주어져 있다. 그것은 슐라이어마허가 종교적 감정이라는 말로 표현하는 직접적 자기의식이다. 직접적 자기의식에서 자기의 존재가—슐라이어마허가 우주 내지 세계라는 말로 표현하는—전체 존재의 안에-있음으로 주어져 있는 한에서, 그리고 전체 존재로서의 우주가 그 자신에게 부단히 작용해오는 절대적 의존감정의 대상으로서 관조되는 한에서, 인간 현존재는 근원적으로 상호작용의 관점이 아니라 전체 존재에게서 일어나는 부단한 변화와 생성의 관점에서 자신의 존재를 헤아리는 존재인 셈이다.

결국 슐라이어마허에게 참된 윤리의 근거는, 그것이 개별화된 주체로서의 자기에게 한정된 배려의 한계를 넘어서는 존재자에게만 주어질 수 있는 것인 한에서, 종교적 감정으로서의 직접적 자기의식에 있는 셈이다. 현상학적으로 표현하자면 슐라이어마허적 윤리의 근거는 존재의 전체성의 표현으로서의 현상학적 의식이며, 이러한 의식에게 가장 근원적인 존재의 의미는 바로 그 역사성을 통해 고지된다. 전체로서의 존재를 통해 개별자의 근원적 존재구조로서 드러나는 절대적 안에-있음이, 어떤 실체적 자기동일성과도 무관한, 순수한 차이의 흐름의 단일성으로서 파악되기 때문이다.

2. 직접적 자기의식으로서의 종교와 공동체

그 자신의 실존을 존재의 전체성의 개별화된 표현으로서 이해하는 자에게 윤리란 어떤 의미를 지닐까? 이러한 물음은 인간 현존재를 판단과 행위의 주체로 파악하는 행복주의와 의무주의가 일종의 모순과 자가당착에 기인하는 윤리관이라는 사실이 분명해졌을 때 비로소 대답될 수 있다. 앞에서 살펴본 것처럼 윤리란 개별 존재자들 사이의 단순한 외적 대립에 근거해 있는 것일 수 없다. 단순한 외적 대립의 관계를 이루고 있는 것들은 서로에게 어떤 윤리적 당위성도 요구할 수 없기 때문이다. 윤리란, 당위성의 관점에서 파악되는 경우, 나는 너를 위해, 그리고 너는 나를 위해, 마땅히 수행해야 할 의무를 짊어지고 있음을 전제한다. 그런 점에서 너와 나 사이에 맺어진 윤리적 관계는 너와 내가 외적 대립의 관계에 있는 것이 아니라 실은 나뉠 수 없는 전체를 이루고 있음을 드러낸다. 그런데 개별 주체로서 존재하는 자의 의무란, 그것이 행복을 근원적 동기로 삼아 주어지는 것이든 아니면 초월자의 명령으로서 파악되어야 할 무조건적인 것으로서 주어지는 것이든, 그 의무의 부름에 부응하지 못하는 자에게 가해질 처벌이나 불이익에 대한 예기와 긍정에 근거해 있는 것일 수밖에 없다. 어떤 처벌 및 불이익도 전제하지 않는 의무란 공허한 것이기 때문이다. 그런 점에서 인간 현존재를 판단과 행위의 주체로 파악하는 윤리는, 그것이 행복주의적 성향을 띠고 있든 아니면 의무주의적 성향을 띠고 있든, 윤리적 요청을 위해 외적 대립이 지양된 절대적 내면성의 관계로서 상정된 개별자들의 관계를 동시에 의무와 처벌의 가능근거로서의 외적 대립의 관계로서 정립하는 셈이다. 바로 이것이 주체의 이념에서 출발하는 모든 윤리사상에게서 발견되는 근원적 모순과 자가당착이다.

주의할 점은, 행복주의와 의무주의의 관점으로 양분되어온 전통적 윤리관의 모순과 자가당착에 대한 지적이 그러한 윤리관에 대한 단순한 부정과도 같은 것으로 오인되어서는 안 된다는 것이다. 윤리적 요청을 위해 상정된 개별자들 사이의 절대적 내면성의 관계는, 그것이 일체의 외적 대립이 지양된 절대성에 의해 특징지어진다는 바로 그러한 이유로, 구체적으로 표상될 수 없기 때문이다. 여기에는 이해하지 못할 아포리아 같은 것은 없다. 우리는 결코, 슐라이어마허가 우주 내지 세계라는 말로 표현하는, 전체로서의 존재를 표상할 수 없다. 우주란 오직 개별 존재자들의 존재를 통해서만 개별 존재자들의 존재인 안에-있음의 근원적 근거로서 알려질 수 있는 것이기 때문이다. 우주가 개별 존재자들 사이에 맺어진 관계의 관점에서 이해되는 경우 그것은 개별 존재자들 사이의 외적 구분과 대립의 총체이다. 그러나 이러한 총체성은 이미 그 자체로서 개별 존재자들의 우주의 안에-있음을 어떤 밖도 전제하지 않은 절대적 내면성의 존재로서 수용함을 전제한다. 오직 이러한 경우에만 개별 존재자들 사이에 맺어지는 이런저런 관계들이 그 총체성 가운데 사념될 수 있는 것이다. 그런데 이러한 깨달음은 자신과 타자 사이에 형성되는 외적 구분과 대립의 단순한 무화가 아니다. 우리 자신의 존재가 이미 안에-있는 존재자로서 개별화되어 있을 뿐 아니라 우리의 모든 사념과 행위는 개별 존재자들의 관계를 외적 구분과 대립의 관점에서 파악함을 전제하기 때문이다. 실은 바로 여기에 슐라이어마허가 종교를 사유나 행위를 통해 규정하지 않고 전체 존재로서의 우주에 대한 직관과 감정으로 규정한 이유가 있다. 사유와 행위의 발원지는 개별 존재자들 사이에 맺어진 외적 구분과 대립의 관계에 대한 이해인 것이다. 결국 윤리란, 그것이 윤리적으로 사유하고 행위해야 할 인간 현존재의 근원적 존재방식의 표현인 한에서, 개별 주체의 이념에서 출발하는 행복주의 및 의무주의의 계기들을 지닐 수밖에 없다. 행복주의 및 의무주의와 무관한 윤리란 원리적으로 불가능하다는 뜻이다.

그 자신의 실존을 존재의 전체성의 개별화된 표현으로서 이해하는 존재자가 윤리에 대해 할 수 있는 일은 다만 행복주의와 의무주의의 한계 안에 머물면서 동시에 그 근원적 모순과 자가당착이 드러나도록 부단히 애쓰는 일이다. 현상학적 의식에게 유일하게 가능한 윤리는 해체의 윤리이며, 여기서 해체란 일상세계를 지배하는 이런저런 전통적 윤리의 부정과 말소가 아니라 그러한 윤리에 입각해 사유하고 행위하는 자의 근원적 오류를 드러냄을 뜻한다.

1) 절대 긍정의 정신으로서의 종교

전통적 윤리의 해체가 인간 현존재의 삶을 위해 의미하는 바는 무엇일까? 그것은 한마디로 존재에 대한 심판과 부정의 마음으로부터 절대적이고도 순연한 긍정의 마음으로의 이행이다. 타자를 자기와의 외적 구분과 대립의 관점에서 이해하기를 그치는 자는 그 존재를 심판할 수도 부정할 수도 없기 때문이다. 모든 것은 나 자신의 존재를 가능하게 한 우주의 한 부분으로서 그저 있을 뿐이고, 절대적으로 긍정되어야 할 존재의 전체성의 표현으로 파악되어야 한다. 이러한 사정을 슐라이어마허는 다음과 같이 서술한다:

> "우주는 끊임없는 활동 가운데 있으며 매순간 우리에게 계시된다. 우주가 산출하는 모든 형식, 삶의 충만에 따라 각별하게 현존하는 모든 존재자들, 우주가 그 충만하고 늘 풍성한 품에서 쏟아내 놓는 모든 사건들, 이것이 곧 우리를 향한 우주의 행위이다. 이렇듯 종교는 모든 개별자를 전체의 부분으로, 모든 제약자를 무한자의 표현과 서술로 받아들이는 것이다. [⋯] 직관은 항상 어떤 개별적인 것, 구별된 것, 직접적인 지각이며 늘 이러한 것들로 존재하는가 하면 그 이상의 어떤 것도 아니다. 이들을 결합하고 전체로 통합하는 것은 이미 다시금 감각의 일이 아니며 이는 추상적인 사유의 일이다. 종교란 이러하다. 그것은 우주의 현존과 그 행위에 의한 직접적 경험 가운데 있으며 개별적인 직관과 감정 가운데 머물러 있다. 이 모든 직관과 감정은 다른 것과 연관되거나 이들에 종속됨 없이 그 자체로 존

재하는 작품이다. 종교는 연역이나 결합에 대해서는 아무것도 알지 못한다. 이것은 종교와 맞닥뜨릴 수 있는 모든 것 중에서 종교의 본성이 대부분 거역하는 것이다. 우리가 근원적이고 최초의 것이라고 부를 수 있는 개별적인 사실이나 행위뿐만 아니라 종교 가운데 있는 모든 것은 직접적으로 참이며 그 자체로 참이다."[13]

인용문에서 우리가 주목해야 할 부분은 무엇보다도 우선 '종교 가운데 있는 모든 것은 직접적으로 참이며 그 자체로 참'이라는 마지막 부분이다. 그런데 여기서 참이란 대체 무엇을 뜻하는 말일까? 종교가 연역이나 결합에 대해 아무것도 알지 못한다는 슐라이어마허의 언급은, 개별자들을 결합하고 전체로 통합하는 것은 이미 추상적 사유의 일이라는 또 다른 언급과 연관 지어 생각해보면, 분명 종교 가운데 있는 것의 참 내지 진리는 인식론적 의미의 참 내지 진리로서 파악될 수 없다는 것을 알려준다. 윤리와의 관계 속에서도 우리는 같은 말을 할 수 있다. 종교가 모든 개별자와 제약자(혹은 유한자)를 우주에 대한 서술과 표현으로 받아들인다는 말은 윤리적으로 부당한 일을 저지른 사람 역시 포괄하는 말로서 파악되어야 할 것이다. 이 말은 곧, 참된 종교의 관점에서 보면, 어떤 윤리적·법적 심판도 정당화될 수 없음을 뜻한다.

이러한 입장에 대한 가장 표본적인 예시는 아마 신약성경 속의 '간음한 여인과 예수'의 이야기일 것이다. 유태인 대중들이 간음한 여인을 돌로 쳐서 죽일 죄인으로서 심판함은 개별자들 간의 관계를 외적으로 구분되고 대립하는 관계로서 이해했음을, 그리고 그들 자신과 여인을 모두 윤리적 판단과 행위의 주체로서 파악했음을 알린다. '너희 중

13 F. 슐라이어마허, 『종교론』, 최신한 옮김, 대한기독교서회, 2002, 61 이하.

죄 없는 사람이 먼저 돌을 던지라'는 예수의 말은 이중의 의미로 해석될 수 있다. 하나는 모든 사람의 죄 있음에 관한 언명으로서, 한편 개별자들 간의 외적 대립의 지양 및 절대적 내면성의 관계를 윤리적 관계의 형성을 위해 암묵적으로 요청하면서도 다른 한편 개별자들 간의 외적 대립을 심판의 근거로서 정립하는 인간 현존재의 근원적 모순과 자가당착을 드러내는 말로서, 해석하는 것이다. 또 하나는 분별하고 심판하기를 그치고 존재하는 모든 것을, 심지어 일상의 윤리에서는 큰 죄인으로 통하는 그러한 개별자마저도, 자신과 나뉠 수 없는 전체를 이루고 있는 것으로서, 전체 존재의 서술과 표현으로서, 무조건적으로 긍정하기를 청유하는 말로 해석하는 것이다. 물론 양자는 서로 다른 입장의 표현이 아니라 동일한 입장에 대한 두 가지 상이한 언술일 뿐이다.

아마 오직 가없는 사랑과 용기를 지닌 성자만이 우리들 중 가장 큰 죄인에 대한 심판마저도 실은 인간 현존재의 근원적 모순과 자가당착의 표현에 지나지 않음을 서슴없이 드러낼 수 있을 것이다. 무조건적인 사랑과 용서를 향한 청유란 오직 흠 없는 영혼만이 자가당착에 빠지는 일 없이 수행할 수 있는 것이기 때문이다. 그러나 이러한 청유는 동시에 친밀함이 싹트는 모든 곳에서 언제나 이미 제기되고 있는, 지극히 일상적이고 당연한 청유이기도 하다. 자식의 잘못을 빌미로 자식을 죄인으로 낙인찍고 심판하는 부모는 오직 그 자신의 사랑이 작음을 드러낼 뿐이다. 그러한 부모는 부모로서 참되지 못하고, 자식의 자식으로서의 참됨을 발견하지 못하며, 그럼으로써 부모를 부모가 되게, 자식을 자식이 되게 하는 그 근원적 근거로서의 친밀함을 잃어버릴 위기에 처한 자이다. 물론 마찬가지 이야기를 자식과 친구에 대해서도 할 수 있다. 부모의 허물을, 혹은 친구의 허물을, 빌미로 삼아 그를 죄인으로 낙인찍고 심판하는 자는 자식과 친구로서 참되지 못한 자이며,

그럼으로써 그 자신을 자식이 되게, 친구가 되게 할 그 가능근거로서의 친밀함을 잃어버릴 위기에 처한 자이다. 구체적 삶의 관점에서 보면 서로 외적으로 구분된 것처럼 보이는 나와 타자의 관계를 윤리적 관계로, 즉 겉으로 나타나는 외적 구분과 대립의 관계가 지양된 절대적 내면성의 관계로, 정립해주는 것은 언제나 인간적인 친밀함이다. 그렇다면 한 인간을 긍정하지 못할 자로서 파악하고 심판하는 나는 그를 나에게, 그리고 나를 그에게, 서로 교유할 수 있는 인격적 존재자로서의 인간이 되지 못하도록 하는 셈이다. 즉 참된 종교의 관점에서 보면 심판이란 결국 심판하는 자 및 심판 당하는 자의 존재의 위기이다. 서로의 관계를 서로 심판하거나 서로에 의해 심판 당할 외적 대립의 관계로 이해하도록 한다는 점에서 보면 이러한 존재의 위기는 동시에 가장 철저한 윤리의 부정이 일어날 그 징후이기도 하다.

이러한 위기의 극복은 근본적으로 '모든 것을 직접적으로 참이며 그 자체로 참인 것'으로 긍정하게 만드는 종교를 통해서만, 즉 존재의 전체성의 표현으로서의 직접적 자기의식을 통해서만, 가능할 수 있다. 친밀함이 싹트는 모든 곳이 각각의 존재자를 그 자체로서 참인 존재자로서 긍정하고 사랑할 것을 청유하는 자리이기에, 심판의 정신이 초래한 존재의 위기를 극복할 가능성 역시 친밀함이 싹트는 모든 곳에서 발견된다. 자식의 잘못을 꾸짖는 부모는, 그가 자식을 향한 친밀한 사랑의 감정을 보존하고 있는 한에서는, 자식을 죄인으로서 심판하고 그 존재를 부정하는 것이 아니라 실은 사랑할 만한 존재로서, 무조건적으로 자신의 삶에 받아들여야 할 아름다운 존재로서, 긍정하는 것이다. 사랑하는 자의 꾸짖음은 참되고 아름다운 존재의 드러남을 훼방하는 그릇된 사념과 행위를 향할 뿐 꾸짖음의 대상이 되는 존재자의 존재를 거짓되고 아름답지 못한 것으로서 부정함을 목적으로 삼지 않기 때문이다.

그런데 친밀함이란, 나와 너의 관계를 외적 구분과 대립이 지양된 절대적 내면성의 관계로 이해하게 할 그러한 감정이란, 대체 어떻게 생기는 것일까? 친밀함은 결코 순수한 감각이나 감정일 수 없다. 친밀함이란 오직 이런저런 속성들이 이미 알려져서 익숙해진 것에 대해서만 느낄 수 있는 것이기 때문이다. 부모가 자식을, 자식이 부모를, 친구가 친구를 보며 친밀함을 느끼게 되는 것은 자식을 자식으로서, 부모를 부모로서, 친구를 친구로서 알아볼 수 있을 뿐 아니라 그 앎이 익숙해진 것으로서 긍정적으로 수용되었기 때문이다. 그렇다면 친밀함 역시 분명 인식하고 판단하는 사유의 작용에 의해 가능해지는 것 아닐까?

이러한 물음이 중요한 까닭은 그것이 '종교 가운데 있는 모든 것은 직접적으로 참이며 그 자체로 참'이라는 슐라이어마허 종교론의 근본 관점에 대한 의문의 표현이기 때문이다. 논리적으로 보면, 친밀함이 그 대상의 속성들에 대한 인식을 전제함은 곧 친밀함이 인식에 의해 매개됨을 뜻한다. 물론 종교 가운데 있는 모든 것을 친밀한 것에만 한정 지을 필요는 없다. 종교가 그 참됨을 발견하는 모든 것이란 내게 친밀한 것에만 국한된 의미를 지니지 않기 때문이다. 성자가 되지 못한 나에게 원수는 혐오와 증오의 대상이고, 그의 얼굴은 내게 여전히 섬뜩한 느낌만을 안겨줄 뿐이다. 그러나 이러한 섬뜩함 역시 실은 인식에 의해 매개된 감각이다. 원수를 원수로서 알아보게 할 이런저런 속성들이 나에게 알려지지 않았다면 나는 내 눈앞에 서 있는 것이 원수라는 판단도 하지 못했을 것이고, 원수만이 불러일으킬 수 있는 혐오와 증오도 느끼지 못했을 것이며, 그 얼굴 역시 섬뜩함을 느끼게 하지 못했을 것이다. 설령 얼굴이 기형적으로 뒤틀리거나 차가운 인상을 지녀서 보는 사람 누구에게나 섬뜩함을 느끼게 한다고 전제해도 결과는 달라지지 않는다. 이러한 섬뜩함 역시 자신이 바라보는 얼굴의 기형적 형상이나 특성, 차가운 인상 등에 대한 인식에 의해 가능해지는 것이지 인식과 무관한 순수한 감각으로서 나타나는 것이 아니기 때문이다.

이러한 문제는 두 가지 방식으로 해명될 수 있다. 하나는 인식에 의해 매개된 감각 및 감정과 직접적 감각 및 감정의 구분이다. 다른 하나는 속성들의 인식으로 환원될 수 없는 존재자의 존재자성에 대한 직감적 이해이다.

『존재와 시간』에 수록된 하이데거 존재론의 근본 명제들 가운데 하나는 "존재는 언제나 한 존재자의 존재"[14]라는 것이다. 이와 유사한 명제가 슐라이어마허에게서도 발견된다. 『종교론』에서 슐라이어마허는 다음과 같이 주장한다:

"혼돈에서와 마찬가지로 종교에서는 개별자만이 참이며 필연적이고, 어떤 것도 다른 것으로부터 증명될 수 없으며 또 되어서도 안 된다. 그 가운데서 개별자가 파악되어야 하는 모든 보편자, 모든 분류, 모든 결합은 그것이 내적인 것과 본질적인 것에 관계되어야 하는 한, 낯선 영역에 있거나 제멋대로 자의적으로 활동하는 상상의 작품에 지나지 않는다. 각양각색의 여러분이 만약 똑같은 종교적 직관들을 소유할 수 있다고 한다면, 모든 사람은 그가 어떻게 이 직관을 나란히 혹은 차례로 보았는지를 확정 짓기 위하여 아마 다른 그림을 그리게 될 것이다. 이 그림에는 그의 심정보다는 오로지 우연적인 상태와 사사로운 일만이 중요할 것이다. 모든 이는 그만의 고유한 배열과 표제를 가질 수 있으며, 이로써 개별자는 얻지도 않고 잃지도 않는다. 참으로 자신의 종교와 그 본질에 대해 아는 이는 모든 가상적 연관을 개별자에게 깊이 종속시키며 그의 가장 조그만 부분도 이 가

---

14 M. Heidegger, *Sein und Zeit*, Tübingen 1993, 9.

상적 연관에 희생시키지 않는다."[15]

인용문의 첫 번째 문장에 담긴 '종교에서는 개별자만이 참이며 필연적'이라는 명제는, '한 개별자의 참됨이 그 자신이 아닌 다른 어떤 개별자의 존재에 의해 증명될 수도 없고 또 되어서도 안 된다'는 바로 뒤의 명제에 비추어 볼 때, 분명 개별자의 존재가 어떤 보편적 원리에 입각해 연역될 수 있는 것도 아니고 다른 개별자들의 경험에 근거해 유비되거나 귀납될 수 있는 것도 아니라는 생각을 담고 있다. 한마디로, 종교에서는 개별자의 존재가 그 자체로서 이미 순연한 참이다. 즉, '종교 가운데 있는 모든 것은 직접적으로 참이며 그 자체로 참'이라는 생각이 이 인용문에서도 여실히 드러나고 있다. 다만 여기서는 종교의 정신에서 참인 것이 개별자의 존재 자체라는 것이 명시되어 있다. 존재론적으로 표현하면, 이 말은 곧 '존재란 언제나 한 존재자의 존재'임을 뜻한다. 잘 알려져 있듯이, 존재론적으로 근원적인 의미의 진리는 알레테이아, 즉 존재 자체의 드러남으로서의 탈은폐이다. 존재가 언제나 한 존재자의 존재라면 알레테이아 역시 한 존재자의, 즉 개별자의, 존재로서만 가능한 셈이다.

경험적으로 보면 존재가 언제나 한 존재자의 존재라는 사실은 너무 당연해서 언급할 필요가 없는 말처럼 여겨지기 쉽다. 그 무엇, 즉 한 존재자가 존재함이 존재가 우리에게 의미를 지닐 수 있는 근본 이유이다. 대체 이보다 더 자명한 진실이 또 어디 있을까? 그러나 존재론적으로 존재가 한 존재자의 존재로서 드러남은 단순한 논리적 필연성에 입각한 언명이 아니다. 존재하는 것은 언제나 구체적인 존재자이며, 구체적으로 존재하는 존재자는, 그것이 존재의 의미를 이해할 역량을

---

15 F. 슐라이어마허, 『종교론』, 최신한 옮김, 대한기독교서회, 2002, 64.

지닌 특별한 존재자로서의 현존재와의 실존적 관계 속에서 알려지는 한에서는, 언제나 이미 현존재의 개별적 존속을 위해 유리하거나 불리한 존재자로서 가치가 파악되는 존재자이다. 하이데거의 존재론이 근원적으로 윤리학적 성격을 띠고 있음에도 불구하고 그 의미들이 하이데거의 저술 속에서 구체적으로 드러나지 않는 가장 근본적인 원인들 중 하나는 일상세계를 지배하는 실용적 의미연관에 대한 하이데거의 사유가 일방적으로 긍정적 사용사태에만 정향되어 있기 때문이다. 여기서 긍정적이란 현존재의 존재를 위해 존재론적으로 좋음이라는 뜻이 아니라 현존재의 비본래적 현존, 즉 일상적 현존을 위해 필요한 가치의 창출에 유리함이라는 뜻이다. 물론 하이데거는 도구적 사용사태 일반에 관해 언급할 뿐 그 일상적 유불리에 관해서는 거의 언급하지 않는다. 그러나 실은 바로 여기에 이미 하이데거가 일상적으로 해석된 존재자의 도구적 가치를 현존재의 일상적 현존을 위해 다소간 좋음의 의미로 이해하고 있음이 극명하게 드러난다. 물론 존재자의 도구적 가치는 현존재의 일상적 현존을 위해 긍정적이거나 부정적일 수 있다. 그리고 이러한 단순하고도 자명한 사태에 충분히 주의를 기울이지 않은 것이 윤리에 대한 하이데거의 이해가 구체적이지 못한 이유들 중 하나인 것이다.

그런데 한 존재자의 존재가 나의 존재를 위해 유리하거나 불리한 것으로 파악되도록 하는 그 근거는 무엇일까? 그것은, 하이데거 식으로 표현하면, 자신의 존재를 위한 일상적 마음 씀이며, 이러한 일상적 마음 씀에 사로잡혀 있는 현존재는 그 자신의 존재를 그 개별적 현존 가운데서 존속되어야 할 것으로서 이해한다. 그것은 나와 타자 사이의 윤리적 관계에서도 마찬가지이다. 윤리적으로 그 누군가를 심판할 필요성이란 나 자신의 개별적 현존을 위해 불리한 공동 현존재의 존재에 대한 이해로부터 비롯되는 것이기 때문이다. 결국 자신의 존재를 위한 현존재의 일상적 마음 씀이 한 존재자의 존재의 의미가 그 유·불리 가운데 드러나도록 하는 존재론적 근거이며, 한 존재자의 존재의 의미가 그 유·불리 가운데 드러남이 윤리적으로 심판하는 정신이 생겨날 그 필연성의 근거이다. 이러한 심판의 정신에 입각해서 보면 한 존재자의 존재의 참됨은 나 자신의 개별적 현존을 위해 유리함을 뜻하는 말이 되고, 반대로 한 존재자의 존재의 거짓됨은 나 자신의 개별적 현존을 위해 불리함을 뜻하는 말이 된다. 윤리적 심판의 근거인 참됨과 정의는 한 이기적 개체로서의 현존재에게 유리함 외에 다른 아무것도 드러내지 않는다는 것이다.

물론 윤리적 규범의 준수는 한 개인을 위해서 뿐 아니라 전체 공동체를 위해 필요한 일이라고 지적할 수 있고, 이러한 지적은 그 자체로 옳다. 그러나 공동체를 위함이란 결국 공동체 안에서 삶을 꾸려 나가는 개별 구성원들 다수를 위함의 의미를 함축하기 마련이고, 바로 이러한 점에서 공동체의 존속을 위해 마음 씀은 개별 구성원들의 존속을 위해 마음 씀과 분리될 수 없다. 통념적으로 말하자면, 공동체의 존속을 위해 마음 씀은 나쁜 의미의 이기심의 발로일 수도 있고 이웃을 향한 사랑의 발로일 수도 있다. 어떤 경우든 그것이 한 인간에 대한 심판의 정신으로 나타나는 한에서는, 자기로 국한된 개별 현존재를 위해서나 다수로 확장된 개별 현존재들의 공동체를 위해 유·불리를 따짐과 무관한 것일 수 없다. 더 나아가 공동체를 위해 마음 씀의 관점에서 윤리적 심판을 수행해도 심판의 윤리가 실체화된 윤리적 주체의 이념에 의해 생겨나는 모순과 자가당착으로부터 자유로워지는 것은 아니다. 심판의 대상이 되는 자가 그러한 자로서 이미 전체 공동체와 외적 구분과 대립의 관계를 형성하게 되기 때문이다.

'종교에서는 개별자만이 참이며 필연적'이라는 슐라이어마허의 주장은, '종교 가운데 있는 모든 것은 직접적으로 참이며 그 자체로 참'

이라는 또 다른 주장에 비추어 보면, 모든 개별자의 존재에 심판의 정신의 근원적 부당성과 모순을 드러내는 그 근거가 이미 드러나고 있음을 뜻한다. 아마 이러한 관점의 의의는 '누구든 참으로 의롭게 되기를 원하거든 결코 자기의 의를 내세워서는 안 된다'는 말로 가장 잘 정리될 수 있을 것이다. 부모로서 의로운 자는 자식의 잘못을 빌미로 자식을 죄인으로 심판하는 자가 아니라 자식의 자식으로서의 참됨을 무조건적으로 긍정하고 수용하는 자이다. 그가 그렇게 할 수 있는 까닭은 그의 정신이 그 자신의 개별적 현존을 위한 마음 씀에 의해 흐려지지 않았기 때문이다. 그에게 자식이라는 이름의 한 개별 존재자의 존재는 그 자신의 존재로부터 외적으로 구분되어야 하는 그러한 존재자의 존재로서 드러나는 것이 아니라 개별화된 존재의 전체성의 표현으로서, 대립적인 것으로서 사념될 수 없는 절대적 내면성의 관계의 한 증표로서 드러난다. 한마디로, 타자의 존재가 그 자체 우주의 서술과 표현으로서 자신의 존재와 나뉠 수 없는 전체를 이루고 있음을 헤아리는 자는 타자의 존재에서 그 자신의 개별적 현존을 위한 유·불리를 발견하려 마음 쓰지 않는 자이고, 바로 그런 이유로 심판의 정신에 사로잡힐 이유를 모르는 자이다. 그에게는 그가 사랑하는 모든 자가 그 자신의 존재에서부터 그저 참될 뿐이다. '존재는 언제나 한 존재자의 존재로서 드러난다'는 존재론의 근본 명제는 심판의 정신으로부터의 해방을 촉구하는 존재론적 윤리의 정언명령 외에 다른 아무것도 의미하지 않는다.

2) 절대 긍정 정신의 구현으로서의 공동체

대다수 슐라이어마허 연구자들에게 『종교론』의 다섯 강연 가운데 가장 중요한 것은 종교의 본질을 다루는 두 번째 강연이다. 필자 역시 같은 의견이다. 그러나 슐라이어마허 철학의 현상학적 본질을 밝히려면 '종교의 교화에 대하여'라는 제목의 세 번째 강연 역시 주목할 필요가 있다. 바로 이 강연에서 슐라이어마허의 종교 성찰이 일종의 현상학적 환원에 의해 수행되었다는 점이 가장 분명하게 드러나기 때문이다. 삶과 존재에 대한 올바른 이해를 추구하는 지성인의 "최고 노력이 향하는 목표는 […] 종교의 부활"[16]이라고 지적하면서 슐라이어마허는 종교의 정신에서 수행되는 학문적 사유가 인간의 정신과 그 외적 세계 사이의 추상적 구분으로부터 그 자신을 해방하게 됨을 다음과 같이 설명한다:

"인식의 깊은 내면을 해명하고 참된 학문의 신성함을 성직자적인 겸손으로 드러내 보일 때까지, 여러분은 여러분에게 맡겨진 임무와 일에서 벗어나지 않았다. 여기서는 반쪽짜리 지식과 이에 대한 오만한 자랑이 잃어버렸던 모든 것이, 이곳으로 들어올 수 있는 모든 사람과 종교의 아들들에게 회복된다. 정숙하고 천상의 아름다움을 지니며 질투와 폭압적인 거만함과는 거리를 두는 도덕은, 이들이 진지하고 조용하게 신의 목소리와 함께 형성되어가는 것을 반주하기 위하여, 그리고 이렇게 각양으로 형성된 것을 전체의 무한성을 통해 늘 동일한 것으로 바라보기 위하여, 천상의 수금과 마술의 거울에 이른다. 인간을, 그와 세계와의 상호관계라는 개념으로 고양하며 그를 피조물인 동시에 창조자로 알게 되는 철학은, 정신의 눈을 자기 내면 가운데 확고하게 고수하려는 사람이, 우주를 찾는 자신의 목적을 철학의 시선 가운데서 달성하지 못하는 가운데 불쌍하고 빈약한 모습으로 초췌해지는 것을 더 이상 인내하지 않는다. 걱정스럽던 칸막이는 허물어졌다. 인간 바깥에 존재하는 모든 것은 인간 가운데 있는 타자에 불과하다. 그의 정신이 모든 것의 복제인 것처럼 모든 것은 그의 정신의 반영이다. 그는 자신을 잃거나 자기로부터 빠져나오지 않고도 이러한 반영 가운데서

16 Ibid., 147.

자신을 추구할 수 있으며, 모든 것이 그에게 주어져 있기 때문에 자기 자신을 직관하는 일에 결코 지치지 않는다."[17]

인용문이 담고 있는 많은 주장들 가운데 우선 '여기서는—즉 참된 종교의 정신이 회복되는 곳에서는—반쪽짜리 지식과 이에 대한 오만한 자랑이 잃어버렸던 모든 것이, 이곳으로 들어올 수 있는 모든 사람과 종교의 아들들에게 회복된다'는 주장에 주의를 기울일 필요가 있다. '반쪽짜리 지식'이란 인간과 자연 사이에 외적 경계선을 긋고 인간의 주관성에 대한 탐구나 자연의 객관성에 대한 탐구를 수행함으로써 얻어진 지식을 뜻한다. 슐라이어마허에게 종교가 일종의 직접적 자기의식으로서 자기와 타자 사이의 외적 구분과 무관한 것임을 고려한다면 참된 종교의 정신에 의해 회복된 것은 분명 주체와 객체로 나뉠 수 없는 존재의 전체성에 대한 감각이다. 그렇다면 종교로서의 직접적 자기의식을 통해 존재의 전체성에 대한 감각이 회복됨은 참된 지식을 추구하는 인간에게 어떤 의미를 지니는가? 이에 대한 해명은 '그의 정신이 모든 것의 복제인 것처럼 모든 것은 그의 정신의 반영'이라는 명제에 담겨 있다. 참된 종교의 관점에서 보면 모든 것이 인간의 정신의 반영이라는 말은 모든 것을 인식 주체로서의 인간의 주관성으로 환원함을 뜻할 수 없다. 인간의 정신 자체가 이미 개별 주체로서의 인간의 존재로 환원될 수 없는 '모든 것의 복제'이기 때문이다. 바로 그 때문에 인간 현존재는 '자신을 잃거나 자기로부터 빠져나오지 않고도', 즉 객체적 사물들의 세계라는 공허한 이념 속에서 그 자신의 참된 존재를 잃어버리는 일 없이, 자신의 정신에게서 나타나는 모든 것의 '반영 가운데서 자신을 추구할 수 있으며, 모든 것이 그에게 주어져 있기 때문

---

17 Ibid., 147 이하.

에 자기 자신을 직관하는 일에 결코 지치지 않을' 수 있다. 필자는 현상학적 환원의 진정한 의미를 이보다 더 적확하고 심오하게 밝히는 문장을 알지 못한다. 인간 현존재가 모든 것을 그 자신의 정신에게서 발견할 수 있음은 그의 정신이 이미 존재의 전체성의 표현으로서 우리가 이미 알고 있고 또 장차 알게 될 모든 것을 반영하고 있기 때문이다. 그러나 인간으로 하여금 그 안에서 모든 것을 찾을 수 있게 하는 정신은 인식 주체의 주관적 의식과 같은 것이 아니다. 존재의 전체성의 표현으로서의 정신을 주관적 의식과 같은 것으로 헤아림은 이미 그 자체로 이러한 정신에게서 나타나는 존재의 전체성의 파괴이자 상실이다.

직접적 자기의식으로서의 종교의 관점에서 보면—필자의 이해에 따르면 이러한 의미의 종교는 분명 존재의 전체성의 표현으로서의 현상학적 의식의 가장 심오하고도 적확한 표현인 바—참된 윤리의 가능근거는 개별자들 사이의 상호작용에 대한 인식일 수 없다. 앞에서 살펴본 것처럼 풀어야 할 문제가 인간의 윤리성인 한에서, 개별자들 사이의 상호작용에 대한 인식은 결국 타자의 존재를 나 자신의 개별적 현존을 위한 유·불리의 관점에서 헤아림과 같은 것일 수밖에 없다. 슐라이어마허가 윤리에 대한 의무주의적 관점을 거부하는 가장 근본적인 이유는 의무주의에서 소위 절대적이고 보편타당한 것으로서 제기되는 모든 규범들이 실은 심판의 정신의 근거인 개별 현존재의 이해타산의 반영이라고 보기 때문이다. 슐라이어마허는 "조금도 산업사회를 떠나려고 하지 않으며", 산업사회의 시민적 의식의 차원에 머무르려는 근대의 지식인들에게 "시민 생활의 도덕적 부분이 전부"라는 것을 지적하면서, 이들의 이러한 성향을 "인간성의 가장 깊은 손상"이라고 밝힌다.[18] 그들은 도덕적 확신으로 가득 차 있을 수도 있으며, 자신의 옳

---

18 Ibid., 133.

다고 믿는 도덕에 위배되는 행위를 거부한다는 점에서 정직하고 선한 품성의 소유자로 간주될 수도 있다. 그러나 슐라이어마허에 따르면 이러한 의미의 선이란 그 자체로 참된 종교의 정신을 잃어버린 시대의 흐름 속에서 점차 비대해진 악의 소산일 뿐이다:

> "선한 사람들이 감히 자신의 행위가 보편적이며 바로 여기서 인간성이 남김없이 보여진다고 생각한다면, 이것이야말로 크나큰 악이다. 이들이 행한 것을 만약 일반 사람들이 행한다면, 일반 사람들 역시 이들이 행한 것에 대한 감각 이상의 어떤 감각도 필요하지 않을 것이다. 따라서 지성인들은 모든 것을 자신의 척도에 따라 재단하며, 종교 현상이 될 수 있는 근원적인 사실이 나타나게 하는 데에는 단 한 번의 예외도 인정하지 않을 정도로 인색하다. 이들의 안목에서 보여지고 파악될 수 있는 것, 즉 이들이 기꺼이 인정하려는 모든 것은 학문과 도덕과 예술과 사랑과 정신이 없는, 참으로 철자조차 없는, 조그맣고 무익한 영역이다. 간단히 말해서 이들이 인정하는 영역은—이에 대해 너무 교만한 요구가 있긴 하지만—그것으로부터 세계가 드러날 수 있는 전체가 결여된 영역에 불과하다. 이들은 물론 자기들이 참되고 실재적인 세계를 소유하고 있으며 전체를 그 진정한 연관에서 받아들인 사람들이라고 생각한다."[19]

자신의 행위가 보편적이라는, 그리고 자신의 행위에서 인간성이 남김없이 보이게 된다는 선한 사람들의 생각은 왜 크나큰 악인가? 이러한 물음에 대한 해명은 '이들이 행한 것에 대한 감각'이 일반 사람들로 하여금 이들이 행한 것을 행하도록 하는 데 필요한 감각 이상도 이하도 아니라는 설명에 이미 주어져 있다. 여기서 일반 사람들이란, 그들

---

19 Ibid., 133 이하.

이 선한 사람들과 대조되는 한에서, 특별히 선하다고 지칭될 이유가 없는 보통 사람들을 뜻하는 말이다. 특별히 선하지 않은 보통 사람들이 추구하는 것은 무엇인가? 그것은 물론 자기를 위한 이익이며, 사랑하는 사람과의 관계조차도 이들에게는 자기를 위한 유익함과 무관하지 않다. 따라서 자신의 행위가 보편적이고 또 여기에서 인간성이 남김없이 보이게 된다는 선한 사람들의 생각은 실은 개별적 자기의 현존을 위한 유·불리의 이해를 반영할 뿐이라는 결론이 나온다. 개인적인 이익을 추구하는 마음의 반영을 보편적 선으로서 위장하고, 그럼으로써 참된 선으로부터 사람들이 멀어지게 한다는 점에서 자신의 행위에서 보편적 윤리 및 보편적 인간성의 표현을 발견하려는 소위 선한 사람들의 성향은 그 자체로 크나큰 악일 수밖에 없다. 그것은 분별하고 심판하는 정신의 발로이고, 그런 한에서 자기를 위한 사적인 마음 씀에 교묘한 방식으로 덧입힌 공공선의 포장일 뿐이다.

자기의 행위에서 보편적 윤리 및 보편적 인간성의 실현을 발견함이 전제하는 것은 무엇인가? 일견 그것은 주관주의의 표현처럼 보이기 쉽다. 보편성의 근거를 자신의 행위 및 행위의 동인으로서의 믿음에서 발견하기 때문이다. 실제로도 보편성의 근거를 인간 주체의 주관성에서 발견할 수 있다고 믿는 것은 주관주의적 태도의 반영이라고 볼 수 있다. 그러나 요청되는 것이 보편성의 인정인 한에서, 즉 자신의 행위와 믿음을 보편성의 근거로 제기하는 한에서, 인간 주체의 주관성은 그 자체로 이미 자기 외의 모든 타자의 주관성에서 공통되게 발견될 수 있는, 그리고 바로 이러한 의미에서 객관적이라 지칭될 수 있는, 인간성 일반을 뜻하기도 한다. 그런 점에서 자기의 행위에서 보편적 윤리 및 보편적 인간성의 실현을 발견함은 세계를 한편 주체와 객체로 나누면서 동시에 자신의 주관성에서 객관성의 반영을, 그리고 타자의 객관성에서 주관성의 반영을 인식함과 같다. 그렇다면 여기에서도 역시 참된 종교의 정신에서와 마찬가지로 존재의 전체성이 표현된다고 볼 수 있지 않을까? 슐라이어마허에 따르면 참된 종교의 정신이란 결국 자기의 정신을 모든 존재의 복사로 이해하면서 동시에 모든 존재에게서 자신의 정신을 발견하는 중층적 이해의 운동으로 이해할 수 있는 것 아닌가? 물론 자기의 행위에서 보편적 윤리 및 보편적 인간성의 실현을 발견함 역시 존재의 전체성을 드러내려는 의지의 발로이기는 하다. 그러나 여기서의 존재의 전체성은 이미 그 자체 안에서 심판할 자의 선함과 심판 당해 마땅한 자의 악함이라는 외적 대립을 통해 갈기갈기 찢겨져 있다. 그것은 기껏해야 외적 대립의 불완전한 봉합에 불과할 뿐 참된 종교의 정신이 발견하는, 개별자들 사이에 맺어진 절대적 내면성의 관계의 존재론적 근거로서의, 존재의 전체성과 같은 것일 수 없는 것이다.

슐라이어마허에게 참된 종교가 우리에게 가능하도록 하는 것은 심판의 정신으로부터 벗어나 절대 긍정의 정신을 지니도록 하는 일이다. 인간의 공동체적 삶의 관점에서 고찰해보면, 참된 종교로부터 연원하는 절대 긍정의 정신은 심판의 윤리와, 적어도 직접적으로는, 아무 상관도 없다. 물론 개별 주체로서의 인간 이념에서 출발하는 행복주의 및 의무주의와 존재론적 윤리의 관계에 관한 이전의 언명은 여기서도 타당하다. 우리는 앞서 존재론적 윤리란 결코 행복주의 및 의무주의의 윤리와 단순한 대립관계에 서 있는 것일 수 없음을 살펴보았다. 그것은 전체로서의 존재란 사념될 수도 구체적으로 표상될 수도 없는 것이기 때문이다. 인간의 구체적 삶 및 그 안에서 펼쳐지는 사유와 행위를 향해 있는 한에서 윤리란 필연적으로 윤리적 개별자들 사이에 형성된 외적 구분과 대립의 관계를 전제할 수밖에 없다. 바로 그렇기에 존재론적 윤리는 행복주의 및 의무주의 윤리의 완전한 부정이 아니라 그 부단한 해체를, 삶을 위해 행복주의와 의무주의의 관점을 도입할 수밖에 없는 현존재의 일상적 존재 그 자체에서 발견되는 역설과 모순의 드러남을, 지향해야 하는 것이다. 참된 종교의 정신, 즉 존재의 전체성의 표현으로서의 직접적 자기의식에서 출발하는 정신과 공동체 사이의 관계에 관해서도 우리는 같은 말을 할 수 있다. 분명 참된 종교의 정신이 지향하는 것은 어떤 심판도 행하지 않는 무조건적이고 절대적인 존재긍정이다. 그러나 그 근거인, 그리고 공동체의 모든 개별 구성원들의 근원적 존재지반인, 전체로서의 존재는 사념될 수도 표상될 수도 없는 것이기에, 우리는 결코 존재에 대한 무조건적이고 절대적인 긍정이 우리의 구체적인 삶 속에서 뜻하는 바가 무엇인지 온전히 헤아릴 수 없다. 우리의 구체적 삶이란 실천적 사유와 행위가 이루어지는 그 장을 의미하는 것이기에, 그리고 사유와 행위란 개별 존재자들 간의 외적 구분과 대립에서 출발하는 것이기에, 사유하고 행위하는 정신 역시 도처에서 외적 구분과 대립을 발견할 수밖에 없는 것이다. 그러나 절대 긍정의 정신으로서, 참된 종교로부터 발원하는 현상학적 의식의 발로로서, 존재론적 윤리의 의미를 헤아릴 줄 아는 정신은 그 자신의 존재에게서 일어나는 이 모든 심판과 대립의 정신을 부단히 해체하기도 하는 정신이다. 그렇기에 그것은 심판의 순간마다 자신이 심판해야 할 모든 잘못을 그 자신의 책임으로 돌린다. 존재론적 윤리의 정신이란 그 자체로 모든 것의 반영이고, 동시에 모든 것에서 그 자신의 반영을 발견할 줄 아는 그러한 정신이기 때문이다. 따라서 인간이 꿈꿀 수 있고 또 꿈꾸어야만 하는 지고의 공동체는 심판의 정신이 활동하기를 그친 공동체가 아니라 심판의 정신이 발견해낸 모든 잘못이 그 자신에게로 돌려지는 그러한 공동체이다. 그것은 분명 유한한 개별자의 공동체일 뿐 어떤 신적 무한자의 공동체는—이러한 공동체는 무한성이 개별성의 지양을 전제로 한다는 점에서 원래 형용모순에 불과한 바—아니다. 그러나 동시에 그것은 서로 사랑하는 자들 사이에서 질

책과 권면이 일어날 때마다 나타나는 구체적이고 현실적인 공동체이기도 하다. 사랑하는 자는, 타자를 그 자신의 존재로부터 구분될 수 없는 친밀한 존재자로 수용하는 자는, 타자의 잘못을 언제나 이미 자기 자신의 잘못으로 돌리고 있기 때문이다. 만약 심판의 순간마다 자신이 심판해야 할 모든 잘못을 자기 자신의 책임으로 돌리는 자들의 공동체를 성스러운 공동체로 파악할 수 있다면, 성스러운 공동체는 우리가 지향해야 할 공동체적 삶의 궁극적 목적이기도 하고, 언제나 이미 우리 곁에 임재해 있는 것으로서 사랑과 친밀함의 감각이 우리를 지배할 때마다 구현되는 현실적 공동체이기도 하다. 슐라이어마허의 관점에서 보면, 사랑하는 자로서의 우리의 존재는 이미 그 자체로 존재의 전체성의 표현으로서의 종교인 것이다.

제3장

순수직관으로서의 시간과 현존재 : 칸트와 하이데거

존재론적으로, 시간이란 무엇인가? 잘 알려져 있듯이 하이데거는 『존재와 시간』에서 시간을 현존재의 존재로서의 시간성을 지칭하는 'Zeitlichkeit'와 존재시간성을 지칭하는 'Temporalität'로 나누어 설명한다. 그런데 존재시간성이란 대체 무엇을 뜻하는 말인가? 시간이란 통념적으로 과거, 현재, 미래의 종합이며, 파지와 예지, 그리고 지금(현재)의 삼중구조를 축으로 삼아 진행되는 후설의 현상학적 시간론 역시 이러한 통념적 시간이해에서 출발한다. 만약 시간이 과거, 현재, 미래의 종합이라면, 그리고 현재가 객관적으로 특정될 수 있는 어떤 시각도 전제하지 않는 개별 현존재의 그때마다의 지금을 뜻할 뿐이라면, 시간은 결코 현존재의 존재와 무관한 것일 수 없다. 그렇다면 존재시간성에 관해 논할 필요는 존재론적으로 없지 않을까? 현존재의 존재로서의 시간성은 어떤 객관적인 시간의 본질로서 이해될 수 있는 것도 아니지만 그렇다고 어떤 주관적인 시간의 본질로서 이해될 수 있는 것도 아니다. 그것은 이미 그 자체로 주객이원론의 한계를 넘어선 개념이며, 이는 곧 현존재의 존재로서의 시간성이 존재의 전체성에 적용될 수 있는 개념임을 뜻한다. 한마디로, 현존재의 존재와 무관하게 존재하는 이런저런 사물들이나 세계 일반의 시간성에 관해 논하는 것은 존재론적으로 난센스에 불과하다는 것이다.

그렇다면 현존재의 존재로서의 시간성이 존재론적으로 뜻하는 바가 무엇인지 먼저 살펴보자. 현존재의 존재인 한에서 시간성은 이미 개별화된 존재자 이해에 근거해 있는 것으로서, 혹은 적어도, 개별화된 존재자 이해와 동떨어진 것으로서, 파악될 수 없다. 여기에 이해 못할 아포리아 같은 것은 조금도 들어 있지 않다. 나는 지금 책상을 보고 있으며, 이는 책상이 현전성의 계기, 즉 한 존재자를 눈앞의 것으로서 이해하도록 할 어떤 존재론적 근거로서 거기 있음을 뜻한다. 눈앞의 것으로서, 책상은 지금 여기에 속한 것이고, 그런 한에서 하나의 눈앞의 것으로서 책상을 바라봄은 그것을 현재의 시간지평에 속한 것으로서 파악함의 계기를 함축하고 있다. 게다가 책상이란 근원적으로 본래 도구적 존재자, 즉 손 안의 것으로서 발견되는 것이라는 점을 고려해보면, 그리고 손 안의 것이란 이미 손에 익은 것으로서 내가 앞으로 수행하게 될 이런저런 작업을 위해 거기 있는 존재자를 뜻한다는 점을 고려해보면, 책상의 존재에는 과거와 미래의 시간지평에 속해 있음 또한 함축되어 있는 셈이다. 즉, 시간성은 책상의 존재를 가능하게 하는 그 시원적 근거로서 책상의 존재의 시작과 끝을 관통하는 개념이다. 그런데 책상을 눈앞의 것으로서나 손 안의 것으로서 발견하는 것은 결국 현존재이며, 그런 한에서 책상의 존재의 시작과 끝을 관통하는 시간성은 현존재의 존재의 표현일 수밖에 없다.

이와 같은 고찰이 우리에게 알려주는 한 가지 진실은 시간성이란 눈앞의 것 혹은 손 안의 것의 현전성, 즉 눈앞에 있음을 전제하는 개념이라는 것이다. 물론 존재론적으로는 손 안의 것이 눈앞의 것보다 더 근원적이고, 내가 지금 내 눈앞에 있는 것으로서 발견하는 책상은 이미 손에 익은 도구적 존재자로서 현재의 시간지평으로 환원될 수 없는 과거 및 미래의 시간지평에 속한 것으로서 발견되는 셈이다. 그러나 그렇다고 손 안의 것의 사용이 지금 내 눈앞 거기에 놓인 것으로서 한 존재자가 발견됨을 전제로 한다는 사실이 바뀌는 것은 아니다. 한마디로, 풀어야 할 문제가 개별화된 존재자의 존재에 관한 것인 한에서, 존재자를 눈앞의 것으로서 발견함이 현존재의 근원적 존재방식에 속한다는 것을 부정하기는 어렵다. 물론 개별 존재자를 눈앞의 것으로서 발견함은 존재론적으로 손 안의 것으로서 발견함과 무관하게 일어날 수 없다. 즉, 현존재가 눈앞의 것으로서 발견하는 것이 언제나 이미 손 안의 것이라는 점에서 생각해보면 손 안에 있음이 눈앞에 있음보다 존재론적으로 분명 더 근원적이다. 그러나 동시에 손 안의 것으로서 발견되는 모든 것은, 그것이 개별화된 것으로서 오직 내 눈앞 거기에 나타나는 것으로서만 발견될 수 있다는 그러한 점에서, 이미 자기 안에 눈앞의 것으로서의 존재의미를 함축하고 있을 수밖에 없는 것이다.

그렇다면 현존재의 존재로서의 시간성, 즉 'Zeitlichkeit'는 개별 존재자들의 외적 구분과 대립을 전제로 하는 셈이다. 즉, 시간성은 그 자체로 존재의 전체성을 관통하는 개념이되, 시간성에 의해 관통되는 전체로서의 존재는 이미 개별 존재자들 간의 외적 구분에 의해 존재의 전체성의 근원적 단일성을 상실할 위기에 처한 존재이다. 하이데거가 『존재와 시간』에서 존재시간성을 언급하는 이유가 바로 여기에 있다. 일종의 시간성인 한에서, 그리고 시간이란 언제나 지금과 이전, 그리고 이후의 구분을 전제로 하기 마련이라는 점에서, 존재시간성 역시 그 자체로 존재의 전체성의 근원적 단일성을 온전히 표현하기는 어렵다. 물론 시간성에 의해 드러나는 위기를 되돌릴 가능성은 현존재의 존재로서의 시간성과 다른 층위의 시간성에 의해서만 제기될 수 있다.

바로 이러한 가능성을 하이데거는 존재시간성이라는 말로 주제화한 것이다.

1. 시간 및 시간성의 근원적 근거에 대한 존재론적 성찰

『존재와 시간』 서문에서 하이데거는 존재시간성의 문제를 다루어본 유일한 철학자는 바로 칸트라고 주장한다: "존재시간성의 차원을 향한 탐구의 길을 어느 정도 가본, 혹은 현상들 자체가 강제하는 대로 그리로 떠밀려간 첫 번째이자 유일한 이는 칸트이다."[1]

하이데거의 주장이 옳다고 전제하는 경우 우리는 세 가지 사실을 확인할 수 있다. 첫째, 존재시간성의 개념은 후설의 현상학적 시간론에서 다루어진 바 없다. 둘째, 존재시간성의 개념은 고대 그리스철학에서 다루어진 바 없다. 셋째, 존재시간성의 개념은 기독교 신학사상에서 다루어진 바 없다. 이 세 가지 사실이 중요한 까닭은 후설 현상학과 고대 그리스철학, 그리고 기독교 신학사상이 하이데거의 존재론 형성에 영향을 끼친 주요 사상들이기 때문이다. 특히 존재시간성이 후설 현상학 및 기독교 신학사상과 무관한 개념이라는 하이데거의 주장은 하이데거 연구자들에게 거의 해독 불가능한 수수께끼처럼 들리기 쉽다. 우선 현존재의 존재로서의 시간성(Zeitlichkeit)은 시간에 대한 현상학적 이해와 무관한 것이기 어렵다. 비록 현존재의 존재가 후설적 의미의 주관성과 상이한 것이라고 해도 시간을 객체적 세계에 속한 것이 아니라 현존재의 존재에 근거를 둔 현상적인 것으로 이해한다는 점이 현존재의 존재로서의 시간성 개념에 함축되어 있기 때문이다. 게다

1 M. Heidegger, *Sein und Zeit*, Tübingen 1993, 23.

가 잘 알려진 것처럼, 하이데거가 초기 프라이부르크 시절 기독교 신학사상 연구에 집중했다는 점, 그리고 그 중심에 슐라이어마허의 종교론과 원시기독교의 카이로스적 시간 개념 등이 자리하고 있었다는 점 등을 고려해보면 기독교 신학사상과 무관한 존재론적 시간 개념이 가능하다는 것은 이해하기 매우 어렵다. 그렇다면 하이데거의 주장이 옳지 않다고 결론을 내리는 것이 타당하지 않을까?

이러한 물음에 대한 필자의 입장은 그렇기도 하고 그렇지 않기도 하다는 것이다. 결론적으로 말해 하이데거가 말하는 의미의 존재시간성 개념에 가장 근접한 언명은 종교로서의 자기의식에 대한 슐라이어마허의 현상학적 분석에서 발견된다. 아마 하이데거는 두 가지 이유로 슐라이어마허의 종교 및 자기의식 개념과 존재시간성의 관계를 발견하지 못했을 것이다.

첫째, 하이데거는 시간성 및 존재시간성에 대한 존재론적 해명에서 주로 현존재의 존재의 구조형식에 대한 분석에 치중했으며, 시간을 감각 내지 지각과의 관계에서 고찰하는 데는 큰 비중을 두지 않았다. 하지만 존재시간성에 대한 존재론적 분석은 오직 감각과 시간의 관계에 대한 존재론적 성찰을 통해서만 가능할 수 있다. 앞장에서 살펴본 것처럼 종교로서의 자기의식에 대한 슐라이어마허의 현상학적 분석은 자기에게서 일어나는 변화에 대한 자각을 중심으로 진행되는 바, 하이데거가 슐라이어마허의 종교 개념을 존재시간성의 관점에서 고찰하지 못한 이유가, 그럼으로써 존재시간성의 문제를 해결할 단초를 칸트에게서 발견하려고 한 이유가, 바로 여기에 있다. 하이데거는 감각과 자기의식의 관계에 대한 슐라이어마허의 분석을 현존재의 존재에 대한 존재자적 이해의 일환으로 보았으며, 그 때문에 슐라이어마허의 종교 개념이 아니라 칸트의 선험초월론적 시간 개념에서 시간에 대한 존재론적 해명의 단초를 발견하고자 한 것이다. 그러나, 앞으로 상세하게 논하게 되겠지만, 현존재의 존재가 시간성이라는 존재론적 언명은 현존재가 그 자신의 존재를 감각적인 존재자의 존재로서 헤아림을, 바로 그러한 존재자로서 그 자신의 존재의 의미를 언제나 이미 부단한 변화와의 관계 속에서 파악하고 있음을, 암묵적으로 전제할 수밖에 없다.

둘째, 슐라이어마허는 시간의 문제를 선험초월론적 관점에서 명시적으로 주제화한 적이 없다. 물론 방금 전 언급한 것처럼 시간의 문제를 선험초월론적 관점에서 명시적으로 주제화한 철학자는 바로 칸트이다. 그런 점에서 칸트만이 존재시간성의 문제를 다루어본 유일한 철학자라는 하이데거의 주장은 반드시 틀린 것이라고 보기 어렵다. 주어진 문제에 대한 해명을 위해 가장 설득력 있는 근거를 제공하는 것과 주어진 문제 자체를 명시적으로 주제화하는 것 중 어느 것을 더 중요시하느냐에 따라 존재시간성과 칸트의 관계에 대한 하이데거의 주장은 다르게 평가될 수 있다는 뜻이다.

1) 『존재와 시간』의 시간 분석의 한계

우리는 앞장에서 후설이 시간을 체험흐름의 특정한 영역에 대한 의식의 주의를 통해 설명한다는 것을 확인한 바 있다. 순연한 흐름으로서의 체험흐름은 아직 시간과 무관한 것인 바, 그 까닭은 시간이 지금 혹은 현재를 중심점으로 삼아 이전과 이후를 구분함으로써, 즉 후설식으로 설명하면 파지와 예지의 중심점으로서의 지금이 나타남으로써 비로소 의식되는 것이기 때문이다. 물론 현재가 그 자체 하나의 현상으로서 나타나는 법은 없다. 현상이란 언제나 지각될 수 있는 그 무엇의 현상이며, 이는 부단한 체험흐름 가운데 그 무엇인가 현전하는 현상으로서 파악됨을 전제로 한다. 결국 후설의 관점에서 보면 시간의 가능근거는 현전화 및 실존화이다. 비록 하이데거가 『존재와 시간』에서 현상학적 의식의 체험흐름과 시간의 관계를 주제화하지는 않지만 시간성을 현존재의 존재로서 설명하는 하이데거의 방식은 후설의 방식과 매우 유사하다. 현존재의 현, 즉 그때-거기는 존재론적 안에-있음의 한 특별한 표현으로서의 세계-안에-있음과 동근원적이고, 그런 한에서 현존재와 개별 존재자들 사이의 실존적 관계 외에 다른 아무것도 아니기 때문이다. 즉, 현존재의 존재로서의 시간성은 현존재의 그 때-거기 및 개별 존재자들의 현전성을 전제한다.

다시 한번 강조하거니와 눈앞에 있음 혹은 현전성이 손 안에 있음의 파생양태라는 식의 설명은 시간성이 존재론적으로 개별 존재자들의 현전성을 전제한다는 점에 대한 논박일 수 없다. 손 안의 것 역시 오직 눈앞에 존재하는 것으로서만 발견될 수 있고, 그런 한에서 손 안의 것이 눈앞의 것보다 더 근원적이라는 설명은 눈앞의 것으로서 발견되는 모든 존재자가 실은 이미 그 자체로 손에 익은 손 안의 것으로서 발견되는 것이라는 점 외에 다른 아무것도 드러내지 않는 것이다. 여기서 우리는 구체적 현존재 자신의 관점과 존재론적 성찰을 수행하는 철학자의 관점을 엄밀하게 구분할 필요가 있다. 존재론적으로 개별 존재자의 존재를 손 안의 것으로서나 눈앞의 것으로서 발견함은 분명 현존재의 존재를 전제하는 것이고, 개별 존재자의 존재 및 현존재의 존재는 각각 별개의 존재영역에 속한 것으로서 구분될 수 있는 것이 아니라 실은 언제나 이미 실존적 관계 안에서 하나를 이루고 있다. 그러나 이러한 사실로부터 지금이라는 시간지평이 존재자의 존재가 현존재에 의해 현전하는 것으로서 발견됨을 전제로 하지 않는다는 결론이 따라 나오는 것은 아니다. 또한 손 안의 것으로서 현전하는 존재자와 현존재의 관계에서 가장 중심적인 시간지평은 존재론적으로 분명 미래이다. 손 안의 것은 현존재의 근본 기조로서의 마음 씀에 근거해 있는 것인 바, 마음 씀이란 언제나 미래를 향해 있는 것이기 때문이다. 그러나 이러한 사실이 구체적 현존재에게 미래의 시간지평이 현재의 시간지평과의 관계 속에서만—물론 그 역도 마찬가지이기는 하지만—가능하다는 점을 부정하는 것은 아니다. 한마디로, 해명될 문제가 현존재의 존재인 시간성인 한에서, 현전화와 실존화에 의해 현재의 시간지평이 열리고, 그럼으로써 지난 것으로서의 시간과 도래할 것으로서의 시간이 열린다는 현상학적 관점은 존재론적으로 유의미할 수밖에 없는 것이다.

그런데 실은 바로 이 지점에서 현존재의 존재의 구조형식에 대한 분석을 중심으로 시간의 문제를 존재론적으로 해명하는 방식이 지니는 한계가 명확하게 드러난다. 현존재의 존재는 이미 실존화된 존재이며, 세계-안에-있는 존재자로서 현존재가 언제나 이미 관계를 맺고 있는 개별 존재자들 역시, 개별성 및 존재자성에 응당 함축되어 있는 그러한 의미로서, 실존화된 존재이다. 만약 하이데거의 주장대로 현존재의 존재가 시간성이라면, 현존재의 존재 자체가 이미 실존화된 존재라는 바로 그러한 이유로, 존재론적 의미의 시간성이란 실존화된 존재의 시간성이라는 결론이 나온다. 그런데 실존화된 존재는 이미 그 자체로 시간적인 존재자, 즉 시간화된 존재자일 수밖에 없다. 결국 현존재의 존재가 시간성이라는 말은 현존재의 그때-거기가 시간의 가능근거라는 것을 뜻하는 바, 문제는—현존재의 그때-거기가 이미 실존화되고 또 시간화된 존재자의 존재를 표현하는 말이기에—시간 및 시간성 그 자체의 가능근거는 조금도 드러나지 않은 채 감추어져 있다는 점이다. 거칠게 말해 이 문제는 현존재의 존재로서의 시간성을 가능하게 하는 것은 무엇인가, 하는 문제와 같다. 현존재의 그때-거기에 대한 호소는 이러한 문제를 해결하는 데 조금도 도움이 되지 않는다. 그때-거기 자체가 이미 그 자체로서, 그때-거기란 오직 개별 존재자의 그때-거기로서만 가능한 것이기에, 현존재의 실존화를 전제하기 때문이다.

현존재의 존재의 구조형식에 대한 분석이 지니는 이러한 한계는 후설 현상학에서도 동일하게 적용된다. 우선 체험흐름의 특정한 영역에 대한 의식의 주의가 전제하는 것이 무엇인가 생각해보자. 겉으로 보기에 체험흐름과 의식의 관계에 대한 현상학적 분석은 현존재의 존재의 구조형식과 무관한 것처럼 보이기 쉽다. 순수한 체험흐름은 아직 실존화되거나 현전화된 것이 아니고, 의식 또한 그 자체로서는, 적어도 의식이 체험흐름과 구분될 수 없는 하나의 전체를 이루고 있는 것으로서는, 아직 실존화되거나 현전화된 것이 아니기 때문이다. 그런데 엄밀히 말해 이러한 생각은 동어반복적일 뿐 아무것도 해명하지 않는다. 현상학적으로 보면 체험흐름과 의식은 서로 별개의 영역에 속한 것으로서 구분될 수 있는 것이 아니라 실은 하나이기 때문이다. 사실 체험흐름의 특정한 영역에 의식이 주의를 기울인다는 식의 표현은 대단히 오해의 소지가 많은 표현이다. 의식의 근본 구조가 지향성인 한에서, 의식이란 언제나 사념하고 판단하는 의식으로 환원될 수 없는 현상과의 관계 속에서만 존속할 수 있다. 그렇다면 의식이란 언제나, 적어도 사념하고 판단하는 의식으로서는, 주의를 기울일 것으로서 이미 실존화되고 현전화된 어떤 것과 관계를 맺는 그 자체로 실존화되고 현전화된 것으로서 존재하는 셈이다. 물론 관점에 따라 이러한 실존화 및 현전화는 하이데거가 현존재의 그때-거기 및 세계-안에-있음 등을 통해 설명하는 실존화 및 현전화와 엄밀하게 구분되어야 하는 것으로서 파악될 수도 있다. 그러나 중요한 것은 의식의 지향적 구조란 사념하고 판단하는 의식과 사념되고 판단되는 현상 사이의 외적 구분을 전제하는 것이라는 사실이다. 여기서도 현상학적 의식에 대한 철학적 성찰과 구체적 의식의 존재방식에 대한 엄밀한 구분이 요청된다. 현상학적으로 보면 사념하고 판단하는 의식과 사념되고 판단되는 현상이 각각 별개의 존재영역에 속한 것으로서 파악될 수 없음은 자명하다. 그러나 이러한 현상학적 진실이 사념하고 판단하는 의식이 현상을 그 자신에 의해 사념되고 판단되는 대상으로서 의식한다는 것을, 즉 자신과 현상의 관계를 능동적 주체와 수동적 객체의 관계 내지 그와 유사한 외적 대립의 관계에 있는 것으로서 파악하게 된다는 것을 부정하는 것은 아니다. 바로 이러한 점에서 체험흐름으로서의 의식이란 적어도 그것이 지향적 구조에 의해 특징지어질 수 있는 한에서는, 이미 자체 안에 실존화 및 현전화의 계기를 함축하고 있다. 한마디로, 의식의 지향적 구조 자체가 의식의 존재의 구조형식에 대한 현상학적 언명 외에 다른 아무것도 아니라는 뜻이다.

이러한 문제에 대한 한 가지 해결책은 깨어 활동하는 의식과 잠재의식 내지 무의식을 구분하는 것이다. 즉, 순수한 체험흐름으로서의 의식은 깨어 활동하는 의식과 구분되어야 하는 잠재의식으로서 그 안에서는 아직 사념하고 판단하는 의식과 사념되고 판단되는 현상 사이의 구분이 없지만 의식이 어떤 이유에서든 체험흐름의 특정 영역에 주의를 기울이게 되면 그러한 구분이 나타나게 된다는 식으로 설명하는 것이다. 그러나 이런 식의 설명 역시 결국 두 가지 난제에 봉착하게 된다. 첫째, 체험흐름이란 그 자체로 이미 체험하는 것과 체험되는 것의 구분을 전제하는 말이다. 그렇다면, 비록 깨어 활동하는 일상적 의식과 같은 방식은 아니라고 할지라도, 순수한 체험흐름으로서의 의식 역시 실은 지향적 구조에 의해 파악되어야 한다는 결론이 나오는 셈이다. 둘째, 순수한 체험흐름이 지향적 구조, 즉 의식 및 현상의 실존화 및 개별화와 무관한 것이라고 전제해도 체험흐름의 특정 영역에 주의를 기울이는 의식이란 이미 실존화하고 개별화된 것으로서 역시 이미 실존화되고 개별화된 현상과의 관계 속에서 존속하는 것이라는 점은 달라지지 않는다. 따라서 의식이 체험흐름의 특정 영역에 주의를 기울임으로써 실존화 및 현전화가 일어난다는 설명은 이미 실존화되고 현전화된 것이 재차 실존화되고 현전화된다는 불합리한 설명이다. 결국 주의를 기울임 자체가 이미 실존화되어 있음을 전제로 해서만 가능한 일이기 때문이다.

시간과 윤리의 관계를 존재론적으로 해명하고자 하는 우리의 작업에서 현존재의 존재 및 의식의 존재가 지니는 구조형식에 대한 분석이 이러한 한계를 지니고 있음은 매우 의미심장하다. 윤리적 의식 및 그러한 의식이 필연적으로 전제하는 현존재의 존재의 시간성의 관계 역시 현존재의 존재 및 의식의 존재가 지니는 구조형식에 대한 분석을 토대로 해명되는 경우 동일한 문제에 봉착하게 되기 때문이다.

자신이 2000여 년 전 예수가 살던 당시의 유태인이라고 상상해보자. 나는 우연히 이웃집 여인이 남편이 아닌 남자와 밀회하는 것을 목격했다. 한 일상적 존재자로서 나는 이미 실존화되고 시간화된 존재자이며, 내가 방금 전 본 여인 역시 이미 실존화되고 시간화된 존재자이다. 그럼에도 그녀가 낯선 남자와 밀회하는 것을 목격함은 내게 새로운 시간의식의 시발점이 된다. 이러한 시간화는 그녀를 중심으로 일어나는 이런저런 지각체험의 흐름에서 무언가 통상적이지 않은 특별한 점에 내가 주의를 기울였기 때문에 일어난 것이다. 물론 나로 하여금 특별히 주의를 기울이도록 한 체험흐름의 한 영역은 가치중립적인 지각의 영역이 아니다. 배우자 외의 다른 이성과 관계를 맺는 것은 율법에 어긋나는 일이라는 믿음이 전제되지 않았다면, 그리고 여인이 이러한 율법에 어긋나는 행위를 하고 있다는 상황판단이 내려지지 않았다면, 나는 여인에게 별다른 관심을 기울이지 않았을 것이기 때문이다. 그럼에도 그녀가 특별히 주의를 기울여야 할 한 대상으로서 현전화되었다는 점은 분명하다. 물론 이러한 현전화보다 나와 그녀가 하나의 일상세계 안의 존재자, 즉 세인이라는 점과 그러한 존재자로서 전통과 이런저런 유의미성 맥락의 영향으로부터 자유로울 수 없다는 점이 더욱 근원적이다. 그러나 아무튼 그녀는 내가 주의를 기울일 대상으로서 거기 서 있고, 내가 그녀에게 기울이는 주의는 그녀의 현전성을, 그리고 그러한 현전성이 함축하는 시간의 계기들을 그 전제로 삼고 있다.

여기서 우리는 존재론적으로 두 가지 문제에 부딪히게 된다. 하나는 주의를 기울임과 주의를 기울일 그 대상의 실존화 및 시간화가 동근원적인 것으로서 사념될 수 있을 뿐 어느 하나가 다른 하나의 근거가 되는 것으로서 파악될 수 없다는 점이다. 주의를 기울임은 주의를 기울일 것으로서의 한 대상적 존재자의 눈앞에 있음을 전제로 하고, 이러한 존재자의 실존화 및 시간화는 그것을 자신과의 실존적 관계 속에서 언제나 이미 실존화되고 또 시간화된 것으로서 이해할 현존재의 존재를 전제로 하기 때문이다. 시간과 윤리의 관계에 주안점을 두고 생각해보는 경우 현존재의 존재 및 의식의 존재가 지니는 구조형식에 대한 분석이 초래하는 존재론적 문제가 더욱 분명하게 드러난다. 율법에 어긋나는 행위를 하는 여인에게 주의를 기울임은, 그것이 여인이 율법에 의거해 단죄받을 죄인으로 판단될 수 있음에 근거해 있는 한에서, 나에게 여러 가지 상이한 결의와 선택을 하게 할 수 있다. 우선 나는 그녀를 율법을 어긴 죄인으로서 이웃들에게 고발할 수 있다. 즉, 나는 그녀를 단죄받아 마땅한 죄인으로 심판하고 있으며, 이러한 심판은 그녀의 단죄를 도래할 미래로서 열어내야 하는 나의 의무감 및 결의와 언제나 이미 하나이다. 하지만 나는 그녀를 고발하지 않을 수도 있다. 율법에 의한 단죄가 지나치게 혹독하다고 여기는 경우, 혹은 율법 자체가 심각한 문제를 안고 있다고 여기는 경우, 혹은 그녀를 이웃으로서 사랑하는 마음이 더욱 더 큰 경우 등등 여러 가지 이유로 나는 스스로 그녀의 고발자가 되기를 거부할 수도 있는 것이다. 물론 여기서도 나는 그녀의 벌받지 않음을 도래할 미래로서 열어내려는 결의를 품고 있고, 이러한 결의는 그녀를 고발하지 않겠다는 결심을 추후로 뒤따르는 것이 아니라 실은 그것과 이미 하나이다. 내가 어떤 선택을 하든, 그리고 그러한 선택의 이유가 무엇이든, 나는 율법에 어긋나는 행위를 하는 그녀를 주목함으로써 새롭게 일어난 시간의식을 지니게 된 자이며, 이렇게 의식된 시간은 단순히 나의 주관성의 영역에 속한 시간이 아니라 실은 그녀와 내가 함께 속한 일상세계의 시간성과 나뉠 수 없는 전체를 이루며 개별화된 시간이다. 그런데 이렇게 개별화된 시간의 근거는 대체 무엇일까? 여인의 단죄를 도래할 미래로서 열어내야 하는 나에게 개별화된 시간은 그 자체로서 이미 한 일상적 존재자로서, 즉 세인으로서 존재하는 나의 실존에 근거해 있다. 그렇지 않은 경우 나는 그녀를 단죄할 죄인으로서 이해할 수도 없었을 것이고, 그녀의 단죄로서 도래할 미래 또한 생겨나지 않았을 것이다. 물론 그녀의 벌 받지 않음을 도래할 미래로서 열어내야 하는 경우에도 결과는 마찬가지이다. 율법에 동의하지 않는 자로서의 나는 비일상적인 존재가 아니라 실은 언제나 이미 율법과의 관계 속에서 자신의 존재를 헤아려야 하는 그 자체로 일상적인 존재자이기 때문이다. 따라서 그녀의 벌 받지 않음으로서 도래할 미래 역시 실은 한 일상적 존재자로서 존재하는 나의 실존에 근거해 있는 셈이다. 그런데 이러한 실존이란 그때마다 일상세계를 지배하는 유의미성 맥락 속에 포섭된 한 존재자에게 주의를 기울임을 통해 존속될 수 있을 뿐이다. 즉, 여인을 단죄할 죄인으로서 혹은 그럴 필요가 없는 한 인간으로서 이해하고, 이러한 이해에 의해 새롭게 각각 개별화된 시간이 열림은 그 자체로 이미 내가 일상세계를 지배하는 유의미성 맥락에 근거해서 이해하고 또 주의를 기울일 한 일상적 존재자로서의 여인의 실존에 근거해 있는 셈이다. 결국 시간과 윤리의 관계를 현존재의 존재 및 의식의 존재의 구조형식에 대한 분석에서 해명하는 경우 우리는 해명되어야 할 것을 해명의 근거로 삼는 동어반복의 논리로부터 벗어나지 못하게 되는 것이다.

우리는 제1장에서—가다머의 회상을 통해—『존재와 시간』의 시간 개념이 후설 현상학과 아무 상관도 없노라는 하이데거의 주장을 확인해본 바 있다. 필자는 이러한 주장이 방금 전 언급한 그러한 한계에 대한 하이데거의 자각에 기인하는 것이라고 여긴다. 필자가 누차 강조한 것처럼 『존재와 시간』의 시간 및 시간성 개념은 후설의 현상학적 시간 분석과 결코 무관하지 않다. 그럼에도 시간 및 시간성의 근원적 근거에 대한 물음이 존재론적으로 결정적이라고 여기는 경우, 현존재의 존재 및 의식의 존재의 구조형식에 대한 분석이 시간 및 시간성의 근원적 근거를 밝힐 수 없다는 바로 그러한 점에서, 하이데거는 후설에게서 별다른 영향을 받지 않았다는 결론이 나오는 셈이다. 사실 필자의 소견으로는, 『존재와 시간』의 시간 개념이 후설 현상학과 아무 상관도 없다는 주장은 매우 일면적이고 극단적인 주장이다. 그럼에도 하이데거가 시간 및 시간성의 근원적 근거를 밝힐 가능성을 후설이 아닌 다른 철학자에게서 발견하려 했다는 점은 부정할 수 없는 것으로 보인다. 그 철학자는 바로 하이데거에 의해 존재시간성의 문제를 다루어본 유일한 철학자로 평가된 칸트이다.

2) 존재의 전체성의 표현으로서의 공간과 시간 및 순수직관 개념의 자가당착

『존재와 시간』에서 하이데거가 존재시간성에 관해 언급한 부분은 하이데거 연구에서 시사하는 바가 매우 크다. 우선 『존재와 시간』이—실제로도 그렇지만—미완성의 작품이라는 점이 매우 극명하게 드러난다. 제목이 알려주는 것처럼 『존재와 시간』에서 시간은 가장 핵심적인 개념이다. 그럼에도 시간의 존재론적 본질에 대한 해명이 현존재의 존재로서의 시간성의 관점에서만 일방적으로 다루어졌을 뿐 존재시간성의 관점에서는 다루어지지 않은 것이다. 다음으로 후설 현상학과 하이데거 존재론의 관계가 중층적이라는 점이 드러난다. 잘 알려져 있듯이 하이데거 연구자들 가운데는 하이데거 존재론이 후설 현상학의 연장선 위에 있다고 여기는 이들도 있지만 반대로 양자가 서로 무관하다고 여기는 이들도 있다. 필자의 관점에서 보면 후자의 입장은 현상학과 존재론의 관계에 대한 매우 불명료하고 불철저한 이해에 바탕을 둔 잘못된 입장일 뿐이다. 그럼에도 하이데거 존재론이 단순히 후설 현상학의 연장선 위에 있다고 여기기는 어렵다. 물론 현상학적 방법론에 바탕을 둔 『존재와 시간』의 기초존재론이 하이데거 존재론의 본격적인 출발점이라는 점은 의심의 여지가 없다. 그러나 현존재의 실존적 존재구조에 대한 분석에 입각한 기초존재론은 동시에 인식론적으로 정향된 후설 현상학의 한계를 이미 그 자체로 넘어 서 있으며, 동시에 현존재의 존재로 환원될 수 없는 존재 자체의 근원적 의미에 대한 물음을 가능하게 할 과제를 짊어지고 있는 것이기도 하다. 오직 칸트만이 존재시간성의 문제를 다루어본 유일한 철학자라는 하이데거의 주장은 사실 존재시간성이야말로 후설 현상학의 한계를 넘어서 존재 자체의 근원적 의미를 물을 수 있게 할 결정적인 개념이라는 것을 뜻한다. 존재시간성에 대한 존재론적 물음의 해명이 현상학과 존재론 사이의 철학적 관계를 밝히는 데 결정적으로 중요하다는 뜻이다.

이 장의 서두에서 밝힌 것처럼 필자는 칸트가 아니라 실은 슐라이어마허가 존재시간성의 의미를 확립하는 데 더욱 중요하다고 여긴다. 이는 곧 칸트에게서 존재시간성의 의미를 밝힐 그 단초를 발견하려 한 하이데거의 시도가 좌절했거나 기껏해야 절반뿐인 성공으로 이어졌다는 뜻이기도 하다. 결론적으로 말해, 존재시간성의 의미는, 그것이 존재자들 사이의 외적 대립을 전제로 하지 않는 근원적이고도 순연한 존재 자체의 시간성으로 해석되는 경우, 오직 감각의 본질에 대한 현상학적 성찰을 통해서만 밝혀질 수 있다. 필자가 여기서 지각의 본질이 아니라 감각의 본질을 언급한 것은 지각이란 이미 사념하고 판단하는 의식의 작용과 무관할 수 없는 것이기 때문이다. 사념하고 판단하는 의식의 작용과 결부된 것인 한에서 지각에는 늘 존재자들 간의 외적 구분에 대한 의식이 그 구성적 계기로서 함축되어 있기 마련이다. 그 무엇을 지각함은, 설령 지각되는 것이 실존적 대상으로서 명료하게 주제화되어 있지 않은 경우라 하더라도, 지각하는 나와 구분되는 그 무엇의 지각으로서 일어나는 것이기 때문이다. 아무튼 지금 우리에게 중요한 것은, 감각의 본질에 대한 현상학적 성찰이 존재시간성의 의미를 밝히는 데 반드시 필요하다는 점을 우선 기억해두는 것이다. 즉, 존재시간성의 의미에 대한 존재론적 해명은 후설 현상학과의 단순한 거리두기를 통해서가 아니라 인식론적으로 정향된 현상학적 탐구의 한계를 현상학 그 자체 안에서 극복해낼 방법을 모색함으로써만 가능할 수 있다. 필자가 칸트보다 슐라이어마허가 더 중요하다고 지적한 이유가 바로 여기에 있다. 슐라이어마허의 철학이야말로 인식론적으로 정향되지 않은—그리고 그런 점에서 보면 후설의 것보다 더욱 순수한—현상학이며, 이는—인식론적으로 정향된 후설의 현상학은 인식의 자명성 및 진리성을 순수한 현상적 소여 안에서 발견될 수 있는 것으로서 암묵적으로 전제하고 있는 데 반해서—슐라이어마허의 현상학이 현상의 본질에 대한 엄밀한 현상학적 탐구를 통해 순수한 현상적 소여 그 자체 안에 인식의 자명성 및 진리성의 이념의 한계가 드러나도록 하는 어떤 존재론적 근거가 함축되어 있음을 밝혀냈다는 것을 뜻한다. 그러나 아무튼 형이상학적 편견으로부터의 자유로움이라는 점에서 보면 후설이 칸트보다 훨씬 더 진일보한 철학자라는 점은 의심의 여지가 없다. 칸트 철학에 대한 슐라이어마허의 비판적 성찰들 역시 후설의 현상학과 통하는 바가 매우 많다.

우리는 우선 왜 하이데거가 칸트에게서 존재시간성의 의미를 밝힐 그 단초를 발견하려고 했는지 생각해볼 필요가 있다. 이러한 문제는 아마 칸트의 순수직관 개념에 대한 분석을 통해 가장 잘 설명될 수 있을 것이다. 결론부터 말하자면, 하이데거는 칸트의 순수직관 개념을 존재자들 사이의 외적 대립과 무관한 존재의 전체성에 대한 직관으로 파악한 듯하다. 그리고 이러한 파악은 분명 일리가 있다. 순수직관이란 어떤 오성적 추론이나 구성하는 의식의 작용 없이 직접 봄을 뜻하는 말이기 때문이다. 존재자들 사이의 외적 대립은 그 자체로 이미 오성적 추론 및 구성하는 의식의 작용에 의존하는 것일 수밖에 없다. 특정한 현상의 영역을 개별화된 실존자로서 파악함이 그 전제조건이기 때문이다. 그렇다면 순수직관의 대상은 존재자들 사이의 외적 대립과 무관한, 그리고 그런 점에서 순수하고 순연한, 존재의 전체성일 수밖에 없는 셈이다. 순수직관이란 외적 대립의 관계 속에서 서로를 규정할 존재자들의 존재가 정립되지 않은 그러한 존재에 대한 직관이기 때문이다.

잘 알려진 것처럼 『존재와 시간』에서 예고된 그 후속편은 저술되지 않았다. 그럼에도 하이데거가 『존재와 시간』의 후속편에서 다루려고 했던 존재론적 문제들을 아예 다루지 않았다고 생각하면 안 된다. 앞에서 언급한 것처럼 하이데거가 『존재와 시간』의 후속편에서 다루어야 했을 가장 핵심적인 개념은 바로 존재시간성이다. 그런 점에서 하이데거의 『칸트와 형이상학의 문제』는 당초 계획을 수정하여 작성된 『존재와 시간』의 후속편이거나 그 준비 작업이라 할 만하다. 비록 존재시간성의 문제가 명시적이고 세세하게 다루어진 것은 아니지만 이 책에서 하이데거가 칸트를 해석하는 방식은 분명 존재시간성 개념과 밀접한 연관이 있는 것이기 때문이다.

하이데거에 따르면 칸트가 『순수이성비판』에서 순수직관을 이해하는 방식 역시 후설의 현상학과 마찬가지로 인식론에 정향되어 있다. 칸트가 풀기를 원했던 것은 "유한한 인식에 있어어서의 순수직관"의 문제였으며, 이는 곧 칸트에게 순수직관이란 인간이 유한성의 한계 안에서 수행하는 인식활동의 가능근거로서 파악된 것임을 뜻한다: "순수직관은 유한한 것으로서 수용하는 표상의 하나이기는 하다. 하지만 존재자의 인식이 아니라 존재의 인식이 중요한 지금 수용되어야 하는 것은 [대상으로서] 주어진 어떤 현전하는 존재자일 수 없다. 오히려 순수한 수용하는 표상은 표상할 것 자체를 산출해야 한다. 그러므로 순수직관은 어떤 의미에서는 '창조적'이어야만 하는 것이다."[2] 이 인용문에서 우리는 존재시간성 개념과 연관될 수 있는 몇 가지 명제들을 추려낼 수 있다. 우선 '순수직관은 유한한 것으로서 수용하는 표상'이라는 명제가 그 하나이다. 이 명제의 의미는 순수직관 역시, 비록 구체적 대상에 대한 직관은 아니지만—오성의 작용이나 구성하고 표상하는 의식의 활동과 무관하게—직접 봄을 뜻하는 말로서, 일종의 감각적 수용에 의해 가능해진다는 것이다. 즉, 순수직관의 대상은 그것이 무엇이든지 상관없이 어떤 의식주체의 작용에 의해 주관적 현상으로서 표상되는 것이 아니라 감각적으로 수용되는 것이다. 그 다음으로 '순수직관의 대상은 현전하는 존재자일 수 없다'는 명제가 또 다른 하나이다. 즉, 현전하는 존재자에 대한 인식적 수용은 이미 오성의 작용 내지 구성하는 의식의 활동에 의해 표상된 현상의 수용일 수밖에 없기 때문에 순수직관에 의해 수용되는 대상은 현전하는, 즉 현존재의 눈앞의 것으로서 '거기' 있는 구체적인, 존재자일 수 없다. 마지막으로, '순수직관의 순수한 수용하는 표상은 표상할 것 자체를 산출해야 한다'는, 즉 '순수직관은 창조적이어야 한다'는 명제이다. 선험초월적 상상력의 문제와 연관된 이 명제는 무엇보다도 우선 '직관된 것은 객

---

2 M. Heidegger, *Kant und das Problem der Metaphysik*, Frankfurt a. M. 1991, 44.

체적 사물이나 세계 자체, 혹은 인식 주관과 무관한 존재 자체로서 파악될 수 있는 것이 아니라 오직 현존재의 존재에 근거를 두고 있는 현상적인 것으로서만 파악될 수 있다'는 자명한 현상학적·존재론적 진실의 표현으로 이해되어야 한다. 결국 하이데거에 따르면 순수직관이란 순수한 수용하는 표상이지만 순수직관이 수용하는 표상은 표상할 것 자체를 산출하는 기이한 표상인 셈이다. 그런데 대체 이러한 일이 어떻게 가능할까? '순수한 수용하는 표상'이란, 순수한 수용이 오성이나 이성의 능동적 활동을 전제로 하지 않는 순수한 수동성을 전제로 하는 것이라는 점에서 보면, 이미 그 자체로 형용모순 아닌가? 게다가 표상할 것 자체를 산출하는 한에서, 소위 순수직관이 수용하는 표상은 결코 '순수한 수용하는 표상'일 수 없는 것이 아닐까? 오성이나 이성의 능동적 활동을 전제로 하지 않으면서 표상할 것 자체를 산출함이 어떻게 가능할 수 있을까?

칸트가 순수직관에 의해 수용되는 표상으로 이해하는 것은 물론 공간과 시간이다. 이 점을 염두에 두고 우선 위에서 제기된 문제를 해명하는 데 필요한 두 가지 사실을 확인해두자. 순수직관이 수용하는 표상은, 그리고 그러한 표상이 산출하는 표상의 대상은, 개별화되고 또 실존화된 존재자이거나 존재자의 표상 같은 것일 수 없다. 바로 그렇기에 하이데거는 위의 인용문에서 '존재자의 인식이 아니라 존재의 인식이 중요한 지금 [순수직관에 의해] 수용되어야 하는 것은 어떤 현전하는 존재자일 수 없다'고 강조하는 것이다. 그러므로 순수직관에 의해 수용되는 표상으로서의 공간과 시간은 그 자신과 자신 아닌 것 사이의 외적 구분을 전제하는 존재자 및 존재의 한 영역으로서 표상되는 것이 아니라 존재의 전체성의 드러남으로서 표상되는 것이다. 둘째, 순수한 수용하는 표상이 표상할 것으로서 산출하는 공간과 시간은 그 존재자-아님에도 불구하고 절대적 무로서 표상되는 것이 아니라 그 자신의 존재자-아님에서 이미 존재자의 존재로 환원될 수 없는 존재의 의미를 드러내는 것으로서 표상되는 것이다. '절대적 무로서 표상되는 것'이란, 절대적 무가 표상될 수 없는 것이라는 점에서, 형용모순에 지나지 않는다. 그러므로 공간과 시간은 존재자-아님으로서 파악되는 것임에도 불구하고 무가 아니라 존재로서 파악되어야 한다. 즉, 순수한 수용하는 표상이 표상할 것으로서 산출하는 공간과 시간은 존재자의 존재로 환원될 수 없는 존재 자체의 드러남이다. 존재자의 존재란 개별화되고 실존화된 존재자와 그러한 존재자-아님 사이의 외적 구별을 전제로 하는 것이기에 순수직관으로서의 공간과 시간은, 존재자의 존재로 환원될 수 없는 존재 자체의 드러남으로서, 동시에 어떤 외적인 것도 허용하지 않는 존재의 전체성의 드러남이라는 뜻이다.

이제 다시 앞에서 제기된 문제로 돌아가 보자. '순수한 수용하는 표상'이란 물론 이미 형용모순이다. 표상은 표상하는 활동성을 전제로 할 수밖에 없는 것이고, 그런 한에서 수용하는 표상이란, 순수라는 용어가 오성의 작용이나 구성하는 의식의 활동 같은 것을 전제로 하지 않는다는 그러한 뜻인 한에서, 결코 순수할 수 없는 것이다. 칸트의 철학이 이와 같은 모순에 부딪히게 된 근본 원인은 그것이 — 앞에서 언급된 것처럼 — 인식론적으로 정향되어 있다는 점에서 찾을 수 있다. 존재와 인간 현존재 사이의 관계를 인식하는 활동의 관점에서 고찰하는 경우 존재로서 발견된 모든 것은 인식 주관의 활동에 의해 표상된 것으로서 파악될 수밖에 없다. 인식이란 인식하는 활동 외에 다른 아무것도 아니기 때문이다. 이 말은, 곧 칸트가 순수직관에서 그 가능근거를 발견하려 했던 공간과 시간의 존재는 오직 철학이 인식론적 관심으로부터 해방되는 경우에만 가능하다는 것을 뜻한다. 존재론적으로 공간과 시간은, 그 존재자-아님에도 불구하고, 순수하게 직관되는 것일 수 없다. 도리어 공간과 시간이란 그 순수한 의미에서는 그 자신의 존재자-아님으로 인해 직관될 수 없는 존재의 전체성의 드러남으로서 파악되어야 한다. 물론 존재의 전체성의 드러남은 직관될 수 있는 것으로서 개별화된 그 어떤 존재자 내지 특정한 체험영역의 실존성을 전제로 한다. 존재론적으로 존재란 오직 존재자의 존재를 통해서만 알려질 수 있는 것이기 때문이다.

2. 시간 및 시간성의 근원적 근거로서의 순수 감각

잘 알려져 있듯이 칸트가 순수직관에 의해 수용되는 표상으로 이해하는 것은 두 가지이다. 공간과 시간이 그것이다. 그렇다면 공간과 시간 중 존재론적으로 시간이 더욱 중요한 까닭은 무엇일까? 이러한 물음은 두 가지로 나뉘어 설명될 수 있다.

우선 하이데거에게 칸트식의 공간 개념이 파생적 의미만을 지닐 뿐이라는 점이 고려되어야 한다. "**현존함이 본질적으로 거리 없앰, 다시 말해서 공간적**"[3]이라는 『존재와 시간』의 언명은 하이데거가 뉴턴의 절대공간 개념이나 그러한 물리적 공간에의 선험초월론적 상응으로서의 직관된 공간 개념 같은 것을 전제하는 것으로 오인되어서는 안 된다. 거칠게 말해 공간에 대한 하이데거의 입장은—공간을 세계제작 및 존재자 생성의 필연적 근거로서 일종의 실체라고 보는 플라톤과 달리—사물의 장소의 총체로서의 공간만을 인정하는 아리스토텔레스에 가깝다. 공간이 사물의 장소의 총체와 같은 것이라면 공간이란 오직 사물의 존재를 전제로 해서만 비로소—사물들 사이의 멀거나 가까운 관계의 총괄 개념으로서—나타나는 현상적인 것이라는 결론이 나올

---

3 M. Heidegger, *Sein und Zeit*, Tübingen 1993, 108. 원문에서의 강조.

수밖에 없다. 이와 유사하게 공간이란 존재론적으로, 거리 없앰이 현존재의 존재자를 향한 일종의 운동을 뜻하는 말이라는 바로 그러한 점에서, 현존재의 존재에 근거해 있는 것일 수밖에 없다. 하이데거에 따르면 "현존재 자신이 고유한 '공간-안에-있음'을 가지지만 이것 역시 세계-안에-있음의 근거 위에서만 가능하다."[4] 이것은 현존재 및 그 밖의 이런저런 존재자를 물리적 객체로서 담고 있는 어떤 공간의 존재에 근거해서 현존재가 비로소 존재하는 것이 아니라 도리어 그 반대로 현존재의 존재가 공간 현상의, 그것도 거리 없앰이라는 현존재의 존재의 운동을 총괄하는 그러한 의미의, 가능근거임을 뜻한다.

두 번째로, 절대공간 및 그에 선험초월론적으로 상응하는 방식으로 직관되는 공간이 존재론적으로 온당한 개념일 수 없다는 것을 전제하는 한에서, 현존재에게 공간 및 공간과 결부될 수 있는 일체의 현상들은 오직 시간성의 근거에서만 발견될 수 있는 것이라는 점이 고려되어야 한다. 존재론적으로 공간이란 결코 기하학적 좌표체계의 무한하고도 공허한 근거와도 같은 것으로 발견되는 것이 아니다. 현존재 고유의 '공간-안에-있음'이 세계-안에-있음의 근거 위에서만 가능하다는 하이데거의 주장은, 세계-안에-있음이 현존재의 존재에 대한 규정이고 또한 현존재의 존재의 가장 근원적인 규정은 바로 시간성이라는 점에서, 공간이란 오직 시간성의 토대 위에서만 발견되는 것이라는 주장과 같다.

그렇다면 존재론은 현존재의 존재로서의 세계-안에-있음 자체를 공간성이 아닌 시간성의 표현으로서 해명해야 하는 역설적인 과제를 안고 있는 셈이다. 이러한 일은 대체 어떻게 가능할 수 있을까? 세계-안에-있음은 분명, 설령 그것이 현존재 고유의 '공간-안에-있음'의

---

4 Ibid., 56. 원문에서의 강조.

근거로서 제시된 것이라고 하더라도, 그 자체 공간적인 개념이 아닌가? 존재자를 그 변화와 운동의 관점에서 고찰하는 경우 우리는 존재자를 시간적인 것으로서 상정한다. 마찬가지로 존재자를 그 무엇의 안에 있는 것으로서 고찰하는 경우 우리는 존재자를 공간적인 것으로서 상정한다. 그렇다면 현존재의 존재로서의 세계-안에-있음과 시간성은 각각 현존재의 존재를 규정하는 상이한 방식에 지나지 않는 것이 아닐까? 이러한 물음에 대한 해명은 시간 및 시간성이 존재론적으로 순수 감각에서 그 근원적 근거를 갖는다는 것을 이해할 때 비로소 가능해진다.

1) 공간의 순수직관과 근원 감각

순수 감각은 순수직관을 포괄하는 말이다. 필자가 순수직관이라는 말에 만족하지 않고 순수 감각이라는 보다 포괄적인 말을 사용하려는 이유는 시간과 공간을 순수직관에 의해 수용되는 표상으로 해명하는 방식 자체가 인식론적 편향성을 반영한다고 판단하기 때문이다. 존재론적으로 현존재는 주위의 존재자들과 무엇보다도 우선 거리 없앰의 관계를 맺어나가는 존재자이다. 이때 거리 없앰이란, 그것이 세계-안에-있음의 근거 위에서만 가능한 한에서, 현존재가 주위의 존재자에게서 느끼는 친숙함 및 소원함의 정도에 의거해 일어나는 현존재의 존재의 운동을 뜻하는 말일 수밖에 없다. 이러한 느낌은, 설령 그것이 존재자에 대한 일종의 공간적 지각과도 같은 것을 전제로 하더라도, 직관되는 것일 수 없다. 그렇다면 이러한 느낌을 가능하게 하는 것은 무엇일까? 가장 손쉬운 해답은 과거의 직관과 경험이다. 이전에 무엇인가 직접 보고 경험하며 생겨난 기억이 단순한 현전성으로 환원될 수 없는 친숙함이나 소원함의 느낌을 지금 직관되는 사물에게서 불러일으킨다는 식으로 설명하는 것이다. 문제는 이러한 식의 설명이 무한

소급의 오류를 피하기 어렵다는 점이다. 과거의 직관과 경험은, 감각(함)을 통하지 않는 그 무엇의 직관과 경험이란 난센스에 지나지 않으므로, 그 자체로 어떤 감각을 근거로 해서만 지금 직관되는 사물에게서 내가 느끼는 친숙함이나 소원함의 근거가 될 수 있다. 그렇다면 과거의 직관과 경험의 근거가 되는, 그럼으로써 지금 직관되는 사물에게서 내가 친숙함이나 소원함을 느끼도록 하는, 이러한 감각의 가능근거는 무엇인가? 그 해답을 지금 내가 느끼는 친숙함과 소원함의 근거로서 소급된 과거의 직관과 경험보다 더 이전에 일어난 직관과 경험에서 찾는 경우 우리는 완전히 무한 소급의 오류에 빠지게 된다.

아마 혹자는 현존재가 주위의 존재자에게서 느끼는 친숙함과 소원함의 근거를 단순한 직관과 경험에서 찾는 대신 지성적 통찰과 이해에 호소하면 무한 소급의 오류에 빠지지 않게 되리라 여길지도 모르겠다. 그러나 이 경우에도 결과는 달라지지 않는다. 지성적 통찰과 이해란, 적어도 그것이 친숙함이나 소원함 같은 느낌에 관한 것인 한에서는, 그 자체가 이미 감각적 경험을 전제로 하는 것일 수밖에 없다. 깊은 어둠 너머에서 푸르스름한 빛이 보여 섬뜩한 느낌이 드는 경우를 생각해보자. 여기서 지성적 통찰과 이해에 호소하는 일이란 예컨대 이전에 지금과 유사한 상황 속에서 겪었던 어떤 좋지 못한 경험에 대해 지적으로 성찰해본 일이 지금 내가 느끼는 섬뜩함의 근거라고 설명하는 식이다. 그렇다면 이전에도 나는 이미 어떤 섬뜩함이나 그 밖의 좋지 못한 느낌 때문에 지적 성찰을 수행했을 뿐이다. 좋은 느낌이든 좋지 않은 느낌이든 아무튼 성찰의 동기가 어떤 감각에 있는 한에서 성찰은 오직 이전의 감각에 호소함으로써만 지금 내가 겪는 이런저런 감각의 이유를 밝힐 수 있다는 뜻이다. 설령 이전에는 한 번도 본 적이 없는 것을 지성적으로 통찰하고 이해하는 가운데 섬뜩한 느낌을 받게 되는 경우라 해도 결과는 달라지지 않는다. 지금 내가 수행하는 지성적 통찰과 이해가 내게 섬뜩함을 느끼도록 하는 원인이 됨은 그 자체로 과거 경험에서의 부정적 감각의 원인이나 정황에 대한 이해를 전제로 하기 때문이다. 결국 지성적 통찰과 이해에 호소하는 것은 주위의 존재자에게서 현존재가 느끼는 친숙함과 소원함의 근거가 무엇인지 해명하는 데 한계가 있을 수밖에 없다는 결론이 나온다. 그리고 이는 사실 당연한 것이기도 하다. 감각이란 어떤 경우든 단순한 지성의 작용에 의해 생길 수 있는 것이 아니기 때문이다.

이제 다음과 같은 점이 분명해졌다: 현존재가 주위의 존재자에게서 느끼는 친숙함과 소원함의 근원적 근거는 과거의 직관과 경험도 지성적 통찰과 이해도 아니다. 사실 지성적 통찰과 이해는 친숙함과 소원함의 근원적 근거로부터 직관보다도 더욱 멀리 떨어져 있는 것이라 할 수 있다. 그러한 의식의 활동이 가능하려면 무언가 이미 직관된 것으로서 주어져 있어야 하기 때문이다. 그렇다면 직관이 그 자체로 친숙하거나 소원한 느낌의 근원적 근거일 수 없는 근본 이유는 무엇인가? 그것은 직관이 직관보다 앞선 어떤 근원적 감각에 의거해 일어나는 것이기 때문이다. 여기서 앞섬이란 시간적인 앞섬일 수도 있고 존재론적인 앞섬일 수도 있다. 존재론적인 앞섬이란 예컨대 손 안의 것이 눈앞의 것보다 더 근원적이라고 할 때의 앞섬이다. 이 앞섬은 현존재가 언제나 하나의 존재자를 우선은 손 안의 것으로서 본 뒤에야 비로소 눈앞의 것으로서 볼 수 있게 됨을 뜻하지 않는다. 과학적 관심을 가지고 사물을 냉정하게 관찰하려는 태도를 지닌 현존재에게는 존재자가 우선 눈앞의 것으로서 보이는 경우도 있을 수 있다. 그러나 이러한 사실이 그가 일상적 존재자로서 존재해왔다는 것을, 그렇기에 주위의 존재자들을 언제나 이미 손 안의 것으로서 발견해왔다는 것을 무효화하는 것은 아니다.

이제 다시 거리 없앰이 현존재의 존재의 근원적 운동의 하나라는 점을 염두에 두고서 친숙함 및 소원함의 느낌과 직관의 관계에 관해 생각해보자. 필자가 지금까지 밝힌 생각은 우선 다음과 같은 점을 지시한다: 거리 없앰이 현존재가 존재자에게서 느끼는 친숙함과 소원함에 의거해서 일어나는 현존재의 존재의 운동인 한에서, 직관이란, 그것이 순수한 것이든 그렇지 않은 것이든 상관없이, 언제나 직관에 앞선 어떤 근원적인 감각을 전제할 수밖에 없다.

이러한 생각은 과연 정당할까? 직관, 심지어 순수직관보다 앞선 근원적 감각 같은 것이 어떻게 있을 수 있을까? 이러한 문제를 풀기 전에 우선 순수직관이란 무엇인가 조금 더 세밀하게 고찰해보도록 하자. 순수직관의 의미를 우리는 두 가지로 나눠어 볼 수 있다. 하나는 칸트적 의미의 순수직관이고 또 다른 하나는 하이데거가 『존재와 시간』에서 제시하는 존재론적 의미의 순수직관이다.

칸트에게 순수직관이란 어떤 오성적 추론이나 구성하는 의식의 작용 없이 직접 봄을 뜻하는 말이다. 사념하고 판단하는 모든 의식의 작용은 이미 시간과 공간의 직관을 전제로 하기 마련이다. 직관된 시간과 공간 안에서 이런저런 구체적 감각들이나 현상들, 존재자들이 사념할 거리로서 주어져 있는 한에서만 의식은 추론하고 또 구성할 수 있는 것이다. 그렇기에 시간과 공간은 모종의 의식의 작용에 의해 추후로 구성되는 것으로서가 아니라 의식의 작용 그 자체의 선험적 가능조건으로서 직관되어야 한다. 그렇다면 순수직관의 가능조건은 무엇인가? 선험성에 호소하는 것은 반쪽짜리 해결책에 지나지 않는다. 선험성이란 오직 감각과의 관계 속에서만 실제적인 것으로서 발현될 수 있는 것이기 때문이다. 결국 순수직관이란, 직관 역시 일종의 감각(함)이라는 바로 그러한 점에서, 감각의 발생을 전제로 하는 것이라는 결론이 나온다. 그렇다면 감각이란 무엇인가? 감각의 발생이란 구체적으로 무엇을 의미하는가? 슐라이어마허의 직접적 자기의식으로서의 종교 개념에 대한 분석과 해명을 통해 우리는 이미 감각이란 오직 자기에게서 일어나는 변화로서만 일어나는 것임을 살펴본 바 있다. 즉, 순수직관이란 자기에게서 일어나는 변화로서의 근원 감각에 의해 가능해지는 새로운 감각(함)의 사건인 바, 직관의 대상이 공간 그 자체이거나 혹은 공간 안의 특정한 존재자이거나 상관없이, 언제나 이미 직관하는 의식의 존재와 의식에 의해 직관되는, 그리고 그러한 것으로서 의식의 존재로 환원될 수 없는, 공간의 존재에 대한 구분을 전제로 하는 감각이다.

대부분의 사람들에게 이러한 설명은 매우 혼란스럽게 느껴질 수 있다. 우리는 눈을 뜨자마자 사물을 보고 공간을 보는 데 익숙하다. 감았던 눈을 뜨면 즉시 이런저런 사물들과 그러한 사물들이 머물 자리로서의 공간이 눈에 보인다. 그렇다면 직관에 앞선 근원 감각이 어떻게 있을 수 있을까? 직관에 앞선 근원 감각이 있다면 눈을 뜨는 행위와 직관 사이에 다소간 시간적 편차가 있어야 하지 않는가? 이런 의구심이 든다면 자신이 스탠리 큐브릭의 영화 〈2001: 스페이스 오디세이〉의 주인공 데이브 보우만이라고 상상해보라.

우주공간에서의 긴 여정 끝에 마침내 목성 궤도상의 TMA-2를 발견한 보우만의 탐사선이 거대한 중력에 의해 무서운 속도로 하강하고 있다. 엄청난 속도감에 시달리는 보우만에게 강렬한 빛살이 쏟아져 들어오고, 공포에 질려 거의 정신을 잃은 것처럼 보이면서도 안간힘을 다해 두 눈을 부릅뜬 보우만의 얼굴은 그가 처해 있는 상황이 어떠한 것인지 생생하게 증언한다. 지금 그에게 시각적 감각은 감당하기 힘든 고통과 같다. 탐사선의 엄청난 속도와 빛의 강렬함으로 인해 아무것도 또렷이 보이지 않는다. 그러나 그는 보아야 하고, 자신이 본 것을 기억해야 하며, 그럼으로써 목성을 향한 여정에서 최후까지 살아남은 유일한 인간으로서 인간의 근원적 한계를 극복하게 할 새로운 지성적 사유의 담지자가 되어야 한다. 그는 광막한 우주의 어둠을 헤집고 들어오는 빛을 보지만 그가 진정 보고자 하는 것은 어둠도 아니고 빛도 아니다. 어둠을 배경으로 삼아 생생한 형상으로 살아올 지성의 빛이 그가 보고자 하는 모든 것이고 또 보아야 할 모든 것이다. 그러나 그 빛을 보기 위해서는 아무 형상도 내비치지 않은 채 강렬한 고통만 안겨주는 빛, 순수한 고통에 불과한 빛을 견뎌내야 한다. 그가 보아야 할 생생한 형상은 그 빛 안에서만 발견될 수 있고, 어쩌면 그 빛 자체가 그 자신의 강렬함으로 인해 흐려진 형상인지도 모르기 때문이다. 그로 하여금 그가 보고자 하는 형상을 직관하도록 하는 것은 무엇인가? 그것은 고통으로서의 빛, 고통의 감각과 구분될 수 없는 빛의 봄이다. 그렇다면 고통으로서의 빛이란 무엇인가? 그것은 물론 보우만이 자기에게서 느끼는 변화로서의 고통, 자신에게서 일어나는 변화와 분리 불가능한 빛으로서의 감각이다. 여기서 직관과 자기에게서 일어나는 변화로서의 감각은 이중의 관계를 맺고 있다. 직관의 대상이 보우만이 보고자 하는 형상인 한에서 직관은 자기에게서 일어나는 변화로서의 감각에 추후로 뒤따르는 것이며, 파생적인 것이다. 그러나 자기에게서 일어나는 변화로서의 감각 자체가 시각으로서의 감각인 한에서, 그리고 그러한 감각 자체가 이미 빛인 한에서, 이러한 감각과 직관은 분리 불가능한 방식으로 하나이다. 그렇다면 자기에게서 일어나는 변화로서의 감각은 직관에 대해 이중의 의미로 앞서 있는 것으로서 근원적인 셈이다. 생생한 형상의 직관과의 관계 속에서 그것은 직관에 시간적으로 앞서 있는 것으로서 근원적이다. 반면 직관의 대상이 고통스럽고 아무 생생한 형상도 지니지 않은 빛 자체인 경우 그것은 직관에 존재론적으로 근원적이다. 분명 이러한 직관과 자기에게서 일어나는 변화로서의 감각은 동시적이며, 시간적으로 그 선후 관계를 따질 수 없다. 그러나 직관의 대상으로서의 빛은 오직 자기에게서 일어나는 변화의 감각으로서만 가능할 뿐이며, 그런 한에서 자기에게서 일어나는 변화로서의 감각의 외화의 결과이다.

칸트가 공간의 순수직관에 관해 논하며 근원적 감각으로서의 자기에게서 일어나는 변화의 문제를 볼 수 없었던 것은 그가 말하는 공간 자체가 생생한 형상을 지닌 사물적 존재자들의 지각과 인식을 전제로 해서만 알려질 수 있는 것이기 때문이다. 무한한 절대공간은 어떻게 표상되는가? 오직 생생한 형상을 지닌 사물적 존재자들 및 그들 사이의 공간적 거리를 통해서이다. 사물들을 담아내는 텅 빈 용기처럼 기능할 공간을 먼저 표상해낸 뒤 비로소 사물들을 발견하게 되는 것이 아니라 사물의 생생한 형상 및 형상이 가능하게 하는 사물과 그 밖의 것에 대한 구분이 서로 외적 관계를 이루고 있는 이런저런 존재자들의 존재의 가능근거로서 공간을 표상하게 한다는 뜻이다. 자신이 안개가 짙게 내린 숲속을 헤매다 길을 잃었다고 생각해보라. 눈에 보이는 것은 그저 안개의 흰 빛 뿐이고, 이 경우 공간이란 직관되는 것이 아니라 공간 속을 활보하던 이전 경험의 상기 및 안개 속에서 자신이 행하는 몸의 운동을 통해서만 알려질 뿐이다. 공간의 직관은 안개가 걷히며 주위의 사물들이 윤곽을 드러낼 때 비로소 가능해진다. 물론 이 경우 사물들의 윤곽의 드러남이 근원적인 감각으로서의 자기에게서 일어나는 변화를 전제로 하는 것이라는 점은 자각되기 힘들다. 사물들의 윤곽이 고통 같은 강렬한 감각 없이 보이기 시작했기 때문이다. 그러나 그렇다고 해서 감각이 자기에게서 일어나는 변화로서만 가능하다는 사실이 바뀌는 것은 아니다. 안개 속에서 절박하게 길을 찾으려 애쓰다 무언가 강렬한 빛이 두 눈을 찔러오면 우리는 그 빛이 자신에게서 일어난 변화로서의 감각과 같은 것임을, 바로 그러한 것으로서 자신이 그리로 향해 가야 하는 어떤 것임을, 생생한 형상의 세계가 자기에게서 일어나는 변화로서의 감각과 구분할 수 없는 그 빛 속에 깃들어 있음을, 문득 깨닫게 된다. 우리로 하여금 그 무엇을 직관하게 하는 근원적 원동력은, 직관되는 것이 사물이든 공간이든 상관없이, 자기에게서 일어나는 변화로서의 감각인 것이다.

이제 하이데거가 『존재와 시간』에서 제시하는 존재론적 의미의 순수직관에 대해 생각해보자. 순수직관에 대한 하이데거의 논의는 아이스테시스(αἴσθησις)에 대한 설명에서 출발한다: "[…] 로고스(λόγος)는 진리의 시원적인 '자리'(Ort)라고 지칭되어서는 안 된다. […] '참'이란 그리스적 의미로, 게다가 언급된 로고스보다 더 근원적인 의미로, 아이스테시스(αἴσθησις), 즉 그 무엇을 순연히(schlicht) 감각적으로 받아들임(Vernehmen)이다."[5] 인용문의 내용에 비추어 보면 아이스테시스는, 적어도 논리적으로는, 순수직관에 국한되지 않는다. 그 무엇을 순연히 감각적으로 받아들임은 시각뿐 아니라 다른 모든 감각에서도 일어날 수 있기 때문이다. 그러나 하이데거에 따르면 "로고스는 일종의 보게 함(Sehenlassen)이기 때문에 참이거나 거짓일 수 있다." 로고스가 보게 하는 것은 탈은폐된 것(Unverborgenes)로서의 존재자이며, 여기서 존재자의 탈은폐란 아이스테시스, 즉 그 무엇을 순연히 감각적으로 받아들임에 의해 일어나는 사건이다. 로고스는 근원적으로 "발견함"이며, 그 무엇을 존재자의 드러남으로써 보게 함이라는 것이다. 결국 존재론적으로 아이스테시스의 실제적인 의미는 순수직관인 셈이다. 그것은 발견함으로서의 로고스의 가능근거이며, 바로 그러한 것으로서, 즉 로고스가 발견할 것을 내보여주는 순수직관의 행위로서, 로고스보다 더욱 시원적인 진리의 자리이다.[6]

칸트의 순수직관 개념을 논하며 필자가 제기한 것과 동일한 문제의

---

5 M. Heidegger, *Sein und Zeit*, Tübingen 1993, 33.

6 Ibid., 32.

식이 여기서도 제기될 수 있다. 순수직관으로서의 아이스테시스보다 자기에게서 일어나는 변화로서의 감각이 더욱 근원적이라는 문제의식 말이다. 사실 칸트의 순수직관보다 하이데거의 존재론적 순수직관이 논의하기에 더욱 수월하다. 아이스테시스에 의해 드러나는 것이 무엇보다도 우선 존재자로 설정되어 있기 때문이다. 과일의 향기와 촉감, 맛 등은 모두 내게서 일어나는 변화로서의 감각이다. 비록 다른 감각에 비해 이러한 변화에 대한 자각의 강도는 낮을지라도 시각 역시 그러하다는 것은 분명하다. 그럼에도 아이스테시스의 존재론적 의미를 해명하면서 하이데거는 근원 감각으로서의 자기에게서 일어나는 변화에 주목하는 대신 직관을 통한 존재자의 현상적 드러남을 시원적인 진리의 자리로 자리매김하는 데 주력할 뿐이다.

그렇다고 하이데거가 자기에게서 일어나는 변화로서의 감각에 대해 아예 주목하지 못했다고 여길 필요는 없다. 필자의 소견으로는, 하이데거가 공간성이 아니라 시간성에서 현존재의 근원적 존재를 발견한 까닭은 그가 슐라이어마허와 유사한 관점에서 감각과 현존재의 존재 사이의 존재론적 관계의 문제를 보았기 때문이다. 또한 바로 여기에 하이데거가 칸트에게서 존재시간성의 문제를 다루어본 유일무이한 철학자를 발견한 이유가 있다. 시간에 대한 칸트의 선험초월론적 논의에서 하이데거는, 비록 존재론적으로 충분히 수미일관하지 못하고 또 불명료한 방식이긴 하지만, 분명 근원 감각에 대한 철학적 성찰을 보았다는 뜻이다. 이러한 문제를 다루기 이전에 우선 다음과 같은 점을 분명히 해두자: 자기에게서 일어나는 변화로서의 감각이란 그 자체로 하나의 자기의식이다. 제2장에서 설명한 것처럼, 자기의식이란 "시간을 충족시키면서 등장하는 순수한 자기의식"과 "변화하는 계기로서의 우리 자신에 대한 자기의식"의 종합인 바, 자기에게서 일어나는 변화로서의 감각이란 자기에게서 일어나는 변화를 자각하는 자기의식과 같다.[7] 자기에게서 일어나는 변화로서의 감각이란 감각으로서의 변화를 자기에게서 일어나는 변화로서 자각하는 의식, 즉 자기의식의 감각이기 때문이다.

2) 공간성 및 시간성의 근거로서의 순수 감각과 자기의식

하이데거가 칸트의 순수직관 개념에서 공간보다 시간에 더 주목하는 이유를 이해하려면 다음의 두 가지 점을 분명히 해야 한다:

첫째, 하이데거에게 칸트적 의미로 순수직관되는 공간은 존재의 근원적 전체성의 표상이며, 이는 경험과 추론의 선험초월론적 전제로서의 공간이 존재의 절대적 통일성과 내면성의 표현임을 뜻한다.

둘째, 하이데거에게 칸트적 의미로 순수직관되는 공간은 무한한 것이며, 이때의 무한성은 사물의 크기의 유한성에 대비되는 양적 무한성이 아니라 선험초월론적으로 주어지는 존재자의 절대적 형식으로서의 안에-있음의 근거로서의 무한성이다.

첫째 문제에 관해 먼저 생각해보자. 칸트의 공간 개념에 대한 하이데거의 논의를 잘 이해하려면 우선 하이데거가 아리스토텔레스적 전통을 따라 공간의 실체성을 인정하지 않는다는 점을 염두에 둘 필요가 있다. 존재론적으로 존재는 언제나 존재자의 존재를 통해 알려지는 것이며, 공간이란 현존재의 주위 존재자들 간의 멀고 가까움의 관계로서 발견된다. 그러나 존재자를 공간 안의 것으로서 개념 파악하는 경우 공간은 나뉠 수 없는 전체로서 알려지는 것이지 이런저런 존재자를 그 자신의 안의 것으로서 지니는 복수의 공간이 알려지는 것은 아니다. 하이데거에 따르면 칸트에게 "공간은 […] '논증적' 표상이 아니다. 하나인 공간의 통일성은 여러 개의 개별적인 공간의 관계들과의 연관을

---

7 F. 슐라이어마허, 『기독교신앙』, 최신한 옮김, 한길사, 2006, 65 이하.

통해 [그 상이한 공간적 관계들을] 하나로 합치시키고 또 비교하며 고찰하는 방식으로 얻어지고 구성되는 것이 아니다. 공간의 통일성은 개념의 통일성이 아니라 그 자체로 유일하게 하나인 어떤 것의 통일성인 것이다."[8] 이러한 하이데거의 해석을 칸트의 공간 개념에 대한 무비판적 수용을 의미하는 것으로 오인해서는 안 된다. 다만 하이데거가 강조하고자 하는 것은 칸트의 공간 개념에 존재자의 존재를 어떤 외적 구별도 알지 못하는 절대적 안에-있음의 관점, 존재의 전체성의 절대적 내면성의 관점에서 고찰할 근거가 마련되어 있다는 점이다.

이제 두 번째 문제에 관해 생각해보자. 위의 인용문은 하이데거가 칸트적 개념으로서의 공간을 모든 존재자를 그 자체 안의 것으로서 가지는 공간으로서 이해한다는 것을 잘 드러낸다. 우리는 이 존재자를 볼 때는 이러한 공간을, 저 존재자를 볼 때는 저러한 공간을 보는 것이 아니라 언제나 오직 하나의 공간을 볼 뿐이다. 그런 점에서 순수직관되는 공간은, 감각적으로 알려지는 모든 존재자가 공간 안의 것으로서 발견되는 한에서, 존재자를 직관함의 선험초월론적 전제인 셈이다. 어느 순간 어떤 존재자를 직관하든 우리는 오직 하나인 공간, 삶의 매 순간마다 직관되는 모든 것들을 자신 안의 것으로서 드러내는 존재의 근원적 전체성의 표현으로서의 공간을 함께 직관하는 것이다: "하지만 직관으로서의 순수직관은 직관된 것을 단지 직접적으로만 주는 것뿐 아니라 직접적으로 [그리고 동시에] 전부 준다. 게다가 이 순수직관은 한 부분을 단순히 수용하는 것이 아니라 [부분으로] 제한함에 있어서도 특히 전체를 보는 것이다."[9] 한마디로, 순수직관된 공간은 무한하다. 하이데거의 해석을 면밀히 고찰해보면 이때의 무한성은, 하이데거

8 M. Heidegger, *Kant und das Problem der Metaphysik*, Frankfurt a. M. 1991, 45.

9 Ibid., 46.

의 해석이 옳다는 것을 전제로, 두 가지 상이한 의미의 무한성의 종합이다: "'공간은 무한한 크기로 주어진 것으로서 표상된다.' 공간이 하나의 크기라는 것은 그것이 그렇고 그렇게 큰 것이라는 것을 의미하지 않으며, 바로 그러한 이유로 [공간의] 무한한 크기 역시 '끝없이' 큰 것이라는 의미를 지니지 않는다. 여기서의 크기는 그렇고 그렇게 큰 것(양적인 것들)을 비로소 가능하게 해주는 크기-성을 뜻하는 것이다."[10] 공간이 무한한 크기로 주어진 것으로서 표상되는 한에서 공간의 무한성은 우선 공간 자체의 크기의 무한성을 뜻한다. 즉, 공간 자체의 크기의 무한성이 순수직관된 공간의 무한성의 첫 번째 의미이다. 그런데 공간 자체의 크기의 무한성은 끝없이 큼, 양적으로 한이 없음 등을 뜻하는 것이 아니라 이런저런 존재자들의 양적 크기를 가능하게 하는 크기-성을 뜻한다. 달리 말해 존재자의 양적 크기 자체가 이미 공간성의 표현이고, 존재자의 양적 크기의 유한성이 오직 공간의 근원적 무한성을 전제로 해서만 표상될 수 있는 것이기에, 공간의 무한성은 존재자의 크기에 대한 직관과 표상을 가능하게 하는 그 근본 조건이다. 즉, 공간의 무한성의 두 번째 의미는 크기-성이다.

공간의 무한성이 지니는 두 가지 의미는 실질적으로 한 가지 동일한 사태를 가리키고 있는 것이라고 볼 수 있다. 공간이 그 자체로 무한한 크기를 지니는 까닭과 오직 공간의 무한한 크기에 근거해서만 존재자의 크기가 가능해지는 까닭이 실은 하나라는 뜻이다. 순수직관되는 것인 한에서 공간의 무한성은 존재자의 크기에 대한 판단에 추후로 뒤따르는 것일 수 없고, 또한 존재자의 크기에 대한 판단 역시, 먼저 무한하고 공허한 공간을 직관하고 난 뒤에야 비로소 존재자가 직관되는 것이 아니기에, 순수직관된 공간의 무한성에 대한 판단에 추후로 뒤따르

10 Ibid.

는 것일 수 없는 것이다. 그럼에도 개념적으로 두 가지는 결코 같은 것이 아니다. 첫 번째 의미의 무한성은 공간 자체의 무한성이다. 두 번째 의미의 무한성 역시 공간 자체의 무한성이기는 하지만 존재자의 크기의 가능근거로서, 즉 크기-성으로서, 특화된 의미의 무한성이다.

그런데 엄밀히 말해 공간의 무한성이 지니는 이러한 개념적 분화는 공간의 순수직관성의 이념을 무근거한 것으로서 돌려놓을 위험을 내포한다. 인용문에서 하이데거는 공간의 무한한 크기가 그렇고 그렇게 큰 것(양적인 것들)을 비로소 가능하게 해주는 크기-성을 뜻한다고 설명한다. 그런데 크기란, 공간의 무한한 크기이든 양적인 것들의 유한한 크기이든 상관없이, 상대적인 개념일 뿐이다. 공간은 왜 무한한 크기를 지니는 것으로서 표상되는가? 이런저런 양적인 것들의 유한한 크기가 오직 어떤 외적 구별도 알지 못하는 단일한 공간의 안에-있는 것으로서 알려지기 때문이다. 그렇다면 공간의 무한한 크기란 양적인 것(들)의 유한한 크기에 대한 직관을 매개로 하는 개념인가? 이 경우 무한한 공간이 어떻게 순수직관되는 것일 수 있을까? 혹시 그렇지 않다면 양적인 것(들)의 유한한 크기를 매개로 하지 않고 공간의 무한한 크기가 직접 직관되는 것으로 생각해야 하는가? 이 경우 공간이 말 그대로 공간이라는 것을, 유한한 존재자의 안에-있음을 가능하게 하는 그 근원적 가능근거라는 것을, 그 직접적 확실성 가운데 알 수 있도록 하는 것은 무엇인가? 이러한 문제는, 하이데거가 그렇게 하듯, 공간의 무한한 크기가 유한한 양적 크기의 가능근거로서의 크기-성을 뜻한다는 식으로 설명해서 해결될 성질의 것이 아니다. 공간의 무한한 크기가 양적인 것이 아니라는 주장은 아마도 공간의 양적 무한성이 사물의 공간적 유한성을 전제로 수행되는 사념의 결과라는, 그리고 바로 이러한 이유로 순수직관되는 것일 수 없다는 생각을 반영할 것이다. 즉, 그것은 공간이 순수직관되는 것이라는 전제의 정당성을 확보하는 데 필요한 보완 명제일 뿐이다. 그러나 공간을 무한한 크기로 파악함은 응당 크기에 대한 직감적·개념적 이해를 전제로 할 수밖에 없고, 크기에 대한 직감적·개념적 이해는 오직 구체적 존재자와의 관계 속에서만 가능할 뿐이다. 한마디로 말해, 크기로 표상된 것인 한에서, 그 크기가 무한이든 유한이든 상관없이, 공간은 순수직관된 것일 수 없다.

왜 이러한 문제가 생겨날까? 사실 그 이유는 칸트의 공간 개념에 대한 하이데거 자신의 논구에서 이미 드러난다: "하지만 순수직관으로서의 공간은 그 안에서 외적으로 일어난 감각들이 질서 잡히는 그러한 관계들의 전체를 제시할 뿐이다."[11] 하이데거 자신은 이러한 논구가 공간의 순수직관성의 이념에 대해 어떤 의문을 야기하게 되는지 성찰하지 않고 지나간다. 그러나 하이데거의 논구는, 그것이 옳다는 것을 전제로 하는 경우, 이미 그 자체로 칸트적 의미의 공간이 결코 순수직관되는 것일 수 없다는 주장과 다를 바 없다. 외적으로 일어난 감각들이 질서 잡히는 그러한 관계들의 전체로서의 공간이란 사유의 작용에 의해 매개된 공간일 수밖에 없다는 뜻이다. 외적으로 일어난 감각들이란 대체 무엇을 뜻하는 말인가? 그것은 감각하고 사념하는 의식의 외연에 있는 존재자들의 존재를 알리는 감각들을 뜻하는 말이다. 그렇다면 이런저런 감각들이 이러한 의미로 외적으로 일어난 감각들이라는 판단은 누가 수행하는가? 그것은 무엇보다도 우선 감각하고 사념하는 의식 자체이다. 결국 공간의 순수직관이란 구체적 현존재의 경험과 사유의 선험초월론적 근거로서 제기된 것이기 때문이다. 그렇다면 공간은, 그것이 그 안에서 외적으로 일어난 감각들이 질서 잡히는 그러한 관계들의 전체를 제시하는 한에서, 두 가지 층위의 판단과 사념을 매개로 하는 셈이다. 하나는 특정한 감각을 자신에게 외적인 것의 존

---

11 Ibid., 48.

재에 의거한 것으로서 받아들이는 의식의 판단과 사념이다. 또 다른 하나는 이러한 감각의 복수성을 서로 외적으로 구분되어야 하는 개별 존재자들의 존재에 의거한 것으로서 받아들이는 의식의 판단과 사념이다.

그렇다면 공간의 순수직관성의 이념은 폐기되어야 하는가? 필자의 소견으로는, 이러한 물음에 대한 대답은 두 가지로 나뉠 수 있다. 공간을 시간과 엄밀하게 분류되어야 하는 개념으로 이해하는 경우, 즉 공간이 단지 개념적으로뿐 아니라 실제적으로도 시간으로부터 독립된 위상을 지니는 개념으로 이해하는 경우, 공간의 순수직관성의 이념은 폐기되어야 한다. 그러나 이와 달리 공간을 시간과의 근원적 통일성의 관점에서 이해하는 경우 공간은 여전히 순수하게, 그것도 무한한 것으로서, 직관되는 것일 수 있다. 아니 엄밀히 말해 공간은 근원적으로 직관되는 것이 아니라 직감되는 것이다. 직관이란, 그것이 직접 봄을 뜻하는 말인 한에서, 이미 의식과 그 어떤 것의 외적 구분을 전제로 하는 것이고, 그런 한에서 '순수'라는 수식어와 어울릴 수 없기 때문이다. 직관되는 공간이 아니라 직감되는 공간만이 시간과 근원적으로 통일된 존재론적 공간일 수 있다.

우선 다음과 같은 점에 대해 생각해보자: 위의 인용문에서 언급된 일, 즉 감각들이 외적인 것들로 파악되고 질서 잡히는 것은 어떻게 일어날까? 이러한 문제를 풀기는 별로 어렵지 않다. 감각들이 외적인 것들로 파악된다는 것은, 감각이란 외적 사물의 객체적 속성이 아니라는 점에서, 결코 감각 자체가 의식의 외연에 있는 것으로서 일어남을 전제로 하지 않는다. 즉, 외적인 것들로서 파악되기 이전에 우선 감각은 외적이지 않은 것들로서, 즉 의식에 내적인 것들로서, 일어나야 한다. 여기서 '의식에 내적'이라는 말은 감각이 판단하고 사념하는 의식의 안에 어떤 표상적 이미지의 일부로서 들어 있다는 식의 뜻을 지니지 않는다. 의식의 지향적 구조의 관점에서 보면 의식이란 의식 자신으로 환원될 수 없는 그 무엇과의 지향적 관계 속에서만 존속할 수 있는 것이지만 그렇다고 의식이 지향적 관계를 맺는 것이 의식 외부에 객체적으로 존재하는 사물인 것은 아니다. 꽃을 볼 때 우리의 의식은 그 화사한 색과 향기에 매료되지만 그렇다고 색과 향기 자체가 의식 외부에 있는 객체적 사물의 속성인 것은 아니다. 색과 향기는 우리의 존재에게서 일어난 감각이며, 그러한 것으로서 우리의 존재에게서 분리될 수 없는 것이지만, 다만 사념하고 판단하는 의식의 작용에 의해 외적인 것으로서 자리매김될 뿐이다. 한마디로, 감각이란 근원적으로는 오직 내적 감각으로서만 일어나는 것이며, 판단하고 사념하는 의식의 작용에 의해 추후로 외적인 것으로 분류될 뿐이다. 그렇다면 이러한 파악은, 더 나아가 이렇게 파악된 이런저런 감각들에게 질서를 부여하는 것은, 어떻게 가능할까? 무엇보다도 우선 감각이란 오직 순차적인 것으로서만 복수화될 수 있다는 것이 분명해져야 한다. 여기서 순차적이란 두 가지 상반된 의미를 지니는 말이다. 하나는 개별적인 감각들이 시간적으로 순차를 두고 일어난다는 의미이다. 또 다른 하나는, 비록 하이데거 본인은 명시적으로 이 문제를 주제화하지 않았지만, 한 순간 일어난 감각이 사념하고 판단하는 의식의 작용에 의해 복수의 감각들로 분화될 때 감각의 순차적 개별화가 일어난다는 의미이다.

한 순간 동시에 복수의 감각들이 일어나는 일은 결코 드물지 않다. 예컨대 사랑하는 사람의 향기에 취하는 일과 외모에 매혹되는 일, 그리고 목소리를 들으며 황홀해지는 일은 동시에 일어날 수 있다. 그러나 꿈에 잠긴 듯한 의식은 그 모든 감각들을 명료하게 개별화하지 못한다. 모든 감각들이 협력하여 그저 하나의 꿈-이미지 같은 것을 만들어낼 뿐이다. 개별적인 감각에 대한 명확한 인지는 오직 추후의 사념에서나, 그때그때 강렬해지는 이런저런 감각에 의식이 특별히 주목할 때 일어난다. 그런데 이러한 사정은 명민하게 깨어 있는 의식에서도 별로 다르지 않다. 명민하게 깨어 있는 의식이 자신이 지금 느끼는 감각을 동시적으로 일어나는 복수의 감각들로 개별화하는 것 역시 의식으로 하여금 통일적인 감각의 장에서 구분될 수 있는 감각들 간의 차이에 주목하도록 하는 어떤 사건을 전제로 한다는 뜻이다. 영화를 볼 때 나는 영상과 소리의 차이에 주의를 기울이지 않는다. 나는 그저 영상과 소리를 통일적인 감각의 장의 전체를 이루는 것으로서 동시에 받아들일 뿐이다. 영상과 소리가 이루는 전체성이 깨지는 것은 영상이 이지러지거나 잡음이 날 때, 영화가 별로 재미가 없어 영화로부터 심리적 거리를 둘 때 등이다.

설령 어떤 비상한 의식이 있어 특별한 사건이나 계기 없이도 동시적으로 일어나는 모든 감각들을 늘 각각 개별화된 것으로서 파악한다고 해도 감각이 언제나 시간적 순차성의 계기를 지닌다는 점이 바뀌지는 않는다. 감각의 개별화는 그러한 개별화를 가능하게 할 만큼 감각이 지속함을 전제로 하기 때문이다. 하나의 감각이, 예컨대 소리나 향기가, 이전의 감각과 지금의 감각, 그리고 장차 일어날 감각으로서 개별화될 가능성을 지니지 않으면 지속하지 않는 것이고, 지속하지 않는 감각은 원래 불가능하다. 감각이란 본래, 적어도 그것이 의식에 의해 감각으로서 수용되는 한에서는, 시간적 순차성의 형식 속에서 일어날 수밖에 없는 것이기 때문이다. 즉, 시간적 순차성이 감각(함)의 근원적 형식이다. 복수의 감각들이 시간적으로 편차를 두고 일어나든 동시적으로 일어나든 상관없이, 심지어 단 하나의 감각이 그저 순수하게 지속하며 일어나는 경우에도, 감각은 언제나 시간적 순차성을 그 자신의 존재형식으로 지닐 수밖에 없다는 뜻이다. 달리 말해 현존재의 내적 지각은 순수한 잇달음의 형식에 대한 직관과 더불어 이루어진다. 하이데거는 칸트의 내적 지각의 문제를 분석하면서 다음과 같이 밝힌다:

"이 [내적 지각의] 현상들을 경험하면서 우리가 미리, 비록 비대상적이고 비정립적이긴 하지만, 바라보는 것은 순수한 잇달음이다."[12] 하이데거가 감각이 순수 지속하는 것으로서도, 즉 그 자신과 구분되는 다른 감각이나 하나의 감각 그 자체 안에서 일어나는 질과 강도의 변화 등을 전제하지 않고 단지 동일한 질과 강도를 지닌 그러한 것으로 지속하는 단일한 감각으로서도, 순수한 잇달음의 계기를 지닌다고 여기는지는 불분명하다. 다만 필자에게는 하이데거의 언명이 오직 이러한 감각의 순수 지속을 전제로 하는 경우에만 타당할 수 있다는 점은 분명해 보인다. 다른 감각과 구분되는 감각, 하나의 감각 안에서 일어나는 질과 강도의 변화 등은, 적어도 의식에 의해 자각되는 것인 한에서는, 그 자체로 이미 정립적이기 때문이다.

인용문에서 눈에 띄는 것은 '미리', '비대상적', '비정립적' 등의 표현들이 잇달음의 '순수한'의 성격 규정으로서 사용되고 있다는 점이다. 그 의미가 무엇인지 파악하는 것은 별로 어렵지 않다. 내적 지각의 현상들의 경험을 가능하게 하는 것은, '미리'라는 표현이 암시하는 것처럼, 순수한 잇달음의 직관이고, 그런 한에서 순수한 잇달음의 직관은 하나의 대상으로서 정립된 현상의 경험을 가능하게 하는 그 근거이다. 한마디로, 어떤 대상적 정립도 전제하지 않는 순수한 잇달음의 직관이 모든 구체적 경험의 선험초월론적 가능근거이다.

이제 순수직관으로서의 공간은 그 안에서 외적으로 일어난 감각들이 질서 잡히는 그러한 관계들의 전체를 제시할 뿐이라는 칸트적 성찰의 의의와 한계에 관해 다시 한번 더 생각해보자. 순수한 잇달음의 직관이 모든 구체적 경험의 선험초월론적 가능근거라는 것은, 순수한 잇달음이 비대상적이고 비정립적이라는 점에서, 칸트가 순수직관되는

---

12 Ibid., 48.

것으로서 제기한 공간보다 시간적으로 앞서 있는 것일 수밖에 없다. 외적으로 일어난 감각들이란 판단하고 사념하는 의식과 그 외연의 구분과 정립을 전제로 하기 때문이다. 질서 잡히는 것인 한에서 외적 감각들은 응당 감각된 것이 내적 지각의 흐름 속에서 감각된 것들의 잇달음 가운데 외적 대상에 속한 것으로서, 통각된다는 것을 전제로 한다. 앞서 설명한 것처럼 사실 이러한 방식으로 파악되는 공간은 순수직관된 것일 수 없다. 순수한 잇달음의 직관에 대한 하이데거의 해석은 왜 칸트적 의미의 공간이 순수직관된 것일 수 없는지 더욱 더 분명하게 드러낸다. 공간이란, 그것이 그 안에서 외적으로 일어난 감각들이 질서 잡히는 그러한 관계들의 전체를 뜻하는 한에서, 순수한 잇달음의 직관에, 시간의식에, 그 가능근거를 두고 있는 것일 수밖에 없다.

순수한 잇달음의 직관은 '순수'라는 수식어가 지시하는 것처럼 본질적으로 비대상적이고 비정립적이다. 그렇다면 직관될 잇달음은 어떻게 일어나는가? 그것은 물론 감각을 통해서이다. 그것도 외적인 것으로서 파악될 그러한 감각이 아니라 순수한 내적 지각의 감각을 통해서이다. 순수한 내적 지각의 감각은, 그것이 어떤 대상적 정립도 전제하지 않는 것인 한에서, 존재자의 경험을 가능하게 할 그 가능근거일 뿐 그 자체로는 아직 존재자의 경험과 무관하다. 이러한 사정을 하이데거는 다음과 같이 표현한다: "선험초월론적 감성론은 존재자의 존재의 선험적 발견을 가능하게 할 존재론적 아이스테시스를 산출할 것을 과제로 삼는다. 인식에 있어서 늘 직관이 앞서 갈 수밖에 없는 한 선험초월론적 철학, 즉 존재론의 일반적 과제를 해결하는 데 있어서 필요한 부분 중 하나가 이제 [선험초월론적 감성론의 확립을 통해] 얻어지게 되는 것이다."[13] 하이데거가 칸트의 선험초월론적 감성론을 중시하

13 Ibid., 51.

는 까닭은 아이스테시스가 로고스보다 더욱 근원적이라는 하이데거의 입장에 이미 잘 나타나 있다. 아이스테시스, 즉 그 무엇을 순연하게 감각적으로 받아들임이 로고스, 즉 탈은폐로서의 진리의 발견함의 가능 근거이기에 존재론은 근원적으로 선험초월론적 감성론에서 출발하는 것일 수밖에 없다. '인식에 있어서 늘 직관이 앞서 갈 수밖에 없다'는 하이데거의 주장은 대상적이고 정립적인 인식의 작용에 앞서 아이스테시스로서의 직관, 즉 그 무엇을 순연하게 감각적으로 받아들임이 일어나야 한다는 뜻으로 해석된다.

잘 알려져 있듯이 칸트는 시간을 순수한 자기촉발로서 규정한다. 필자의 소견으로는 하이데거 역시 순수한 자기촉발로서의 시간을 선험초월론적 감성론의 근본 관점으로서 수용하고 있다. 시간이 순수한 자기촉발이라는 것은 무엇을 의미하는가? 그 까닭은 칸트가 시간을 내적 지각의 현상들을 경험하는 데 필요한 '순수한 잇달음의 직관'의 관점에서 바라본다는 사실에서 이미 드러나 있다. 시간은, 그것이 직관되는 것으로 규정되는 한에서, 수용하는 표상에 속한 것이며, 이때 수용되는 것은 물론 시간 자체이다. 그런데 수용이란 근원적으로 그 어떤 것의 존재에 대한 수용이다. 그런 점에서 시간의 수용 역시 그 어떤 것의 존재에 대한 수용으로서만 가능하다. 그 어떤 것의 존재에 대한 수용이란, 수용이 언제나 감각의 계기에 의거하는 것인 한에서, 수용되는 것의 존재를 알리는 감각적 촉발을 전제하기 마련이다: "이제 시간 역시 촉발해야 한다. 하지만 모든 촉발은 이미 현존하는 한 존재자의 자기-알림이다." 무엇이 이미 현존하는 존재자로서 자기를 알려오는가? 이 존재자는 결코 직관된 시간 자체일 수 없다. 시간은 어떤 감각적 촉발을 가능하게 하는 현전자로서 발견되는 것이 아니기 때문이다. 또한 그것은 외적으로 존재하는 어떤 대상적 존재자일 수도 없다. 자기-알림으로서의 촉발 자체가 비대상적이고 비정립적인 성격의 것

이기 때문이다: "시간은 […] 현전하는 것도 아니고 도대체 '밖'에 있는 것도 아니다." 하이데거는 칸트를 따라 바로 이러한 이유로 "시간은 그 본질에 따라 그 자신의 순수한 촉발"로 규정되어야 한다고 주장한다. 그 외에 다른 주장은 가능하지 않다는 것이다.[14]

그런데 이러한 주장은 타당할까? 사실 하이데거의 설명은 철학적으로 성립 불가능하다. 하이데거의 설명에 치명적인 모순이 있다는 뜻이다.

하이데거 본인이 밝힌 것처럼 '모든 촉발은 이미 현존하는 한 존재자의 자기-알림'이다. 그러나 시간의 순수한 자기촉발이라는 표현은 이러한 명제와 양립할 수 없다. 시간은 현존하는 한 존재자 같은 것이 아니기 때문이다. 하이데거의 칸트 해석에 따르면 "순수한 자기촉발로서 시간은 현전하는 자기에게 작용하는 촉발이 아니라 [바로] 순수한 자기촉발로서 자기-자신에-관계함과 같은 것의 본질을 형성한다. 하지만 하나의 자신으로서 관계되는 것이 유한한 주체의 본질에 속하는 그런 한에서 순수한 자기촉발로서의 시간은 주체의 본질구조를 형성한다."[15] 이러한 설명은 분명 하이데거 자신의 존재론적 관점을 반영한다. 『존재와 시간』에서 하이데거가 밝히는 것처럼 현존재는 "그의 존재함에서 문제가 되는 그 존재가 각기 나의 존재"인 특별한 존재자이다. "현존재의 '본질'은 그의 실존에 있다"는 것이며, 여기서 실존이란 무엇보다도 우선 그 자신의 존재와의 관계맺음인 것이다.[16] '시간이 순수한 자기촉발로서 자기-자신에-관계함과 같은 것의 본질을 형성한다'는 하이데거의 설명은, 현존재의 존재가 존재론적으로 시간성으로서 규정된다는 점에서 보면, 현존재가 그 자신의 존재를 순수한 자기

14 Ibid., 189.

15 Ibid.

16 M. Heidegger, *Sein und Zeit*, Tübingen 1993, 42.

촉발로서의 시간의 관점에서 헤아려야만 하는 존재자임을 암시한다고 볼 수 있다. 그러나 이러한 설명은 주어진 문제를 해결하는 데 아무 도움도 되지 못한다. '모든 촉발은 이미 현존하는 한 존재자의 자기-알림'이라는 명제와 '시간은 순수한 자기촉발'이라는 명제의 모순관계가 그대로 남은 채 '순수한 자기촉발로서의 시간이 자기-자신에-관계함의 본질을 형성한다'는 또 다른 명제가 어떤 철학적 근거도 제시하지 않고 그저 추가되었을 뿐이다.

왜 이러한 문제가 일어날까? 그것은 무엇보다도 우선 하이데거의 존재론이, 칸트의 선험초월론적 감성론과 마찬가지로, 아이스테시스를 직관, 즉 시각적으로 봄을 중심으로 이해했다는 점에서 찾을 수 있다. 우리는 무엇을 보는가? 언제나 한 대상이다. 칸트적 의미의 공간은, 그것이 그 안에서 외적으로 일어난 감각들이 질서 잡히는 그러한 관계들의 전체를 제시하는 것인 한에서, 결코 순수하게 직관되는 것일 수 없다. 그러한 공감은 그 무엇의 외적 정립을 전제로 해서만, 혹은 수반하는 것으로서만, 직관될 수 있는 것이기 때문이다. 자신이 칠흑 같은 어둠 속에 머물고 있다고 상상해보라. 자신이 지금 공간을 보고 있다는 것을, 어둠이란 공간에게 일어난 빛의 부재와 같은 것임을, 우리는 어떻게 알 수 있을까? 이런저런 대상적 존재자들의 관계를 통해 알려진 공간의 경험에 대한 기억, 그리고 센소모토릭한 몸의 움직임을 통해서이다. 설령 공간의 경험에 대한 기억도 없고 센소모토릭한 몸의 움직임도 가능하지 않다고 해도 그 무엇을 봄은 언제나 자신과 외적 관계를 이루고 있는 그 무엇의 봄이다. 어둠이란, 그것이 나에 의해 직관되는 것인 한에서, 나와 외적 관계를 이루고 있는 어떤 것으로서 '거기' 있는 것이다. 이러한 문제는 완전히 투명해서 아무 색도 형상도 없는 공간의 직관이 가능하다거나 공간이란 근원적으로 나의 안에-있음을 가능하게 하는 존재론적 근거로서의 의미를 지닌다는 식의 주장을 제기한다고 해도 해결되지 않는다. 아무튼 직관되는 것인 한 공간은 나와 그 자체 외적 대립의 관계를 이루거나 혹은 그러한 것의 가능근거로서 발견되는 것이며, 나의 안에-있음 역시 오직 나 자신을 하나의 존재자로서 인지하고 있음을 전제로 할 수밖에 없는 것이다. 한 마디로, 직관이란, 공간의 직관까지 포함해서, 언제나 그 어떤 존재의 정립을 전제로 한다.

이러한 문제를 존재론적으로 풀 수 있는 방법이 있을까? 그 가능성을 우리는 슐라이어마허의 자기의식 개념에서 찾을 수 있다.

제2장에서 살펴본 것처럼 슐라이어마허는 자기의식을 두 가지 계기의 종합으로 이해한다. 하나는 자신의 순수한 자아 자체만을 의식하게 되는, 시간을 충족시키면서 등장하는 순수한 자기의식이다. 또 다른 하나는 하나이든 여럿이든, 규정적으로 총괄되어 있든 무규정적이든 간에 항상 어떤 것과 관계하는 의식이다. 이 두 번째 계기는 변화하는 자기에 대한 의식이며, 순수한 자기의식과 별개로 의식되는 것이 아니라 순수한 자기의식과 함께 직접적 자기의식을 이루는 그 근원적 요소이다. 지금 우리에게 우선 중요한 것은 두 번째 계기이다. 자기의식의 근원적 요소로서의 변화하는 자기에 대한 의식을 가능하게 하는 것은 무엇일까? 그것은 물론 자기의 변화를 가능하게 하는 그 무엇이다. 그렇다면 자기의 변화를 가능하게 하는 것은 무엇인가? 변화하는 자기에 대한 의식이 관계하는 것이 규정적으로 총괄되어 있든 무규정적이든 상관없다는 것은 자기의 변화를 가능하게 하는 것이 비대상적이고 또 비정립적일 수 있다는 것을 뜻한다. 그렇다면 비대상적이고 또 비정립적인 것으로서, 그리고 그러한 것으로서 외적인 것으로 정립된 대상보다 더욱 근원적인 것은 무엇인가? 자기의 변화를 가능하게 하는 것인 한에서 그것은 순수한 잇달음이나 자기촉발로서의 시간 같은 개념으로 설명될 수 없다. 자기의 변화의 과정에서 잇달음으로서 자각되

는 것은 자기의 변화의 잇달음이고, 바로 그 때문에 자기의 변화를 가능하게 하는 그 무언가 구체적인 것일 수밖에 없는 것이다. 필자의 소견으로는 그것은 바로 감각 자체이다. 감각이란 무엇인가? 감각이란, 그것이 외감이 아니라 내감인 한에서, 직관되는 것일 수 없다. 직관이란 직관하는 존재자와 직관되는 그 무엇의 외적 구분과 대립을 전제로 하는 것이기 때문이다. 감각은 근원적으로 자기에게서 일어나는 변화이다. 바람의 차가움은 바람 자체의 차가움이 아니라 자기에게서 일어나는 변화로서의 차가움이며, 아픔 역시 자기에게서 일어나는 변화로서의 아픔이다. 오직 나 자신을 변화시키는 것으로서만 바람은 차가운 것으로서 수용될 수 있고, 이때 차가움이란 바람의 객체적 속성이 아니라 바람이 내 존재에게서 일으키는 변화의 강도를 뜻할 뿐이다. 아픔 역시, 아픔이란 언제나 나의 아픔의 형식 속에서 일어나는 것이기에, 그 무엇인가 내 존재에게서 일으키는 변화의 강도를 뜻할 뿐이다.

자기에게서 일어나는 변화로서의 감각이란 일종의 반성적 의식과 같은 것일까? 이러한 물음에는 감각과 감각을 자각하는 의식 사이의 외적 구별이 암묵적으로 전제되어 있다. 바람의 한기를 느끼며 문득 잠에서 깨어나는 경우를 생각해보라. 처음 나는 그 차가움이 바람의 차가움이라는 것도 알지 못하고 그저 멍한 눈으로 전방을 바라볼 뿐이다. 차가움을 의식하는 한에서 차가움의 감각은 이미 의식하는 나와 외적 관계를 맺는 사물처럼 대상화되어 있다. 그러나 그 감각은 내 존재에게서 일어난 변화로서의 감각이며, 지금 그 감각과 일종의 지향적 관계를 맺고 있는 나는 내 존재에게서 일어난 변화로서의 감각에 의해 이미 특정한 한도까지 변화한 나, 잠에서 깨어나 다시 일상적 의식의 관점에서 자신과 세상을 바라볼 그러한 나를 되찾을 때까지 변화한 나이다. 그러한 나가 수용하는 감각은, 그것이 내 존재에게서 일어난 변화로서의 감각인 한에서, 나로 하여금 이미 나 자신의 존재를 순수한 잇달음의 존재로서, 자신과 외적으로 구분될 어떤 존재자의 존재와도 무관한 감각의 순수한 지속으로서, 체험하도록 하는 감각이다. 그런데 자기에게서 일어나는 변화로서의 감각이란 결코 나 자신의 존재에게서 일어나는 자기촉발과 같은 것일 수 없다. 변화한 것이 자기인 한에서 나는 나의 변화를 가능하게 한 그 무엇의 존재를 함께 수용하지 않을 수 없다는 뜻이다. 그렇다면 나의 변화를 가능하게 한 것은 대체 무엇인가? 이상하게 들릴지 모르지만 그것은 감각 그 자체이다. 모든 감각함의 순간은, 그것이 아직 그 무엇의 외적 정립을 수반하지 않는 경우, 그저 내게서 일어난 변화로서의 감각이 인지되고 수용되는 순간일 뿐이다. 그러나 그 순간은 동시에 내가 나 자신의 존재로 환원될 수 없는 그 무엇의 존재를 함께 인지하고 수용하는 순간이기도 하다. 내게서 일어나는 변화로서의 감각이란, 그것이 의식의 자의적 선택에 의해 일어난 것이 아닌 한에서, 그러한 변화를 가능하게 하는 그 무엇과 나 자신의 초월적 관계의 알림과 같다는 것이다.

필자는 시원적인 의미의 공간이란 바로 이것이라고 여긴다. 자기에게 일어나는 변화로서의 감각이 일깨우는 현존재의 존재의 근원적으로 초월적인 구조가 시원적인 의미의 공간이라는 뜻이다. 우리는 왜 칸트와 하이데거가 순수직관되는 것으로서 오인한 공간, 그 안에서 외적으로 일어난 감각들이 질서 잡히는 그러한 관계들의 전체를 제시하는 공간을 직관하게 되는가? 감각에 의해 일깨워진 자기 존재의 근원적으로 초월적인 구조가 우리로 하여금 감각을 감각의 수용자인 자신과 감각의 유발자인 어떤 존재자의 관계에 근거한 것으로서 인지하게 하기 때문이다. 달리 말해 자기에게서 일어난 변화로서의 감각이 외적으로 일어난 감각들이 질서 잡히는 그러한 관계들의 전체를 제시하는 공간의 가능근거이다. 우리 자신의 근원적 존재로서의 시간성이 일상적 자기로서 삶을 꾸려가는 우리가 이미 알고 있고 또 장차 알게 될 공간의 시원적인 근거라는 뜻이다. 그러나 우리 자신의 존재로서의 시간성은, 그것이 감각에 의해 일깨워지는 우리 존재의 근원적으로 초월적인 구조의 자각과 구분될 수 없는 것이라는 점에서, 그 자체로 이미 시원적인 의미의 공간성이기도 하다. 감각이란 현존재의 존재의 시간성과 공간성의 역동적 통일성의 구성을 가능하게 하는 일종의 존재론적 역능인 것이다.

제4장

무로서의 의식과 윤리 : 사르트르와 하이데거

사르트르의 주저 『존재와 무』는 다음과 같은 언명과 함께 시작한다: "근현대 사유는 실존하는 것을 그것이 명백하게 드러나도록 하는 현상들의 배열로 환원시키면서 주목할 만한 진전을 이루었다. 사람들은 이를 통해 철학을 당혹스럽게 했던 여러 가지 이원론을 철폐하고 그것을 현상 일원론으로 대체하기를 원했다. 그것은 이루어졌는가?"[1] 인용문은 방대한 분량의 저술인 『존재와 무』의 철학적 목적이 무엇인지 잘 드러낸다. 사르트르에 따르면, 실존하는 것을 현상들의 배열로 환원시키며 근현대 사유가 이룬 진전은 긍정적으로 평가되어야 한다. 현상 일원론을 확립함으로써 전통 철학의 뿌리 깊은 이원론을 철폐할 가능성을 제시했기 때문이다. 인용문 말미의 '그것은 이루어졌는가?' 라는 물음은 두 가지를 지시한다. 하나는 근현대 사유는 현상 일원론을 아직 올바로 확립하지 못했다는 사르트르의 철학적 문제의식이다. 사실 『존

---

1 J.-P. Sartre, *L'être et le néant*, Paris 1988, 11.

재와 무』는 이러한 문제의식에서 출발하는 글이다. 또 하나는 현상 일원론은 반드시 이루어져야 한다는 사르트르의 철학적 신념이다.

그런데 사르트르의 철학적 문제의식과 신념은 타당한 것일까? 사실 '근현대 사유가 실존하는 것을 그것이 명백하게 드러나도록 하는 현상들의 배열로 환원시켰다' 는 사르트르의 주장은 선뜻 받아들이기 어렵다. 아마 사르트르는 후설, 베르그손, 하이데거 등 자기 시대를 풍미하던 철학자들이 대체로 객관성의 이념이나 형이상학적 실체 개념 등을 거부한다는 점에 착안해서 이러한 주장을 하게 되었을 것이다. 그러나 과연 이러한 철학자들이 실존자를 현상들의 배열로 환원시켰는가? 이때 배열이란 대체 무엇을 뜻하는 말인가? 그것은 사르트르가 말하는 현상 일원론의 현상 개념이 판단하고 사념하는 의식의 작용에 의해 대상성을 지니도록 정립된 것으로서의 현상 개념에 국한된다는 것을 뜻하지 않는가? 게다가 현상들의 배열 속에서 실존자가 명백히 드러난다는 사르트르의 주장은 그가 현상 개념을 실증주의자 R. 아베나리우스의 경험비판론이나 E. 마흐의 요소환원주의의 관점에서 해석하고 있다는 느낌마저 풍기지 않는가?

이러한 의문은 『존재와 무』의 부제가 '현상학적 존재론 시도' 라는 점, 그리고 실제로 『존재와 무』 곳곳에서 하이데거의 영향이 매우 강하게 느껴진다는 점 등을 고려해보면 더욱 증폭된다. 하이데거에 따르면 "철학은 현존재의 해석학에서 출발하는 보편적 현상학의 존재론"[2]이다. 하나의 실존자로서 현존재는 현상들의 배열로, 그것도 그 안에서 그 자신의 존재가 명백하게 드러나는 방식으로는, 환원될 수 없는 것 아닐까? 설령 현상들의 배열로 환원될 실존자를 현존재를 제외한 사물적 존재자로 이해한다고 하더라도 현존재가 일상세계 안의 존재라

---

2 M. Heidegger, *Sein und Zeit*, Tübingen 1993, 436.

는 점, 일상세계가 도구적 유의미성 맥락에 의해 지배되고 있다는 점, 그렇기에 존재론적으로 존재자의 현상이란 결코 명백한 방식으로는 배열될 수 없는 말과 의미의 산포의 관점에서 파악되어야 하는 것 아닐까? 『존재와 무』가 언어의 문제에 관해 놀라울 정도로 소홀하다는 것은 잘 알려진 사실이다. 그것은 『존재와 무』가 하이데거의 현상학적 존재론과 근본적으로 이질적이라는 것을 드러내지 않을까?

이 모든 의문들은 다 나름대로 타당하다. 하이데거의 현상학적 존재론이 근본적으로 해석학적이라는 점을 염두에 두면 우리는 앞에서 제시한 마지막 의문 역시 그렇다는 것을 부정하기 어렵다. 사르트르의 철학은 하이데거의 현상학적 존재론과 근본적으로 이질적인 철학으로 분류될 수도 있다는 것이다. 그럼에도 한 가지는 분명하다. 사르트르의 철학은 형이상학적 실체 개념에서 출발하는 철학이 아니며, 바로 이 지점에서 우리가 지금까지 다루어 온 세 철학자, 즉 후설, 슐라이어마허, 하이데거와 만난다. 또한 우리는 사르트르의 철학에서도 존재의 전체성의 표현으로서의 현상학적 의식에 대한 명확한 철학적 성찰을 발견할 수 있다. 사실 근현대 철학이 현상 일원론을 완성하지 못했다는 사르트르의 철학적 문제의식 역시 바로 이러한 성찰의 발로이다. 현상학적 의식이 존재의 전체성의 표현인 한에서 우리는 존재자로서 마주치는 모든 것을 현상학적 의식의 존재방식에 의거해서 이해해야 한다. 그렇다면 사르트르에게 현상학적 의식의 존재방식은 무엇인가? 그것은 자유, 그것도 어떤 상대성도 허용하지 않는, 양도 불가능한 무조건적이고도 절대적인 자유이다. 사르트르의 관점에서 보면 오직 이러한 자유의 의미가 분명해지는 한에서만 현상 일원론은 완성될 수 있다. 절대적인 자유의 불용은 본질적으로 이원론적이며, 바로 이러한 의미에서 존재의 전체성의 표현으로서의 현상학적 의식과 어울릴 수 없다는 뜻이다.

1. 무로서의 의식 및 현상과 존재

현상 일원론의 철학적 근거는 무엇일까? 사르트르와 별도로 우선 지금까지 우리가 진행해온 논의를 중심으로 이 문제에 관해 고찰해보자. 우리는 앞장에서 감각에 의해 현존재의 존재의 근원적으로 초월적인 구조가 드러난다는 것을 살펴본 바 있다. 그것은 감각이 언제나, 적어도 의식에 의해 수용되는 것으로서는, 자기에게 일어나는 변화로서 자각된다는 자명한 사실로부터 연원하는 그 필연적 귀결이다. 자기에게 일어나는 변화로서 감각을 자각하는 의식은 두 가지로 나뉘어 고찰될 수 있다. 하나는 감각을 자기와 구분되는 외적 감각으로서 파악하는 의식으로서, 자기와 감각 사이의 외적 구분이 자기의 정립과 자신과 외적으로 구분되는 감각의 정립을 전제로 한다는 점에서 보면 일종의 반성적 의식이다. 즉, 그것은 감각을 자신과 외적으로 구분되는 것으로 정립하면서 동시에 자신을 정립하고 의식하는 그러한 의식이다. 또 다른 하나는 감각을 자기와 구분하지 않는 의식이다. 이러한 의식은 자신에 대해서는 언제나 비정립적이다. 즉, 그것은 자신을 자신이 아닌 그 어떤 것과 구분하지 않는 의식이며, 그런 한에서 자기의식으로 분류될 수 없는 의식이다. 그러나 그것은 추후의 반성을 통해서는 분명 의식과 외적으로 구분되게 될 어떤 것을 정립하는 의식일 수는 있다. 이러한 의식은 자기와 반성적 관계를 맺지 않으면서 하나의 대상으로서 정립된 현상과 지향적 관계를 맺는 의식이다. 사르트르에게 현상 일원론이란 의식의 존재와 의식이 지향적 관계를 맺는 현상의 존재 모두가 어떤 실체성도 지니지 않은 무로서 파악될 때 비로소 완성된다.

1) 의식과 현상의 존재론적 관계

아마 예민한 독자라면 이러한 구분이 감각이 언제나 자기에게 일어나는 변화로서 자각된다는 명제와 어울리기 힘들다고 생각할지 모르겠다. 그러나 여기에는 어떤 모순도 없다. 자신이 카페에서 혼자 차를 한 잔 마시고 있다고 상상해보라. 딱히 만날 사람이 있는 것은 아니다. 그저 습관처럼 나는 점심을 먹고 나면 그곳으로 가서 책을 읽거나 노트북 컴퓨터로 글을 쓰거나 한다. 문득 어디선가 향기가 나는가 싶더니 탁자 맞은편에 일 년 전쯤 헤어진 연인이 앉는다. 연인과의 사랑이 이미 식었다고 생각해 왔건만 요즘 꽤나 생활이 고단하고 외로워서 그랬는지 예기치 않았던 때에 만난 애인이 매우 반갑다. 연인과 이런저런 이야기를 나누는 사이 마음 한 구석에서는 다시 사랑의 감정이 일렁이고, 처음 연애할 때인 양 그녀의 얼굴을 넋 나간 사람처럼 쳐다보기도 한다. 이러한 상황 속에서 나는 대개 나를 의식하지 않는다. 내가 의식하는 것은 그녀의 얼굴이고, 그녀에게서 나는 향기이며, 그녀의 목소리와 함께 떠오르는 그리운 추억들이다. 내가 의식하는 모든 것들은, 그녀의 얼굴과 향기뿐 아니라 지난 과거에 속한 추억들조차도, 내게 감각된 것들이며, 그러한 것으로서 내게 일어나는 변화이다. 오직 내게서 일어나는 변화로서의 감각을 통해서만 나는 그 무엇을 의식할 수 있고, 사랑을 느낄 수 있으며, 추억에 잠길 수도 있는 것이다. 그러나 그것이 내게 일어나는 변화라는 것을 나는 자기를 돌아볼 때 비로소 느낀다. 나로 하여금 자기를 돌아보도록 하는 것은 여러 가지이다. 연인에게서 나는 향기가 너무 강해 코에서 강한 자극을 느낄 때, 불현듯 가슴속에서 일어나는 사랑에 놀라 혹시 연인이 눈치 채지 않을까 염려하는 마음이 생길 때, 어쩌면 다시 기쁜 생활이 찾아올지 모르겠다는 생각을 하며 흐뭇해 할 때, 다시 혼자가 된 뒤 연인과 함께 보낸 시간들을 반추해볼 때, 나는 문득 지난 모든 순간들이 내게서 일어나는 변화의 순간들이었음을 깨닫게 된다. 이러한 때 나는 내게서 자기의 변화로서 일어난 모든 감각들을 외적 감각들로 파악하고, 그러한 감각들을 나와 외적으로 구분되는 존재자의 존재에 귀속시킨다. 그러나 자기와 반성적 관계를 맺지 않는 나의 의식은, 애인을 보고 사랑을 느끼고 추억을 회상한다는 점에서는 분명 자기가 아닌 그 무엇을 존재자로서 정립하고 있지만, 자기를 의식하고 있지는 않으며, 그런 한에서 자기정립적이지 않고, 자기와 여타 존재자 사이의 외적 구분과 무관하다.

사르트르의 현상 일원론을 이해하려면 우선 사르트르가 현상을 인식론적 관점이 아니라 존재론적 관점에서 고찰한다는 점을 분명히 해둘 필요가 있다. 그렇지 않은 경우 사르트르의 철학이 본질적으로 이원론적이라고 오인하기 십상이다.

인식이란 응당 인식의 대상을 전제로 하는 법이다. 무엇이 인식의 대상인가? 인식의 직접적인 대상은 현상 자체이다. 현상학적으로 현상이 경험의 절대적 한계를 지시한다는 점에서 보면 내가 인식하는 모든 것은 다 현상적이다. 카페의 탁자도, 한 잔의 차도, 갑자기 나타난 연인도, 연인의 얼굴과 목소리도, 추억도, 모두 다 어떤 실체적인 것으로서 거기 있는 것이 아니라 지각된 현상으로서, 이런저런 감각들에 의해 구성된 것으로서 있을 뿐이다. 인식을 행하는 자는 물론 의식이다. 그렇다면 의식 역시 현상적인가? 의식이 현상적이라는 말은 의식이 인식할 수 있는 하나의 현상으로 나타난다는 뜻을 지닐 것이다. 분명 반성적 의식에게는 의식 자신이 하나의 현상처럼 인식된다. 그러나 엄밀히 말해 인식된 의식은 참된 의미의 의식일 수 없다. 의식이란 의식하는 행위 가운데 존속하는 것으로서, 인식의 순연한 대상이 될 수 없기 때문이다. 그런 점에서 의식은 본래 현상적일 수 없다. 전통 철학적 용어를 차용하자면 의식은 본래 사념하고 판단하는 행위의 주체일 수 있을 뿐 인식의 대상일 수 없다는 뜻이다. 사르트르는 "인식 자체를 정초하기 위해서라도 인식의 우선성을 포기해야 한다"고 지적한다. 이러한 주장이 담고 있는 일차적인 의미는 의식이란 본래 현상이 아니라 존재로서 파악되어야 한다는 것이다. "의식은, 내밀한 의미나 자기에 대한 인식에 호소하는 경우에도, 어떤 특별한 인식 양태가 아니라 주체의 초현상적 존재의 차원"이라는 것이다.[3]

의식이 인식 대상으로서의 현상이 아니라 주체의 초현상적 존재의 차원이라는 말은 분명 의식이 현상으로 환원될 수 없는 것이라는 선언과 같다. 그런데 사르트르에 따르면 현상으로 환원될 수 없는 것은 의식뿐이 아니다. 예컨대 탁자조차도, 분명 내가 지금 직접적으로 보거나 감각하는 모든 것은 탁자의 색이나 거칠기 같은 감각요소들뿐임에도 불구하고, 단순한 현상들의 배열 이상의 것이다. 만약 탁자가 단순한 현상들의 배열에 지나지 않는다면, 그리고 그 현상들이 인식의 대상으로서의 의미만을 지니는 것이라면, 탁자는 일종의 의식내용과 같은 것에 불과하다는 결론이 나온다. 그러나 "하나의 탁자는 의식 안에, 심지어 표상으로서도, 있지 않다. 하나의 탁자는 공간 안에, 창 옆에 있는 것과 같이, 있다." 하나의 탁자가 의식 안이 아니라 공간 안에 있다는 것은 물론 그것이 인식하는 의식에 의존하는 현상으로 있는 것이 아니라 실제로 있다는 것을 뜻한다. 그렇기에 "탁자의 실존은 실로 의식에게 불투과성의 중심이다. 하나의 사물의 [현상적] 내용들을 모두 열거하려면 무한의 과정이 필요하다는 것이다."[4]

결국 사르트르에게 의식과 의식이 인식하는 대상은 존재하는 것이고, 그러한 것으로서 초현상적이다. 그렇다면 이러한 철학이 어떻게

3 J.-P. Sartre, *L'être et le néant*, Paris 1988, 17.

4 Ibid., 18. 원문에서의 강조.

현상 일원론일 수 있을까? 의식 및 의식이 인식하는 대상이 모두 존재라면, 그리고 현상이란 결국 의식이 인식하는 그 대상으로서의 현상을 뜻할 수밖에 없다는 점에서 보면, 현상 일원론은 마땅히 폐기되고 대신 이원론이 확립되어야 하지 않을까? 여기서 문제가 되는 이원론은 두 가지일 수 있다. 하나는 현상과 실체 이원론이다. 이러한 이원론은 현상의 배후에 현상의 근거로서의 실체적 존재자가 있다는 관점에서 출발한다. 또 하나는 의식과 의식 외적인 것의 이원론이다. 이러한 이원론은 의식과 의식초월적인 존재자의 구분에서 출발한다.

전자는, 의식과 의식이 인식하는 대상이 모두 초현상적으로 존재하는 것이라는 사르트르의 관점을 받아들여도, 비교적 쉽게 반박될 수 있다. 의식과 의식이 인식하는 대상이 분명 존재하는 것이기는 해도 실체로서 그러한 것은 아니라는 것을 밝히기만 하면 된다. 실체란 무엇인가? 그것은 예컨대 하나의 탁자가 색깔과 같은 감각요소들을 그 자신의 속성으로서 지니고 있는, 그러나 속성들의 배열로 환원될 수는 없는, 하나의 실재적 사물이라고 말할 때의 사물과 같은 것이다. 혹은 다른 것에 의존하지 않고 혼자 불변하는 것으로서 존재하는 그 어떤 것이 실체이다. 실체를 어떻게 이해하든 의식은, 적어도 현상학적 관점에서 이해하는 바의 의식은, 분명 실체일 수 없다. 의식의 지향적 구조에 대한 후설의 통찰이 알려주는 바와 같이 의식은, 적어도 그 무엇을 인식하거나 의식하는 그러한 의식인 한에서는, 오직 의식으로 환원될 수 없는 그 무엇과의 관계 속에서만 존재할 수 있고, 그 자체 불변하는 것으로서가 아니라 부단한 흐름으로서 존속하는 것이기 때문이다. 우리가 보통 사물이라고 지칭하는 현상적 존재자에 관해서도 이와 유사한 논증이 가능하다. 인식의 직접적인 대상은 언제나 현상이며, 현상은, 그것이 인식하는 의식의 대상으로서 현현하는 것이라는 점에서, 의식과의 관계 속에서만 존속할 수 있다. 앞의 인용문에서 사르트르는 탁자의 실존이 의식에게 불투과성의 중심인 이유를 사물의 현상적 내용들이 무한할 수 있다는 점에서 찾았다. 그러나 이러한 생각이 곧바로 현상들을 그 자신의 현상으로서 지니는 어떤 실체적 사물의 존재에 대한 긍정을 뜻하지는 않는다. 무한히 배열되는 것이라고 하더라도 아무튼 현상은 현상일 뿐이며, 오직 인식하는 의식과의 관계 속에서만 존재할 수 있는 것이다. 이러한 생각에 대해 흔히 제기될 수 있는 반론은 '사물은 그 사물과 동일한 것으로서 판단된 현상과 상이할 수 있다'는 식의 주장이다. 예컨대 어스름한 불빛 아래서는 고동색으로 보였던 탁자가 밝은 곳에서 보니 실은 조금 어둔 색조의 노란색이다. 즉, 고동색 탁자로서의 현상은 실재하는 사물로서의 탁자와 다르다는 것이 밝혀졌다. 이러한 경험은 탁자가 현상적이지 않은 어떤 실체적 사물로서 존재함을 드러내는 것이 아닐까? 그러나 우리가 실재하는 사물로 인지한 탁자 또한 실은 노란색 탁자로서, 이전의 현상과 다른 또 하나의 현상일 뿐이다. 방 안에 나를 포함해 여러 사람이 있는데 똑같은 탁자를 모두가 제각각 다르게 지각하는 경우를 생각해보자. 이 경우 나는 탁자가 실재하는 하나의 사물임을 인정해야 하는가? 이 경우에도 탁자는 오직 지각된 현상의 총체로서만 발견될 뿐이다. 사람들이 똑같은 탁자를 제각각 다르게 지각하는 것은 각자가 각자의 지각특성에 상응하는 방식으로 일어나는 현상을 발견함을 뜻할 뿐 자신들이 이미 발견했거나 장차 발견하게 될 현상들의 총체로서의 탁자가 하나의 실재적인 사물로 존재한다는 것을 증명하지는 않는다. 누구도 사물을 현상적이지 않은 것으로서 발견하는 법이 없다는 점에서 사물이란 그저 무한한 현상들의 총체성에 달라붙은 공허한 이념일 뿐이다. 게다가 현상으로서 발견되는 어떤 것도 불변하는 것으로서 확정될 수 없다. 모든 것은 부단한 변화의 과정 속에 머무는 것으로서 발견되는 것이고, 설령 불변하는 것처럼 보이는 것조차도 오직 다른 존재자와의 관계망의 총체성 속에서 제각각 다르게 발현되는 현상들을 통해서 발견되고 또 존속할 뿐이다. 다른 존재자와의 관계 속에서 발현되는 현상이란 그 자체 하나의 변화이고, 사물의 실체적 개별성을 근원적으로 초월하는 것이며, 그 자신의 개별성을 초월하는 현상을 통해 알려지는 것을 하나의 실체적 사물로서 규정함은 존재론적으로 공허하고 무근거할 뿐이다. 한마디로, 현상적 존재자의 존재란 언제나 사물-아님으로서의 존재, 즉 무(no-thing)일 뿐이다.[5]

그렇다면 후자의 이원론, 즉 의식과 의식 외적인 것의 이원론의 경우는 어떨까? 언뜻 보면 이러한 이원론 역시 별로 어렵지 않게 반박할 수 있는 것처럼 보이기 쉽다. 우리는 이미 제1장에서부터 현상학적 의식이 존재의 전체성의 표현이라는 것을 반복적으로 확인한 바 있다. 만약 현상학적 의식이 존재의 전체성의 표현이라면 현상학적 의식 밖에 현상학적 의식과 무관하게 존재하는 것은 있을 수 없다는 결론이 나온다. 자기에게서 일어난 변화로서의 감각을 아직 자기 자신과 구분하지 않은 의식에 관해 생각해보자. 갑자기 등장한 연인에게 매료되어 거의 꿈을 꾸는 것처럼 되어버린 나는 아직 자기를 의식할 겨를이 없다. 나는 그저 나를 매료시키는 감각의 세계 안으로, 이러한 매료 자체가 나에게서 일어나는 변화임에도 불구하고 자기를 의식하지 못한 채, 침잠해갈 뿐이다. 그럼에도 불구하고 이러한 나의 의식은 현상을 직관

5 현상과 실체 이원론에 관한 사르트르의 논의는 다음 참조: J.-P. Sartre, *L'être et le néant*, Paris 1988, 14 이하, 23 이하, 29 이하. 이 문단에서 필자가 제시한 설명은 사르트르의 논의를 그대로 요약한 것이 아니라 많은 부분에서 필자 스스로 생각해낸 것이다. 그러나 필자가 이러한 방식을 취한 것은 『존재와 무』에서의 사르트르의 길고 상세한 논의를 독자들에게 보다 간결하고 함축적인 방식으로 전달하기 위해서일 뿐이다. 우리에게 중요한 것이 사르트르의 철학을 이 책의 전체 논지와의 관계 속에서 이해하는 것이라는 점에서 보면 이러한 서술방식이 효과적이라고 할 수 있다.

하고 인식하는 의식이며, 비록 명석하게 사고하지 못하고 몽롱하게 머물러 있을지라도, 아무튼 인식할 수 있는 그 무엇을 하나의 대상적 존재자로서 정립하고 있다. 이러한 의식은 자기를 의식하지 않는다는 점에서 보면 분명 선반성적이지만 그렇다고 그것이 반성적 의식과 달리 그 자체로 존재의 전체성의 표현으로서의 현상학적 의식과 동일시될 수 있는 것은 아니다. 의식에 의한 정립은 의식이 그 무엇에 주목함을 전제로 하고, 현상학적으로 의식이 주목하는 그 무엇이 현상학적 의식의 외연에 있는 것일 수 없다는 점에서 보면, 의식의 인식하는 활동 자체가 이미 현상학적 의식의 전체성을 망각하고 하나의 존재자로서 정립된 그 무엇에 관한 의식으로서 국소화된 의식이 생겨났음을 뜻하기 때문이다. 아마 혹자는 의식의 지향적 구조를 근거로 삼아 의식이란 언제나 그 무엇에 관한 의식으로서 국소화된 것으로만 가능하다고 지적할지도 모르겠다. 이 경우 존재의 전체성의 표현으로서의 의식이란 존재할 수 없는 것이라는 결론이 따라 나오는 셈이다. 그러나 의식이 그 무엇에 관한 의식으로서 느끼고 사념하며 보낸 모든 시간이 실은 지금의 나의 의식의 가능근거이다. 문득 잊고 있던 기억이 떠오를 때, 의식의 외연에 있는 사물들의 세계일 수 없는 꿈속에서 무언가 낯선 것을 만나 황망한 기분이 들 때, 우리는 특정한 그 무엇에 관한 의식으로서, 지금의 나의 의식으로서 국소화될 수 없는 의식의 존재에 눈을 뜨게 된다. 이러한 현상학적 의식, 그 무엇을 정립하며 그 자신 국소화된 의식의 가능근거로서의 의식은 실로 내가 경험해왔고, 지금 경험하고 있으며, 장차 경험하게 될 모든 것들이 머무는 자리이다. 내가 만날 수 있는 모든 것이 실은 현상학적 의식의 한 부분으로서 존재하는 것이라는 뜻이다.

그런데 현상학적 의식이란, 설령 그것이 경험적 자아에 귀속될 수 있는 것이 아니라고 하더라도, 결국 개별화된 의식으로서만 가능하지 않을까? 이러한 물음을 아니라고 답하기는 거의 불가능해 보인다. 결국 의식 일반 따위는 존재할 수 없다. 의식이란, 그것이 실제적인 것인 한에서, 오직 개별화된 것으로서만 존재할 수 있다. 그렇다면 우리는 각자에게는 각자의 존재에 해당하는 각각의 현상학적 의식이 있다는 것을 인정해야 하는 셈이다. 그렇다면 하나의 현상학적 의식은 그 자신과 다른 현상학적 의식(들)을 그 자신과 구분되어야 하는 것으로서, 즉 자신에게 외적으로 대립해 있는 것으로서, 가지는 셈이다.

이제 의식과 의식 외적인 것의 이원론의 문제에 관해 다시 생각해보자. 의식 외적인 것을 의식이 아닌 존재의 의미로 한정하는 경우 이러한 이원론은 이론의 여지 없이 극복될 수 있다. 현상학적 의식이 그 자체로 존재의 전체성의 표현이기 때문이다. 그러나 의식을 개별화된 것으로서 존재하는 실제적인 의식으로, 그리고 의식 외적인 것을 하나의 의식과 외적으로 구분되어야 하는 또 다른 하나의 의식으로 이해하는 경우, 이 이원론은 아직 극복된 것이 아니다. 게다가 이 경우 우리는 현상학적 의식이 존재의 전체성의 표현이라는 관점도 포기해야 할지도 모른다. 어떤 현상학적 의식도, 그것이 실제적으로 존재하는 것인 한에서, 개별화된 것이고, 개별화된 것으로서 다른 현상학적 의식(들)과 외적으로 구분되어 있는 것이며, 그런 한에서 존재의 부분만을 대표할 뿐이다. 이러한 문제를 해결할 수 있는 방법이 과연 있을까?

2) 사물-아님으로서의 의식의 존재와 존재자의 자기 자체로 있음

타자로서의 의식의 존재와 존재의 전체성의 표현으로서의 의식은 서로 양립할 수 있는 개념일까? 이러한 문제를 해결하려면 의식의 존재와 존재자의 존재 사이의 관계에 관해 사르트르가 어떤 관점을 취하고 있는지 먼저 살펴보아야 한다. 하나의 의식에게 타자의 의식은 무엇보다도 우선 하나의 존재자로서 발견되는 것이기 때문이다. 의식이 하나의 존재자를 현상적인 것으로서 발견하면서 동시에 그 존재를 초현상적인 것으로서 이해하게 됨은 어떻게 가능할까?

앞절에서 우리는 사르트르에게 의식이란 초현상적 존재라는 것을 확인해보았다. 그러나 『존재와 무』를 꼼꼼히 읽어본 독자라면 이러한 설명에 혼란을 느낄 수도 있다. 사르트르 본인이 의식이란 하나의 현상으로서 파악되어야 하는 것처럼 주장하기도 하기 때문이다: "의식은 실체적인 것을 아무것도 갖지 않는다. 의식은 하나의 순수한 '나타남'(apparence)이며, 이는 의식이 나타나는 한에서만 실존함을 뜻한다." 게다가, 현상학적 의식을 존재의 전체성의 표현으로 제안하는 이 글의 관점에서 보면 특히 당황스럽게도, 사르트르는 의식이 하나의 순수한 나타남인 까닭을 세계가 의식의 밖에 있다는 사실에서 찾는다: "그러나 바로 그것[의식]이 순수한 나타남인 까닭에, 그것이 완전한 공허인(온 세계가 그것의 밖에 있으므로) 까닭에, 그것에게서의 이 나타남과 실존의 동일성 때문에, 의식은 절대자로서 간주될 수 있다."[6]

'나타남'으로 번역된 'apparence'와 현상 사이에 어떤 본질적인 차이가 있다고 생각할 필요는 없다. 이 말은, 사르트르의 현상 개념과 하이데거의 현상 개념 사이에 의미상의 차이가 있다는 뜻이다.

『존재와 무』의 독일어 번역본이나 사르트르에 관한 독일어 논문들에서 'apparence'는 대개 'Erscheinung'으로 번역된다. 하이데거는 『존재와 시간』에서 존재 자체의 드러남으로서의 현상과 나타남을 구분해서, "나타남"을 "존재자 자체 안에 있는 지시 연관"이라고 설명하면서 "나타남과 가상(Schein)은 그 자체 상이한 방식으로 현상 안에 정

6 Ibid., 23.

초되어 있다"[7]고 주장한다. 나타남이 존재자 자체 안에 있는 지시 연관이라는 말은 하나의 현상적 존재자에게서 그러한 존재자를 구성하는 것으로서 나타나는 모든 것들이 존재자의 실제적인 존재여부와는 무관한 것임을 뜻한다. 지금 내 눈앞에 떠오른 오아시스가 실제의 오아시스인지 아니면 신기루에 불과한지 따지기 이전에 아무튼 그것을 오아시스로서 파악하게 만든 이런저런 나타남은 있기 마련이다. 만약 그것이 실제의 오아시스가 아니라면 지금 내가 보고 있는 오아시스는 가상에 불과하고, 그러한 가상은 오아시스에 속한 것으로서 배열될 수 있는 이런저런 나타남들을 전제로 한다. 하이데거의 관점에서 보면 이러한 의미의 나타남과 가상은 우리에게 실제의 오아시스의 존재를 그 자체로서 보여주는 현상을 그 가능근거로 삼고 있다. 한마디로, 하이데거에게는 현상이란 우리에게 그 무엇인가 존재하는 것이 그 자신을 그것 자체로서 내보여줌을 뜻하는 말이다.

여기서 한 가지 의문이 생겨날 수 있다. 하이데거는 외적 사물의 객체적 실재성을 긍정하는 실재론자인가? 물론 그렇지는 않다. 세계 및 현존재가 세계 안에서 만나는 모든 것들은 오직 현존재의 존재에 근거해서만 그러한 것으로서, 현존재의 존재로서의 안에-있음을 함께 구성하는 것으로서, 발견되는 것이기 때문이다. 존재론적 현상 개념에 대한 가장 커다란 오해 중 하나는 그것을 의식초월적 사물과 구분되는 의식내용으로서의 나타남과 혼동함으로써 생겨난다. 현상학적 의식이 존재의 전체성의 표현이라는 말이나 초현상적인 사물 자체의 이념이 현상학적으로나 존재론적으로 불합리하다는 말은 세계 및 세계 안에 있는 이런저런 존재자의 실재성에 대한 부정이 아니라 전통 철학적인 실재성 물음이 암묵적으로 전제하는 형이상학적 망념으로서의 외적

7 M. Heidegger, *Sein und Zeit*, Tübingen 1993, 31.

사물 및 외적 세계에 대한 철학적 해체를 뜻할 뿐이다. 물론 엄밀히 말해 실재성이라는 말 자체가 현상학과 존재론에 적합하지 않다는 점 또한 지적되어야 한다. 이러한 용어에는 세계의 근원적으로 현상적인 본질에 대한 몰이해와 형이상학적 실체 개념에 대한 집착이 감추어져 있기 때문이다.

이러한 점에서 보면 사르트르는 하이데거보다, 좋은 의미든 나쁜 의미든, 한층 더 급진적이다. 이러한 급진성은 역설적이게도 그가 전통철학적 개념인 의식에 입각해서 존재론을 전개하기 때문에 생겨난 것이다. 사르트르가 말한 대로 의식은, 적어도 그 자체만으로는, 아무런 실체적인 것도 갖지 않는다. 그것은 그저 나타날 뿐이다. 의식을 판단하고 사념하는 행위의 측면에서 보거나 아니면 인식 대상으로서의 현상성의 관점에서 보거나, 아무튼 우리는 의식에게서 실체적 사물이라고 할 만한 것을 조금도 발견하지 못한다. 그것은 그저 사물-아님으로서, 무로서의 존재로서, 그때그때 나타날 뿐이다. 그렇다면 무에 지나지 않는 의식이 절대자로 간주될 수 있다는 것은 무슨 뜻인가? 필자가 올바로 파악했다면 『존재와 무』 전체에서 이러한 물음에 대한 대답은 두 가지가 제시되어 있다. 하나는 의식이 세계 안에 있는 이런저런 존재자들을 지배하는 상호작용의 과정으로부터 자유롭다는 의미의 의식의 절대성이다. 또 다른 하나는 무로서의 의식의 존재 자체가 그 무엇이 의식 자신과 마찬가지로 초현상적 존재로서 나타나도록 하는 그 궁극적이고도 절대적인 근거라는 의미의 절대성이다. 전자가 가장 분명하고 포괄적으로 드러나는 것은 사르트르가 자유와 현사실성의 관계를 다룰 때나 S. 프로이트의 정신분석을 비판하면서 그 대안으로 실존론적 정신분석을 제시할 때이다.[8] 사르트르의 여러 가지 복잡한 논증

8 Ibid., 538 이하 및 613 이하 참조.

들을 일관하는 근본 관점은 의식이란 사물-아님으로서의 무이기에 사물들의 세계를 지배하는 인과율이나 상호작용의 관점에서 고찰할 수 없다는 것이다. 후자는 사르트르가 자기 자체로 있음, 즉 즉자 존재와 의식의 관계의 문제를 다룰 때 가장 잘 드러난다.

존재란 무엇인가? 사르트르의 관점에서 보면 모든 존재는 무엇보다도 우선 자기 자체로 있음(즉자 존재)이다. 아마 혹자는 사르트르가 자기 자체로 있음과 자기를 위해 있음(대자 존재)을 구분한다는 점에 착안하여 의식은 그 자체로 있음이 아니라 자기를 위해 있음이라고 생각할지도 모르겠다. 조금만 생각해보면 이러한 생각이 얼마나 비논리적인 난센스인지 금세 파악할 수 있다. 무엇이든 그 자체로 있음을 전제로 하는 경우에만 자기를 위해 있을 수 있다. 자기를 위해 있음 자체가 그 자체로 있음의 한 가지 양태에 불과하다는 뜻이다. 이 점을 의식이란 사물-아님으로서 절대자라는 사르트르의 주장과 연관 지어 생각해보자. 절대자란 물론 자신이 아닌 그 무엇에 의해 근거 지어져 있지 않은 존재자를 뜻하는 말이다. 의식이 그 자신을 하나의 "자기를 위해 있음으로 무화할" 때, 그것은 "그 자신의 근거인 자기를 위해 있음"으로서 그렇게 하는 것이다. 그럼에도 "그[자기를 위해 있음]의 자기-자체로의 우연성(contingence)은 그대로 남는다."[9] 여기서 우연성이란 표현은 그 자신의 존재에 필연적 근거를 지니지 못해 여타 존재자에 비해 비존재에 가깝다는 의미이기보다 필연성에 의해 인과율적으로 조

---

9 J.-P. Sartre, *L'être et le néant*, Paris, 1988, 123. 필자가 'être-pour-soi'의 번역어로 '자기를 위해 있음'을 택한 것은 '대자 존재'라는 번역어가 헤겔의 반성적 의식의 모델을 반영하는 용어라는 판단 때문이다. 물론 '자기를 위해 있음'을 나쁜 의미의 이기적으로 존재함이라는 뜻으로 오인할 필요는 없다. 성인군자조차도 탁월하고 고귀한 그 자신의 성품과 존재에 상응하는 방식으로 자기를 위해 사는 자라고 말할 수 있을 것이다.

건 지어지지 않은, 그리고 그러한 점에서 필연적인 것보다 더욱, 절대적인 존재라는 의미이다. 물론 이것은 의식이 아닌 다른 존재자에게서도 유사한 의미로 적용될 수 있다. 사르트르의 관점에서 보면 하나의 존재자의 존재 자체는, 설령 그것이 의식의 인식 대상으로서의 현상적 존재자의 존재라고 하더라도, 의식의 존재에 의해 조건 지어진 것도 아니고 변화의 형성의 과정 속에서 인과율적으로 설명될 수 있는 것도 아니라는 뜻이다. 이러한 생각은 존재의 근원적 충만함에 대한 관점에 입각한 것으로, 이 점에 대한 상세한 논의는 나중에 나오게 될 것이다.

모든 존재자는, 의식이든 인식의 대상인 존재자의 현상이든 상관없이, 다 자기 자체로 있다. 그런데 인식의 대상인 존재자의 자기 자체로 있음은 의식에게 어떻게 알려지는가? 이러한 물음에 대한 대답으로 우리는 신체 지각, 판단하고 사념하는 지향적 의식의 활동, 인식 대상으로서의 현상의 구성 등을 꼽을 수 있을 것이다. 그런데 사르트르의 관점에서 보면 이러한 대답들은 다 불충분하고, 별로 근본적이지도 않다. 우선 신체 지각에 의해 인식의 대상이 알려진다는 것은, 지각이 그 어떤 존재자가 의식에게 끼쳐오는 감각적 영향을 전제로 한다는 점에서, 의식이 상호작용의 과정 속에 있음을 지시한다. 물론 상호작용의 과정 속에 있는 의식은 절대자일 수 없다. 상호작용의 과정은 그 과정에 참여하는 각각의 존재자들이 서로 제약함을 뜻하기 때문이다. 판단하고 사념하는 지향적 의식의 활동 역시 불충분하기는 마찬가지이다. 판단하고 사념하려면 무엇인가 판단하고 사념할 거리로서 미리 주어져 있어야 한다. 이 경우 의식의 행위는 의식의 행위를 가능하게 할 의식 외적 존재에 의해 조건 지어진 셈이고, 그런 한에서 의식은 절대자일 수 없다. 그리고 이로부터 인식 대상으로서의 현상의 구성 역시 존재자의 자기 자체로 있음이 의식에게 어떻게 알려지게 되는지 설명하는 데 불충분하다는 점 역시 밝혀진다. 현상을 구성하는 것이 의식 자체인 한에서, 그리고 현상을 구성하는 의식의 활동이 그러한 활동을 가능하게 하는 그 어떤 것의 존재에 의해 제약된 것인 한에서, 현상의 구성 역시 왜 의식이 절대자일 수 있는지 설명하는 데 도움이 되지 못하는 것이다.

사르트르의 해결책은 의식의 존재 자체에 호소하는 것이다. 의식이 존재하는 것으로서 발견하는 모든 것은 의식 자신의 존재에 의해 의식 아닌 것으로서 부정된 것이고, 이러한 부정은 사물-아님으로서의 의식의 무와 상반된 의미에서의, 즉 의식-아님으로서의, 무-화이다. 사르트르의 관점에서 보면 무로서의 의식의 존재에 의해 의식-아닌 존재로서 무화됨이 의식에게 존재자가 인식 대상으로서 알려질 수 있는 근원적인 근거인 것이다.

의식이 하나의 인식 대상으로서의 현상을 존재자로서 긍정하는 경우를 생각해보자. 예컨대, 자신이 〈매트릭스〉 같은 공상과학 영화를 너무 많이 본 탓에 이런저런 사물들을 볼 때마다 그것이 정말 실재하는 것인지 의심하는 버릇을 갖게 되었다고 상상해보라. 나는 지금 탁자를 보고 있으며, 이 탁자가 가상에 불과한 것인지 자신에게 묻고 있다. 논리의 관점에서 보면 이러한 의문을 풀 방법은 없다. 적어도 이 세계가 매트릭스가 아니라는 것이 확실하게 증명되지 않는 이상 나는 탁자가 실재하는 것이 아니라는 것을 논리적으로 확신할 수 없다. 그러나 지금 현재 나타난 이 의식, 지금 여기에서 탁자를 보고 있는 현실적인 의식은 실제로는 탁자의 존재를 긍정할 수도 부정할 수도 없다. 두 가지 이유 때문이다. 하나는 내 의문과 무관하게 탁자가 무한히 많은 잠재적·현실적 현상 내용들을 지니고 있다는 점이다. 어느 순간 어느 각도에서 보아도 그것은 친숙하거나 낯선 방식으로 그 자신을 탁자로서 드러낸다. 그러한 현상들을 통해 탁자는 나의 의심이나 확신과 무관하게 그저 있는 것으로서, 존속하는 것으로서, 부단히 거기에 나타날 뿐이다. 또 하나는 탁자에게서 탁자의 현상의 구성을 가능하게 하는 의식의 어떤 활동(노에시스)과 그러한 활동에 상응하는 대상(노에마)을 구분할 방법이 없다는 점이다. 탁자를 바라 볼 때 사념하고 판단하는 의식에 그 탁자로서의 존재를 의심하게 할 만한 것이 나타나는 경우 우리는 그것이 실제로 탁자인지 아닌지 생각해볼 수 있고, 또 그렇다 하거나 그렇지 않다는 식으로 결론을 내릴 수 있다. 물론 이 경우 탁자의 존재는 긍정되거나 부정될 수 있다. 그러나 탁자가 언제나 순연한 하나의 탁자로서 내게 나타나는 경우 나는 판단하고 구성하는 의식의 활동에 직접적으로 내속(inhérence)되어 있는 그 대상을 그저 마주할 뿐이다. 이러한 사정을 사르트르는 다음과 같이 밝힌다: "자기 안에 있음의 확고함(consistance)은 능동성과 수동성의 피안에 있다. 또한 그것은 긍정에 대해서도 부정에 대해서도 그 피안에 있다. 긍정은 언제나 그 무엇에 관한 긍정이며, 이는 긍정하는 행위가 긍정되는 것과 구분된다는 것을 말한다. 그러나 긍정되는 것이 긍정하는 것을 충족시키고 그것과 뒤섞이는 [예컨대 하나의 탁자로서 긍정되는 노에마가 그 긍정을 가능하게 하는 노에시스와 어떤 불일치도 구분도 모르는 하나의 전체를 이루는 방식의] 긍정을 우리가 취할 때 이러한 긍정은 긍정될 수 없는데, 이는 너무 많은 [현상 내용들의] 충만함 때문이기도 하고 노에시스 안에 노에마가 직접적으로 내속되어 있기 때문이기도 하다. 바로 이것이 존재인 바, 존재를 더욱 커다란 명료함을 위해 의식과의 관계에서 정의하는 경우는 그러하다: 그것[존재]은 노에시스 안의 노에마이니, 곧 조금의 거리도 없이 자기 안에 내속함인 것이다."[10]

결국 사르트르의 주장에 따르면 인식하는 인식은 오직 그 자신의 무로서의 존재에 의해 의식-아님으로서 무화된 현상적 존재자만을 만나

10 Ibid., 32.

게 되는 바, 이 존재자의 존재는, 비록 그것이 의식에게 의식의 무화하는 존재에 의거해 알려지는 것이라 해도, 의식에 의해 긍정되거나 부정될 수 없는 것이다. 한마디로, 인식 대상인 존재자의 발견의 시원적 근거는 어떤 의식의 활동이 아니라 의식의 존재 자체이다. 그리고 바로 여기에 사르트르의 현상학적 존재론의 가장 근본적인 특징이 있다. 사물-아님으로서 어떤 실체성도 지니지 않는 의식의 존재가 존재자의 존재의 발견을 가능하게 하는 그 시원적 근거이다. 하이데거가 현존재의 존재의 그때-거기(Da-)를 강조하며 현존재가 실존적 상황 속의 존재자임을 부각시키는 데 반해 사르트르는 현존재의 의식의 무로서의, 그리고 바로 그러한 것으로서 본질적으로 비상황적인, 존재를 강조한다. 사르트르에게는 존재자의 존재 및 그 안에-있음의 구체적 지반으로서의 세계의 발견을 가능하게 하는 것이 본질적으로 비세계적이고 비상황적인 의식의 존재인 것이다.

2. 시간과 타자

이제 타자의 문제로 넘어가 보자. 사르트르의 철학을 바탕으로 타자로서의 의식과 존재의 전체성의 표현으로서의 의식을 서로 양립 가능하도록 조화시킬 수 있을까? 이러한 문제를 해결하려면 우리는 타자로서의 의식을 시간과의 관계 속에서 살펴볼 필요가 있다. 그 이유는 간단하다. 사물-아님으로서 나타나는 의식은 무엇보다도 우선 시간적이다. 의식은 자기의 과거를 기억하기도 하고, 미래를 꿈꾸기도 하며, 과거와 미래의 분기점으로서 자기의 현재를 자각하기도 하는 것이다. 시간을 의식하는 의식은 자기의 의식으로서 개별화된 것이며, 의식이 세계를 자기 아닌 것으로 발견하는 것도, 자기와 외적으로 구분되는 타자의 의식을 발견하는 것도, 의식의 개별화가 함축하는 그 시간화에 근거한 것이다. 그러니 타자로서의 의식과 존재의 전체성의 표현으로서의 의식이 양립 가능한 개념인지 확인하려면 의식의 개별화가 함축하는 그 시간화에 대한 존재론적 이해를 먼저 구해야만 하는 것이다.

사실 이러한 문제를 해결할 단초는 이미 의식의 존재 및 현상적 존재자의 존재의 초현상성에 대한 사르트르의 설명에서 발견된다. 우리는 앞에서 의식이 그 자신의 판단하고 사념하는 행위를 통해 긍정하거나 부정할 수 없는 실존자로서 만나는 것을 사르트르가 노에시스에 내속된 노에마로서 규정함을 보았다. 노에시스에 내속된 노에마로서 현상적 존재자는 의식초월적으로 존재하는 사물적 존재자일 수 없으며, 오히려 오직 의식과의 관계 속에서만 존속하는 것으로서 발견될 수 있는 존재자로서 파악되어야 한다. 언뜻 이러한 주장은 존재자의 존재가 의식에 의해 긍정될 수도 부정될 수도 없는 성질의 것이라는 사르트르의 생각과 모순관계에 있는 것처럼 보이기 쉽다. 그러나 존재자의 존재를 긍정하거나 부정하는 의식은 이미 그 자신의 전체성을 망각하고 하나의 대상적 존재자에 대한 의식으로 국소화된 의식임을 기억할 필요가 있다. 만약 의식이 발견할 모든 존재자가 잠재적·현실적 노에마로서 본질적으로 노에시스에 내속된 것이라면, 그리고 『존재와 무』에서 사르트르가 거듭거듭 강조하는 것처럼 어떤 존재자도 실체적 사물 같은 것으로서 규정될 수 없는 것이라면, 우리는 의식이 발견하는 모든 존재자는 그 자체 의식의 본질적 구성요소 외에 다른 아무것도 아니라는 결론을 내리지 않을 수 없다. 즉, 개별화된 의식에 대한 모든 존재론적 언명들은, 사르트르의 철학 자체 안에서 수미일관한 방식으로 펼쳐지는 한에서, 필연적으로 개별화된 의식의 존재론적 근거로서의 의식, 자기와 자기 아닌 것 사이의 외적 구분을 철폐하는 존재의 전체성의 표현으로서의 의식에 도달하게 되는 것이다.

물론 이러한 의식은, 시간화된 의식이 개별화된 의식일 수밖에 없다는 점에서, 그 자체 시간화된 것일 수 없다. 그렇다면 우리가 할 일은 시간화 이전의 의식, 시간화되고 개별화되기 이전의 의식에 관해 존재론적으로 논하는 것이 과연 타당한지 살펴보는 것이다.

1) 시간의 탈자태의 존재론적 근거

사르트르는 『존재와 무』의 도입부에서 "선반성적인 의식의 존재와 현상의 존재"가 "절대적으로 서로 나뉜 존재영역들"로서 구분되어야 한다고 강조한다.[11] 이러한 주장은 사르트르가 선반성적인 의식을 무엇보다도 우선 깨어 활동하는 의식의 관점에서 고찰하고 있음을 드러낸다. 깨어 활동하는 의식, 그 무엇을 지금 느끼고 있거나 판단하고 사념하는 의식에게 모든 현상은 그 자신에게 외적으로 서 있는 것으로서 파악되기 마련이다. 자기와 반성적 관계를 맺지 않아도 아무튼 하나의 현상적 존재자를 바라보는 의식, 현상적 존재자를 발견하며 그 가능근거로서의 세계 안에 함입해 들어가는 의식은 이미 하나의 존재자로서 정립된 현상과 지향적 관계를 맺고 있는 의식이라는 뜻이다. 그러나 엄밀한 현상학적 존재론의 관점에서 보면 선반성적인 의식이 반드시 대상을 정립하는 의식이어야 하거나 그 존재가 현상의 존재와 절대적으로 나뉘는 그러한 의식이어야 하는 것은 아니다. 존재론적으로 선반성적인 의식은 철두철미 비정립적일 수 있으며, 비정립적인 것으로서 그 안에서는 아직 대상도 의식의 나(자기의식)도 명확하게 자각되지 않을 수 있다. 꿈에서 깨어나면 우리는 꿈에서 보던 모든 것이 의식과 분리 불가능한 것임을, 그렇기에 꿈의 이미지를 대상처럼 바라보던 의식이란 꿈의 이미지를 산출하던 의식과 같은 것일 수 없음을 깨닫게

---

11 Ibid., 30.

된다. 꿈을 꾸며 내가 꿈의 이미지를 볼 수 있음은 그러한 이미지의 산출을 가능하게 하는 그 무엇이 이미 의식의 자기 자체로 있음을 구성하고 있기 때문에, 그러한 것으로서 의식의 존재의 초현상성을 구성하며 그 자신을 의식에 의해 긍정되거나 부정할 수 없는 것으로서 드러내기에, 가능한 일이다. 자기 자체로서의 의식의 존재의 층위에서 보면 꿈의 이미지는, 더 나아가 의식이 발견하는 모든 현상적 존재자들은, 의식과 외적 관계를 이루는 것일 수 없다. 꿈의 이미지 자체가, 모든 현상적 존재자들 자체가, 꿈의 이미지와 현상적 존재자의 노에마적 구성을 가능하게 하는 그 어떤 가능근거 자체가, 의식의 자기 자체를 이루고 있기 때문이다. 그러나 꿈의 이미지를 대상적으로 바라보는 의식에게 꿈의 이미지와 현상적 존재자는 모두 그 자신과 절대적으로 구분되어야 하는 것으로서 파악될 뿐이다. 즉, 의식의 존재는 바라보고 행위하는 주체로서의 존재이며, 그 외 모든 것들은 의식의 무로서의 존재에 의거해 의식-아님으로서 대상화되고, 그런 한에서 의식이 아닌 모든 것들의 존재는 본질적으로 대상으로서의 존재이다. 바로 이 지점에서, 필자가 지적한 것처럼, 사르트르가 선반성적인 의식을 주로 깨어 활동하는 의식의 관점에서 이해하고 있음이 분명하게 드러난다. 오직 깨어 활동하는 현실적 의식만이 현상의 존재를 그 자신의 존재로부터 절대적으로 구분된 존재의 영역에 속한 것으로 헤아릴 수 있는 것이다.

그러나 사르트르가 현상과 구분될 수 없는 것으로서 하나의 전체를 이루는 의식의 존재에 관해 아무 성찰도 하지 않았다고 생각해서는 안 된다. 실은 사르트르의 시간론이 바로 이러한 성찰에서 출발하는 것이다. 『존재와 무』에서 사르트르의 시간론은 과거, 현재, 미래라는 세 탈자태에 대한 존재론적 분석을 통해 진행된다. 존재의 전체성의 표현으로서의 의식에 대한 사르트르의 성찰은 무엇보다도 우선 과거에 대한 분석에서 발견된다.

과거란 무엇인가? 사르트르는 "현사실성과 과거는 동일한 것을 표기하는 두 가지 말"이라고 주장한다. 이 주장은 무엇보다도 우선 현사실성과 과거가 의식에 의해 자의적으로 바뀔 수 없는 것이라는 뜻을 담고 있다. 현상적 존재자가 그 자신 현상적임에도 불구하고 초현상적 존재를 갖는 까닭은 그것이 잠재적·현실적 현상들의 무한한 배열을 통해 나타난다는 점과 그 노에마가 노에시스에 완전히 내속하는 것으로서 나타난다는 점에서 찾을 수 있다. 현사실성과 과거 역시 그러하다. 물론 과거는 분명 그 자체로 잠재적·현실적 현상들의 무한한 배열을 통해 나타나는 것이 아니다. 그것은 이미 지나간 것이다. 그러나 지난 과거로부터 지금까지 의식은 부단히 초현상적 존재자를 발견하는 그 자체 초현상적 존재로서 존속해왔다. 이러한 방식으로 지나온 시간이 바로 과거이며, 그러한 과거가 지금의 의식을 자기 자체로 있는 존재로서 구성해온 시간이라는 점에서, 과거는 하나의 의식으로서 존재하는 현존재의 현사실성, 즉 의식의 자의적 선택이나 결과와 무관하게 그저 현존재의 존재를 그 자체로서 근원적으로 구성할 뿐인 존재론적 사실성과 같다. 이와 같은 사정을 사르트르는 다음과 같이 표현한다: "과거는 실로 현사실성처럼 자기-자체(en-soi)의 손상될 수 없는 우연성(contingence)이니, 그것은 내가 [그렇게] 있지 않을 어떤 가능성도 없이 [그렇게] 있어야 할 것으로서 가지는 것이다."[12]

통념적으로 보면 과거와 현사실성이 같은 것이라는 사르트르의 주장은 의식이 사물-아님의 무로서 하나의 절대자라는 명제와 양립하기 어렵다. 만약 의식의 자기 자체로 있음이 내가 그렇게 있지 않을 수 없는 어떤 것을 뜻한다면, 그리고 의식의 자기 자체로 있음이 의식의 자

---

12 Ibid., 157.

의에 의해 변경될 수 없는 것으로서 지난 과거의 시간 동안 구성되어 온 것이라면, 의식의 존재란 현재적 의식으로 환원될 수 없는 것으로서 부단히 축척되어온 다기하고 잡다한 의식내용들의 관계의 총체를 지칭하는 말이라는 결론이 따라 나오기 때문이다. 그렇지 않은 경우 과거가 왜 현사실성과 같은지, 왜 과거로 인해 의식이 지금의 자기 자체 외에 다른 어떤 것도 아닐 수 없게 되는지, 설명하기 어렵다. 과거가 의식의 자기-자체와 같다는 설명 자체가 의식이 이런저런 의식내용들과 무관한 것일 수 없음을 드러낸다는 뜻이다.

실은 바로 여기에서도 의식을, 그것이 반성적이건 선반성적이건 상관없이, 깨어 있는 현재의 의식으로 한정 지음으로써 일체의 현상과 별개의 존재영역에 속한 것으로 제시하려는 사르트르의 의도가 잘 드러난다. 한마디로, 사르트르에게 자기 자체로 있음은 의식의 필연적인 존재형식이되 오직 깨어 있는 현재의 의식에 의해 의식의 자기-아님으로서 부정되는 한에서만 그러하다. 의식이 아닌 다른 현상적 존재자의 자기 자체로 있음은 그것이 필연적으로 그렇게 존재할 수밖에 없음을, 그것의 자기동일성이 자기 자체로 있음의 구체적 규정성에 의존하는 것임을 드러낸다. 반면 의식의 자기 자체로 있음은 의식에게 그 자기동일성을 강제하는 어떤 규정성의 근거로도 작용할 수 없다. 엄밀한 의미의 의식이란 본디 대상화될 수 있는 모든 것을, 그것이 눈앞의 현상이든 의식내용이든 상관없이, 의식의 자기-아님으로서 발견하는 활동 외에 다른 아무것도 아니기 때문이다.

사르트르에게는 과거와 현사실성 역시, 비록 눈앞의 존재자처럼 하나의 대상적 현상으로 파악될 수 있는 것은 아니라고 하더라도, 의식의 존재와 엄밀하게 구분되어야 하는 별도의 존재의 영역이다. 이 말은 이상하게 들리기 쉽다. 논리적으로 보면 과거는, 그것이 의식의 자기 자체와 같은 것인 한에서, 의식의 존재와 분리될 수 있는 것이 아니라 의식의 존재 그 자체에 대한 일종의 존재자적 규정으로서 파악되어야 하기 때문이다. 우선 다음과 같은 점을 분명히 해두자: 과거와 현사실성이 자기-자체의 손상될 수 없는 우연성이라는 사르트르의 주장에서 방점은 바로 우연성에 놓여 있다. 비록 손상될 수 없는 것이긴 하지만 우연성으로서 과거와 현사실성은 의식의 나아갈 바를, 의식이 무엇을 선택하고 결단해야 할지를, 필연적인 방식으로 규정하지 못한다. 이것은 무로서의 의식이 절대자로 간주되어야 한다는 사르트르의 근본 관점에서 보면 당연한 것이기도 하다. 과거와 현사실성에 의해 필연적인 방식으로 제약되는 의식은 어떤 의미로도 절대자일 수 없기 때문이다. 즉, 의식은 과거와 현사실성을 그 자신의 자기-자체로 가짐에도 불구하고 과거와 현사실성의 제약으로부터 자유로운 존재로서 규정되어야 한다. 이러한 일은 대체 어떻게 가능할 수 있을까? 하나의 존재자의 자기-자체가 과거와 현사실성임에도 불구하고 그것이 자신의 과거와 현사실성으로부터, 즉 자기-자체로부터, 자유로운 존재일 수 있다는 생각은 무근거한 망념에 불과한 것이 아닐까? 이러한 의문을 풀기 위해서는 우선 필자가 앞에서 제기한 점을 상기해야 한다: 엄밀한 의미의 의식은 사르트르의 존재론에서 의식 자신의 자기-자체이기도 한 과거 및 현사실성과 별개의 존재영역에 속한 것이다. 이 말은 곧 사르트르에게 의식이란 무엇보다도 우선 그 자신의 존재의 손상될 수 없는 우연성을 이루는 자기-자체로서의 존재에 대한 부정으로서의 존재라는 것과, 바로 이러한 의미에서 의식의 존재는 자유라는 것을 뜻한다. 여기서 자기-자체가 의식의 존재에게서 손상될 수 없다는 말은 자기-자체로서의 과거가 의식의 활동이 그로부터 출발해야 하는 구체적 현사실성임을 뜻한다. 그럼에도 그것이 우연성에 지나지 않는 까닭은 의식이 과거로서의 자기-자체와 다른 그 무엇이 되어갈 일종의 존재기획으로서 존재하는 것임을 지시한다.

사르트르의 현상학적 존재론에서 가장 근본적인 출발점이 되는 것은 의식의 무로서의 존재가 현상성의 근원적 근거라는 생각이다. 현존재의 의식으로 하여금 과거를 나의 과거로서 넘겨받고, 그럼으로써 과거가 의식의 자기-자체가 되게 하는 것은 무엇인가? 이 역시 의식의 무로서의 존재이다. 과거를 넘겨받는 의식은 과거에 의해 실증적으로 규정된 그 자신의 존재에 대한 부정으로서의 무이어야 한다는 뜻이다. 그렇다면 과거를 자신의 자기-자체로 넘겨받는 의식, 그 자신의 무로서의 존재를 통해 자신의 과거를 부정되어야 할 자기-자체로서 파악하는 그러한 의식이란 무엇인가? 그것은 물론 현재의 의식이다. 오직 현재의 의식만이, 깨어 활동하는 지금의 의식만이, 과거를 지닐 수 있다는 뜻이다. 이러한 의식은 자기를-위함(대자)으로서의 의식이다. 과거를 자신의 자기-자체로 넘겨받음은 자기를 위함의 구체적 가능성을 넘겨받음과 같은 것이기 때문이다. 이러한 사정을 사르트르는 다음과 같이 표현한다: "자기-자체인 과거와 달리 현재는 자기를-위함이다."[13]

인용문은 사르트르에게 시간의 탈자태들 가운데 가장 중요한 것이 현재임을 암시한다. 앞에서 언급된 것처럼 현존재의 의식이란 엄밀한 의미에서 그 자신의 자기-자체로서의 존재에 대한 부정으로서의 존재이기 때문이다. 이 점에서 사르트르의 시간론은 하이데거의 그것과 매우 다르다. 잘 알려진 것처럼 하이데거에게 시간의 탈자태들 가운데 가장 중요한 것은 도래(미래)이다. 죽음의 가능성이 현존재로 하여금 그 자신의 존재의 본래성을 자각하도록 하는, 그럼으로써 본래성을 향해 나아갈 결단을 촉구하는, 존재론적 근거이기 때문이다. 반면 사르트르의 철학에서는 의식의 무로서의 존재가 강조된다. 그 자신의 자

13 Ibid., 159.

기-자체인 과거를 부정할 가능성의 존재로서 의식은 지금의 무로서 존재한다. 의식의 지금의 무로서 존재함이, 그러한 존재방식에게서 나타나는 의식의 근원적 존재방식으로서의 자기를-위함이, 과거를 그 자신의 과거로서 넘겨받음과 아울러 미래를 과거로서의 자기-자체의 부정을 통해 열어갈 자유의 실현으로서 받아들임의 근원적 가능근거라는 뜻이다. 이러한 사정을 사르트르는 다음과 같이 표현한다: "시간성이 있는 것이 아니라 [의식의 현재로서의] 자기를-위함이 그 실존을 통해 자신을 시간화한다."[14]

논리적으로만 보면 이러한 주장은 일종의 순환논법과 같은 것이라고 볼 수 있다. 자기를-위함의 실존을 통한 시간화와 자기를-위함의 존재양태로서의 현재가 상호규정의 관계 속에 있기 때문이다. 현재가 시간화에 의해 이루어지는 것인 경우 시간화가 현재보다 시원적이라는 결론이 나오는 반면 시간화의 가능근거가 자기를-위함의 현재적 실존에 있다고 보면 현재가 시간화보다 시원적이라는 결론이 나온다. 사르트르가 이러한 문제를 해결하는 방식은 자기를-위함으로서의 의식의 존재인 무를 무한하고 부단한 자기구성의 과정 속에서 고찰하는 것이다: "존재 안에서 자기-자체의 무화로서 나타나는 자기를-위함이 동시에 모든 가능한 무화의 차원들 안에서 그 자신을 구성한다."[15] 이러한 관점에서 보면 자기를-위함의 존재양태로서의 현재적 실존은 오직 자기-자체로의 존재양태로서의 과거 및 현사실성과의 관계 속에서만 가능한 셈이다. 얼핏 이러한 주장은 자기를-위함보다 자기-자체가, 그리고 시간에 대한 상식적 판단에 부합하게도 현재보다 과거가 시원적이라는 말처럼 들리기 쉽다. 자기를-위함이 자기-자체의 무화

---

14 Ibid., 176.

15 Ibid., 176.

로서 나타나려면 먼저 자기-자체가 주어져 있어야 하기 때문이다. 그러나 과거의 모든 순간들은, 의식이 그것을 그 자신의 자기-자체를 구성하는 것으로서 넘겨받는 한에서, 언제나 자기를-위함의 실존을 통한 시간화의 순간들이다. 결국 의식의 자기를-위함이란 과거의 어떤 순간에서도 그 자신의 실존을 과거의 가능근거로 가지면서도 동시에 과거를 그 자신의 가능근거로서 지니는 역설적 존재인 셈이다. 이러한 사정을 사르트르는 다음과 같이 표현한다: "현재는 존재론적으로 과거와 미래의 '앞에' 오는 것이 아니다. 그것은, 그것이 과거와 미래를 조건 짓는 것과 마찬가지로, 과거와 현재에 의해 조건 지어지는 것이다. 그러나 현재는 시간의 총체적이고 종합적인 형식에서 필요불가결한 무로-있음의 공동(空洞)이다."[16]

이제 미래에 관해 논하기에 앞서 과거 및 현재에 대한 사르트르의 논의가 타자의 의식의 존재와 존재의 전체성의 표현으로서의 의식의 양립 가능성 여부에 관한 물음을 위해 어떤 의미를 지니는지 조금 생각해보자. 사르트르의 관점에서 보면 각각의 현존재의 의식은 그 자신의 과거를 무로서의 자신의 존재를 통해 부정하며 존재하는 셈이다. 물론 여기서 부정이란 논리적 부정이 아니라 자기-아님의 형태 속에서 이루어지는, 즉 의식의 무로서의 존재가 이런저런 구체적 규정성을 지니는 자기-자체의 존재에 야기하는 무-화를 뜻하는, 일종의 존재론적 부정이다. 의식을 나의 의식의 형태 속에서 개별화된 의식으로 이해하는 한에서 각각의 현존재의 의식이 행하는 자기-자체의 부정은 지금의 내가 아닌 또 다른 내가 되어가는 과정을 의미할 뿐이다. 그러나 이러한 형식의 부정은 근본적이지도 않고 철저하지도 않다. 의식의 자기-자체에는, 즉 과거로서의 의식의 현사실성에는, 개별화된 나로

---

16 Ibid., 181.

서 있어옴이라는 것 역시 포함되어 있기 때문이다. 물론 의식은, 자기-자체의 부정을 가능하게 할 그 근거인 한에서, 자기를-위함의 양태 속에서 존재하는 현재의 의식일 수밖에 없고, 그러한 의식은 나로서 개별화된 의식 외의 다른 아무것도 아니다. 그렇다면 자기를-위함으로서의 의식은 언제나 이미 존재론적으로 불가능한 과제를 넘겨받고 있는 그러한 존재자인 셈이다. 개별화된 나로서 있어옴이 의식의 자기-자체의 근본 규정의 하나인 한에서, 또한 자기를 위함으로서의 의식이 그 자신의 무로서의 존재를 통해 자신의 자기-자체를 부정해야 하는 한에서, 의식은 순연한 자기를-위함으로 존재하기 위해 자기를-위함으로 존재하기를 그쳐야만 하는 것이다. 필자가 아는 한, 이러한 기획이 어떻게 실현 가능할 수 있는지 사르트르의 철학에서는 구체적으로 밝혀져 있지 않다. 그리고 아마 그것은 당연한 일일 것이다. 자기를-위함으로 존재하기를 그치면서 동시에 순연한 자기를-위함이 되는 일은 원래 불가능한 일이기 때문이다. 그러나 의식의 무로서의 존재 및 자기를-위함에 대한 사르트르의 현상학적·존재론적 성찰이 바로 이러한 불가능한 기획에 관한 것이라는 점은 의심의 여지가 없어 보인다. 이 점을 잘 이해하기 위해서는 사르트르가 자기를-위함을 스스로 존재의 전체성의 표현이 되려는 의식의 기획의 관점에서 파악하고 있음을 먼저 분명히 해둘 필요가 있다.

그것은 특히 G. 플로베르에 대한 사르트르의 전기(傳記)적 분석에서 잘 드러난다. 사르트르는 인간 플로베르의 존재를, 더 나아가 그의 삶을 통해 탁월한 방식으로 드러난 모든 현존재의 존재를, "자기를 세계 안에서 통합함"이라고 주장한다. 즉, 현존재의 존재는, 그 본질은 무로서의 의식에 있는 바, 정태적인 존재자의 존재로서가 아니라 자기를 세계 안에서 통합하는 활동과 같은 것으로 파악되어야 한다. 이러한 통합함은 어떤 인과율적 강제와도 무관한 "자유로운 통합함"이다.

그것이 자유로운 통합함인 까닭은 의식의 존재 자체가 무로서 본래 인과율의 강제와 무관한 것이기 때문이다. 현존재의 존재가 통합함이어야 하는 까닭은 육체로 인해 그 자신 대상화될 위험에 처해 있는 의식의 자기를-위함이 오직 자신이 아닌 존재자의 전체성으로서의 세계, 자신과 외적 대립의 관계를 형성하는 세계와 하나가 되는 경우에만 그러한 위기로부터 벗어날 수 있기 때문이다. 그렇기에 현존재의 의식이 자기를 세계 안에서 통합함은 "**근원적 [존재]기획의 통합함**, 자신을 비**실체적 절대자**로서 드러내야 하는 통합함이다." 이 글에서, 우리가 지금까지 거듭거듭 확인해온 바와 같이, 현상학적 의식이란 존재의 전체성의 표현이라는 관점이 사르트르의 철학에서는, 의식의 존재를 스스로 존재의 전체성이 되고자 하는 존재기획으로 규정하는 방식으로 나타난다는 것이 드러난다.[17]

인용문에서 의식의 존재가 자유로운 통합함이라는 동사적 형태로 규정된 것은 사르트르에게 의식이 오직 부단한 활동 가운데서만 존속하는 것이라는 점을 반영한다. 사르트르의 철학의 가장 중요한 특징 가운데 하나는 의식의 활동의 가능근거를 그 무로서의 존재에서 찾음과 동시에 의식의 무로서의 존재를 자유로운 활동과 구분될 수 없는, 즉 단순한 존재자적 상태 규정을 통해서는 드러날 수 없는, 그러한 것으로서 제시하고 있다는 점이다. 사르트르의 시간론 역시 바로 이러한 관점에서 이해되어야 한다. 사르트르가 과거, 현재, 미래라는 시간의 세 가지 탈자태들에 관해 말할 때 그가 강조하는 것은 무엇보다도 우선 의식의 자유로운 활동과 구분할 수 없는 것으로서의 의식의 무로서의 존재가 그 자체 시간의 탈자태들의 통일성으로서 나타난다는 것이다. 이러한 관점에서 보면, 비록 자기를-위함으로서의 의식이 자기-

---

17 Ibid., 621. 원문에서의 강조.

자체로서의 의식, 즉 자신의 과거와 현사실성을 그 자신의 존재를 통해 부정해야 하는 현재적 의식이라고 해도, 의식은 과거 및 미래와 구분되어야 하는 것으로서의 고립된 현재의 의식이 아니라 이미 그 자신의 현재 안에, 그 자신의 무로-있음의 공동(空洞) 안에, 과거와 현재를 은닉하고 있는 것이다.

현존재의 존재 안에서 과거와 현재, 그리고 미래(도래)가 나뉠 수 없는 전체를 이루고 있다는 성찰은 분명 하이데거에게서도 발견된다. 그러나 사르트르에게 미래는 하이데거에게서와 같이 장차 도래할 어떤 것이 아니라 현존재의 의식이 그 자신의 무로서의 존재를 통해 자신과 외적 대립의 관계를 이루는 모든 것들을 자유로이 통합해야 할 시간으로서 열리는 것이다. 필자의 소견으로는 바로 이러한 이유 때문에 사르트르는 자기를-위함의 "현재성"을 "자신의 존재를 향한 도피", 자기-자체로서의 "자신의 존재에게서 결핍된 것과의 일치를 통해 될 자기를 향한" 도피로서, 규정한다. 의식이 그리로 향해 도피해갈 자기는 물론 미래의 자기이다. 그렇기에 "미래는 그것을 현재의 현재성으로부터 잡아채는 결핍이다." 결국 미래란 사르트르에게 자신이 아닌 모든 것, 그 자기-아님의 성격으로 인해 의식에게 그 자신의 존재의 결핍으로서 나타나는 모든 것과 하나가 되고자 하는 의식의 존재기획의 표현인 셈이다.[18]

이제 타자로서의 의식이 존재의 전체성의 표현으로서의 현상학적 의식과 맺는 관계가 사르트르에게 어떻게 이해되고 있는지 파악하도록 할 가장 기본적이고도 근원적인 단초 하나가 마련되었다. 타자의 의식은, 그것이 자신의 의식과 별개의 의식으로서 존재한다는 바로 그러한 이유로, 자기를-위함이 자기의 존재에게서 발견하는 하나의 결

---

18 Ibid., 164. 원문에서의 강조.

핍이다. 하나의 결핍으로서, 타자의 의식은 자기를-위함의 미래이기도 하다. 결핍으로서의 타자의 의식이 그 자신을, 자기를-위함의 의식으로 하여금 타자의 의식과의 절대적 통일성 가운데 자신의 존재를 완성해가도록, 미래로서 잡아채 자기를-위함과 시간적 거리를 두고 달아난다는 뜻이다.

2) 타자의 시간

사르트르는 타자의 존재를 어떻게 이해하고 있는가? 가장 잘 알려진 설명은 그 자체 자기를-위함의 의식으로서 존재하는 타자가 나를 대상화한다는 것이다. 나를 향한 타자의 시선이 불러일으키는 수치감이 자기를-위함으로서 존재하는 내가 타자에게 하나의 자기-자체로서 대상화됨을 드러낸다는 주장이다.[19] 그러나 『존재와 무』에서 우리는 단순한 대상화의 관점을 통해서는 설명할 수 없는 타자의 존재의 의미에 대한 성찰 역시 발견할 수 있다. 비록 사르트르에 의해 명확하게 주제화되지는 않았지만, 타자와 내가 일상적 존재자로서 그 의식의 자기-자체가, 즉 의식의 과거와 현사실성이, 언제나 이미 동질화되어 있다는 문제의식이 『존재와 무』에 표명되어 있다는 뜻이다. 타자의 의식의 존재에도 불구하고 현상학적 의식이 어떻게 존재의 전체성의 표현으로서 파악될 수 있는지, 그리고 이러한 관점이 사르트르 철학의 근본 관점을 견지하면서도 유효할 수 있는지 등의 문제를 이해하는 데는 바로 이러한 문제의식이 매우 중요하다. 그리고 또한 바로 여기에서 사르트르의 현상학적 존재론이 그 자체로 하나의 현상학적·존재론적 윤리학이기도 하다는 점이 분명하게 드러난다.

사실 사르트르의 철학의 핵심과제 중 하나는 자유와 윤리 및 양자의

---

19 Ibid., 298 이하 참조.

관계에 대한 존재론적 이해의 가능성을 제시하는 것이다. 「도덕적 관점들」이라는 제목을 달고 있는 『존재와 무』의 마지막 절에서 사르트르는 "존재론은 그 자체로서는 도덕적 규정을 공식화할 수 없을 것이다"라고 밝힌다. 그러나 동시에 사르트르는 "하지만 그것[존재론]은 상황 속의 현존재에 대해 책임을 떠맡는 윤리학이 어떤 것일 수 있는지 짐작하게 한다"고 주장한다.[20] 한 가지 아쉬운 점은 상황 속의 현존재에 대해 책임을 떠맡는 윤리학이 구체적으로 무엇을 의미하는지 『존재와 무』에서는 충분하고도 명확하게 밝혀지지 않았다는 것이다. 특히 타자와의 관계 속에서 이러한 윤리학이 현존재에게 어떤 의미를 지니는지의 문제에서 그러하다. 그럼에도 사르트르의 철학이 이러한 문제를 해결하는 데 별 도움이 되지 않을 것이라고 예단할 필요는 없다. 『존재와 무』 자체 안에 이미 이러한 문제 해결의 단초가 주어져 있는 것이다.

'짐작하게 한다'는 인용문의 표현에 나타나 있듯이 사르트르는 상황 속의 현존재에 대해 책임을 떠맡는 윤리학의 정초를 『존재와 무』의 후속 작업으로 설정한다. 사르트르에 따르면 이러한 작업은 존재론의 토대에서—『존재와 무』의 제4부 제2장에서 제시된—'실존론적 정신분석'을 통해 "가치"와 현존재의 존재 사이의 관계의 문제를 해명해야 한다. 이러한 해명이 추구하는 그 가장 핵심적인 과제 중 하나는 가치 개념을 공리주의적 사고로부터 해방시키는 것에 있다: "그것[실존론적 정신분석]은 이해에 얽매인 심리학을 포기해야 한다는 것을 우리에게 암시하며, 이는 곧 모든 인간적 행위들의 이상적 의미를 드러나게 하는 인간의 품행에 관한 일체의 공리주의적 사고를 포기해야 함을 뜻한다." 공리주의적 사고의 근본 특성은 자유의 현실성을 인정하기보다 형식적 규범 위주의 사고방식을 강조하는 "심각한 정신"이다. 사르트

---

20 Ibid., 690 이하.

르에 따르면 "심각한 정신은 가치들을 초월적이고 인간의 주체성으로부터 독립된 소여들로 간주하면서 [동시에] '바람직한' 이라는 성질을 사물의 존재론적 구조로부터 사물의 단순한 물질적 구성에로 전이시킨다는 두 가지 특징을 지니고 있다."[21]

사르트르가 공리주의라는 말로 뜻하는 바가 무엇인지는 불분명하다. 필자는 사르트르가 말하는 공리주의가 사전적 의미의 공리주의로 한정될 수 없다고 본다. 사르트르는 가치의 객관성과 보편성에 대한 믿음을 "세계를 지배하는 심각한 정신의 결과"라고 간주한다. 이러한 믿음은 일종의 "자기기만"이며, 이는 인간의 근원적 실존성의 표현으로서의 자유를 외면함과 같다. 가치가 사물에 객관적이고 보편타당한 방식으로 내재해 있다는 믿음은 "대상들이 무언의 요구"로서 현전한다는 믿음으로 이어지기 마련이고, 이러한 믿음에 사로잡힐 때 "그[인간]는 그 자신 이러한 요구에 대한 수동적 복종 외에 아무것도 아니게 된다." 이러한 주장은 사르트르가 말하는 공리주의가 실은 모든 문명사회에 적용될 수 있는 개념이라는 것을 암시한다. 모든 문명사회는 현존재의 생각과 행동을 강제적으로 규제하는 이런저런 윤리적 규범들을 지니고 있으며, 규범들의 강제성을 정당화하기 위해 규범들이 세계에 객관적으로 내재해 있는 가치의 표현이라는 점을 강조하는 경향을 띠기 마련인 것이다. 결국 사르트르의 관점에서 보면 현존재의 의식은 타자의 시선에 의한 대상화의 위협에 시달리고 있을 뿐만 아니라 세계를 지배하는 심각한 정신에 의해 형식적 규범의 요구에 수동적으로 복종하는 존재가 되도록 내몰리고 있다는 결론이 나온다. 사르트르가 실존론적 정신분석학을 통해 정초하고자 하는 존재론적 윤리학은 현존

---

21 Ibid., 690. 사르트르의 후기 사상에서도 '심각한 정신'에 관한 분석이 중요하다. 이 점에 관해서는 다음 참조: J.-P. Sartre, *Critique de la raison dialectique II* (inachevé), Paris 1985, 60 이하.

재의 자유에 대한 부정인 이 두 가지 경향을 극복할 가능성을 제시해야 하는 것이다.[22]

이러한 가능성은 어떻게 발견될 수 있을까? 필자의 소견에 따르면, 그것은 무엇보다도 우선 타자의 시간에 대한 존재론적 분석을 통해서이다. 나와 외적 대립의 관계를 형성하는 모든 존재자와 마찬가지로 타자는 나의 미래를 결핍으로 만드는 자기-아님의 존재이다. 그런데 그것은 물론 타자의 입장에서도 마찬가지이다. 타자에게는 내가 그의 미래를 결핍으로 만드는 그의 자기-아님의 존재라는 뜻이다. 현존재의 존재가 자기를 세계 안에서 통합함과 같다는 사르트르의 주장을 근거로 삼아 우리는 나와 타자가 서로의 존재를 자기-아님의 결핍으로 만든다는 이 존재론적 사태를 이중의 구조로 나뉘어 고찰할 수 있다. 우선 나는 타자와 세계 안에서 세계와 구분할 수 없는 전체를 이루는 방식으로 하나가 되어야 한다. 이러한 통합함이 현존재의 근원적 존재기획에 속한다는 것이다. 여기서 '세계 안에서'라는 말은 타자와 통합함이 세계라는 하나의 장소에서 일어나는 개별적 사건이라는 것을 뜻하지 않는다. 세계란 나와 타자를 포함한 모든 존재자에게 공통된 존재지반으로서 열리는 것이기에 나는 결코 특정한 존재자와 그렇게 하듯이 세계와 통합할 수 없다. 나는 세계와 오직 세계 안에서 내가 세계와 구분할 수 없는 하나의 전체가 되는 방식으로만 통합할 수 있는 것이다. 이런 점에서 보면 나와 타자는 나와 타자 사이에 형성된 외적 대립의 관계, 서로가 서로를 대상화하는 관계를 지양함으로써만 세계 안에서 통합함을 이룰 수 있다. 이것은 타자가 그 시선을 통해 나를 대상화하는 존재라는 사르트르의 견해로부터 필연적으로 따라 나오는 결론이기도 하다. 다음으로 나는, 나와 타자가 세계를 지배하는 심각한

---

22 Ibid., 691.

정신에 의해 형식적 규범의 요구에 복종하도록 수동적으로 내몰리는 존재라는 점에서, 이러한 요구에 실제로 복종하거나 혹은 반대로 거부함으로써 타자와 세계 안에서 통합함을 이루어야 한다. 물론 복종 혹은 거부는 나와 타자 모두에게서 함께 일어나야 한다. 나와 타자 중 한 편만 복종하거나 거부하는 경우 나와 타자 사이의 외적 대립은 지양될 수 없을 것이기 때문이다.

두 가지 방식은 서로 어떤 관계에 있는가? 가장 손쉬운, 그리고 관점에 따라서는 가장 타당할 수도 있는, 설명은 양자가 실은 동일한 사태에 대한 상이한 표현방식에 지나지 않는다는 설명이다. 나와 타자는, 둘 다 자기 외의 모든 것을 대상화하는 주체적 의식으로서의 존재라는 점에서, 서로가 서로에게 주체이면서 동시에 객체인 관계를 맺고 있다. 그러나 엄밀히 말해 현존재에게 세계란 언제나 일상적인 방식으로 해석된 세계라는 점에서 나와 타자는 둘 다 순연한 주체도 순연한 객체도 될 수 없다. 세계의 해석을 하이데거처럼 도구적 의미연관에 의한 해석으로 이해하든 아니면 심각한 정신이 추동하는 사물 및 세계의 객체화에 의한 해석으로 이해하든, 아무튼 나와 타자는 이런저런 해석적 의미연관에 의해 언제나 이미 잠식된 의식으로서 존재하는 존재자이며, 그런 한에서 단순한 주체나 객체가 아니라 의미화된 존재자로서 —사르트르식으로 말하면 자신의 근원적 자기-자체이기도 한— 그 의미화에 상응하는 방식으로 자신과 타자를 부단히 의미화하는 존재자이다. 만약 나와 타자가 세계 안에서 세계와 구분할 수 없는 전체를 이루는 방식으로 하나가 되는 두 가지 방식을 이러한 관점에서 고찰하면 전자는 후자의 방식에 대한 추상적이고 불철저한 표현에 지나지 않는다는 결론이 나온다. 즉, 이 경우 실제로는 오직 하나의 방식만이 있을 뿐이다. 그러나 의식이 무로서 존재한다는, 그럼으로써 현상적으로 발견되는 모든 것을 의식의 자기-아님으로서 그 자신의 존재와 구분할 수밖에 없는 존재자라는, 사르트르 특유의 관점에서 보면 이러한 결론은 가능하지 않다. 의미화된 의식이란, 그러한 의미화가 불특정한 이전의 시점으로부터 일어난 것으로서 의식의 과거이자 현사실성을 뜻한다는 점에서, 자기-자체로서의 의식이며, 그런 한에서 자기를-위하는 현재적 의식의 무로서의 존재에 의해 자기-아님으로서 대상화되고 부정될 의식이기 때문이다. 이러한 관점에서 보면 전자의 방식은 후자의 방식에 대한 그 근원적 근거로서의 의미를 지니는 셈이다. 세계를 지배하는 심각한 정신에 의해 형식적 규범의 요구에 복종하도록 수동적으로 내몰리는 의식은 오직 그 자신의 존재로서의 무에 근거해서만, 그리고 이러한 무가 가능하게 하는 모든 현상적 존재자 내지 자기-자체로 있는 존재자의 대상화를 통해서만, 이러한 요구에 복종하거나 거부할 자유를 지닐 수 있기 때문이다.

현존재의 의식은 형식적 규범의 요구와 완전히 복종하거나 반대로 완전히 거부하는 관계를 맺을 수 있는가? 물론 불가능하다. 완전한 복종이 불가능한 까닭은 의식이 무로서 절대자라는 점에 이미 제시되어 있다. 의식의 절대성이 그 자유의 양도 불가능성을 뜻하는 한에서 의식은 형식적 규범의 요구를 거부할 가능성과 함께 존재할 수밖에 없는 것이다. 완전한 거부가 불가능한 까닭은 과거가 의식의 현사실성을 구성하는 것으로서 의식의 자기-자체라는 점에서 발견할 수 있다. 즉, 자기를-위하는 현재적 의식에 의한 자기-자체의 부정은 자기-자체의 절멸이 아니라 그 변용으로 이어질 뿐이다.

과거, 즉 자기-자체의 부정이 왜 자기-자체의 변용으로 이어질 뿐인지 우선 감각적 지각 및 그 기억의 예를 들어 생각해보자. 나는 어제 아름다운 꽃을 한 송이 보았으며, 그 꽃의 아름다움에 반해 문명인으로서 생활하기를 그치고 자연으로 돌아가고자 하는 강렬한 충동을 느꼈다. 이 경우 나의 과거, 즉 나의 자기-자체는 아름다운 꽃의 감각적 지각, 그것이 불러일으킨 감동과 충동, 그 기억 등을 내포하고 있다. 그러한 자기-자체와 반성적 관계를 맺든 아니든 아무튼 나의 현재적 의식은 그러한 자기-자체로서의 의식에 대한 부정으로서 존재할 수밖에 없다. 여기서 부정이란 과거로서의 자기-자체와 완전히 다른 성향을 지닌 존재자가 된다는 것을 뜻하지는 않는다. 나는 자연으로 돌아가고자 하는 강렬한 충동을 계속 느낄 수도 있고 반대로 그러한 충동을 소박하거나 유치한 것으로 여기고 일부러 억누르려 할 수도 있다. 어느 쪽이든 나는 끝없이 이전의 나와 다른 나가 되어가면서 자신의 충동에 상응하는 방식으로 변해가거나 혹은 억압의 힘을 키우는 방식으로 변해가기 마련이다. 사르트르의 관점에서 보면 이러한 변화는 모두, 의식이란 무로서 하나의 절대자이기에, 의식의 자유로운 선택과 결단의 결과이기도 하고 자유로운 선택과 결단에의 요구이기도 하다. 내가 어떤 선택을 하든 내가 매 순간 선택할 수 있고 또 선택해야만 하는 하나의 자기를-위함의 의식으로서 존재한다는 점이 바뀌는 것은 아니다. 그런데 이러한 사정은 곧 과거, 즉 의식의 자기-자체가 자기를-위하는 의식에 의한 자기-자체의 부정의 부단한 흐름으로 점철되어 왔다는 것을 뜻하는 것이기도 하다. 즉, 자기-자체의 부정은 자기-자체의 절멸이 아니라 부정된 자기-자체의 부단한 흐름으로서의 새로운 자기-자체를 형성함 외에 다른 아무것도 아니다.

이제 형식적 규범의 요구에 복종하거나 거부함의 관점에서 생각해 보자. 여기서도 우리는 같은 논의를 진행할 수 있다. 복종하거나 거부하거나 아무튼 자기-자체의 부정은 부정된 자기-자체의 부단한 흐름으로서의 새로운 자기-자체를 형성함과 같다. 사실 이러한 결론이 내려지는 것은, 규범과 마찬가지로 감각적 지각이 불러일으킨 충동과 의지 역시 그 충동과 의지에 따를 것인가 말 것인가 결단할 것을 요구한다는 점에서 당연하다. 이런저런 것들을 감각적으로 지각하는 가운데 형성되어온 나의 자기-자체가 자기를-위함의 부정에 의해 단순히 무화될 수 없음은 자명하다. 어떤 순간에도 나는 기억과 현존하는 존재자이며, 이전과 마찬가지로 이런저런 것들을 감각적으로 지각하며 살아가는 존재자인 것이다. 즉, 자기-자체의 부정을 통해서도 기억함과 감각적으로 지각함이라는 자기-자체의 존재방식은 여전히 나의 것으로서 남게 된다. 마찬가지로 형식적 규범의 요구에 대한 복종과 거부 역시 그러한 요구를 받은 자신에 대한 기억과 그 요구에 대해 복종함이나 거부함의 응답을 하며 존재해온 나의 과거, 즉 나의 자기-자체의 존재방식은 여전히 나의 것으로서 남는다. 그러나 그렇다고는 해도 한 가지 의문은 남는다. 자기를-위함과 자기-자체로가 지니는 이러한 존재론적 관계가 세계의 모든 현존재가 형식적 규범의 요구를 온전히 거부할 가능성 자체를 무화하는 것은 아니지 않을까? 적어도 이론적으로는 모든 현존재가 형식적 규범의 요구를 거부할 가능성을 상정할 수 있지 않을까? 그러나 형식적 규범의 요구를 거부함 자체가 이미 하나의 규범적 요구이다. 형식적 규범의 요구에 복종하거나 거부할 선택의 가능성을 지니는 의식은 오직 그러한 선택의 가능성을 지녀온 자기-자체로 있을 뿐이며, 현재적 의식의 자기를-위함에 의한 그 부정 역시, 그 자체 하나의 선택의 가능성의 실현으로서, 선택의 가능성을 지니는 새로운 자기-자체를 이룰 뿐이다.

이제 우리가 이 장에서 추구해온 근본 문제로 돌아가 보자: 타자의 의식의 존재에도 불구하고 현상학적 의식은 존재의 전체성의 표현으로서 이해될 수 있는가? 의식을 개별화된 의식으로 한정하는 한에서, 즉 현상학적 의식 역시 오직 개별화된 의식으로서만 존속할 수 있음을 전제로 하는 경우, 타자의 의식의 존재는 분명 현상학적 의식이 존재의 전체성의 표현일 수 없음을 증명한다. 그러나 개별화된 의식이란 언제나 그 자신의 전체성을 망각하고 특정한 현상적 대상과 지향적 관계를 맺으며 국소화한 의식이라는 점을 기억할 필요가 있다. 개별화된 의식은, 그것이 지향적 관계를 맺는 그 무엇 자체가 현상학적 의식과 외적 대립의 관계를 맺을 수 없는 것이라는 점에서, 언제나 존재의 전체성의 표현으로서의 현상학적 의식에게서 일어나는 그 개별화의 결과일 뿐이다. 타자의 의식이란, 그 자체 하나의 개별화된 의식으로서, 오직 나의 의식으로서 개별화된 의식에 의해서만 발견될 수 있다. 즉, 타자의 의식과 나의 의식은 현상학적 의식의 개별화된 표현들로서만 서로 대립적이다.

아마 혹자는 이렇게 물을지도 모르겠다: 이런 식의 논증은 유아론 아니면 일종의 우주영혼주의에 귀결될 수밖에 없는 것이 아닌가? 그러나 유아론이란 개별화된 의식의 실체화를 뜻할 뿐이며, 개별화된 의식이 지향적 관계를 맺는 현상적 존재자를 의식내재적인 것으로 오인함으로써 형성된 세계관일 뿐이다. 이 점에서는 우주영혼론 역시 마찬가지이다. 우주영혼론의 관점에서 보면 모든 존재자는 단일한 우주영혼에 내재적인 것이며, 각각의 존재자가 지니는 영혼 역시 우주영혼에 내재적인 것으로서 우주영혼의 개별화된 표현이다. 그러나 존재의 전체성의 표현으로서의 현상학적 의식은 이러한 의미로 의식내재적인 것은 아무것도 지니지 않는다. 그것은 다만 의식의 존재가 지니는 이중의 운동의 표현일 뿐이다. 한편 의식은 무로서 존재하며 유로서 발견되는 모든 것들을 자기-아님으로서 부정하는 자기-위함의 존재자이다. 그러나 다른 한편 의식은 자기의 존재에게서 부정되는 모든 것을 그 자신의 과거로서, 현사실성으로서, 자기-자체로서, 지닐 수밖에 없는 존재자이다. 무로서 나타나며, 무가 아닌 것으로 발견되는 모든 것을 자기-아님으로 부정하는 가운데, 부정된 모든 것을 자기 존재의 근원적 구성요소로서 포괄할 수밖에 없는 존재자가 바로 의식이라는 뜻이다. 그렇다면 타자의 의식 역시 무로서 존재하는 의식에게는 오직 자기 존재의 근원적 구성요소로서 포괄되기 위해 자기-아님으로서 부정될 뿐이다. 그렇기에, 적어도 사르트르의 철학을 수미일관하게 사유할 경우에는, 자기를 세계 안에서 통합함이란 하나의 의식으로서 존재하는 현존재의 근원적 존재기획이기도 하고 그 자체로 현존재의 근원적 존재 자체이기도 하다. 긍정하거나 부정하며, 복종하거나 거부하며, 의식은 그 자신의 자기-자체를 끝없이 부정하는 가운데 부정된 자기-자체를 자신의 과거로서 함축하는 새로운 자기-자체를 형성해나가는 존재의 운동일 수밖에 없다. 의식이란 그 자신의 자유로운 선택에 의해 무화될 수 없는 것을 자기-아님으로서 부정하면서, 자신에 의해 부정된 것으로부터 단절되기보다 도리어 그것을 자신 안에 포괄해나가는 존재의 근원적 역량 외에 다른 아무것도 아니라는 뜻이다. 현상학적 의식으로서의 존재의 전체성이란, 그것이 개별화된 의식에 의해 단순히 무화될 수 없는 것도, 의식에 내재적인 방식으로 존재하는 것도 아니라는 점에서, 유아론이나 우주영혼론의 정신이나 관념, 의식 등의 개념보다는 차라리 물질적 총체성 개념에 더욱 가깝다. 그러나 물질이란 공허한 추상적 이념일 뿐으로, 심지어 한계 개념조차 아니다. 물질 개념에 의해 한계 지어지거나 물질 개념을 넘어섬으로써 도달할 존재의 층위는 현실적 존재의 영역에서는 도무지 발견될 수 없다는 뜻이다. 의식은 오직 그 자신과의 관계 속에서 그 자신의 존재 역량에 상응하는 방식으로 드러나는 현상적인 것만을 발견할 수 있을 뿐이기 때문이다.

제2부

존재론적 시간 개념과 윤리

제5장

현상, 존재, 시간

앞장에서 우리는 사르트르가 현재를 현존재의 의식의 자기를-위함으로, 그리고 과거를 현존재의 의식의 자기-자체 및 현사실성으로 파악함을 살펴보았다. 필자가 'pour-soi'를 '대자'가 아니라 '자기를-위함'이라고 번역하는 것은 사르트르의 현상학적 존재론에서 가장 핵심적인 이 용어를—'대자'라는 말에 함축된—헤겔식의 반성적 의식의 관점에서 조망하는 것이 부적절하다고 여기기 때문이다. 사르트르의 'pour-soi' 개념은 대략 하이데거가 현존재의 근원적 존재방식으로서 제시한 마음 씀(Sorge)에 해당하며, 현존재의 실존론적 존재구조의 관점에서 파악되어야 한다.

사르트르가 '세계를 지배하는 심각한 정신'으로서의 공리주의를 비판한 것은 바로 이러한 점에서 자기를-위함의 개념을 이해하는 데 매우 중요하다. 자기를-위함은, 그것이 세계를 지배하는 심각한 정신으로 점철된 자신의 과거로서의 자기-자체에 대한 존재론적 부정으로서 파악되어야 하는 한에서, 그리고 이러한 자기-자체가 심각한 정신에 의해 지배되는 (일상)세계에서 형성되어온 것인 한에서, 일상적 자기로 환원될 수 없는 본래적 자기에 대한 각성과 무관할 수 없다. 이런 점에서 자기를-위함은 자기-자체로서의 과거를 자기-아님으로서 부정하는 존재자이다. 즉, 그것은 과거를 지니는 존재자이기도 하고 지니지 않는 존재자이기도 하다. 자기를-위함이 과거를 지니는 까닭은 과거가 하나의 현사실성으로서 자기-자체이기 때문이다. 반면 자기를-위함이 과거를 지니지 않는 까닭은 자기를-위함이 자기-자체를 오직 자기-아님으로서만 지니기 때문이다. 사르트르의 관점에서 보면 자기를-위함이 자기-자체를 자기-아님으로서 지니는 방식은 인식론적이 아니라 존재론적이다. 자기를-위함이 자기-자체를 자기-아님으로서 인식함으로써 자기를-위함에 의한 자기-자체의 부정이 일어나는 것이 아니라 의식이 본래 자기-자체로 존재하는 모든 것을 자기-아님으로서 지니는 한에서만 실존할 수 있는 존재이기에 일어나는 것이다. 자기를-위함에 의해 부정되는 의식의 자기-자체가 '이전'과 그 '이전'과 그 '이전'…의 부단한 시간적 계기들을 지닌다는 점에서 의식은 분명 과거를 지니며, 자기를-위함으로서의 의식 역시 자기-자체를 자기-아님으로서 부정해온 '이전'과 그 '이전'과 그 '이전'…의 시간적 계기를 지닌다는 바로 그러한 점에서는 의심의 여지 없이 과거를 지닌다. 그러나 자기를-위함에 의한 자기-자체의 부정은 그러한 부정이 일어나는 매 순간 자기-자체에 대한 총체적 부정으로서 일어난다. 즉, 자기를-위함이란 본래 자신의 과거에 대한 완전하고도 전면적인 부정으로서 있음 외에 다른 아무것도 아니다. 그런 점에서 자기를-위함은 본래 과거와 무관하다. 어떤 점에서 그것은 언제나 생생한 현재를 살 뿐이며, 그러면서도 현재에 의거해 비로소 존재하게 된 그러한 존재자로서가 아니라 도리어 자신이 사는 그 생생한 현재를 자신의 존재를 통해 비로소 나타나게 하는, 즉 현재의 근거로서의, 존재이다.

그렇다면 사르트르의 이러한 관점은 하이데거의 존재론과 어떠한 관계에 있을까? 의식이 하이데거가 전통 형이상학의 잔재라 여기고 극구 회피하는 개념이라는 점을 놓고 보면 의식의 자기를-위함과 자기-자체 사이의 실존론적 구조에 대한 사르트르의 설명은 하이데거의 존재론과 매우 이질적이라는 느낌이 들기 쉽다. 그러나 실은 전혀 그렇지 않다. 하이데거의 존재론에서 시간의 본래적인 의미는 순간(Augenblick)이다. 순간에 대한 하이데거의 존재론적 언명들은 하이데거가 현존재와 시간(성)의 관계를 사르트르와 매우 유사한 관점에서 고찰한다는 것을 분명하게 드러낸다.

1. 본래적 시간으로서의 순간과 현상

순간이란 존재론적으로 어떤 시간을 뜻하는 말인가? 그것은 사르트르의 철학에서 의식의 자기를-위함이 과거로서의 자기-자체를 자기-아님으로서 발견하고 부정하는 것과 유사한 시간이다. 우선 『존재와 시간』의 다음 인용문을 살펴보자:

"그러므로 현존재는 실존하면서 자신을 결코 눈앞의, '시간과 함께' 생겨나고 사라져버리며, 부분적으로는 이미 사라져버린, 사실로서 확정할 수 없다. 현존재는 언제나 단지 내던져진 현사실로서만 '자신을 발견한다.' 처해 있음에서 현존재는 자기 자체로부터 여전히 있으면서 이미 있었던, 즉 있어오면서 늘 있는, 존재자로서 엄습 당한다. 현사실성의 우선적이고 실존론적인 의미는 있어옴[Gewesenheit; 기재성]에 있다. 마음 씀 구조의 공식화는 '앞에'와 '이미'의 표현들로 실존성과 현사실성의 시간적 의미를 알린다."[1]

인용문 중 우리의 논의를 위해 가장 핵심적인 주장은 현존재가 언제나 단지 내던져진 현사실로서만 '자신을 발견한다'는 것이다. 하이데거가 '자신을 발견한다'는 문구에 인용부호를 단 것은 그것이 존재론적으로 적합한 표현이 아니라는 것을 뜻한다. 즉, '자신을 발견함'이 암시하는 자기 존재의 대상화 및 모종의 인식론적 반성의식의 관점을 배제해야 한다. '자신을 발견함'이라는 표현은 존재론적 처해 있음에 대한 부적절한 이해의 산물이라는 뜻이다. 참고로 처해 있음, 위치함 등을 뜻하는 독일어 관용구 'es befindet sich'의 'befinden'은 '발견하다', '간주하다'의 뜻을 가지고 있고, 그런 점에서 'es befindet sich'의 문자적 의미는 '그것은 자신을 발견하다'이다.

아무튼 존재론적으로 현존재가 '발견'하는 자신은 내던져진 현사실이다. 내던져진 현사실은 물론 현존재의 처해 있음이며, 이는 시간적으로 있어오면서 늘 있는, 즉 과거와 현재의 계기를 종합하고 있는 그러한 것으로서, 있음이다. 그렇다면 하이데거에게 현존재란, 사르트르식으로 표현하는 경우, 자신의 과거를 자신의 현사실성으로 발견하는 존재자인 셈이다. 현사실성의 우선적이고 실존론적인 의미로서 제시된 있어옴은 현존재 자신의 과거이고, 그것이 통념적 의미의 과거와 다른 까닭은 현존재의 부단한 현재성, 즉 '늘 있음'과 언제나 이미 하나를 이루고 있기 때문이다. 현존재는 자기 자체로부터 엄습 당한다. 여기서 엄습이란 분명 현존재가 자신의 현사실성을 이루는 과거를, 그 자신의 있어오는 과정 속에서 형성된 일상적 자기를, 그 자신에게 낯선 것으로서 받아들임을 뜻하는 말일 것이다. 즉, 현존재에게 현존재

---

1 M. Heidegger, *Sein und Zeit*, Tübingen 1993, 328.

의 현사실성 및 과거는 그 자신의 과거이고, 이러한 과거는 현존재의 현재와 하나를 이루고 있으며, 현존재의 존재가 함축하고 있는 이러한 중층적 시간 구조로 인해 현존재는 자신의 자기-자체를 자기-아님으로서 받아들일 수밖에 없는 역설적 존재자이다.

1) 현존재의 근원적 존재방식의 표현으로서의 순간

우리는 이 지점에서 한 가지 사실을 확인하게 되었다. 의식적으로든 무의식적으로든, 자기를-위함과 자기-자체 사이의 역동적 관계를 기술할 때의 사르트르는 분명 『존재와 시간』의 영향 아래 있었다. 자기-자체에 대한 부정으로서의 자기를-위함에 대한 사르트르의 기술 자체가 현존재의 존재가 함축하고 있는 중층적 시간 구조에 대한 존재론적 성찰의 반영인 것이다. 이러한 점을 염두에 두면서 우리는 하이데거의 시간 개념을 존재의 전체성의 표현으로서의 현사실적 의식과의 관계 속에서 해석하는 작업을 수행해야 한다. 그것은 물론 하이데거의 존재론을 전통적 의식 철학으로 환원시키기 위한 것이 아니다. 이러한 작업이 필요한 이유는 도리어 현상학적 의식 개념 속에 감추어져 있는 존재론적 의의들을 드러내고, 더 나아가 존재론적으로 보다 수미일관하게 해석하는 것이 필요하기 때문이다.

이미 언급했듯이 하이데거에게 본래적 의미의 시간은 존재론적으로 순간이다. 그런데 순간이란 대체 무엇을 뜻하는 말인가? 통념적으로 순간이란 어떤 시간적 길이도 지니지 않는다. 그것은 마치 기하학적 이념으로서의 점과 같다. 선분은 무수한 점으로 구성되어 있지만 정작 점은 어떤 길이도 갖지 않는다. 아무리 짧은 선분이라도 무수히 나뉠 수 있는 까닭은 그것이 아무 길이도 지니지 않은 점들로 이루어진, 그리고 그런 점에서는 본래 역설적이며 현실적으로는 존재 불가능한, 순수하게 이념적인 존재이기 때문이다. 시간의 흐름 역시 무수한 순간들의 흐름으로 파악될 수 있지만 정작 순간은 아무 시간적 길이도 지니지 않는다. 그렇다면 순간이란 본래 존재하지 않는 시간이라고 해야 하지 않을까? 과거와 미래의 시간계기를 지니지 않은 순연하게 현재적인 존재자가 존재할 수 없는 것과 마찬가지로 순간이란 과거와 미래를 가르는 기준으로서 우리 자신에 의해 자의적으로 제기되는 그때마다의 현재 외에 다른 아무것도 아니지 않을까? 이러한 의구심에는 나름대로 타당한 진실이 담겨 있다. 과거와 미래는 분명 현재라는 기준점을 전제로 하는 것이고, 현재라는 기준점은 객관적으로 존재하는 것이 아니라 그때마다의 현존재에 의해 제기되는 가변적인 것이라는 진실이 그것이다. 그러나 이러한 진실이란 시간과 존재에 대한 일종의 객관주의적 태도를 반영할 뿐이다. 존재론적으로 현재는, 적어도 그것을 현존재의 근원적 존재방식으로서의 있어옴과 늘 있음의 근원적 통일성의 관점에서 보는 한에서는, 결코 상대적이거나 자의적인 시간이 아니다. 도리어 현재는 현존재에게 일종의 절대적 시간이다. 결국 현존재란 그 자신을 늘 있는 존재자로서 발견하는 존재자이기 때문이다. 사르트르식으로 표현하면 현존재란 자기를-위함을 그 자신의 현재로서 지니는 존재자인 셈이다. 늘 있는 존재자로서 그 자신의 현재를 발견하는 한에서만 현존재의 존재는 가능하다는 뜻이다.

물론 이러한 존재론적 의미의 현재는 현존재의 존재와 무관한 객관적 시간의 한 계기와 같은 것이 아니다. 즉, 그것은 통념적 의미의 현재와 구분되어야 한다. 존재론적 의미의 현재에 해당하는 용어는 바로 순간이다. 존재론적 의미의 현재로서 순간은 그 자신을 늘 있는 존재자로서 발견하는 현존재의 근원적이고도 본래적인 존재방식을 드러낸다. 순간의 존재로서 현존재는 그 자신의 있어옴으로 환원될 수 없는 그 자신의 시간성을 언제나 이미 자각하고 있다. 현존재란 그 자신의 있어옴에 의해 비로소 존재하게 되는 존재자가 아니라 도리어 "오직 그가 [늘 현재적으로] 있는 한에서만 있어올 수 있는"[2] 그러한 존재자이다. 현존재에게 그 자신의 있어옴은, 그가 늘 현재적으로 있는 한에서만 있어올 수 있는 그러한 존재자인 한에서, 자기-아님으로서 부정되어야 할 자기-자체이다. 그렇다면 현존재는 어떠한 존재자로서 있어오는가? 무엇보다도 우선 일상적 존재자로서이다. 현존재의 존재방식에는 일상성 속에 빠져 있음이 근원적으로 속해 있기 때문이다. 그렇다면 현존재란, 늘 현재적으로 있는 한에서만 있어올 수 있는 그러한 존재자로서, 일상성으로서의 그 자신의 현사실성을 자기-아님으로서 부정하는 존재자인 셈이다. 이러한 사정을 하이데거는 다음과 같이 표현한다: "결단해서 현존재는 자신을 바로 빠져 있음으로부터 되찾아오는 바, 이는 더욱 본래적으로 열린 상황을 향한 '순간' (Augen**blick**) 속에서 거기 있기 위해서이다."[3]

아마 독자들 가운데는 존재론적으로 순간에 대한 이러한 설명에서 혼란과 당혹감을 느끼는 이들도 있을 것이다. 잘 알려져 있듯이 하이데거에게 현존재는 죽음을 향해 가는 존재자이며, 현존재로 하여금 그 자신의 본래성을 찾도록 하는 것은 그 자신의 죽음을 미리 앞질러 가볼 수 있는 현존재의 실존론적 가능성이다. 바로 그렇기에 하이데거의 시간론에서는 시간의 세 실존양태들 가운데 도래가 가장 근원적이다. 살아 있는 현존재에게 죽음이란 도래할 것으로서 있는 것이지 이미 지나간 것도 지금의 사건으로서 일어난 것도 아니기 때문이다. 물론 죽음의 때가 정해져 있지 않다는 점에서 보면 죽음이란 현존재에게 언제나 이미 임박해 있는 것이기는 하다. 그러나 아무튼 언제나 이미 임박함 역시 도래로서 그러한 것이지 지금의 순간으로서 그러한 것은 아니

---

2 Ibid., 328. 원문에서의 강조.

3 Ibid., 328. 원문에서의 강조.

다. 그렇다면 순간이 어떻게 존재론적으로 본래적 시간일 수 있을까? 현존재로 하여금 그 자신의 본래성을 자각하고 스스로 그 자신의 존재를 일상성으로의 빠져 있음으로부터 되찾게 하는 것이 도래할 것으로서 임박해 있는 죽음이라면 본래적 시간은 존재론적으로 도래가 아닐까? 그러나 여기에는 어떤 모순도 없다. 자각이란 언제나 지금 이 '순간' 일어나는 것일 수밖에 없기 때문이다. 분명 죽음은 도래할 것으로서 임박해 있으며, 그런 한에서 지금 이 순간의 사건이 아니다. 그러나 현존재가 지금 이 순간 자각하지 않는 죽음의 가능성이란 존재론적으로 무의미하다. 도래할 것으로서 임박해 있는 죽음이 현존재로 하여금 그 자신의 본래성을 되찾게 하는 까닭은 그 가능성이 지금 이 순간 자각되고 있기 때문이다.

순간에 대한 하이데거의 존재론적 언명들은 현재에 대한 사르트르의 존재론적 언명들과 다른 점과 같은 점을 모두 가지고 있다.

죽음의 가능성과 결부되어 있는 한에서 현존재의 본래적 시간으로서의 시간은 사르트르가 말하는 자기를-위함으로서의 현재와 같은 것이 아니다. 그것은 사르트르에게 의식이 일종의 비실체적 절대자라는 것으로부터 당연히 따라 나오는 결론이다. 절대자는 본래 죽을 수 없는 존재자이다. 죽을 수 있을 뿐 아니라 한 번은 죽을 수밖에 없는 자로 존재하는 현존재의 의식에 비실체적 절대자로서의 위상을 부여하기 위해 사르트르가 택한 전략은 의식의 존재가능성을 의식에 외적인 것으로서 제약하는 일종의 실존의 부조리의 드러남으로써 죽음의 존재론적 의미를 파악하는 것이다. 의식은 언제나 그 자신의 존재가능성들 가운데 하나를 선택할 뿐이며, 오직 이러한 종류의 자유만을, 그것도 어떤 상황에서도 양도 불가능한 절대적인 것으로서, 가지고 있다. 한 마디로, 의식은 죽지 않기 때문에 절대자인 것이 아니라 존재하는 매 순간 그 자신의 존재가능성들 가운데 하나를 선택할 수 있기에 자

유롭다는 것이다. 그렇기에 사르트르에게는 의식의 자기를-위함으로서의 현재는 죽음과 본래 무관하다.[4]

그러나 그 자신의 비본래적 현존으로부터 본래적 자기를 되찾는 것인 한에서, 그리고 이 비본래적 현존이 일상성 안에 빠져 있음으로서의 현사실성을 뜻하는 한에서, 존재론적 의미의 순간이란 사르트르가 말하는 의식의 자기를-위함으로서의 현재와 마찬가지로 자신의 과거 혹은 자신의 있어옴의 과정 속에서 형성되어온 비본래적 자기-자체를 자기-아님으로서 부정함의 시간인 셈이다. 즉, 현존재는 언제나 순간을 그 자신의 자기-자체에 대한 부정의 계기로서 맞이하는 특별한 존재자이다. 물론 현존재의 순간을 현존재의 자기-자체에 대한 부정의 계기일 수 있도록 하는 것은 바로 죽음의 가능성, 보다 정확히 말해 자신의 죽음을 미리 앞질러 가볼 수 있는 현존재의 가능성이다. 그러나 자신의 죽음을 미리 앞질러 가볼 수 있음이란 지금 이 순간 자신의 죽음을 언젠가 반드시 도래할 사건으로서 예기함을 뜻할 뿐이다.

2) 탈자태로서의 순간과 순간 안의 현상

하이데거에 따르면 존재론적으로 "순간"이란 "본래적 현재(Gegenwart)"를 뜻하는 말이며, 일종의 현존재의 존재의 "탈자태"이고, 그런 한에서 통념적 의미의 "지금"과 엄밀하게 구분되어야 한다.[5] 순간의 현상은 그런 점에서 현존재의 존재의 근원적 탈자성의 드러남과 같다. 그렇다면 이러한 순간 안에서의 현상은 현존재에게 어떤 의미를 지닐까? 여기서 '안'이란 물론 그 무엇이 특정한 시간 안에 일어남이라는 의미의 '안'이 아니다. 그것은 다만 존재론적 의미의 시간(성)에는 근

---

4 J.-P. Sartre, *L'être et le néant*, Paris 1988, 589 이하 참조.

5 M. Heidegger, *Sein und Zeit*, Tübingen 1993, 338. 원문에서의 강조.

원적 아이스테시스의 사건에 의해 존재가 순연한 초월로서 열림이 함축되어 있다는 뜻에서의 '안'을 뜻할 뿐이다. 순간 안에서의 현상이 현존재에게 지니는 의미에 대한 물음은 이런 점에서 순연한 초월로서의 존재의 의미에 대한 물음과 같다. 존재론적 진리의 근원적 근거로서의 아이스테시스, 즉 그 무엇을 감각적으로 순연하게 받아들임의 사건 속에서 현존재는 무엇을 발견하는가? 이러한 물음에 대한 대답은 일견 단순하고 뻔해 보이기 쉽다. 물음에 걸려 있는 문제가 순간 안의 현상인 한에서, 그리고 순간이 현존재가 그 자신의 본래성을 일상적 빠져있음으로부터 되찾아오는 순간을 뜻하는 한에서, 현존재가 발견하는 것은 일상적이지 않은, 일상세계를 지배하는 도구적 의미연관으로부터 벗어난, 그러한 존재의 현상일 수밖에 없다. 그러나 이러한 존재의 현상이란 대체 무엇을 뜻할까? 일상성이란 현존재의 근원적 존재방식의 하나 아닌가? 바로 이러한 이유로 현존재에게 모든 존재의 현상이 다 그 도구적 의미연관 속에서 알려진다는 결론이 나올 수밖에 없다. 그런데 이러한 결론은 현존재가 현상과 존재에 대한 일상적이고 비본래적인 해석으로부터 벗어나서 도구성으로 환원될 수 없는 존재의 참되고도 본래적인 의미를 헤아릴 가능성이 없음을 암시하는 것 아닐까?

하이데거의 관점에 입각해서 이러한 물음을 풀기에 앞서 우선 다음과 같은 점을 기억하자: 사르트르의 존재론에서 의식의 자기를-위함으로서의 현재는 무로서의 의식에 의해 부단히 자기-아님으로서 부정되어온 자기-자체로서의 과거에 대한 총체적 부정의 순간이다. 즉, 자기-자체에 대한 자기를-위함의 부정은 자기-자체로서의 존재와의, 즉 과거와의, 단순한 결별이 아니라 새로이 부정될 자기-자체의 생성이다.

자신이 A. 버지스의 소설인 『시계태엽 오렌지』의, 혹은 S. 큐브릭이

이 작품을 원작으로 삼아 만든 동명 영화의, 주인공 알렉스라고 상상해보라. 알렉스와 그 패거리는 바야흐로 알렉산더라는 이름의 늙은 작가 부부의 집을 침입하려 하고 있다. 방종하고 폭력적인 알렉스 무리에게 윤리적 규범 따윈 아무 효력도 없다. 그들은 그저 내키는 대로 행동할 뿐이다. 자신들이 휘두르는 폭력에 누군가 다치건 죽건 상관없이 아무튼 중요한 것은 기분풀이가 되고 쾌락이 될 만한 일을 해치우는 것이다.

존재론적으로 보면 이러한 행위도 자기를 위한 마음 씀(Sorge)의 일종이다. 아무 도덕의 제약도 없이 자신의 욕망을 이루고자 하는 충동과 의지에만 따르는 것이 알렉스 무리가 원하는 삶이고, 이러한 삶을 위해 그들 나름대로 마음 쓰고 있다는 뜻이다. 자신을 위해 마음 쓰며 살아가기에 그들은 살면서 마주치는 이런저런 존재자들을 자신이 원하는 삶을 살아가는 데 필요한 도구로서 발견하게 된다. 늙은 작가 부부 역시 그들에게는 일종의 도구일 뿐이다. 그들에게 타인은 폭력적 욕망을 충족시킴으로써 얻게 될 쾌락을 위해 있다. 하나의 도구적 존재자에 불과하기에 타인의 존재의미 역시 알렉스 무리에게는 그들의 일상세계를 지배하는 도구적 의미연관 속에서 열릴 뿐이다. 폭력의 대상으로서 타인은 알렉스 무리가 타인을 향해 휘두를 폭력의 도구로서의 주먹, 발, 몽둥이, 자신들의 정체를 가릴 마스크 등과의 연관 속에서 그 의미가 알려지는 존재자이다.

알렉스 무리에게도, 하이데거가 자신의 본래성을 일상적 빠져 있음으로부터 되찾아오는 시간으로 규정한, 존재론적 의미의 순간이 있을까? 본래성의 회복을 통념적 도덕의 관점에서 일종의 회심 같은 것으로 이해하면 도무지 그럴 것 같지 않다. 타인을 자신을 위한 도구로만 인지하는 자는 도덕적으로 참된 인간이 아니다. 참된 인간이 되려면 그는 우선 회심해야 하고, 스스로 이전의 자기와 전적으로 다른 존재자가 되려고 노력해야 한다. 그의 회심과 노력을 가능하게 하는 것은 물론 깨달음이다. 타인을 단순한 도구로 여겨서는 안 된다는 깨달음, 자기의 이익을 위해 타인에게 해를 끼쳐서는 안 된다는 깨달음 등이, 그 바탕에 자기를 위한 이해타산이 아니라 도덕적으로 올바른 인간이 되어야 한다는 내적 확신이 놓여 있다는 것을 전제로, 한 인간이 새 인간이 되는 데 반드시 필요하다. 그러나 존재론적 의미의 본래성 회복은 이러한 도덕적 의미의 회심과는 아무 상관도 없다. 존재론적으로 보면 회심하기 이전이든 회심하고 난 이후이든 상관없이, 현존재는 언제나 이미 하나의 일상세계 안에 빠져 있는 존재자이며, 동시에 항상 그 자신의 본래성을 되찾아오는 순간 속에, 오직 이러한 순간 속에서만, 머무는 존재자이기 때문이다. 알렉스 무리의 예로 돌아가 보자.

알렉스 무리는 타인을 자신을 위한 도구로만 보는가? 상식적으로 판단하면 분명 그렇다. 그들에게는 타인에 대한 존중심이 전혀 없는 것이다. 그러나 그들의 손에 들려 있는 무기는, 그들이 얼굴을 가리려고 쓴 마스크는, 폭력의 희생양이 될 자를 향해 그들이 보이는 조심성과 용의주도함은, 그들이 타인을 단순한 도구 이상의 존재로 보고 있음을 암시한다. 그들이 제압할 타인은, 제압함이라는 말이 이미 함축하고 있는 바대로, 저항할 수 있는 자이며, 그들의 정체를 알아차릴 수 있는 자이고, 힘도 세고 운도 따르는 경우 거꾸로 그들을 제압할 수도 있는 자이다. 사르트르식으로 말하면 타인은 내 행위의 대상으로서의 자기-자체로만 있는 것이 아니라 거꾸로 나 자신을 그의 행위의 대상으로서의 자기-자체로 전락시킬 수 있는, 나 자신의 자기를-위함이 결코 그 존재론적 근거로서의 자기-자체로-있음을 무화시키는 것이 아님을 드러내는, 하나의 고유한 자기를-위함의 존재이다. 행운의 여신이 내게 엄혹한 시선을 보내는 경우, 나는 심지어 내가 제압하고자 하는 자에 의해 죽임을 당할 수도 있다. 내가 타인을 향해 다가가며 보이는 조심성과 용의주도함은 내가 자신의 죽음의 가능성을 예기하며 살아가는 자라는 사실을 알려준다. 자신의 죽음의 가능성을 예기하는 존재자로서 내게는 타인을 비롯한 모든 존재자가 단순한 도구 이상의 존재로서 발견된다. 결국 죽음의 가능성이란 존재론적으로 일상적인 모든 것들과 본래 무연관적인 존재자로서 자신을 발견함과 같은 것이기 때문이다. 일상적인 존재자 역시 하나의 존재자인 한에서, 그리고 그들의 도구적 현상성 역시 일종의 존재 자체의 드러남인 한에서, 일상적인 존재자가 나와 본래 무연관적인 존재자라는 사실은 그것이 나와 단순히 무관한 것으로서 거기 있음을 뜻하지 않는다. 도리어 이러한 사실은 일상세계를 지배하는 도구적 의미연관 속에서 하나의 도구로서 해석된 존재자가 본래 일상적이지 않은 것으로서 거기 있음을, 현존재의 그때-거기(Da-)가 단순한 일상세계 안의 그때-거기 이상의 의미를 지님을, 드러내는 사실로서 파악되어야 한다.[6]

타인은 나를 어떻게 제압하는가? 타인에 의해 내가 죽게 되는 경우 이 죽음의 사건을 가능하게 하는 것은 무엇인가? 상식적으로 보면 이러한 질문은 어리석다. 타인이 나를 제압하고 살해하는 데 사용할 수 있는 방식은 매우 다양할 뿐 아니라 그 중 상당수는 누구나 이미 알고 있는 것이기 때문이다. 그러나 바로 여기에 실은 매우 의미심장한 존재론적 진실이 하나 담겨 있다. 타인은 맨손으로 나를 죽일 수도 있지만 이런저런 사물들을 도구로 사용할 수도 있고, 심지어 내가 그를 제압하기 위해 가지고 간 몽둥이를 내게서 빼앗아 내게 타격을 가해올 수도 있다. 한마디로, 나의 자유를 제약하고 내가 스스로 의도치 않는 나의 죽음을 초래할 가능근거의 하나로서 타자가 거기 있는 한에서,

---

6 이 문단에 반영된 하이데거의 존재론적 죽음 개념에 관해서는 다음 참조: M. Heidegger, *Sein und Zeit*, Tübingen 1993, 246 이하.

도구적 의미연관 속에서 특정한 도구적 존재자로 발견되는 모든 것들은 단순히 나를 위해 거기 있는 것이 아니다. 나의 고통과 자유의 제약, 심지어 죽음까지 초래할 수 있다는 점에서 존재하는 모든 것들은 본래 섬뜩한 것들이다. 존재자들이란, 나에 의해 사용될 수도 있고 타자에 의해 사용될 수도 있으며, 나와 타자의 죽음이 모두 주위의 이런 저런 존재자들에 의해 야기될 수 있다는 점에서 보면, 단순한 도구로서 거기 있는 것이 아니다. 존재자들은 도리어 나와 타자에게 언제나 이미 임박해 있는 것으로서의 죽음의 가능성의 근원적 구성요소로서 거기 있다. 즉 모든 존재자는 존재론적으로, 현존재로서의 존재자이든 도구적 사물로서의 존재자이든, 그 현상적 일상성 뒤에 그 자신의 본래적 비일상성을 감추고 있다. 아니, 존재자의 본래적 비일상성은 단순히 감추어진 것이 아니라 존재해서는 안 될 것으로서, 그러나 틀림없이 존재하고 있을 뿐 아니라 나 자신의 소망과 선택과 무관하게 존재할 수밖에 없는 것으로서, 현존재에 의해 애써 무시되고 있다. 존재자의 본래적 비일상성을 체험의 매 순간마다 즉각적으로 순연하게 발견하고 받아들이면서 현존재는 그 섬뜩함의 기운을 친숙한 일상성의 현상으로 덮어버린다. 물론 나날의 평범한 일상에서는 존재자의 섬뜩함이 크게 느껴지지 않는다. 그러나 타자와의 적대적 관계의 형성과도 같은 비상한 상황이 발생하는 경우 나는 불현듯 존재하는 모든 것이 나에게 적대적일 수 있음을, 단순한 도구 이상의 존재자임을, 새삼 깨닫게 된다.

타자와의 적대적 관계 속에서 내가 결정적 승리를 거두는 경우는 어떠할까? 이미 상대를 완전히 제압해서 그가 주위의 이런저런 도구적 존재자들을 사용해 내게 피해를 입힐 가능성이 거의 사라져버리면? 늙은 작가는 젊고 혈기왕성한 알렉스 무리에게 저항하기에는 그저 무기력할 뿐이었다. 그는 훗날 휠체어 신세를 지게 될 정도로 흠씬 두들겨 맞고 나서 알렉스가 자신의 아내를 강간하는 것을 힘없이 지켜볼 수밖에 없었다. 알렉스가 작가의 아내를 강간하는 순간은 일종의 선언과도 같다: '나는 승리했으며, 따라서 적어도 지금 이 순간만큼은 내게 내 욕망을 충족시키는 데 필요한 도구 이상의 의미를 지니는 존재자는 주위에 아무것도 없다.' 그러나 이러한 선언이 존재자의 본래적 비일상성을 단순한 무로 돌리는 것은 아니다. 늙은 작가의 굴욕과 고통을 지켜보는 것은 내게 왜 즐거운 일인가? 그것은 물론 그가 굴욕을 느낄 수 있는 존재자임을, 고통과 죽음에 취약한 몸과 함께 거기 있는 자임을, 내가 이미 알고 있기 때문이다. 나는 그가 단순한 도구 이상의 존재로서 그 자신을 이해함을 알고 있으며, 그에게 그의 아내 역시 단순한 도구 이상의 존재라는 것도 알고 있고, 오직 이러한 한에서만, 즉 나에 의해 굴욕을 당하는 자가 단순한 도구 이상의 존재로서 거기 있음을 이미 아는 한에서만, 내 폭력적인 욕망을 충족시킬 수 있다. 나는 그의 본래적 비일상성을 나의 욕망 충족을 위한 도구적 일상성으로 환원함으로써 만족을 얻는 자이지만, 이러한 과정 속에서 내가 느끼는 만족은 결국 일종의 자기기만의 결과일 뿐이다. 나는 그가 단순한 도구일 수 없는 존재자임을, 오직 그러한 경우에만 내가 만족을 느낄 수 있음을, 이미 알고 있기 때문이다. 내가 그의 살을 짓이기며 느끼는 쾌감은 그때마다의 욕망 충족의 달콤한 부산물일 뿐 아니라 동시에 내가 자신의 욕망을 결코 온전히 충족시킬 수 없는 자로서 여기 있음을 알린다. 죽이든지 살리든지, 아무튼 그의 본래적 비일상성을 나를 위한 도구적 일상성으로 환원하고자 하는 나의 의지는 좌절할 수밖에 없다. 내가 느끼는 쾌감은 승리의 만족감이기도 하고 존재론적 순간 안에서 드러나는 섬뜩한 영원성의 표시이기도 하다. 나는 끝내 좌절할 자로서 존재하는 것이며, 욕망 충족이 안겨주는 달콤한 쾌감에 내몰려 자신의 존재에 내려진 파산선고에 귀를 막는다. 그런 한에서 타자의 굴욕과 고통은, 그로부터 내가 느끼게 되는 쾌감은, 내가 스스로 나 자신에게 안기는 일종의 조롱이다. 나는 존재론적 실패자이다. 승리하며, 욕망을 충족시키며, 타자의 고통과 굴욕을 내가 거둔 결정적 승리의 표지로 받아들이며, 나는 실은 나 자신의 존재에 치유할 수 없는 상처를 안기고 있다. 그것은 내가 결코 충족될 수 없는 욕망과 의지에 의해 움직이는 존재자라는 사실, 그럼에도, 혹은 바로 그러한 이유로, 부단히 동일한 욕망과 의지에 의해 움직일 수밖에 없는 존재자라는 사실, 그럼으로써 나 자신에게 죽음보다 깊은 열패감의 그늘을 드리우는 영원한 패배자라는 사실에 기인하는 상처이다.

『시계태엽 오렌지』의 주인공 알렉스에 대한 존재론적 해석을 통해 우리는 본래적 시간으로서의 순간이 이중의 의미로 탈자태라는 것을 확인할 수 있다. 하나는 시간성의 탈자태이다. 순간은, 그것이 현존재의 있어옴에 대한 부정으로서 일상성에의 빠져 있음으로부터 현존재의 본래적 자기를 되찾아오는 시간인 한에서, 그리고 이러한 본래성 회복이 언제나 이미 임박해 있는 것으로서의 죽음의 가능성을 전제하는 한에서, 있어옴과 도래와의 관계 속에서 열리는 탈자태이다. 또 하나는 존재론적 안에-있음의 탈자태이다. 일상성에의 빠져 있음으로부터 본래적 자기를 되찾아오는 순간 현존재가 체험하는 것은 존재론적 안에-있음의 이중의 의미이다. 현존재는, 본래성의 회복의 순간 부정되어야 할 비본래성을 부단히 있어오는 그 자신의 현사실로 지니는 한에서, 도구적 의미연관 속에서 열린 친숙한 세계-안에-있는 존재자이며, 이는 현존재가 오직 이러한 존재자로서의 자기와의 관계 속에서만 존재론적 순간을 지닐 수 있음을 뜻한다. 그러나 동시에 본래성의 회복의 순간은 친숙한 모든 것들이 본래 섬뜩한 것으로, 그 비도구적 비일상성 가운데, 드러남의 순간이다. 그렇기에 순간 속의 현존재는 친숙한 세계로 환원될 수 없는 존재의 전체성 안에-있는 존재자로서 그 자신을 발견하게 된다. 안에-있는 자로서 현존재는 본래 섬뜩한 존재론적 순간의 무 가운데로 내몰린 존재자이다. 그는 아무 데도 갈 수 없으며, 가고자 하는 모든 곳에서 그 자신의 존재로서의 안에-있음의 근원적 무성을 발견할 뿐이다.

이러한 사실은 현존재의 존재와 존재의 전체성의 관계에 관해 우리에게 무엇을 알려주는가? 순간이 현존재에게 열어 보이는 안에-있음의 근원적 무성은 현존재의 존재가 존재의 전체성으로부터 파편화된 것임을 암시하는가? 그러나 이러한 의문의 대상이자 그 출발점인 현존재의 존재란 대체 무엇을 뜻하는 말인가? 그것은 현존재의 자기 자체, 즉 현존재가 그 자신의 본래성을 일상성에의 빠져 있음으로부터 되찾아오는 순간 부정되는 현존재의 존재의 있어옴으로서의 현사실성을 뜻하는 말인가? 이 경우 순간의 현존재, 그 자신의 존재의 있어옴으로서의 현사실성을 자기-아님으로서 부정하는—현재적으로 늘 있는—현존재의 존재는 규정되어야 할 현존재의 존재의 한정 범위 밖으로 배제되는 셈이다. 그렇다면 그것은 자기 존재의 있어옴으로서의 현사실성을 자기-아님으로서 부정하는 순간의 현존재의 존재를 뜻하는 말인가? 물론 그럴 수 없다. 순간의 현존재는 오직 자기-아님으로서 부정되어야 할 그 자신의 현사실성을 전제로 하는 경우에만 존재할 수 있기 때문이다. 그렇다면 그 자신의 존재의 안에-있음을 그 근원적 무성 가운데 발견하는 순간의 현존재는 친숙한 세계라는 의미의 존재의 전체성으로부터 파편화된 존재자일 수 없다. 친숙한 세계 자체가 존재론적으로 순간의 현존재를 가능하게 할 자기 존재의 있어옴으로서의 현사실성에 정초해 있는 것이기 때문이다. 마찬가지로 친숙한 세계로 환원될 수 없는 존재의 전체성 역시 현존재의 존재와 무관한 것일 수 없다. 이러한 존재의 전체성 역시 일상성에의 빠져 있음으로부터 그 자신을 되찾아오는 순간의 현존재의 존재에 정초해 있는 것이기 때문이다.

결국 현존재의 존재는 친숙한 세계라는 의미의 존재의 전체성과 그러한 세계로 환원될 수 없는 존재의 전체성 모두의 존립 근거이다. 이는 물론 현존재의 어떤 행위에 의해 전체로서의 존재가 창조되거나 인위적으로 형성된다는 것을 뜻하지 않는다. 하이데거가 적확하게 표현했듯이 존재론적으로 "존재는 순연한 초월"[7]이며, 그런 한에서 현존재의 존재 역시 현존재의 개별적 실체로서의 존재와도 같은 의미를 지닐 수 없다. 현존재의 존재가 그 자체 하나의 단적인 초월로서 현존재가 초월적 관계를 맺는 존재자와의 실존론적 관계를 함축하는 한에서 현존재의 안에-있음을 가능하게 하는 존재의 전체성은 현존재의 존재의 근원적 구성요소로서 파악되어야 한다는 뜻이다. 순간 안의 모든 존재자의 현상은, 그것이 현존재의 친숙한 세계-안에-있음과 본래적으로 섬뜩한 안에-있음의 근원적 무성을 모두 드러내는 한에서, 현존재의 존재 자체가 지니는 존재의 전체성의 개별화된 표현으로서의 의미의 드러남이다. 일렁이는 한 이랑 한 이랑의 물결에게 전체로서의 바다가 그 존재를 이루는 근원적 구성요소이듯이, 현존재의 존재는 존재의 전체성을 그 자신의 근원적 구성요소로서 지닌다. 존재의 전체성이 그 자신의 부분에 불과한 한 존재자로서의 현존재의 존재를 이루는 그 구성요소일 수 있는 까닭은, 마치 전체로서의 바다가 한 이랑 한 이랑의 개별화된 물결의 부단한 연속으로서만 존속할 수 있듯이, 존재의 전체성 역시 그 자신의 개별화된 표현으로서의 각각의 현존재의 존재가 이루는 부단한 연속의 관계 속에서만 가능한 것이기 때문이다. 물론 이러한 부단한 연속의 관계는 존재론적 안에-있음의 관계이며, 부단한 것으로서 어떤 외적 구분도 알지 못하는 절대적 내면성의 관계이고,

---

7 M. Heidegger, *Sein und Zeit*, Tübingen 1993, 38.

그 존재론적 근거는 언제나 그 자신의 존재를 안에-있음으로서 지니는 현존재의 존재이다.

2. 초월로서의 존재와 윤리

본래적 시간으로서의 순간은 현존재의 존재의 초월성이 중층적 구조를 지니고 있음을 드러낸다.

일상성과 비본래성의 측면에서 고찰하는 경우 현존재의 존재는 친숙한 일상세계와 초월적 관계를 맺고 있으며, 여기서의 초월은 물론 일상세계가 현존재와 외적 대립의 관계를 형성하고 있음을 뜻하지 않는다. 현존재는 결국 세계-안의-존재이기 때문이다. 즉, 현존재의 존재의 초월성은 친숙한 세계-안을 향한 초월이다. 세계-안을 향한 초월로서 현존재의 존재는 현존재에게 세계에 속한 것으로서 알려지며, 오직 그런 한에서만 자신의 존재를 세계-안에-있음으로 헤아릴 수 있지만, 세계 및 세계의 안 역시 오직 현존재의 존재에 근거해 있는 것으로서만 나타날 뿐이다. 세계 및 세계의 안이 일종의 실체적 존재자들의 세계 및 그 존재방식으로서 현존재에게 열리는 것이 아니라 도리어 그 자신의 존재를 안에-있음으로 이해할 수 있는 현존재의 존재에 의거해서 현존재의 존재의 초월적 운동이 늘 그리로 향할 장소로서의 세계-안이 열린다는 뜻이다.

본래성의 측면에서 고찰하는 경우 현존재의 존재는 친숙한 일상세계와의 근원적 무연관성 가운데 파악되어야 하는 것이며, 그런 한에서 현존재의 근원적 존재방식으로서의 안에-있음은 친숙한 세계-안에 있음 이상의 것이다. 현존재의 존재의 초월이 지향하는 안은 세계내부적 존재자들로 환원될 수 없는 존재자들의 존재의 총체성의 표현으로서 열리는 것이고, 현존재의 존재가 그러한 안에-있음인 한에서 현존재 역시 세계내부적으로 존재할 수 없는 그 자신의 본래적이고 근원적인 한계를 발견하게 된다. 세계와 하나이기를 꿈꾸는 한에서, 그 자신의 욕망과 충동이 온전한 세계내부적 존재자로서 존재하기의 일환인 한에서, 현존재는 영원하고도 궁극적인 실패자로 세계 안에 있을 뿐이다. 그것은 현존재의 존재 역시 하나의 순연한 초월로서, 세계-안뿐 아니라 친숙한 세계의 근원적 무성을 드러내는, 그리고 그런 의미에서 섬뜩한, 전체로서의 존재-안과 실존론적 관계를 맺고 있기 때문이다.

1) 친숙함의 두 가지 의미

친숙함이란 무엇인가? 잘 알려져 있듯이 하이데거는 친숙함을 주로 도구성의 관점에서 설명한다. 우리는 앞에서 『시계태엽 오렌지』의 예를 통해 타자, 즉 공동 현존재를 포함해 주위의 모든 존재자가 현존재에게 늘 도구이자 도구 이상의 존재자로서 알려지는 것임을 살펴보았다. 존재론적 의미의 도구를 톱이나 망치, 의자, 책상 같은 글자 그대로의 도구로만 이해할 필요는 없을 것이다. 사는 데 이로움을 주는 모든 것은 존재론적으로 결국 도구이다. 이웃도, 친구도, 연인도 그들이 내가 사는 데 도움이 되는 존재자인 한에서는, 그리고 바로 그러한 이유로 내가 그들에게 친숙함을 느낀다면, 모두 내게 도구적 존재자이다. 내 주위의 모든 존재자들이 내게 단순한 도구 이상의 의미를 지닐 수밖에 없는 까닭은, 상식과 도덕의 관점에서 보면, 그들이 지니는 어떤 존엄성 때문이다. 이웃, 친구, 연인 등 내게 친숙하고 소중한 사람들은 모두 인격을 지닌 특별한 사람들이고, 그런 한에서 자체 목적으로 여겨져야 할 사람들이다. 그러나 존재론적으로 보면 자체 목적으로 여겨져야 함 자체가 현존재가 꾀하는 존재기획의 하나이고, 그런 한에서 '사람은 자체 목적으로 여겨져야 한다'라는 도덕적 확신이나 이러한 확신에 입각한 인간관계 같은 것은 모두 현존재의 존재기획을 이루는 데 도움이 되는 도구적 의미를 지닐 뿐이다. 한 마디로, 존재론적으로 보면 친숙하거나 친숙함의 관계를 이루는 데 도움을 주는 모든 것은 다 도구적이다. 그러나 친숙함의 관계가 저절로 맺어지는 것이 아니라 그 자신의 존재를 위해 마음 쓰는 현존재의 존재기획의 실현과정 속에서 이루어지는 것인 한에서, 그리고 그러한 것으로서 친숙하지 않은 관계로 전환되어버릴 가능성으로부터 자유롭지 않은 한에서, 친숙한 모든 것들은 동시에 본래적으로 섬뜩한 것들이기도 하다. 실은 바로 이 섬뜩함이 현존재로 하여금 친숙함의 관계를 향한 존재기획을 꾀하게 하는 근본 동인이다. 주위의 존재자들이 지니는 본래적 섬뜩함이 아니라면 현존재는 그들과 자신 사이에 가로놓인 소원한 거리를 좁혀나갈 이유 또한 지니지 않게 된다는 뜻이다. 이 점에서는 도덕적이고 인격적인 방식의 친숙함 역시 마찬가지이다. 도덕적이고 인격적인 방식의 친숙함 아래에는 응당 규범이 깔려 있기 마련이고, 규범이 규범에 상응하지 않는 방식으로 생각하고 행동할 가능성을 전제한다는 점에서 보면, 도덕적이고 인격적인 방식의 친숙함 역시 나와 타자의 관계가 친숙하지 않은 것으로 전환될 가능성, 그와 내가 서로의 인격을 무시하고 서로 모독하거나 심지어 물리적 상해를 가하는 관계로 전환될 가능성을 전제로 한다. 결국 내게 도덕적이고 인격적인 방식으로 친숙한 공동 현존재 역시 단순한 도구적 존재자가 아니라 늘 그 자신의 존재가 지니는 근원적 섬뜩함을 드러내는 존재자인 셈이다.

그렇다면 친숙함이란 존재자의 도구성의 드러남과 같은 것인가? 모든 도구적인 것은 존재론적으로 친숙한 것이다. 도구의 도구성 자체가 친숙함의 드러남 외에 다른 아무것도 아니기 때문이다. 그러나 그 역은 성립하지 않는다. 친숙하면서 도구적인 것도 있고, 친숙하지만 비도구적인 것도 있다는 뜻이다.

『시계태엽 오렌지』의 알렉스 무리 이야기로 돌아가 보자. 이 작품 속에 빈번히 등장하는 폭력 장면들은 폭력이란 본래 비도구적인 것으로서 친숙해진 것을 향하기 마련이라는 것을 잘 드러낸다. 몇 가지 사례들을 우선 열거해보자. 알렉스 무리는 어느 날 밤 늙은 노숙인을 두드려 패고, 라이벌 관계에 있는 다른 무뢰배 무리들과 패싸움을 벌이며, 앞에서 살펴본 것처럼 늙은 작가 부부에게 폭력을 행사하기도 한다. 알렉스 무리가 사는 세계는 노숙인이 흔한 세계이다. 그렇기에 노숙인의 존재는 그들에게 친숙하다. 그러나 노숙인은 쓸모없는 자로서 친숙하다. 늙은 노숙인을 향한 알렉스 무리의 증오와 폭력은 쓸모없는 자로서 친숙한 자를 욕망 충족에 유용한 일종의 도구로 전환시키고자 하는 충동과 의지의 표현이다. 라이벌 관계에 있는 다른 무뢰배 역시, 비록 적대적이기는 하지만, 알렉스 무리에게는 더할 나위 없이 친숙하다. 그들은 늘 보아오던 자들이고, 우리 자신과 모든 면에서 같으며, 그들과 우리가 적대적인 까닭 역시 바로 이것이다. 그러나 그들의 존재는, 그들의 폭력성이 언제든지 우리를 향할 수 있다는 점에서, 쓸모없을 뿐 아니라 위험하기도 하다. 그러니 그들과 한바탕 싸움을 벌여 폭력의 무분별한 행사가 안겨주는 미칠 듯한 흥분과 쾌감을 느끼는 것이 그들을 우리에게 유용한 도구로 전환시키는 최상의 방책이다. 누가 알겠는가? 운만 좀 따라준다면 그들을 완전히 굴복시켜 말 그대로 고분고분한 종처럼 만들어버릴 수도 있다. 친숙하면서 쓸모없기는 늙은 작가 부부 역시 마찬가지이다. 우리 사회에 작가가 얼마나 흔한가? 사람들이 작가에게 존중심을 표하거나 작가가 단지 작가라는 이유로 사회에 대해 보통 사람들보다 더 많은 말할 권리를 가지고 있는 것처럼 행세하는 일은 얼마나 자주 목격되는가? 그러나 작가의 존재가 가지고 있는 이 모든 친숙함은 단지 우리의 열패감을 부추길 뿐이다. 작가는 우리로 하여금 우리 자신이 보잘 것 없고 경멸받아 마땅한 무뢰배에 불과하다는 사실을 일깨워주는 자이며, 그런 한에서 쓸모없다. 아니, 작가는 우리에게 쓸모없을 뿐 아니라 무뢰배로서의 열패감을 느끼게 해준다는 점에서 보면 해롭기까지 하다. 그러니 할 수만 있다면 그에게 고통을 주고, 우리가 그로 인해 느낀 열패감을 열 배 스무 배로 돌려줄 일이다. 그럼 그의 존재는 비로소 내가 원하는 방식의 삶을 실현시켜나가는 데 도움이 될 도구가 되는 셈이다.

결국 친숙함이란 도구적 존재자뿐 아니라 도구적이지 않은 존재자에게서도 발견되는 것이라는 결론이 나온다. 그렇다면 현존재가 도구적이지 않은 존재자에게서 느끼는 친숙함은 존재론적 의미의 섬뜩함과 무관할까? 일견 이러한 질문에 대한 대답은 경우마다 다를 것처럼 보이기 쉽다. 예컨대 늙은 노숙인이나 작가 부부는 알렉스 무리에게 저항하기에 너무 약하고, 그래서 그들의 존재의 비도구성은 알렉스 무리에게 아무 섬뜩함의 이유가 되지 못할 것 같다. 반면 라이벌 관계에 있는 무뢰배들은, 그들이 알렉스 무리만큼이나 흉폭하고 힘센 자들이라는 점에서, 친숙하면서도 섬뜩한 존재자들일 것 같다. 그들과의 싸움에서 큰 부상을 입거나 결정적 패배를 겪는 일은 충분히 가능하니 말이다. 그러나 도구적이지 않은 존재자에게서 발견되는 친숙함은 어떤 경우에도 늘 그 자체로 하나의 섬뜩함이다. 내게 아무 저항도 할 수 없는 약한 존재자조차도, 그것이 내게 비도구적인 방식으로 친숙한 한에서는, 그 자신의 존재에서부터, 본래적으로, 섬뜩하다는 뜻이다.

본래적 시간으로서의 순간이 현존재에게 그 자신의 현사실성, 부단히 있어오며 형성된 자기-자체에 대한 부정의 시간이라는 점을 상기하자. 힘없는 노숙인에게서 나는 무엇을 발견하는가? 노숙인의 몸은 마치 눈앞의 사물처럼 다리의 음습한 그늘 아래 널브러져 있으며, 그가 노래를 흥얼거리는 소리는 익숙할 뿐 아니라 정겹기까지 하다. 그러나 나는 노숙인에게서 노숙인만 발견하지 않는다. 우선 나는 노숙인에게서 나의 현사실로서 부단히 있어온 자기-자체를 발견한다. 얼마나 자주 나는 저처럼 쓸모없는 자와 마주쳤던가? 그때마다 내 안에서는 인생의 패배자를 향한 경멸심과 증오가 솟구쳐 오르고, 할 수만 있다면 흠씬 두드려 패버리고 싶은 충동을 느껴왔다. 그의 친숙함은 그와 같은 존재와의 잦은 만남이 나의 현사실로서 부단히 있어온 자기-자체에 속해 있기 때문이다. 그렇다면 그를 향한 이 맹렬한 적개심은 내가 그를 발견하는 순간 그의 존재와 더불어 오직 나의 친숙한 자기-자체만을 함께 발견했음을 뜻하는가? 이 순간, 즉 존재론적으로 나의 자기-자체를 자기-아님으로서 부정하는 시간으로 규정된 그러한 순간, 나는 나의 자기-자체를 도리어 순연하게 긍정하고 있는 것인가? 그럼으로써 나는 스스로 존재론적 사유의 한계와 부적절함을 알리는 산 증거가 되는 것인가? 그러나 누구도 자신에게 아무 위협도 되지 않는 것에게 맹렬한 적개심을 느끼지는 못하는 법이다. 알렉스인 나에게, 자신의 충동을 제어하지 못하고 주위의 모든 공동 현존재와 끝없이 분란을 일으키는 것 외에 달리 사는 법을 알지 못하는 나에게, 늙고 가난한 노숙자는 장차 도래할 미래의 나와도 같다. 물론 운만 좀 따른다면 나는 그와 달리 성공하고 부유한 악당이 될지도 모른다. 그러나 그렇다고 주위의 모든 공동 현존재와 끝없이 분란을 일으키는 한에서 내가 저 노숙자처럼 다정하고 친근한 세상으로부터 고립될지 모른다는 사실이 바뀌는 것은 아니다. 아니, 나는 이미 저 노숙자처럼 다정하고 친근한 세상으로부터 고립되어 있다. 바로 그렇기에 나는 이토록 폭력적일 수 있는 것이며, 방종할 수 있고, 자신과 다른 모든 것을 향한 증오와 적개심에 사로잡힐 수 있는 것이다.

나는, 통념적 도덕의 의미로, 회심해야 하는가? 존재론적으로 보면 내가 힘없는 자를 향해 적개심을 느끼는 시간조차도 나의 친숙한-자기 자체가 자기-아님으로서, 다름 아닌 바로 나 자신에 의해, 부정되어야 할 것임이 고지되는 순간이다. 이러한 존재론적 진실은 나를 향한 일종의 도덕적 회심에의 요구와도 같은 것인가? 이러한 물음에 대한 대답은 도덕이 나에게 요구하는 회심이 구체적으로 지향하는 바가 무엇인가에 달려 있다. 이성적 도덕은 현세적 행복에 의해 제약되거나 동기 지어질 수 없는 것이라는 칸트 식의 도덕적 엄격주의의 관점에서 보면, 도덕이 나에게 요구하는 회심은 오직 이성이라는 초세계적 존재의 명령에 세계-안에-있는 한 존재자로서의 현존재의 존재기획을 완전히 복속시키라는 요구와 다를 바 없다. 이러한 요구는, 적어도 내가 성인군자와도 같이 자신의 현세적 행복을 향한 욕망을 완전히 극복하지 못한 한에서는, 친숙한 일상성으로부터 유리된, 그리고 그러한 의미에서 존재론적으로 섬뜩한, 요구이며, 그 까닭은 그것이 일상적 자기의 부정, 일상세계에의 빠져 있음을 그 자신의 현사실로서 지니는 나의 존재의 온전한 부정을 향한 요구이기 때문이다. 일견 이러한 요구는 일상적이고 비본래적인 자기와 구분되는 본래적 자기, 자신의 존재를 세계와의 근원적 무연관성의 관점에서 이해할 순간의 자기에게 충실할 것을 요구하는 것과 같아 보이기 쉽다. 그러나 실은 그 반대이다. 존재론적으로 본래적 자기는, 이성과도 같은 초세계적 존재와 달리, 오직 친숙한 세계-안에-있는 일상적이고 비본래적인 자기와의 실존론적 관계 속에서만 자신의 존재의 세계와의 근원적 무연관성을 자각할 수 있기 때문이다. 하이데거가 현존재에게 그 자신의 존재가 세계와 근원적으로 무연관적임을 알리는 근본 조건으로서 죽음의 선구성을 제시한 것은 무엇보다도 우선 죽음이 세계와 초세계적인 것으로서 무연관적인 존재자의 이념으로부터 자유롭기 때문이다. 내게 나 자신의 본질로서 이성이 있음이 확실하다면, 그리고 이성의 승리가 세계-안에-있는 존재자로서의 나를 위해서도 결국 바람직한 미래를 열어내게 된다는 확신만 있을 수 있다면, 나는 물론 세계와 근원적으로 무연관적인 나 자신의 본래성에 대한 자각을 바탕으로 세계와 타협 불가능한 외적 대립의 관계를 형성해 나가려 애쓸 수 있다. 그러나 실은 이러한 애씀조차도 내가 순수한 이성의 명령에 복종하고 있음을, 내가 진정으로 초세계적인 존재자로서 자신을 이해하고 있음을, 드러내지 못한다. 나의 생각과 행위가 여전히—내세에서의 복락과도 같은—나 자신의 행복에 의해 동기 지어져 있는 것이다. 그런 한에서 나는 여전히 세계-안의 존재자이고, 세계가 아니라 실은 나 자신의 본질로서 상정된 이성과 외적 대립의 관계를 형성하고 있는 것이다. 설령 내가 자신의 행복, 혹은 보다 포괄적으로 말해 자신을 위한 마음 씀에 의해 동기 지어진 생각과 행위로부터 완전히 벗어나려 애쓴다 하더라도 내가 세계가 아니라 이성과 외적 대립의 관계를 형성하게 된다는 점이 바뀌지는 않는다. 그것은 이러한 애씀 자체가 존재론적으로는 일종의 마음 씀, 내가 유별난 방식으로 나 자신을 위해 펼쳐나가는 존재기획의 일환일 수밖에 없기 때문이다. 세계-안에 머무는 한에서, 나는 자기를 위한 마음 씀에 의해 동기 지어지지 않은 생각과 행위를 위해서조차 언제나 현세적으로 선택해야 하며, 마음 써야 하고, 자신의 결의가 이런저런 유혹에 흔들리지 않도록 최선을 다해야 한다. 즉, 나는 세계와 무연관적이 되려고 애쓰는, 즉 유별나게 자기를 위해 마음 쓰는, 방식으로 여전히 세계-안에-있는 존재자로 남는다. 그뿐 아니라 세계-안에-있는 한 존재자로서 내가 소위 이성으로부터 연원한 것으로서 받아들이는 모든 도덕적 명령들은 실은 세계를 향한 것이며, 세계 안에서 세계에 영향을 끼치는 방식으로 구현되어야 할 행위에의 청유이고, 이러한 청유는, 도덕이란 늘 자신이든 그 밖의 누구든 결국 산 자를 위해 마련되고 또 구현되는 것이라는 점에서, 세계-안에-있는 공동 현존재들을 위한 마음 씀의 방식으로 구현될 뿐이다. 혹시 나는 그저 의무를 다하기 위해, 공동 현존재들을 위한 어떤 긍정적 감정의 계기도 없이, 이성의 명령에 순응해야 하는가? 이런 식의 생각은 물론 완전한 난센스다. 공동 현존재들을 위한 긍정적 감정의 계기를 지니지 못한 자는, 자신에 의해 찢기는 양을 보며 아무 양심의 가책을 느끼지 못하는 사자와 다를 바 없이, 이성의 도덕적 명령이 왜 올바른지 이해할 수 없을 것이기 때문이다. 아니, 이러한 자에게는 본래 이성의 명령이라는 것 자체가 존재할 수 없다. 도덕적인 성격을 띠는 한에서, 이성의 명령 역시 공동 현존재로서의 타자의 아픔에 무심해서는 안 된다는 암묵적 전제를 지니기 마련이기 때문이다. 즉, 초세계적인 것으로서 상정된 소위 이성의 명령 역시 실은 세계-안에-있는 존재자로서 내가 타자와 형성한 구체적 감정의 관계와 무관할 수 없다. 나는 결국, 설령 이성의 명령에 완전히 복종하기 위해 자기를 위한 마음 씀의 동기로부터 벗어나려 애쓴다 하더라도, 언제나 이미 나와 공동 현존재의 공통의 존재지반으로서의 세계를 위해 마음 쓰는 자이고, 그런 한에서 이성을 비롯한 모든 초세계적인 이념에 대해 외적 대립의 관계를 형성할 수밖에 없는 자이다.

그렇다면 나는 무엇을 어떻게 해야 하는가? 물론 나는 나의 친숙한 자기-자체를 자기-아님으로서 부정해야 한다. 내가 힘없는 자를 향해 적개심을 느끼는 시간조차 나 자신의 존재 자체에서 온전한 자기부정에의 요구가 일어나는 순간이라는 존재론적 진실 자체가 이러한 요구의 무조건성을 드러내고 있는 것이다. 존재론적으로 보면 현존재가 선택할 수 있는 가능성은 두 가지로 나뉠 수 있다. 하나는 이러한 요청을 받아들이기를 거부하는 것이다. 『시계태엽 오렌지』의 알렉스처럼 도덕적으로 회심하기를 거부하는 자가 그 대표적 사례이다. 또 다른 하나는 요청을 받아들여서 친숙한 자기-자체를 자기-아님으로서 부정하는 것이다. 그러나 현존재에게 주어진 이러한 양자택일의 가능성에도 불구하고 현존재는, 그가 늘 그 자신의 친숙한 현사실로부터 자신을 되찾아오는 시간으로서의 순간을 사는 한에서는, 이러한 요청에 순응할 수밖에 없는 존재자이다. 달리 말해 현존재에게는, 친숙한 자기-자체를 자기-아님으로서 부정할 요구에 순응하지 않으려 하지만 결국 순응하게 되거나, 반대로 자발적으로 순응하려 하는 가운데 순응하게 되는, 차이만이 선택지로서 주어질 뿐이다.

이제 친숙함이 도구적인 것의 친숙함과 도구적이지 않은 것의 친숙함으로 나뉠 수 있다는 점을 고려하면서 이 문제에 대해 생각해보자. 문제 해결의 실마리는 이 두 가지 종류의 친숙함이 각각 별개의 현상으로서 발견되는 것이 아니라 늘 하나의 존재자 현상 속에서 하나로 통일되어 있다는 점을 분명히 하는 것이다. 욕망 충족의 쾌감을 얻으려고 나는 늙은 작가를 괴롭히려 한다. 이런 나에게 그는 나를 위한 도구로 환원되어야 하는 자로서 거기 있다. 내가 그의 약함을 헤아리는 한에서, 능히 정복할 수 있고 나를 위한 욕망 충족의 도구로 활용할 자로서 발견되는 한에서, 그는 나에게 이미 하나의 도구이다. 그러나 앞에서 설명한 것처럼 그에게 굴욕을 가하는 것이 내 쾌감의 원인이 되는 까닭은 그가 나 자신에게 도구 이상의 존재자로서 발견되기 때문이다. 여기서 그의 도구성과 비도구성은 단순히 외적으로 구분되지 않을 뿐만 아니라 실은 서로가 서로의 근거가 되는 관계에 놓여 있다. 만약 그가 단순한 도구 이상의 존재자로서 발견되지 않는다면 그의 존재는 내게서 그를 정복할 욕망을 불러일으키지 않았을 것이고, 이 경우 그는 내게 도구가 될 수 없는 존재자로서 그저 있을 뿐이다. 그런데 이 말은 곧, 그가—내가 정복하고 또 나를 위해 사용할 수 있는—도구적 존재자로서 발견되는 것 또한 그가 도구 이상의 존재자로서 발견됨을 이미 전제하고 있다는 뜻이기도 하다. 결국 그를 정복해서 나를 위한 도구로 그의 존재를 환원하고자 하는 나의 욕망은 그가 내게 도구 이상의 존재자로서 발견되어 있음에 근거해 있는 것이다.

늙은 작가를 도구이자 도구 이상의 존재로 발견하는 나는 나의 친숙한 자기-자체를 자기-아님으로서 부정해야 함을 자각하는 순간 안의 존재이다. 그런데 여기서 나의 현사실을 이루는 친숙한 자기-자체란 무엇을 뜻하는 말인가? 그것 또한 두 가지 상이한 방식으로 친숙한 자기의 종합이다. 하나는 늙은 작가와 같은 자를 만날 때마다 적개심을 느끼고, 그에게 굴욕을 안겨줌으로써 쾌감을 얻고자 하는 욕망에 휘둘리게 되는 방식으로, 친숙한 자기이다. 이러한 친숙한 자기는 자기 자신에게 언제나 편리한 도구와도 같이 존재하는 자기이다. 결국 이러한 친숙한 자기가 얻고자 해온 것이 지금의 내가 얻고자 하는 것과 같고, 그 친숙함에 망설임 없이 타인에게 폭력을 행사해온 습성이 포함되어 있다는 점을 생각해보면, 그것은 지금의 내가 얻고자 하는 것을 얻는데 유용한 자기인 것이다. 그러나 지금까지 있어온 나의 현사실로서의 자기-자체에는, 내가 언제나 일상성에의 빠져 있음으로부터 자신을 되찾아오는 순간 안에 있는 존재자일 수밖에 없다는 점에서, 이러한 친숙한 자기를 부단히 자기-아님으로서 부정해온 자기가 포함되어 있다. 물론 이러한 자기 역시 지금의 나에게는 이미 친숙하다. 그 자기 역시 지금 비로소 생성된 자기가 아니라 부단히 있어온 것으로서, 친숙한 자기-자체를 자기-아님으로서 부단히 부정해온 그러한 것으로서, 나의 현사실을 함께 구성하고 있기 때문이다. 물론 친숙한 자기-자체를 자기-아님으로서 부정하는 자기의 친숙함은 비도구적 친숙함이다. 그리고 이러한 친숙함은 그 자체로 자기 존재의 근원적 섬뜩함이기도 하다.

친숙함과 섬뜩함의 이러한 역동적 통일성은, 그것이 현존재가 살면서 마주치는 모든 존재자의 존재에서 발견되는 것이기도 하고 현존재 자신의 존재에서 발견되는 것이기도 하다는 점에서, 매 순간 그 자신의 존재에게서 굴욕을 겪을 수밖에 없는 현존재의 근원적 운명을 지시한다. 늙은 작가를 친숙한 자기-자체로부터의 충동에 굴복해 괴롭히는 경우 이러한 자기-자체를 자기-아님으로서 부정하는 존재론적 순간의 자기가 굴욕을 겪고, 반대로 그를 괴롭히지 않는 경우에는 친숙한 자기-자체가 그 존재를 부정당하는 굴욕을 겪는다. 이러한 운명은 설령 내가 도덕적으로 회심해 사람을 아끼고 사랑할 줄 아는 새 사람이 된 경우에도 피할 수 없다. 나의 자기는 때로 지금보다 더욱 큰 사랑을 베풀 줄 아는 자가 되기 위해 부정당하고, 때로 그러한 부정을 차마 감당해내지 못하는 자기로 부정당하며, 타자와의 외적 대립의 관계를 지양하기 위해 부정당하기도 하고, 타자와 적극적으로 외적 대립의 관계를 형성하고 투쟁하는 가운데 살아갈 자기가 외면당하는 식으로 부정당하기도 한다. 한마디로, 나의 모든 선택은, 나의 자기가 일상성에의 빠져 있음으로 특징지어질 현사실로서의 친숙한 자기-자체와 이러한 자기-자체를 자기-아님으로서 부정하는 순간의 자기의 역동적 통일성에 의거해 있는 한에서, 내가 스스로 자신의 존재에 가하는 폭력이자 굴욕이다.

결국 현존재의 존재는, 그것이 하나의 존재자의 존재로서 개별화된 것임에도 불구하고, 세계가 지닐 수 있는 모든 존재가능성의 총체성의 담지자로서 존재의 전체성의 표현이다. 세계란 그 자체로 존재의 전체성의 표현인 바, 그 존재가 세계-안을 그 자신의 존재의 순연한 초월의 지향점으로서 지니는 현존재의 존재에 그 존재론적 근거를 두고 있기 때문이다. 비유적으로 말하자면 현존재의 존재는 E. 뭉크의 유명한 그림 〈절규〉에 묘사된 경악과 소리 없는 절규의 존재이다. 온 세계가 엄청난 소리로 비명을 지르고 있으며, 문득 그 소리를 들은 자에게 온 세계의 비명은 섬뜩한 것으로서 친숙하다. 그럴 수밖에 없는 것이, 세계가 지르는 비명의 존재론적 근거는 매 순간 자기 자신에게 폭력과 굴욕을 선사해야 하는 현존재 자신의 존재이며, 그런 한에서 세계의 비명은 현존재의 존재에게서 터져 나오는 절규인 것이다.

그러나 이러한 존재론적 진실을 우울과 절망에 사로잡힐 근거로 삼을 필요는 없다. 사자는 살을 찢으며 양은 살을 찢긴다. 찢기는 자가 없으면 찢어야 사는 자의 존재 역시 그저 무화될 뿐이다. 그것은 마치 천둥과 번개가 구름을 찢지 않으면 땅을 촉촉이 적셔줄 비도 내리지 않는 것과 같다. 세계가 지르는 비명의 존재론적 근거가 되는 현존재 자신의 존재는, 그것이 존재의 전체성의 표현일 뿐 아니라 늘 전체로서의 세계를 자기 존재와 통합할 존재론적 기획인 한에서, 찢는 자의 존재와 나뉠 수 없는 하나를 이루고 있는 것이다. 한 가지 분명한 진실은 실은 현존재의 존재에게서 터져 나오는 절규로서의 세계의 비명이 역설적이게도 현존재에게는 더할 나위 없는 기쁨과 쾌락의 원천이자 삶의 이유라는 것이다. 늙은 작가를 흠씬 두드려 팰 때도, 자신이 방금 전 병신을 만들어버린 작가의 아내를 그가 보는 앞에서 강간할 때도, 알렉스의 얼굴에는 거의 무구하다고 할 정도로 순수한 희열이 어린다. 전쟁이 일어날 때, 고통당할 사람들을 위해 아파하는 연민의 마음은 금세 무의식의 뒤안으로 사라져버리지만, 생생한 고통과 절망, 패배가 안겨주는 열패감, 승리의 쾌감 등은 전쟁의 야만성에 정비례해서 매우 강렬해지게 된다. 이겨야 하는 자로서 내가 매 순간 느껴온 두려움, 불안, 적개심, 증오가 그러한 혼란스런 감정의 부름에 순응하는 자기와 그러한 자기를 자기-아님으로서 부정하는 자기 사이의 존재론적 운동을 통해, 마치 좁은 관 속에서 진동하는 가운데 증폭되는 소리처럼, 격해지고 또 공고해지기 때문이다. 자신이 산 군수회사 주식의 시세가 오르기를 바라는 자에게서 은밀하거나 공공연하게 전쟁을 부추기는 마음이 생기는 것도, 비참한 불행에 시달리는 자를 볼 때 우리 마음 한 구석에 내가 그런 불행을 당하지 않아 다행이라는 마음이 드는 것도, 남보다 우월하다는 느낌을 받지 못해 안달하거나 열등의식 때문에 쉽게 분노하는 성향이 생기는 것도, 다 이러한 존재론적 진실을 증명한다. 현존재란 자신의 존재에게서 터져 나오는 절규를 통해 기쁨과 쾌락을 얻는 역설적 존재라는 진실 말이다. 그런 점에서 현존재는 모두 본래 사디스트이자 마조히스트다. 현존재가 사디스트인 까닭은 그가 기꺼이 세계의 비명을 듣고자 하기 때문이다. 현존재가 마조히스트인 까닭은 그가 듣는 세계의 비명이 실은 그 자신의 존재에게서 터져 나오는 절규이기 때문이다. 물론 사디스트는 사디스트대로 사디스트적인 쾌감을, 마조히스트는 마조히스트대로 마조히스트적인 쾌감을 극대화하려 하기 마련이다. 그 때문에 세계의 비명은 부단히 커져야 하고, 그 비명의 존재론적 근거로서 현존재의 존재에게서 터져 나오는 절규 또한 부단히 커져야 한다. 이러한 존재의 운동, 존재의 전체성의 개별화된 표현으로서의 현존재의 존재에게서 나타나는 쾌감과 고통의 극대화를 향한 운동은, 그것이 친숙한 자기-자체로서 존재함과 이러한 자기-자체를 부정하는 순간 안의 본래적 자기로서 존재함의 역동적 통일성이 현존재의 근원적 존재방식으로부터 연원하는 것인 한에서, 현존재의 존재론적 운명인 것이다.

2) 초월로서의 존재의 근원적·일상적 성스러움

아마 혹자는 『시계태엽 오렌지』의 주인공 알렉스를 예시로 삼아 전개된 현존재의 존재론적 운명에 대한 이 글의 설명이 철학적이기보다 문학적이고, 논증적이기보다 다분히 문체적이라고 느낄지 모르겠다. 그러한 독자는 우선 다음과 같은 점을 기억해주기 바란다:

현존재의 존재가 존재론적으로 존재의 전체성의 개별화된 표현인 까닭은 현존재가 이중의 방식으로 세계와 관계를 맺기 때문이다. 우선 현존재의 존재는 세계-안에-있음으로서 하나의 순연한 초월이며, 여기서 초월이란 현존재가 세계로부터 유리된 존재자로서 존재하는 것이 아니라 그 자신의 존재 자체가 세계-안에-있음의 근원적 근거가 되는 그러한 존재자로서 존재함을 뜻한다. 물론 현존재에게 그 자신의 존재는 언제나 세계-안에-있음으로서 나타난다. 그러나 바로 그런 한에서 현존재는 그 자신의 존재를 존재의 전체성의 한 양태로서의 세계와의 관계의 총체성 속에서 헤아리는 존재자이다. 이는 현존재가 자신을 그 안의 것으로서 지니는 존재의 전체성을 자신의 존재의 구성적 요소로서 지니는 존재자라는 것을 뜻한다. 현존재의 존재가 세계-안의 현상의 존재론적 근거일 뿐만 아니라 그러한 것으로서 세계를 그 자신의 근원적 존재방식인 안에-있음에 포섭하는 존재이기 때문이다. 그 다음으로, 현존재는 세계-안에-있는 존재자로서의 자기, 즉 부단히 있어온 현사실로서의 친숙한 자기를 자기-아님으로서 부정하는 존재론적 순간 안의 존재자로서 그 존재가 순연한 초월이다. 이러한 자기는 물론 세계와의 근원적 무연관성 가운데 자신의 존재를 헤아리는 자기이지만 세계-안의 존재자로서의 자기와의 관계 속에서만 존속할 수 있다는 점에서 초세계적 존재자는 아니다. 이러한 현존재의 자기 역시 안에-있음이며, 이때 안에-있음은 세계-안에-있으면서 동시에 세계-안에서 만나는 모든 것들을, 그 자신까지 포함해서, 세계와의 본래적 무연관성 가운데 발견할 존재론적 운명의 표현으로서의 안에 있음이다.

우리는 앞에서 현존재의 존재가—비유적으로—사디스트 존재와 마조히스트 존재의 역동적 통일성의 관점에서 고찰되어야 함을 살펴본 바 있다. 알렉스라는 폭력적인 인물상을 예시로 삼아 설명이 이루어졌기 때문에 이러한 관점이 평범한 보통 사람이나 성인군자에게는 통용되지 않을 것이라는 생각이 들기 쉽다. 그러나 실은 전혀 그렇지 않다. 물론 사디스트/마조히스트라는 말의 의미를 실제적인 육체적 성애에서 가학적 쾌락이나 피학적 쾌락을 추구하는 자라는 의미로 국한하면 현존재의 일부만이 사디스트/마조히스트 통일성을 통해 고찰될 수 있다고 간주되어야 할 것이다. 그러나 그것을 친숙한 자기-자체를 자기-아님으로서 부정하는 순간 안의 존재자가 실은 일상성에의 빠져 있음으로부터 그 자신을 되찾아오는 본래적 자기라는 존재론적 진실에 대한 상징적 표현으로 이해하는 경우 모든 현존재의 존재는 사디스트 존재와 마조히스트 존재의 역동적 통일성으로 드러날 수밖에 없다.

알렉스처럼 규범을 무시하고 제멋대로 행동하는 자가 아니라 규범을 지키려 애쓰는 자의 예를 통해 이 문제에 관해 생각해보자. 자신이 이천여 년 전의 나사렛에서 살고 있는 유태인이라고 상상해보라. 이웃에는 아름다운 여인이 살고 있고, 나는 그녀를 볼 때마다 자신이 그녀에게 매혹됨을 느낀다. 그런데 어느 날 나는 한 무리의 사람들이 예수라는 이름의 선지자 앞에 모여서 무언가 화가 난 듯이 제각각 큰소리를 내는 것을 본다. 처음에는 그들의 말을 잘 알아들을 수 없었지만 얼마 지나지 않아 어떤 사정인지 잘 알게 되었다. 어떤 여자가 이웃과 간음을 했으며, 그들은 예수에게 여자를 어떻게 해야 하는지 따지듯 묻고 있다. 평소 원수마저도 사랑하고 용서하라고 이야기한 예수의 관점에서 보면 사람들은 여자를 단죄해서는 안 된다는 결론이 나올 것 같다. 그러나 이 경우 사람들은 율법을 무시하는 셈이다. 왜 우리는 원수마저 사랑하고 용서해야 하는가? 예수에 따르면 그것이 하나님의 뜻이기 때문이다. 그러나 율법 역시 하나님에 의해 마땅하고 올바른 행위의 규범으로서 선포된 것 아닌가? 율법에 따르면 간음한 여인은 돌로 쳐 죽여야 한다. 그러니 간음한 여인을 단죄하지 않고 그냥 용서하는 것은 하나님의 뜻을 거스르는 셈이 된다. 결국, 만약 예수가 그 자신의 평소 가르침대로 간음한 여인마저 사랑하고 용서하라고 사람들에게 권면한다면, 그리고 그런 자신의 입장을 하나님의 이름으로 정당화하는 경우, 그는 하나님의 뜻을 내세워 하나님의 뜻을 거스르는 행동을 하라는 자가당착적인 요구를 사람들에게 하는 셈이다.

나는 평범한 사람이고, 이웃의 다른 유태인들과 마찬가지로 율법이 정당하고 신성한 것이라고 믿는다. 그 때문에 나는 곧 예수 앞에 모여 있는 다른 사람들처럼 예수에 대해 화를 내게 되었다. 듣기는 달콤하고 그럴 듯하지만 예수가 말한 하나님의 큰 사랑이란 결국 신성한 율법을 거스를 구실이나 제공하는 거짓 관념에 지나지 않는 것이 틀림없다. 만약 죄인조차 사랑해야 한다면 우리는 죄인을 단죄할 수 없을 것이고, 죄인을 단죄하지 못하면 사회질서가 결국 무너지게 된다. 물론 사회질서가 무너지면 모두가 불행해진다. 그러니 예수가 말하는 소위 하나님의 큰 사랑이란, 적어도 그것이 율법을 어기고 죄인마저 용서해야 한다는 요구를 담고 있는 한에서는, 모두를 불행하게 만들 뿐인 악마의 사탕발림에 불과하다는 결론이 나온다.

이러한 나, 율법의 정당성을 의심하지 않고 조상 때부터 해오던 대로 간음한 여인은 돌로 쳐 죽여야 한다고 생각하는 나는 단순히 일상세계에 빠져 있는 비본래적 존재자일 뿐인가? 우리는 앞에서 현존재란 모든 도구적 존재자에게서 그 본래적 비도구성을 함께 발견할 수밖에 없는 역설적 존재자임을 살펴본 바 있다. 일상세계를 규범과의 관계 속에서 고찰하는 경우 이러한 점이 더욱 분명해진다. 규범이란 지켜질 가능성뿐 아니라 지켜지지 않을 가능성 역시 전제하기 마련이다. 지켜질 가능성이 전혀 없거나 반대로 지켜지지 않을 가능성이 전혀 없는 규범이란 자가당착적인 개념에 지나지 않는다는 뜻이다. 이러한 가능성, 즉 규범을 지키거나 반대로 지키지 않을 가능성, 규범에 자발적으로 복종하거나 반대로 복종하지 않을 가능성은 누가 지니는가? 물론 나를 비롯한 모든 인간들이다. 그렇다면 예수의 큰 사랑의 정신을 비웃으며 율법에 따라 간음한 여인을 돌로 쳐 죽이는 것이 옳다고 생각하는 나 역시 실은 이중의 자기로 가리가리 찢겨진 존재자이다.

나의 하나의 자기는 친숙한 자기로서, 평소 부단히 그렇게 생각하고 또 행위해온 것처럼, 간음한 여인은 돌로 쳐 죽여야 한다고 생각하는 그러한 자기이다. 그러나 이러한 자기는, 나 자신에게 규범을 지키지 않을 가능성이 언제나 이미 주어져 있다는 점에서 보면, 그 자체로 이미 자기 자신을 부정하고 또 학대하는 자기이다. 즉, 그것은 자기 자신을 향해 분노하는 자기이며, 자신을 학대하는 자기이고, 그럼으로써 정의가 실현되었다는 만족감과 쾌감을 느끼게 되는 그러한 자기이다. 그것은 한편 사디스트 자기이다. 학대함으로써 쾌감을 느끼는 자기이기 때문이다. 그러나 다른 한편 그것은 마조히스트 자기이기도 하다. 학대의 대상이 실은 자기 자신이기 때문이다.

나의 또 다른 자기는 친숙한 자기를 자기-아님으로서 부정하는 자기로서, 평소 간음한 여인은 마땅히 돌로 쳐 죽여야 한다고 생각하고 또 이러한 생각에 따라 행동해온 일상적 자기를 부정하는 순간 안의 자기이다. 통념적 도덕의 관점에서 보면 이러한 자기는 내가 예수의 가르침을 부정하는 결론을 내렸을 때, 그래서 예수를 향한 분노와 적개심을 느끼게 되었을 때, 거꾸로 친숙한 자기에 의해 부정되고 말소된 셈이다. 즉, 그것은 규범의 올바름에 대한 의심의 순간 왕성하게 살아 있다가 의심이 해소되는 순간 의심과 함께 사라져버리는 그러한 자기이다. 그러나 존재론적으로 보면 이러한 자기는, 나의 존재 자체가 규범에 어긋날 생각과 행위의 가능근거라는 점에서, 결코 사라지지 않는다. 그것은 다만 부단히 친숙한 자기를 부정하는 가운데, 그러한 부정의 존재관계가 함축하는 친숙한 자기와의 대립으로 인해, 그 자신 친숙한 자기에 의해 부단히 부정당할 뿐이다. 결국 친숙한 자기를 자기-아님으로서 부정하는 순간 안의 자기 역시 사디스트/마조히스트 관계 속으로 포섭되어 있다는 결론이 나온다. 한편 그것은 사디스트 자기이다. 그것은 그 자신으로 환원될 수 없는 모든 자기-자체로서의 존재를 부정하는 자기이며, 그럼으로써 자기의 존재를 이해할 특별한 가능성을 지닌 현존재의 존재에게 존재론적 고통의 원인이 되는 존재자인 것이다. 그러나 그 자신을 일상성에의 빠져 있음으로부터 되찾아오는 순간 안의 자기가 부정하는 것은 결국 자신의 자기-자체이다. 친숙한 자기를 자기-아님으로서 부정하지만, 그것 자신 전자와의 통일적 관계 속에서만 존속할 수 있기에, 그리고 이러한 부정이 전자의 자기-자체로서의 존재론적 성격을 말소하는 것은 아니기에, 결국 순간 안의 자기 역시 사디스트일 뿐만 아니라 동시에 마조히스트인 것이다. 다만 순간 안의 자기의 존재가 지니는 사디스트 성격과 마조히스트 성격의 역동적 통일성은 친숙한 자기의 존재가 지니는 그것과 한 가지 점에서 근본적으로 구분된다. 순간 안의 자기는, 일종의 양심과도 같은 것으로서, 부단히 그 자신을 일상적이고 비본래적인 자기-자체 안에 부단히 내면화한다. 또한 이러한 내면화 과정 자체가 현존재의 존재에서는 중층적이고 역동적으로 일어난다. 한편 그것은 나의 자기-자체가 함축하고 있는, 나 자신의 존재를 윤리적인 것으로서 성격 규정할 수 있게 해주는, 가능근거로서의 윤리적 규범으로부터의 일탈 가능성을 되도록 최소화하고 제어하려는 성향으로서 나타난다. 즉, 그것은, 통념적으로 말해, 나의 동물적 자연성을, 자연적인 것으로서 성격 규정될 나의 자기-자체를, 부정하는 가운데 그 자신을 친숙한 일상적 자기-자체 안으로 내면화하며, 그럼으로써 스스로 친숙하고 일상적인 규범의 수호자로서의 양심이 된다. 달리 말해, 이러한 내면화의 과정을 통해 일상성에의 빠져 있음으로부터 본래적 자기를 되찾아오는 순간 안의 자기는 그 자신 일상적이고 친숙한 자기-자체의 한 구성요소가 된다. 친숙한 자기-자체와 하나가 된 채, 친숙한 자기-자체의 동물적 자연성을 끝없이 부정하며 존속하는 방식으로, 그것은 자기-자체를 부정하는 순간 안의 자기이기도 하고 동시에 그 자신 일상적 자기-자체의 한 부분으로 완전히 포섭되어 버린 역설적 존재자이기도 한 것이다. 그렇다면 예수의 가르침으로 인해 친숙한 일상적 자기-자체를 부정하는 순간 안의 자기는 실은 일상적 자기-자체 안에 내면화된, 즉 친숙한 자기-자체의 동물적 자연성을 부정하는 순간 안의 자기를 부정하는 셈이다. 즉, 친숙하고 일상적인 자기-자체의 도덕성을 향해 있는 한에서, 일상성에의 빠져 있음으로부터 본래적 자기를 되찾아오며 자기-자체를 자기-아님으로서 부정하는 순간 안의 자기는 실은 그 자신인 순간 안의 자기, 모든 자기-자체로서의 존재를 자기-아님으로서 부정하는 그러한 무로서의 자기를 부정하는 자기인 셈이다. 결국, 친숙하고 일상적인 자기-자체의 도덕성을 자기-아님으로서 부정하는 순간 안의 자기는 단순히 자기-자체로서의 자기만을 부정하는 것이 아니라 실은 동시에 순간 안의 자기 자체를 부정한다. 그것은 말하자면 일종의 궁극적이고도 완전한 자기부정이자 자학이다. 순간 안의 자기가 순간 안의 자기 자체를 자기-아님으로서 부정하는 것이기 때문이다. 그것은 곧 일상세계를 지배하는 규범의 지배로부터 그 자신의 존재를 풀어놓을 것을 요구하는 양심의 부름에 현존재가 귀를 기울이는 순간의 사건이기도 하다.

이제 우리는 현존재의 존재의 근원적 성격 규정의 하나인 일상성을 단순한 도구적 사용사태의 관점에서 고찰하지 않고 그 윤리적 관계성의 관점에서 고찰하는 경우 한 가지 매우 비상한 결과가 도출되는 것을 확인한 셈이다. 현존재는 그 존재 자체에서부터 이중의 방식으로 사디스트적 성격과 마조히스트적 성격의 역동적 통일로서 규정될 수 있다. 우선 현존재가 그 자신의 비본래적 일상성에서 이미 사디스트적 성격과 마조히스트적 성격의 역동적 통일이다. 일상적 규범의식의 가능근거이자 그 실제적 작용으로서 존속하는 양심이 그 자체 존재론적인 것으로서 동물적 자연성을 함축하고 있는 일상적이고 친숙한 자기-자체를 자기-아님으로서 부정하는 순간 안의 자기이기 때문이다. 그러나 이러한 순간 안의 자기는, 그것이 일상세계를 지배하는 규범의 기제로서 일상적이고 친숙한 자기-자체에 포섭되어 있는 한에서, 또 다른 양심의 부름, 일상세계를 지배하는 규범에 대한 부정으로서의 새로운 규범의 목소리에 노출될 가능성을 지니고 있다. 이러한 가능성은 순간 안의 자기가 순간 안의 자기 자체에 대해 행하는 부정, 즉 순간 안의 자기가 지니는 자기부정의 가능성이다.

주의할 점은, 현존재의 존재에서 일어나는 이러한 자기부정의 사건은 반드시 고통과 쾌감, 슬픔과 기쁨, 우울과 즐거움 등의 감정적 계기를 지니고 있다는 것이다. 즉, 그것은 단순히 현존재의 존재의 실존론적 구조형식에 대한 존재론적 기술이 아니다. 일상적이고 친숙한 자기-자체에 포섭되어 있는 순간 안의 자기에 의한 자기-자체의 부정뿐 아니라 그러한 순간 안의 자기에 대해 행사되는 자기부정, 새로운 양심의 부름에 귀를 기울이는 그러한 순간 안의 자기에 의한 자기 자체에 대한 부정 역시 반드시 고통의 계기를 수반하기 마련인 것이다. 그리고 이러한 고통은 언제나 현존재, 즉 존재의 의미를 묻고 또 그러한 물음 가운데 순연한 초월로서의 자기의 존재를 자각할 수 있는 특별한 존재자로서의 현존재의 존재를 근원적으로 특징짓는 일종의 존재론적 자가당착의 표현이기도 하다. 여기서 존재론적 자가당착이란 어떤 논리적 성찰을 통해 제거될 것으로서의 자가당착이 아니라 현존재의 존재 그 자체로부터 반드시 연원할 수밖에 없는, 그리고 그런 점에서 현존재의 존재론적 운명과도 같은, 그러한 자가당착을 뜻한다.

간음한 여인과 예수를 향한 나의 분노는, 나 자신 규범을 어길 가능성의 담지자로서의 존재자라는 점에서, 일상적이고 친숙한 자기-자체에 포섭되어 있는 순간 안의 자기에 의해 일어나는 나의 동물적 자연성에 대한 부정과 같고, 분노인 한에서, 분노의 대상이 상응하는 처벌을 받을 때 일어날 만족감과 기쁨, 그렇지 않을 때 일어날 불만과 슬픔, 증오, 열패감 등을 도래할 가능성으로서 지니기 마련이다. 그런데 존재론적으로 보면 내 안에서 일어나는 모든 분노는, 적어도 그것이 나의 동물적 자연성 자체에 대한 부정의 계기를 함축하는 한에서는, 실은 나 자신의 자기-자체를 향한 분노와 같다. 분노하는 내가 말살하고자 하는 그것이 실은 나의 자기-자체 역시 이루기 때문이다. 그런 점에서 내가 품은 분노는 나 자신의 존재 자체로부터 연원하는 존재론적 자가당착의 표현이다. 그것은 존재론적으로 나 자신의 존재 자체를 향한 말살에의 의지이며, 자기부정에의 의지의 은밀한 드러남이고, 그럼으로써 자신 및 자신과 외적 대립의 관계를 이루는 모든 존재자들의 존재 자체를 순수하게 윤리적인 것으로서 전환시키고자 하는 충동 그 자체인 것이다.

아마 일상적 현존재가 윤리와의 관계 속에서 지니게 되는 이러한 존재론적 자기부정의 운동을 지칭하는 데 가장 적합한 말은 성스러움일 것이다. 물론 존재론적 의미의 성스러움은 그 무엇이 자신의 객관적이고 보편타당한 실체적 속성에 따라 성스러운 존재자로서 발견된다는 식의 인식론적 함의 같은 것은 조금도 지니지 않는다. 그것은 다만 현존재의 존재 자체로부터 연원하는 자기부정 및 그 자가당착을 표현하는 용어일 뿐이다. 도덕적 규범의식에 의거한 모든 분노의 감정은, 그것이 단순히 타자의 존재를 향해 있는 것이 아니라 동시에 나 자신의 존재 자체를 향해 있다는 점에서, 자기부정에의 의지의 드러남이다. 그런데 한 인간 현존재에게서 나타나는 성스러움이란 본래 이러한 자기부정에의 의지에게서만 느껴질 수 있는 어떤 감정의 계기를 전제로 한다. 아무리 강하고 훌륭한 것이어도 그 자신의 개체로서의 존재를 위하고 그 자신의 실존의 개체적 존속만을 추구하는 현존재의 말과 행위는 성스러운 것으로서 성격 규정될 수 없다는 뜻이다. 그리고 아마 바로 여기에 도덕적 규범의식이 불러일으키는 분노가 결코 드물지 않게 맹렬한 살의와 적개심으로 이어지는 이유가 있을 것이다. 성스러운 것, 단순히 그렇게 불릴 뿐 아니라 자신의 내적 확신에 의거해 성스러운 것으로 체험된 것은 반드시, 어떤 희생을 치르고서라도, 지켜져야 하기 때문이다. 이런 점에서 보면 성스러움이란 현존재의 존재 자체로부터 연원하는 존재론적 자가당착의 극단화 현상이기도 하다. 성스러움으로 인해 현존재는 성스러움을 해치는 모든 것을 향한 맹렬한 살의와 적개심에 사로잡히게 되는 바, 이러한 살의와 적개심이 향하는 것은 실은 그 자신을 포함해 모든 자기-자체로서 존재하는 존재자들인 것이다. 즉, 그것은 성스러움의 이름으로 행해지는 모든 존재자의 존재에 대한 부정과 말소에의 의지의 드러남이다.

성스러움을 통해 드러나는 현존재의 존재의 존재론적 자가당착은 성스러움이란 본디 삶을 살리는 방향으로 작용해야 하는 것이라는 점에서도 고찰될 수 있다. 성스러움이 삶을 살리는 방향으로 작용해야 하는 까닭은 오직 성스러움을 발견하고 느낄 수 있는 존재자의 존재에 의거해서만 성스러움 혹은 성스러운 그 무엇이 나타나고 또 존속할 수 있기 때문이다, 달리 말해 현존재의 존재의 절멸은 성스러움 자체의 절멸과 같다. 그러므로 일상적이고 친근한 현존재의 자기-자체에 포섭되어 있는, 동물적 자연성을 함축하는 현존재의 자기-자체를 부정하는 순간의, 자기는, 그 자신의 일상화를 통해 성스러움을 가능하게 하면서 동시에 성스러움의 가능근거의 말살을 지향하는 존재인 셈이다. 존재론적으로, 나는 분노하므로 존재한다. 나의 존재 안에 분노의 가능근거로서의 일상적 규범성이 나 자신의 동물적 자연성을 부단히 부정하는 순간의 나의 내면화에 의해 나 자신의 존재론적 존재규정으로서 형성되었기 때문이다. 그러나 분노함으로써 비로소 가능해지는 나의 존재는, 그러한 분노 자체가 자신을 포함한 모든 자기-자체로서 존재하는 존재자를 향해 있다는 점에서, 결국 성스러움의 가능근거로서의 삶과 존재에 대한 적개심과 증오의 표현일 뿐이다. 아마 형식논리적으로 보면 나의 존재로부터 나의 분노가 가능해지는 것이지 그 역은 아니라는 주장이 제기될 수 있을 것이다. 그러나 나의 분노를 가능하게 하는 나의 존재란 대체 무엇인가? 분노를 가능하게 하는 한에서 나의 존재는 이미 도덕적 규범의식에 의해 잠식당한 존재이며, 그 자신의 동물적 자연성을 포함해 자기-자체로서 존재하는 모든 존재자의 있는 그대로의 존재자성을 자기-아님으로서 부정하는 가운데 존속해온 존재자의 존재이고, 그런 한에서 그것은 이미 잠재적·현실적 분노의 순간들의 총체성으로서 성격 규정되어야 하는 그러한 존재자의 존재인 것이다.

물론 성스러움이란 비본래적인 현존재의 일상적 윤리성의 관점에서만 이해될 수 있는 성질의 것이 아니다. 간음한 여인과 예수의 이야기가 이미 이러한 성스러움에 상반되는 것처럼 보이는 또 다른 의미의 성스러움에 대한 이야기인 것이다. 잘 알려져 있듯이, 예수는 간음한 여인을 율법에 따라 단죄해야 하는지의 여부를 묻는 사람들에게 대답 대신 '죄 없는 자가 먼저 돌을 들어 던지라!' 고 말한다. 성경에 따르면 아무도 돌을 던지지 않았다. 그들은 잠시 망설이다 돌을 내려놓고 뿔뿔이 흩어져 집으로 돌아갔으며, 그럼으로써 그들 자신을 지배하던 일상적 윤리성의 성스러움이 일시적으로든 혹은 영구히든 해체되어버렸음을 알렸다. 예수가 일깨운 성스러움, 자신을 포함해 자기-자체로서 존재하는 모든 존재자를 향한 은밀한 적개심과 증오와도 같은 일상적 윤리성의 성스러움을 해체시키는 성스러움은 존재론적으로 어떤 의미를 지닐까? 이러한 성스러움은 사디스트/마조히스트 도식으로부터 자유로울 수 있는 현존재의 존재가능성의 표현으로서 이해될 수 있을까? 필자는 앞에서 이미 이러한 물음에 대한 필자의 견해를 피력한 바 있다. 성인군자의 삶조차도 사디스트/마조히스트 도식으로부터 자유로울 수 없다고 말이다. 그 이유를 우리는 일상성의 시간과 윤리의 관계의 문제를 다루는 다음 장에서 살펴보게 될 것이다.

제6장

일상성의 시간과 윤리

일상성의 시간이란 무엇을 뜻하는 말인가? 하이데거의 『존재와 시간』처럼 일상세계를 도구적 의미연관의 관점에서 이해하는 경우 일상성의 시간은 도구적 실천을 위한 시간이라는 결론이 나온다. 그러나 이러한 도식적 이해로부터 벗어나서 하이데거의 존재론에 입각해 보다 세밀하게 생각을 정리하면 일상성의 시간 역시 단순한 도구적 실천을 위한 시간으로 규정될 수 없다는 결론이 나오게 된다. 그 까닭은 무엇보다도 우선 현존재의 존재의 두 근원적 성격 규정인 본래성과 비본래성이 서로 나뉠 수 없기 때문이다. 존재론적으로 현존재는 일정한 시간 동안 순연하게 비본래적인 방식으로만 살다가 또 다른 시간 동안에는 순연하게 본래적인 방식으로만 살기를 번갈아 하는 존재자가 아니다. 현존재의 존재에서 본래성과 비본래성은 하나의 나뉠 수 없는 전체를 이루고 있다는 뜻이다. 그렇다면 일상성의 시간이란 단순한 도구적 실천을 위한 시간이 아니라 그러한 시간의 근원적 무성을 자각할 가능성이 잠재된 시간인 셈이다. 현존재는 도구적 실천의 관점에서 자신의 존재의미를 헤아리는 일상적이고 친숙한 자기-자체이기도 하고, 동시에 그러한 자기-자체를 자기-아님으로서 부정하는 존재자이기도 하다. 그러기에 현존재에게 일상성의 시간은 도구적 실천을 위한 시간일 뿐만 아니라 일상적 빠져 있음에서 그 자신을 되찾아오는 순간 안의 자기가, 그러한 자기에 의해 부단히 자기-아님으로서 부정당하는 자기-자체에 의해, 역으로 부정당하는 시간이라고 볼 수 있다. 즉, 그것은 부단한 유예의 시간이다. 일상성의 시간 안에서 일상적이고 친숙한 현존재의 자기-자체의 궁극적 부정이 부단히 유예되고, 자기-자체에 의한 순간 안의 자기의 부정 또한 부단히 유예되는 것이다.

일상세계를 지배하는 도구적 의미연관이 그 자체 일상적 삶을 가능하게 하는 일종의 도구로서 기능하는 이런저런 도덕적 규범들 또한 함축하고 있다는 점을 고려해보면 일상성의 시간의 의미는 보다 중층적이고 복합적이다. 일상세계에서 그 자신이나 혹은 타자에 대한 이런저런 윤리적 심판을 행하는 가운데 현존재는 자신을 포함해 자기-자체로서 존재하는 모든 존재자들을 자기-아님으로서 부정한다. 물론 앞장에서 살펴본 것처럼 이러한 부정은 현존재의 존재 자체로부터 연원하는 존재론적 자가당착의 운동이기도 하다. 본래적 자기로서의 순간 안의 자기는, 현존재의 존재가 함축하는 동물적 자연성을 자기-아님으로서 부정하면서, 비본래적 자기 안에 내면화되고, 그런 한에서 일상성의 시간이란 비본래적 자기 안에 내면화된 순간 안의 자기에 의해 현존재의 자기-자체가 부단히 부정되는 시간이라고 볼 수 있다. 물론 여기서의 동물적 자연성이란 생물학적으로 그 작용양식이 확정될 수 있는 어떤 불변의 속성 같은 것을 뜻하는 말이 아니다. 그것은 다만 도덕적 규범으로부터 일탈할 현존재의, 무화될 수 없는, 존재가능성에 대한 일종의 비유적 표현일 뿐이다. 현존재의 동물적 자연성, 즉 도덕적 규범으로부터 일탈할 현존재의 존재가능성이 무화될 수 없는 것인 한에서 현존재의 자기-자체를 부단히 부정하는 순간 안의 자기는 실은 그 자신 그것이 자기-아님으로서 부정하는 자기-자체에 의해 부단히 부정되며 존재한다. 그런데 이러한 이중의 부정의 운동은, 도덕적 규범의식이란 그것이 옳다고 믿는 바의 것에 대한 긍정의 감정 및 그것이 그릇되다고(그르다고) 믿는 바의 것에 대한 부정의 감정을 그 근거이자 잠재적·현실적 결과로서 지니기 마련이다. 그런 점에서 보면, 그리고 이러한 긍정적이거나 부정적인 감정의 계기는 그러한 감정의 유발자를 긍정하거나 부정할 의지로 이어지기 마련이라는 점에서, 결국 현존재가 자신의 존재를 향해 나타내는 절대적 존재긍정에의 의지이자 절대적 존재부정에의 의지이기도 한 셈이다. 일상성의 시간이란 존재론적으로 현존재의 존재에 대한 절대적 존재긍정에의 의지와 절대적 존재부정에의 의지가 자가당착적이고도 운명적인 방식으로 얽힌 채 부단히 현실화되는 시간인 것이다.

1. 일상성의 구조와 공동 현존재

현존재의 근원적 존재방식으로서의 일상성은 물론 공동 현존재와의 함께-있음(Mitsein)을 함축한다. 그렇다면 일상성의 시간 속에서 작용하는 두 가지 존재론적 절대 의지, 즉 현존재의 존재에 대한 절대적 존재긍정에의 의지와 절대적 존재부정에의 의지는 현존재의 존재와 공동 현존재의 존재 모두를 향해 있다는 결론이 나온다. 나의 동물적 자연성을 부정하고자 하는 의지는 타자의 동물적 자연성 역시 부정하고자 하는 의지이고, 이러한 동물적 자연성의 자기-자체로서의 성격을 긍정하고 자기-자체에 대한 부정으로서의 순간 안의 자기, 일종의 양심으로서 작용하면서 그 자신을 부단히 내면화함으로써 성스러움의 체험을 가능하게 하는 그러한 자기를 부정하고자 하는 의지는 타자의 동물적 자연성의 자기-자체로서의 성격을 긍정하는 의지, 그러한 자기-자체에 대한 양심의 부정을 역으로 부정하고 억누르고자 하는 의지이다.

그런데 이러한 이중적 의지와의 관계 속에서 보면 죽음의 선구성 역시 단순히 본래성의 회복이라는 관점에서만 이해할 수 있는 성격의 것이 아니라는 점이 곧 바로 드러난다. 존재론적으로 보면 자기부정에의 의지는, 비록 그것이 자신의 생물학적 삶을 끝장내려는 구체적 의지가 아니라고 할지라도, 자신의 존재 자체에 대한 부정에의 의지이고, 그런 한에서 일종의 죽음에의 의지이다. 물론 죽음에의 의지는 죽음의 선구성, 즉 자신의 죽음을 미리 앞질러 달려가 봄을 전제로 한다. 이런 점에서 보면 일상성의 시간은 죽음의 선구성이 그 자신의 존재를 부정하고자 하는 의지의 가능근거로서 그 자체 일상화된 방식으로 흐르는 시간이다. 즉, 죽음의 가능성 및 가능한 것으로서의 죽음의 선구성이 일상성의 구조의 근원적 요소들 가운데 하나이다. 일상세계는 죽음의 선구성과 무관한 세계가 아니라 일상화된 죽음의 선구성에 의해 현존재의 존재에 대한 절대적 존재긍정에의 의지와 절대적 존재부정에의 의지가 역동적으로 뒤엉키게 되는 세계라는 뜻이다.

1) 공동 현존재의 죽음의 선구성과 그 가능근거로서의 존재론적 획일화

간음한 여인과 예수의 이야기로 돌아가 보자. 평범한 유태인 중 한 사람인 나는 간음한 여인을 향한 사람들의 분노를 잘 이해하고 있다. 여기서 이해란 어떤 논리적 추론에 의거한 판단작용 같은 것을 뜻하지 않는다. 한 여인을 볼 때 그녀가 간음했다는 말을 들으면 내 안에서는 즉각 분노가 치밀어 오르고, 이러한 분노의 즉흥성은 나의 존재론적 아이스테시스 자체가 일상적 규범의식에 의해 침윤되어 있음을 알린다. 내가 보는 것은 간음한 여인이고, 내가 간음한 여인을 봄은 그녀에게서 발견할 수 있는 이런저런 객체적 속성에 의거한 추론에 의해 가능해지는 것이 아니다. 한 번 그녀가 간음했다는 사실을 알고 나면 내게 그녀는 우선 한 여인으로서 보인 뒤 어떤 논리적 사고과정을 거친 뒤 간음한 여인으로서 판단되는 것이 아니라 그저 매 순간 간음한 여인으로 보일 뿐이다. 이러한 봄의 순간은 그녀가 단죄받아 마땅한 죄인으로서 즉각 드러나는 순간이고, 그녀를 죽임당해 마땅한 자로서 우선 순연하게 받아들임이며, 그녀에 대한 모든 논리적 사념과 판단은 오직 이러한 즉각적이고 순연한 감각적 수용성에 근거해서만 맞거나 틀릴 수 있다. 여기서 '즉각적이고 순연한 감각적 수용성'이란 물론 언어성이 완전히 사상된 순전히 신체적인 감각에 의한 수용성이라는 뜻을 지니지 않는다. 그것은 다만 일상적 의미연관에 포섭된 현존재가 수행할 사념과 판단의 근거로서 존재자의 존재 자체가 드러나는 일상적 방식을 표현하는 말일 뿐이다. 마치 일상세계를 지배하는 도구적 의미연관에 침윤당한 일상적 현존재가 아무 논리적 추론도 행하지 않고 책상을 책상으로 즉각 인지하게 되듯이 일상세계를 지배하는 규범적 의미연관에 침윤당한 일상적 현존재는 아무 논리적 추론도 행하지 않고 죄(인)을 죄(인)으로서 즉각 인지하게 되는 것이다.

죄(인)을 죄(인)으로서 봄도, 그럼으로써 즉각 분노를 느낌도, 나에게는 일상적인 일들 가운데 하나이다. 이러한 봄과 봄의 순간에 즉각 일어나는 분노는 단죄받아야 마땅한 죄인으로서 인지된 공동 현존재가 겪을 고통 및 죽음의 가능성에 대한 예기, 즉 공동 현존재의 고통 및 죽음의 선구성을 그 가능근거로서 지닌다. 고통과 죽음의 가능성으로부터 자유로운 한 존재자를 향한 분노란 부질없는 것이고, 이 경우 분노의 대상에 대한 공격과 처벌 또한 가능하지 않기 때문이다. 결국 공동 현존재를 향한 나의 분노는, 그것이 자신을 양심으로서 내면화하며 나의 동물적 자연성을 향한 부정에의 의지로서 구현되는 순간 안의 자기의 존재에 의해 일어나는 감정인 한에서, 공동 현존재의 동물적 자연성을 향한 부정에의 의지, 규범으로부터 일탈할 가능성을 지닌 공동 현존재의 자기-자체에 대한 적개심인 셈이다. 이런 점에서 일상적 자기-자체를 자기-아님으로서 부단히 부정하는 가운데 도리어 일상적 자기-자체의 한 구성요소로서 구현된 순간 안의 자기는 현존재의 존재와 공동 현존재의 존재에서 모두 자기-자체의 근원적 구성요소로서의 동물적 자연성, 즉 규범으로부터의 일탈 가능성을 부정되어야 할 것으로서 발견하는 자기이다. 한 마디로 그것은 현존재와 공동 현존재를 획일화하는 자기인 것이다.

이러한 존재론적 획일화는 그 본질에 있어서 일상세계를 지배하는 도구적 의미연관과 다를 바 없다. 모든 존재자는 개별자로서 발견되는 것이지만 동시에 도구로서 획일화되어 있다. 마찬가지로 현존재와 공동 현존재는 각각 오직 개별자로서만 존속할 수 있는 존재자이지만 일상적 규범의 관점에서 보면 잠재적·현실적 죄인으로서 획일화되어 있다. 현존재의 자기-자체가 지니는 규범으로부터의 일탈 가능성 자체가, 특정한 시간에는 현실화할 수 있는 것으로서 존속하지만 그 시간이 지나면 사라져버리고 마는 그러한 가능성과 달리, 현존재의 존재에게서 배제될 수 없는 것이고, 그렇기에 잠재적·현실적 죄인으로서 존재함이 곧 현존재의 근원적 존재방식의 하나라는 뜻이다.

그렇다면, 통념적 의미로, 윤리적 양심이 없는 현존재의 경우는 어떠할까? 이러한 현존재로서 우리는 『시계태엽 오렌지』의 알렉스처럼 폭력적이고 야수 같은 현존재를 꼽을 수도 있고, 온화하기는 하나 규범에의 예속을 모르는 자유분방한 정신의 소유자를 꼽을 수도 있다. 이러한 현존재는, 규범의 올바름을 받아들이는 현존재와 달리, 그 자신의 동물적 자연성을 부정하려는 의지는 지니고 있지 않다. 그러나, 설령 자신의 가장 깊은 내면의 확신에 따라 규범의 정당성을 받아들이지 않는다고 하더라도, 이러한 현존재 역시 언제나 이미 하나의 잠재적·현실적 죄인이다. 현존재의 자기이해에는 그 자신의 존재에 대한 공동 현존재의 이해가 그 구성적 요소로서 함축되어 있기 때문이다.

늙은 작가 부부에게 폭력을 행사할 때 알렉스와 그 무리는 왜 가면을 썼는가? 그들은 왜 그토록 용의주도했으며, 굳이 작가가 보는 앞에서 그 아내를 욕보인 까닭은 무엇인가? 그것은 자신의 행위가 죄임을, 타인에게 정당한 이유 없이 가하는 폭력이 대다수 공동 현존재의 눈에는 용납될 수 없는 짓임을, 알고 있었기 때문이다. 즉, 알렉스처럼 폭력적이고 야수 같은 현존재 역시, 적어도 최소한의 지적 이해능력이 있는 한에서는, 자신의 존재를 잠재적·현실적 죄인으로서 이해하기를 그칠 수 없다. 그는 다만 잠재적·현실적 죄인으로서의 자신에게 가해질 타자의 비난을 정당한 것으로서 받아들이기를 거부할 뿐이다. 이러한 점에서는 온화하지만 규범에의 예속을 모르는 자유분방한 정신의 소유자 역시 마찬가지이다. 어떤 경우에도 그는 결국 공동 현존재와의 관계 속에서 그 자신의 존재를 바라볼 수밖에 없는 존재자이고, 그런 한에서 그는 자신이 공동 현존재에 의해 잠재적·현실적 죄인으로 낙인찍힐 가능성으로부터 자유로울 수 없음을 자각하지 않을 수 없다. 다만 그는 그러한 낙인의 정당성을 인정하기를 거부할 뿐인 것이다.

아마 혹자는 이러한 논증에 이의를 제기할지도 모르겠다. 자기 자신의 깊은 내적 확신에 따라 윤리적 규범의 정당성을 받아들이지 않는 경우 자기 자신을 잠재적·현실적 죄인으로 인식함이란 스스로 자신의 존재를 죄의 관점에서 이해함을 뜻하는 것이 아니라 다만 타인의 눈에 자신이 잠재적·현실적 죄인으로 비칠 수 있음을 인식함을 뜻할 뿐이라고 지적하면서 말이다. 이러한 이의제기는 죄인이라는 용어의 의미를 통념적 의미로 이해하는 경우 의심의 여지 없이 옳다. 형식적 규범을 거부하는 자는 그 규범을 빌미로 자신에게 비난을 가하는 행위를 용납하려 하지 않을 것이기 때문이다. 그러나 존재론적으로 보면, 즉 통념적 의미의 죄인이라는 말이 담고 있는 '공중으로부터 비난받아 마땅함'이라는 식의 의미를 벗겨내고 '그 자신의 행위가 공동 현존재에게 야기할 긍정적이거나 부정적인 변화에 대해 책임 있음'이라는 의미로 이해하는 경우, 현존재는, 그 정신이 규범에 예속되어 있든 그렇지 않든 상관없이, 언제나 이미 그 자신의 책임을 자각하고 있는 자로 이해되어야 한다. 가면을 쓴 채 늙은 작가가 보는 앞에서 그 아내를 범하는 알렉스가 이러한 존재론적 진실을 극명하게 보여준다. 나의 행위로 인해 그는 극심하고도, 아마 살아 있는 한 영원히 끝나지 않을, 고통을 겪을 것이며, 그 고통의 강도에 비례하는 만큼 나를 증오할 것이다. 즉, 나는 그의 고통에 대해 나에게 책임 있음을 이미 알고 있다. 내가 사람들 보기에 사악한 인간인 까닭은 자신의 행위에 대한 책임을 알지 못해서가 아니라 오히려 알고 있기 때문이다. 다만 나는 자신의 책임임을 아는 사람들이 보통 보이기 마련인 망설임과 통념적 의미의 양심의 가책 없이 도리어 자신에게 책임이 있음을 알기에, 심지어 자신의 책임이 크다고 생각할수록 더욱 강렬하게, 기쁨과 쾌감을 느끼는 것이다. 마찬가지로 온화하지만 자유로운 정신을 지닌 자 역시 자신의 행위가 공동 현존재에게 긍정적이거나 부정적인 변화를 야기하게 됨을 언제나 이미 알고 있다. 그는 다만 자신의 일탈행위로 인해 누군가에게 고통 같은 부정적 변화가 야기되는 경우 그 책임은 자신이 아니라 부정적 변화를 겪는 당사자, 즉 규범에 얽매어 있는 정신의 소유자가 져야 한다는 식으로 생각할 뿐이다.

우리는 앞에서 규범을 존중하는 대다수 일상적 현존재의 존재가 공동 현존재의 고통 및 죽음의 선구성을 그 가능근거의 하나로서 지님을 보았다. 규범을 어기는 자를 향한 나의 분노와 적개심은 그의 존재를 향한 존재론적 존재부정에의 의지의 표현이고, 이러한 의지는 그 의지의 대상으로서의 현존재의 고통과 죽음의 가능성을 실현하고자 하는 의지와 같다는 뜻이다. 이러한 의지는 규범으로부터 일탈할 가능성의 존재론적 표현으로서의 동물적 자연성 및 그것을 자체 안에 함축하고 있는 모든 현존재의 자기-자체에 대한 부정에의 의지이기도 하다. 이러한 의지는 모든 존재자의 자기-자체를 그 존재에서부터 부정당해 마땅한 것으로서 획일화함으로부터 연원한다. 그렇다면 알렉스처럼 폭력적이고 야수 같은 현존재나 온화하지만 자유로운 정신을 지닌 현존재의 경우는 어떠할까? 이러한 현존재는 이러한 존재론적 획일화에의 경향으로부터 자유로울까? 전혀 그렇지 않다. 이러한 현존재 역시 실은 그 자신의—규범을 존중하는 대다수 현존재와 구분된다는 의미로—유별난 존재기획으로부터 연원하는 존재론적 획일화의 경향을 지니게 된다는 뜻이다.

폭력적이고 야수 같은 현존재는 자신을 잠재적·현실적 죄인으로 낙인찍는 주위의 공동 현존재를 향한 증오와 적개심을 지니고 있다. 그들은 규범을 존중함, 혹은 규범에 그 정신이 얽매어 있음이라는 그들 자신의 존재방식으로 인해 나에게 본디 적대적인 자일 수밖에 없고, 그런 한에서 그들은 내 불구대천의 원수일 뿐이다. 그들의 자기-자체 안에 함축되어 있는 규범성은, 그들의 개인적 성향이나 가치관이 어떤 것이든 상관없이, 그들의 모든 자기-자체가 나에 의해 부정당해 마땅한 것으로서 획일화되어야 함을 드러낸다. 게다가 폭력적이고 야수 같은 현존재로서의 나의 관점에서 보면 공동 현존재가 규범을 준수하는 다수에 속해 있는지의 여부는 오직 부차적인 의미만을 지닐 뿐이다. 우선 누군가 나처럼 폭력적이고 야수 같은 공동 현존재 역시 나에게는, 규범을 준수하는 대다수 현존재가 그 존재의 친(親)-규범성으로 인해 나의 존재론적 적대자가 되는 것과 상반되게도, 그 자신의 존재의 반(反)-규범성으로 인해 부정당해 마땅한 자일 뿐이다. 반(反)-규범적 존재자는 그 자신의 반(反)-규범성으로 인해 내게 고통을 가하거나 심지어 죽음을 초래하기를 삼가할 이유를 지닐 수 없기 때문이다.

또한 폭력적이고 야수 같은 현존재에게는 심지어 자유롭고 온화한 정신의 소유자마저도 부정당해 마땅한 존재자 이상의 의미는 지닐 수 없다. 이러한 현존재를 포함한 모든 공동 현존재는 그에게 그가 정복하고 파괴함으로써 만족감과 쾌감을 안겨줄 도구일 뿐이고, 그런 한에서 나의 만족감과 쾌감을 위해 부정당해 마땅한 존재자인 것이다. 결국 모든 현존재의 자기-자체를 부정당해 마땅한 것으로서 획일화하는 데 있어서 폭력적이고 야수 같은 현존재는 가장 철저하고 극단적이다. 규범을 준수하는 현존재에게 모든 현존재는 '규범을 준수하는 한에서'라는 조건과 함께 그 처벌이 유예될 가능성을 지니는 존재자이다. 반면 폭력적이고 야수 같은 현존재에게는 이러한 유보조건 자체가 아예 존재하지 않는다. 그런 점에서, 만약 현존재에게 고통과 죽음을 초래하거나 그 가능근거로서 존재함을 존재론적 죄라고 규정할 수 있다면, 폭력적이고 야수 같은 현존재는 가장 투명한 방식으로—즉, 죄에 대한 책임을 면제받을 가능성이 거의 없는 방식으로—죄가 있는 현존재라고 볼 수 있다. 그가 그 자신의 존재에서부터 모든 타자의 자기-자체에 대한, 심지어 어떤 유보조건도 없는, 존재부정에의 의지의 화신인 한에서, 그는 본질적으로 모든 타자로부터 부정당해 마땅한 존재자이다. 그 근본적인 까닭은 폭력적인 야수와 다를 바 없이 현존함 자체가 모든 존재자의 자기-자체를 무조건적으로 부정당해 마땅한 것으로서 획일화함과 같다는 것에 있다.

온화하고 자유로운 정신의 소유자의 경우는 어떠할까? 폭력적이고 야수 같은 현존재와 달리 그 정신이 온화하고 자유로운 현존재는 공동 현존재의 자기-자체를 아무 유보조건도 없이 부정당해 마땅한 것으로 획일화하지 않는다. 나의 자유를 존중하는 한에서 공동 현존재는 나의 적이 아니다. 즉, 나의 자유의 존중이 공동 현존재의 자기-자체가 부정당해 마땅한 것으로서 획일화되지 않을 그 존재론적 유보조건이다. 그러나 이러한 유보조건마저도 그가 그 자신의 존재에서부터 모든 공동 현존재의 자기-자체를 부정당해 마땅한 것으로서 획일화할 수밖에 없는 존재자라는 것을 부정할 이유는 되지 못한다. 우선 규범을 존중하는 대다수 공동 현존재는, 폭력적이고 야수 같은 현존재에게서와 마찬가지로, 온화하고 자유로운 정신을 지닌 현존재에게도 불구대천의 원수일 뿐이다. 온화하고 자유로운 정신을 지닌 나에게 대다수 공동 현존재는 나의 자기-자체를 부정당해 마땅한 것으로서, 즉 잠재적·현실적 죄인의 자기-자체로서, 발견하는 존재자이며, 그런 한에서, 나 자신의 관점에서 보면, 자유의 이름으로 부정당해 마땅한 존재자이기도 한 것이다. 설령 공동 현존재가 규범을 준수하지 않는 두 부류, 즉 폭력적이고 야수 같은 부류나 나 자신처럼 온화하고 자유로운 정신을 지닌 부류에 속한다고 하더라도, 그는, 적어도 내가 완전한 자유를 지향하는 한에서는, 나의 잠재적·현실적 원수일 뿐이다. 두 부류의 존재자는 모두, 그들이 규범을 존중할 이유를 지니지 않는 그러한 존재자라는 점에서, 나의 자유를 제약하지 말아야 할 어떤 이유도 알지 못하는 존재자이기 때문이다. 폭력적인 야수와 다를 바 없음과 온화하고 자유로움의 차이는 나의 자유를 제약하거나 심지어 나의 존재 자체를 말살하려 할 가능성과 이유의 양적 차이로서의 의미를 지닐 뿐이다. 온화하고 자유로운 정신의 소유자라 하더라도 그가 그 자신의 자유를 지키기 위해 필요한 경우라면 나의 자유를 제약하거나 나의 존재 자체를 말살하려 할 욕망과 의지를, 규범에 의한 제약으로부터 벗어난 것으로서, 지니게 되리라는 것이다. 그런 한에서 온화하고 자유로운 정신의 소유자가 공동 현존재의 자기-자체를 부정당해 마땅한 것으로서 획일화할 때 전제하게 되는 유보조건은 한시적이고 우연적인 것에 지나지 않는다. 온화하고 자유로운 정신을 지닌 현존재 역시 모든 공동 현존재의 자기-자체를 부정당해 마땅한 것으로서 획일화하는 경향을 지닌 존재자이고, 그런 한에서 그 자신의 자기-자체 역시, 적어도 그가 그 자신의 존재를 규범으로부터의 완전한 자유라는 관점에서 헤아리는 한에서는, 다른 모든 공동 현존재로부터 부정당해 마땅한 것으로서 획일화될 존재론적 운명을 지닌다.

결국 모든 현존재는, 일상세계에서 규범을 수용하거나 혹은 반대로 거부하는 방식으로 존재하는 한에서는, 공동 현존재의 고통 및 죽음의 선구성과 그 가능근거로서의 존재론적 획일화로 인해 그 자신의 자기-자체를 부정당해 마땅한 것으로서 지니는 셈이다. 전통적인 기독교신학의 표현방식을 차용하자면 모든 일상적 현존재는 원죄를 지닌, 죽어 마땅한 죄인이다. 물론 일상적 현존재의 죽어 마땅함은 존재론적으로 초월자로서의 신과 같은 개념에 의해 정당화되지 않는다. 그것은 다만 일상적 현존재가 공동 현존재와 지니는 근원적이고도 본래적인 적대관계를 표현하는 말일 뿐이다. 일상세계에서 규범을 수용하거나 혹은 반대로 거부하는 방식으로 존재할 수밖에 없는 한에서, 현존재는 그 자신을 포함한 모든 현존재의 적으로 존재하는 역설적이고 자가당착적인 존재자이다. 일상적으로 현존함 자체가 현존재의 존재로서의 자기-자체를 부정당해 마땅한 것으로서 획일화함과 같다는 뜻이다.

2) 일상적 현존재의 자기-자체의 근원적 존립 근거로서의 불안과 공포

왜 존재론적으로 일상적 현존재는 그 자신을 포함한 모든 현존재의 적으로 존재할 수밖에 없는가? 이러한 물음에 대한 대답은 적으로 존재함이 구체적으로 무엇을 전제하는지에 대한 성찰을 요구한다. 적으로 존재함의 구체적 전제는 크게 두 가지로 나뉠 수 있다. 하나는 대립적인 욕망과 의지이다. 또 다른 하나는 불안과 공포이다. 전자가 적으로 존재함의 이유가 될 수 있는 까닭은 그 누구의 적이 됨 자체가 그 누구의 욕망과 의지에 대립적인 욕망과 의지가 내게서 일어남을 전제로 하기 때문이다. 후자의 경우는 불안과 공포가 일종의 부정적인 감정으로서 그러한 감정을 불러일으킨 그 원인으로서의 존재 및 어떤 특정한 존재상황을 제거하고자 하는 욕망과 의지를 수반하기 마련이라는 점이 그 까닭이다. 두 가지 전제 모두 현존재가 그 자신 및 공동 현존재에게 도래할 가능성으로서의 고통 및 죽음을 언제나 이미 선구하고 있음에 그 근거를 두고 있다. 결국 현존재의 일상성을 윤리적 규범과의 관계 속에서 고찰하는 경우 하이데거의 『존재와 시간』에서 현존재의 본래성 회복의 존재론적 근거로서 제시되었던 죽음의 선구성과 불안이 모두 현존재의 일상성을 이루는 근원적 요소로서도 발견되는 셈이다. 물론 이는 죽음의 선구성과 불안이 현존재의 본래성 회복의 존재론적 근거가 된다는 하이데거의 주장이 오류임을 뜻하지 않는다. 다만 양자가 현존재의 본래성 회복의 존재론적 근거일 뿐 아니라 동시에 현존재로 하여금 일상성에의 빠져 있음을 그 자신의 근원적 존재방식으로서 지니도록 하는 그 근거이기도 하다는 것뿐이다. 한마디로, 죽음과 불안은 현존재의 존재의 본래성과 비본래성 모두의 구성요소이다.

불안과 공포는 모두 고통 및 죽음을 도래할 것으로서 미리 앞질러 달려가 봄으로써 생겨나는 감정이다. 이미 도래한 것, 이미 과거로 지나가버려 나 자신의 현존과 무관해진 것 앞에서는 불안과 공포를 느낄 필요가 없기 때문이다. 물론 과거에 겪은 불안과 공포 역시 트라우마로 남아 지속적인 불안과 공포의 원인으로 작용할 수 있다. 그러나 이 경우에도 나의 불안과 공포가 도래할 고통과 죽음을 향해 있다는 점이 달라지는 것은 아니다. 다만 트라우마로 인해 나는 특별한 현실적 근거가 없는 경우에도 과거에 내 고통과 경악의 원인이 되었던 것이 언제든 나를 다시 엄습할 수 있다는 망념에 사로잡히게 되었을 뿐이다.

앞서 언급했듯이 불안과 공포는 일상적 현존재가 그 자신을 포함한 모든 현존재의 적으로 존재하게 만드는 그 존재론적 원인이다. 내게 불안과 공포의 원인이 되지 않는 것을 적으로 삼을 이유는 없다는 뜻이다. 그런데 이러한 존재론적 언명은 단수이거나 복수인 특정한 때에 현존재가 겪었던 고통이 현존재로 하여금 모든 현존재의 적이 되도록 만들었다는 식의 의미로 오인되어서는 안 된다. 설령, 타자의 존재를 원인으로 삼아 일어나는 것으로서는, 단 한 번의 고통도 겪어보지 않았다고 하더라도 자신과 공동 현존재의 관계를 일상적 규범의 수용성 여부에 입각해서 헤아리는 현존재는 이미 존재론적 불안과 공포에 의해 움직이는 존재자이다. 그것은 규범의 전제로서의 처벌 가능성이 자신과 공동 현존재의 고통과 죽음의 선구성을 전제한다는 점으로부터 필연적으로 따라 나오는 존재론적 귀결이기도 하다. 자신과 공동 현존재의 고통과 죽음의 선구성은 불안과 고통의 존재론적 근거이기에, 규범적 일상성을 지니는 현존재는 언제나 이미 불안과 고통의 원인과 이유로서 그 자신을 포함한 모든 현존재의 존재를 이해하고 있는 것이다.

물론 불안과 고통에 시달리는 정신은 살고자 하는 정신이며, 그런 한에서 아직 삶에의 집착과 의지로부터 벗어나지 않은—혹은 못한—정신이다. 현존재의 일상성을 그 규범성과의 관계 속에서 고찰하는 경우 우리는 개별 현존재의 존재기획에서 나타나는 다기한 의지와 욕망의 대립성의 측면을 간과할 수 없게 된다. 일상세계를 지배하는 이런저런 규범 자체가 의지와 욕망의 대립 가능성을 전제로 하고 있을 뿐 아니라 실은 자신과 공동 현존재의 윤리적 관계에 대한 현존재의 이해 역시 이러한 가능성에 대한 일종의 존재론적 선이해에 근거해 있는 것이다. 그렇다면 의지와 욕망의 대립이 형성되도록 하는 것은 무엇인가? 상식적으로 말하자면 그 기본적인 대답은 복수의 현존재가 동일한 대상에 대해 지니게 되는 소유욕이다. 나는 재화를 많이 갖고 싶고, 할 수만 있다면 내 소유의 재화를 무한정 늘리고 싶다. 이러한 욕망을 나 혼자서만 지닐 뿐 나를 제외한 세상의 모든 인간들이—차라리 죽을지언정 재화 때문에 남과 다투지는 않을—성인군자들이라면 재화를 둘러싼 의지와 욕망의 대립은 형성되지 않는다. 불행하게도 대다수 인간들은 재화에 대한 소유욕으로부터 자유롭지 못하고, 그 때문에 사회에서는 필연적으로 재화를 둘러싼 의지와 욕망의 대립이 형성되기 마련이다. 그러나 존재론적으로 보면 이러한 상식적인 대답은 온전하지 않다. 예컨대, 나를 제외한 모든 사람들이 다 성인군자여도 나에게는 재물에 마음을 빼앗긴 속물로서의 의지와 욕망이 있고 성인군자에게는 성인군자로서 살고자 하는 의지와 욕망이 있기 마련이다. 여기서 소유하고자 하는 대상의 동일성은 발견되지 않는다. 소유욕은 내게만 있고, 성인군자인 남들은 소유욕으로부터 벗어나고자 하는 욕망, 소유욕으로부터 완전히 벗어난 자만이 누릴 수 있는 성스러운 삶을 유지하고자 하는 욕망만이 있을 뿐이다. 어쩌면 남들은, 그들이 진정 성인군자라면, 내가 그들을 함부로 해쳐도 내게 저항하려 하지 않을지도 모른다. 그러나 남들이 나와 다른 방식의 삶을 살고 있다는 것이 의식되고 있는 한에서, 나는 남들이 나와 다른 욕망과 의지를 품고 있다는 점 역시 의식하지 않을 수 없고, 이러한 사실은 내가 나 자신의 삶과 존재를 소유를 향한 욕망과 의지와 소유로부터 벗어나고자 하는 욕망과 의지의 대립의 관점에서 이미 헤아리고 있음을 드러낸다. 심지어 나를 비롯한 모든 현존재가 다 성인군자와 같다고 전제하는 경우에도 욕망과 의지의 대립은 형성될 수밖에 없다. 신처럼 전지전능하지 못한 한에서 결국 현존재는 성인으로서의 삶의 길을 제각각 다르게 이해할 수밖에 없고, 삶의 길에 대한 개별 현존재의 이해의 상이성을 의식하며 존재하는 한에서, 각각의 현존재에게서는 서로 대립하는 욕망과 의지가 생겨날 수밖에 없는 것이다. 서로 대립적인 한에서 개별 현존재는 자신과 공동 현존재의 존재에 대한 부정으로서 작용할 욕망과 의지의 관점에서 자신의 세계-안에-있음을 파악하는 존재자이며, 이러한 파악은 이미 그 자체로서, 비록 모든 개별 현존재의 성스러움으로 인해 인위적으로 발생할 생물학적 고통과 죽음에의 위협은 별로 느끼지 않는다고 하더라도, 일종의 존재론적 고통과 죽음의 선구성인 것이다.

존재론적으로 보면, 복수의 현존재가 동일한 대상에 대해 지니게 되는 소유욕은 그 자체 불안과 공포의 선구성에 근거해 있으며, 거꾸로 불안과 공포의 선구성은 소유욕이 드러내는 현존재의 근원적이고도 본래적인 동물적 자연성, 즉 규범으로부터의 일탈 가능성에 근거해 있다. 현존재의 자기-자체에 근원적이고도 본래적인 방식으로 함축되어 있는 규범으로부터의 일탈 가능성이 하나의 존재자를 향한 소유욕이 불안과 공포의 선구성에 근거해 있는 것으로서 나타나도록 하는 그 존재론적 이유라는 뜻이다.

이러한 존재론적 언명들이 지니는 뜻이 무엇인지 몇 가지 구체적 예시들을 통해 생각해보자. 여기서도 세 가지 경우를 들 수 있다. 첫째, 폭력적이고 야수 같은 현존재의 경우, 둘째, 자유롭고 온화한 정신을 지닌 현존재의 경우, 셋째, 일상적 규범의 정당성을 수용하는 현존재의 경우. 우선 첫 번째 경우, 즉 『시계태엽 오렌지』의 주인공 알렉스처럼 폭력적이고 야수 같은 현존재의 예에 관해 생각해보자.

늙은 작가를 흠씬 두들겨 팬 나에게 지적이고 세련되어 보이는 작가의 아내를 범하고 싶은 욕망과 의지가 일어났다. 할 수만 있다면 나는 그녀를 내 것으로 삼고 싶다. 물론 그녀가 내 아내가 되어주면 좋겠다는 식으로 생각하는 것은 아니다. 나는 다만 그녀를 향한 내 욕망과 의지가 지속하는 만큼만 그녀를 소유하면 족하다. 그러나 이러한 한시적 욕망과 의지조차도 그녀를 향한 작가의 욕망과 의지와는 대립적일 수밖에 없다. 그녀를 향한 나의 욕망의 의지가 드러나는 순간 그는 나를 증오할 이유를 하나 더 지니게 될 것이고, 내가 욕망을 충족시키는 경우 그 증오는 거의 무한정 증가할 것이다. 솔직히 나는 그를, 실컷 굴욕을 안겨주고 난 뒤, 아예 제거하고 싶다. 나로부터 참을 수 없는 굴욕을 당한 자는 나를 원수로 여길 것이고, 그럼으로써 나의 삶에 대한 잠재적·현실적 위협요인이 될 것이기 때문이다. 그러니 그러한 자는, 다른 사정이 없다면, 아예 제거하는 것이 상책이다. 그러나 그 경우 나는 살인자가 되고, 단순히 폭행과 강간을 일삼을 때와는 비교할 수 없이 엄격한 처벌을 받게 될 가능성을 지니게 된다. 그러니 그를 죽이기보다는 그가 나의 정체를 알아차릴 수 없게끔 가면을 쓴 채 그의 아내를 범하는 것이 더 낫다는 결론이 나온다.

알렉스의 이러한 생각은 작가의 아내를 향한 그의 욕망과 의지가 단순히 동물적이거나 자연적인 것이 아니라 자신의 욕망의 충족이 자신에게 야기할 고통 내지 죽음의 가능성을 미리 앞질러 가봄으로써 일어나는 불안과 공포에 근거해 있는 것이라는 점을 잘 드러낸다. 물론 여기서 근거란 어떤 인과율적 원인으로서 존재함과 같은 것을 뜻하지 않는다. 인과율적으로 말하자면 작가의 아내의 지적이고 세련된 외모가, 늙은 작가를 마음껏 두드려 팰 때 일어난 흥분이, 나로 하여금 그녀를 범하고 싶은 욕망을 지니게 한 그 직접적인 원인일 것이다. 그러나 자신과 공동 현존재의 관계를 일상적 규범을 수용하거나 거부할 가능성의 관점에서 이해하는 현존재에게 욕망은 욕망의 충족이 불러일으킬

지도 모르는 고통과 죽음의 가능성 앞에서의 불안 및 공포의 심연 위로 일렁이는 물결과도 같을 뿐이다. 나는 왜 즉각 거추장스러운 가면을 벗고 그녀의 살이 주는 쾌감을 최대한 밀접하게, 나 자신의 얼굴을 포함하는 온몸으로, 느끼려 하지 않는가? 나는 왜 욕망을 즉각적인 충동과 같은 것으로서 받아들이는 대신 일부러 의지를 발휘해서 욕망의 충족을 지연시키는가? 나는 왜 얼굴에 쓴 거추장스러운 가면을 그냥 내버려둔 채, 정체를 알지 못하는 자에 의해 자신의 아내가 강간당하는 것을 하릴없이 목도할 수밖에 없는 작가의 굴욕을 떠올리면서, 일종의 간접적이고 지적인 즐거움을 누리는 편을 선택하게 되었는가? 그것은 그녀를 향한 나의 욕망과 의지가 그 최초의 형성의 순간에서부터 일종의 '그래야 함'의 의식 위에 자리를 잡고 있기 때문이다. 나의 범죄적 욕망은 오직 나의 정체가 남들에게 가려져 있는 한에서만 충족되어야 한다; 나의 범죄적 욕망은 나의 정체가 드러나는 경우 생겨날 타자로부터의 도덕적·법적 비난이나 처벌의 가능성으로부터 최대한 멀리 벗어나는 방식으로 충족되어야 한다; 나의 범죄적 욕망은 타자로부터 처벌받는 경우 내게 일어날 고통 및 죽음의 가능성을 최소화하는 방식으로 충족되어야 한다… 등등 중층적인 '그래야 함'의 의식이 개별적인 욕망이 그 위에서 형성될 존재론적 지반인 것이다.

알렉스처럼 폭력적이고 야수 같은 현존재와 달리 자유롭고 온화한 정신을 지닌 현존재에게는 개별적인 욕망이 형성될 그 존재론적 자리로서의 '그래야 함'의 의식이 그리 강렬하거나 절박하지 않을 수 있다. 작가의 아내를 범하고자 하는 나의 범죄적인 욕망과 의지는 작가 및 그 아내의 욕망과 의지와 직접적이고도 격렬한 대립의 관계를 형성하고, 그 욕망의 충족이 불러일으킬 효과 역시, 아니 실은 내가 품은 이러한 욕망의 드러남의 효과가 이미, 매우 격렬하고 폭력적이다. 그러나 자유롭고 온화한 정신을 지닌 현존재는 그 온화함으로 인해 공동 현존재와 직접적이고도 격렬한 대립의 관계를 형성하는 것을 최대한 피하고자 한다. 예컨대, 자유롭고 온화한 정신의 소유자로서 나는 이웃의 아내를 향한 내 육체적 욕망과 사랑을 금기시하는 어떤 규범적 명령도 따르고 싶지 않다. 그러나 나는 또한 규범을 소중히 하는 대다수 인간들과 격렬하게 대립하고 싶지도 않다. 온화한 기질로 인해 타자와 반목하는 일이 견디기 힘들기 때문이다. 그러나 자유롭고 온화한 정신을 지닌 현존재의 욕망과 의지 역시, 그것이 공동 현존재의 욕망과 의지와 대립의 관계를 형성할 가능성을 지니는 한에서는, 폭력적이고 야수 같은 현존재의 욕망과 마찬가지로 불안과 공포의 선구성에 근거해 있다. 이러한 현존재가 욕망을 충동적으로 충족시키지 않는 것은 그가 온화하기 때문이기도 하지만 동시에 그의 욕망이 불안과 공포의 선구성에 근거해 있는 것이기 때문이기도 하다. 이웃집 여인을 향한 욕망을 느낄 때마다 나는 자신의 욕망이 나 자신을 위해서나 여인을 위해서나 얼마나 위험한 것인지 함께 자각하지 않을 수 없다. 타자의 욕망과 의지와 대립적인 욕망과 의지가 내 안에서 일어나는 한에서, 나는 자신이 타자의 존재론적 적으로서 실존함을 함께 의식하게 된다. 한 일상적 현존재로서 내가 일상세계를 지배하는 이런저런 규범들을 수용하거나 거부하도록 언제나 이미 내몰리고 있다는 사실이, 그러한 내몰림으로 인해 고통과 죽음의 선구성이 내 일상적 자기-자체를 가능하게 하는 그 근원적 근거가 된다는 사실이, 그런 한에서 나의 자기-자체가 불안과 공포로부터 결코 자유로울 수 없다는 사실이, 특정한 삶의 순간 개별적인 욕망이 일어나기 이전이나 이후나, 나의 존재론적 운명으로서 늘 자각되고 있는 것이다.

폭력적이고 야수 같은 현존재나 온화하고 자유로운 정신을 지닌 현존재와 달리, 일상적 규범을 수용하며 살아가는 대다수 현존재에게는 욕망의 존재론적 근거로서의 불안과 공포의 선구성이 일상적인 자기의 분열의 원인으로 작용하게 된다. 간음한 여인과 예수의 이야기로 돌아가 보자. 간음한 여인이 있다는 사실을 알게 된 후 나는 즉각 분노와 적개심을 느끼게 된다. 그녀가 누구이든지 나는 마땅히 주위의 이웃들과 함께 그녀를 향해 돌을 던져야 한다. 율법이 그렇게 명령하고 있기 때문이다. 그런데 이미 이러한 판단 자체에서, 심지어 여인을 향한 분노와 적개심마저도, 이미 나의 일상적 현존이 불안과 공포의 선구성에 근거해 있는 것이라는 점이 분명하게 드러난다. 나는 왜 분노하는가? 상식적으로 보면, 규범을 어기는 행위가 나의 삶에 위협이 되기 때문이다. 규범이란 결국 조화로운 공존을 위한 것이고, 그런 한에서 규범을 지키지 않는 행위는 조화로운 공존을 위태롭게 함으로써 결국 나의 삶을 위협하게 되는 것이다. 이러한 생각은 대체로 옳지만 별도의 보충설명이 따르지 않는 한에서는 충분히 만족스러운 것은 아니다. 예컨대, 사회를 위해 자신의 목숨을 초개와 같이 버릴 결의를 품고 있는 자 역시 규범을 어기는 자에 대한 분노의 감정을 품을 수 있다. 이러한 자 역시 자신의 삶에 위협이 되기 때문에 죄인을 보며 분노하는 것일까? 이러한 문제는 분노의 원인을 존재론적으로 분석하고 밝힐 때 해결된다. 현존재가 규범을 어긴 자 앞에서, 혹은 이러한 자의 행위로 인해, 분노하게 되는 까닭은 그것이 그 자신의 일상적 자기-자체에 대한 부정이기 때문이다. 나의 일상적 자기-자체는 규범은 준수되어야 한다고 여기는 그러한 자기-자체이다. 나는 삶에 집착하는 자일 수도 있고 집착하지 않는 자일 수도 있다. 어떤 경우든, 내가 규범은 준수되어야 한다고 여기는 그러한 자기-자체로 현존하는 한에서, 규범에 대한 일탈은 나의 자기-자체에 대한 부정일 수밖에 없다. 그렇다면 일상적 현존재가 규범의 일탈 앞에서 지니게 되는 모든 분노는 그 자체 고통과 죽음의 선구성으로부터 연원하는 불안과 공포를 그 원인으로서 지니는 일종의 자기분열의 결과인 셈이다. 우리는 앞에서 자신과 공동 현존재의 관계를 일상적 규범의 수용 여부의 관점에서 바라보는 현존재는 자신을 포함한 모든 현존재를 그 자신의 존재론적 적으로 돌리는 역설적이고도 자가당착적인 존재자임을 확인한 바 있다. 분노가 수반하는 존재부정에의 의지가 그 자신을 포함한 모든 현존재의 자기-자체, 규범으로부터의 일탈 가능성을 그 근원 요소로서 지니는 그러한 자기-자체로서의 존재를 향해 있기 때문이다. 그렇다면 나의 분노는 결국 나 자신의 존재에 대한 분노인 셈이고, 분노에 내몰려 내가 부정하고자 하게 된 존재는 실은 나 자신의 존재이며, 그럼으로써 나 자신이 나 자신에게 존재론적 불안과 공포의 원인이 되고 만다. 나는 분노하는 자로서 절멸하고자 하는 자이고, 동시에 절멸의 위협에 처해 있는 자로서 존재론적 공포와 불안을 지니게끔 내몰리는 자이다. 결국 나는 자신을 부정하는 나와 자신에 의해 부정당하는 나로 분열된 존재자이고, 부정하는 자기와 부정당하는 자기가 모두 '나'인 까닭은 양자가 자신이 부정함 및 자신이 부정당함을 의식하는 순간 안의 자기이기 때문이다.

순간 안의 자기란 존재론적으로 무엇을 지칭하는 말인가? 물론 일상성에의 빠져 있음으로부터 본래적 자기를 되찾아오는 그러한 순간 안의 자기를 지칭하는 말이다. 그것은 그 자체 하나의 본래적인 자기이고, 모든 자기-자체를 자기-아님으로서 부정하는 가운데 자신 안에 포괄하게 되는 역설적인 존재자이며, 자기의 존재에 대한 부정과 긍정의 이중의 운동을 통해 세계-안에-있음으로서의 현존재의 존재를 세계와의 본래적 무연관성 가운데 존재하는 현존재의 존재와 역동적으로 통일시키는, 존재의 전체성을 향한, 존재론적 운동의 표현으로서의 무이다. 일상세계에서 규범으로 인해 현존재가 느끼게 되는 모든 분노는 이러한 순간 안의 자기가 분열되어 있음을 알리는 현상이기도 하다. 분노의 감정으로 그 누구를 부정하는 것도 순간 안의 나이고 그 누구에 의해 부정당하는 것도 순간 안의 나이기 때문이다. 그런데 이러한 일이 어떻게 가능할까? 그 자체 존재의 전체성의 표현으로서 존재하는 한 존재자가 핍박하는 자와 핍박받는 자로서 분열됨은? 이러한 분열은 극복되어야 하는 것인가, 아니면 그냥 내버려두어야 하는 것인가?

2. 일상성의 분열과 현존재의 존재로서의 시간

일상세계에서 규범으로 인해 현존재가 느끼게 되는 모든 분노의 순간은 존재론적으로 분노하는 현존재 자신이 핍박하는 존재자와 핍박당하는 존재자로 분열되는 순간이다. 양자는 모두 순간 안의 자기, 즉 일상성에의 빠져 있음으로부터 자신을 되찾아오는 그러한 순간 안의 자기이며, 그런 한에서 존재론적으로 본래적이다.

아마 이러한 주장의 타당성 여부에 의문을 품게 된 독자들도 있을 것이다. 분노하는 순간의 현존재는, 그로 하여금 분노하게 한 그 근거로서의 규범이 일상적인 것으로서 규정되는 한에서, 비본래적인 현존재 아닐까? 자신의 분노에 의해 도리어 핍박받는 자로서 나타나는 현존재의 자기 역시, 비록 그것이 규범으로부터의 일탈 가능성으로서의 동물적 자연성을 함축하고 있는 자기-자체라고 하더라도, 일상성과 무관할 수는 없는 것 아닐까? 규범적 일상성이 문제가 되는 한에서 현존재의 동물적 자연성 역시 규범에 의거한 처벌 가능성의 근거라는 형태로 일상성에 포섭되어 있는 것이라고 볼 수 있지 않은가? 이러한 의문들은 다 나름대로 타당하다. 그러나 일상성에의 빠져 있음으로부터 자신을 되찾아오는 순간 안의 자기란 결코 일상성과 무관한 자기로서 존속하는 것이 아님을 기억할 필요가 있다. 실은 일상적 현존재가 지니는 규범적 본질 자체가 동물적 자연성으로서의 자기-자체를 자기-아님으로서 부정하는 순간 안의 자기의 내면화의 산물이고, 이러한 순간 안의 자기가 단순한 일상적 존재자로서 규정될 수 없는 까닭은 그것이 매 순간 그 자신의, 동물적 자연성을 언제나 이미 함축하고 있는, 일상적 자기-자체를—초세계적인 규범과 자신의 존재기획의 일치를 지향하는 방식으로—일상성의 한계 밖으로 이끌어내고자 하는 자기이기 때문이다.

어떤 의미에서 이러한 자기는 현존재의 존재를 더욱 일상적이고 비본래적인 것으로 만들어나가는 자기이다. 초세계적인, 즉 세계-안의 존재자의 존재에게서 일어나는 존재의 운동으로부터 자유로운, 규범의 절대성을 근거로 삼아, 이러한 규범의 절대성 자체가 일상성의 한 표현이라는 것을 간과한 채, 현존재를 일상세계를 지배하는 규범적 의미연관 속으로 더욱 깊이 몰아넣는 자기이기 때문이다. 그러나 다른 한편 이러한 자기는 그 자신의 존재가 근원적으로 세계와 무연관적임을, 혹은 세계와 무연관적으로 되어야 함을, 자각하고 있기도 하다. 초세계적인 규범의 절대성을 자신의 존재기획의 근거로 삼음 자체가 일상성에의 빠져 있음으로부터 자신을 되찾아올 가능성의 표현이라는 뜻이다. 게다가 이러한 자기, 초세계적인 규범의 절대성을 근거로 삼아 현존재의 현사실로서의 자기-자체를 자기-아님으로서 부정하는 순간 안의 자기가 부정하는 것이 단순한 사물적 존재자가 아닌 한에서, 현존재의 자기는 자신의 자기-자체를 부정당하는 순간 안의 자기로서 발견하지 않을 수 없다. 그렇지 않은 경우 부정하는 자기는 부정당하는 자기-자체로서의 자기와 외적 대립의 관계를 형성하는 셈이 되고, 그 결과 마치 하나의 자기 안에 단호하게 그 자신의 자기를 부정하는 자기와 불안과 공포에 사로잡힌 채 그 자신의 부정당함을 받아들이는 그러한 자기가 두 상이한 개별자로서 병존한다는 불합리한 결론을 피할 수 없게 되는 것이다. 한마디로, 나의 부정의 대상이 나 자신인 한에서, 나는 부정하는 순간 안의 나일 뿐 아니라 부정당하는 순간 안의 나이기도 하다. 양자는 하나의 존재자로서의 나이다. 부정하는 나는 단호하고, 부정당하는 대상으로서의 현존재의 불안과 공포를 함께 발견하는 나라는 점에서 사디스트 자기이다. 그러나 부정당하는 대상으로서 불안과 공포를 느끼는 현존재란 실은 나 자신일 뿐이다. 부정하는 나의 단호함이 자기 자신의 불안과 공포를 윽박지른다는 점에서 나는 마조히스트 자기이기도 하다. 나는, 언제나 하나인 순간 안의 나로서, 사디스트 자기와 마조히스트 자기로, 핍박하는 자기와 핍박당하는 자기로, 그 자신의 핍박을 기꺼워하는 그러한 자기-아님으로서의 자기로, 분열되어 있다. 존재의 전체성의 표현으로서의 개별 현존재의 존재란 분열된 자기의 역동적 통일성의 형태를 띤 존재인 것이다.

1) 분열된 일상성과 시간

개별 현존재의 존재는, 그것이 분열된 자기의 통일성의 관점에서 고찰되어야 함에도 불구하고, 그 자체로 존재의 전체성의 표현일 수 있는가? 이러한 의문은 주어진 명제를 존재자적 관점에서 고찰함으로써 생겨나게 되는 의문이다. 하나의 존재자의 존재가 존재의 전체성의 표현이라는 말은, 마치 하나의 우주가 모든 존재자들의 내재적 총합으로서 파악되듯이, 하나의 존재자가 자기 안에 모든 존재자들을 내재적으로 포괄함을 뜻할 수는 없다. 이러한 주장은 완전한 난센스일 뿐이다. 개별 현존재의 존재가 존재의 전체성의 표현일 수 있는 까닭은 현존재가 하나의 자기의식으로서의 존재자, 혹은, 존재론적으로 보다 적확하게 표현하면, 그 자신의 존재의 의미를 세계와의 실존론적 관계 속에서 물을 줄 아는 특별한 존재자이기 때문이다. 그것은 현상이란 경험의 절대적 한계를 뜻하는 말이라는 자명한 현상학적 성찰로부터의 필연적 귀결이기도 하다. 만날 수 있는 모든 것들을 현존재는 오직 현상적인 것으로서만 만나게 되고, 이는 각자는 각자에게 주어진 경험의 역량에 상응하는 방식으로 일어난 현상 외에 다른 어떤 것도 만날 수 없음을 뜻한다. 그런 점에서 현상으로 환원될 수 없는 존재 자체에 대한 존재론적 물음은 칸트식의 물 자체에 대한 물음과 엄밀하게 구분되어야 한다. 현상으로 환원될 수 없는 존재 자체란 그 자체 존재의 탈은폐이자 은폐의 통일성으로서 나타나는 현상의 존재론적 현상성의 표현이기도 하고, 주어진 현상과의 관계 속에서 정주하지 않고 끝없이 지금의 자신과 다른 그 무엇이 되어가야만 하는 현존재의 존재의 운동의 표현이기도 하다. 개별 현존재의 존재가 그 자체로서 존재의 전체성의 표현이라는 말은 현존재로서 존재함 자체가 이러한 부단한 존재의 운동의 과정 전체를 그 자신의 존재로서의 안에-있음의 근원적 시간성의 펼쳐짐으로서 발견하게 되는 존재자라는 것을 뜻한다. 현존재의 존재로서의 안에-있음이 일상적 세계-안에-있음과 세계와 근원적으로 무연관적인 것들과의 관계 안에 그 자신 그러한 것으로서 있음을 포괄하는 한에서, 그리고 현존재의 존재가 이러한 안에-있음과 분리될 수 있는 개별적 실체로서의 존재가 아닌 한에서, 현존재로서 현존함 자체가 존재의 전체성의 표현으로서 존속함과 같을 수밖에 없는 것이다.

이제 이와 같은 점을 염두에 두고 규범의 이름으로 분노하는 현존재의 자기분열의 문제에 관해 고찰해보자. 앞에서 살펴보았듯이 분열된 현존재의 두 자기는 모두 일상성에의 빠져 있음으로부터 자신을 되찾아오는 순간 안의 자기이고, 양자는 각각 별개의 존재를 구성하고 있는 것이 아니라 실은 하나의 존재 안에서 역동적 통일성을 이루고 있을 뿐이다. 또한 양자는 모두 규범적 일상성과 이중의 관계를 맺는다. 한편 양자는 규범적 일상성과 무연관적인 것으로서 자신을 발견하는 자기이다. 자기-자체를 자기-아님으로서 부정하는 순간 안의 자기는 초세계적인 규범의 절대성을 자신의 존재기획의 근거로 삼는 자기이고, 자기 존재의 현사실로서의 자기-자체가 자기-아님으로서 부정당함을 발견하는 순간 안의 자기는 일상세계를 지배하는 규범적 의미연관의 한계 밖에 있는 그 자신의 동물적 자연성을 본래적인 것으로서 수용하는 자기이기 때문이다. 그러나 다른 한편 양자는 오직 규범적 일상성의 한계 안에서만 그 자신의 본래성을 자각하는 자기이다. 부정함도 규범의 이름으로 행해지는 것이고, 부정당함도, 그리고 그것이 야기하는 불안과 공포도, 그 자신의 존재가 규범적 일상성의 한계 안에 머물고 있음을 자각하고 있는 경우에만 발견될 수 있는 것이기 때문이다. 어떤 점에서 보면 하이데거가 『존재와 시간』에서 죽음의 선구성 및 불안과 연계시킨 현존재의 존재의 본래성 역시 오직 그 자신의 존재를 일상성의 한계 안에 머물고 있는 것으로서 발견하는 현존재에게만 회복될 수 있는 것이기는 하다. 그 자신의 존재를 일상성 안에 빠져 있는 것으로서 발견하는 현존재만이 이러한 발견을 근거로 삼아 본래성을 회복할 수 있기 때문이다. 그러나 규범의 이름으로 분노하는 현존재의 분열된 자기는 현존재의 존재가 일상적인 것으로서 규범의 제약으로부터 자유롭지 못하기에 나타나는 자기일 뿐 아니라 그 자신의 존재를 여전히 규범과의 관계 속에서 헤아리도록 내몰리는 자기이기도 하다. 자기-자체를 자기-아님으로서 부정하는 순간 안의 자기는 초세계적 규범의 절대성을 빌미로 그 자신의 존재를 일상세계를 지배하는 규범적 의미연관 안으로 내모는 자기이고, 자기 존재의 현사실로서의 자기-자체가 자기-아님으로서 부정당함을 발견하는 순간 안의 자기는 그 자신의 존재가 일상적 세계-안에-있음일 뿐만 아니라 동시에 일상적 세계-안에-있음이어야만 함을 인정하는 자기이다. 참으로 그 자신의 존재를 세계와의 근원적 무연관성 속에서 발견하는 현존재는 그 자체 일상성에 속한 규범의 이름으로 부정될 수 있는 것으로서 발견할 수 없기 때문이다. 그것은 마치 주위의 또래 집단에 소속되고 싶은 마음을 지닌 아이만이 또래 집단으로부터 따돌림을 당한다는 느낌을 받게 되는 것과 마찬가지이다. 또래 집단에 소속되고 싶은 마음이 없는 아이는 또래 집단이 자신을 따돌릴 때 소외감을 느낄 이유가 없다. 그는 힘이 있으면 싸우고, 힘이 없으면 충돌을 피하고 물러나는 식으로, 어떤 경우든 자신이 마주하는 자들과 한 무리가 되고 싶다는 생각은 하지 않으면서, 또래 집단과 그저 외적 대립의 관계를 형성할 뿐이다. 마찬가지로 자신의 자기-자체가 일상적 규범으로부터의 일탈 가능성을 이유로 부정당함을 발견하는 현존재의 자기는, 적어도 이러한 부정당함 자체가 자신의 존재와 본래적으로 무연관적임을 자각하지 못하는 한에서는, 일상성에 빠져 있는 존재자로서 그 자신을 의식하는 자기인 것이다.

이제 이러한 점을 염두에 두면서 규범의 이름으로 분노하는 현존재의 자기분열이 현존재의 존재로서의 시간성에 대해 지니는 의미에 관해 생각해보자. 존재론적으로 시간이란 무엇을 뜻하는 말인가? 하이데거의 관점에서 보면 우선 다음과 같은 명제들이 언급될 수 있다. 첫째, "근원적인 시간은 시간성이다." 둘째, "시간은 시간성의 시간화로서 근원적이며, 이러한 시간화로서 마음 씀 구조의 구성을 가능하게 한다." 셋째, "시간은 본질적으로 탈자적이다." 넷째, "시간성은 도래에서부터 자신을 시간화한다." 다섯째, "근원적인 시간은 유한하다."[1] 여기서 우선 주목할 부분은 첫째 명제와 둘째 명제 사이의 미묘한 차이이다. 첫째 명제에 의하면 시간으로서 근원적인 것은 시간성이다. 그런데 둘째 명제에 의하면 시간성의 시간화로서 시간이 근원적이다.

1 M. Heidegger, *Sein und Zeit*, Tübingen 1993, 329; 321.

그렇다면 시간과 시간성 중 대체 무엇이 근원적이라는 말인가? 여기에는 사실 어떤 논리적 모순 같은 것은 없다. 하이데거가 말하고자 하는 바는 현존재의 존재로서의 시간성이 가장 근원적인 시간이고, 그 때문에 시간이란, 물리적 세계에서 발견되는 어떤 객관적인 것으로서가 아니라, 오직 현존재의 존재로서의 시간성의 시간화로서만 파생성을 면할 수 있고, 또 근원적일 수 있다는 뜻이다. 달리 말해, 시간성이란 존재론적으로 그 자신의 존재를 지금의 자기와 다른 것으로서 도래할 미래의 자기의 존재와의 탈자적 관계 속에서 이해할 수 있는 현존재의 존재를 뜻하는 말로서, 현존재가 세계와의 관계 속에서 체험하는 시간 역시 근원적으로는 이러한 시간성의 시간화, 즉 그 자신의 존재의 시간화로서 발견된다는 뜻이다. '시간은 본질적으로 탈자적'이라는 셋째 명제와 '근원적인 시간은 유한하다'라는 넷째 명제 역시 이러한 관점을 표현할 뿐이다. 시간은 현존재의 탈자적 존재로서의 시간성의 시간화이기에 본질적으로 탈자적이고, 현존재의 존재의 탈자성 자체가 죽음의 선구성을 그 근원적 요소로서 지니고 있기에 본래 유한하다. 한마디로, 시간이란 존재론적으로 현존재의 존재의 탈자성의 드러남 외에 다른 아무것도 아니다.

규범의 이름으로 분노하는 현존재의 자기분열과의 관계 속에서 보면 시간성의 시간화로서의 시간이 지니는 의미는 매우 다의적이고 중층적일 수밖에 없다. 일상성으로부터 규범성을 사상하는 경우, 현존재의 탈자적 존재로서의 시간성은 자기를 위해 도구적으로 마음 씀의 탈자태 가운데서 드러나게 된다. 예컨대, 나는 의자가 없어 불편해 할 미래의 나 혹은 그 반대로 의자를 가지고 있어 편리해 할 미래의 나를 예기하며, 불편해 할 미래의 나가 도래하는 대신 편리해 할 미래의 나가 도래하도록, 이런저런 도구를 써서 의자를 만든다. 나의 구체적인 현존 속에서 시간은 의자 없이 불편하게, 혹은, 불편함을 의식하지도 못한 채 편리함으로부터 배제된 채, 있어온 나 자신의 자기-자체를 도래할 미래의 나와의 탈자적 관계 속에서 헤아리는 지금의 나의 존재로서의 시간성의 구체적 시간화이며, 그런 한에서 그 자체로 탈자적이다. 물론 이렇게 순연히 도구적인 의미연관 속에서 펼쳐진 시간성의 시간화는 죽음의 선구성과 무관하고, 그런 한에서 철저하게 일상적인 시간 체험으로 이어질 시간성의 시간화이다. 그러나 규범적 일상성에서는 일상적인 시간 체험으로 이어질 시간성의 시간화 자체가 이미 고통 및 죽음의 선구성에 의거한 것이다. 그것은 그런 한에서 그 근원적 유한성 가운데서 발견되는 현존재의 존재로서의 시간성의 시간화이다.

간음한 여인과 예수의 이야기로 돌아가 보자. 아직 여인이 누구인지 알지 못하지만 그런 것은 나에게 별로 중요하지 않다. 즉, 한 고유한 개별자로서의 여인의 존재 자체는 일상세계의 규범적 의미연관에 포섭되어 있는 나에게는 무의미하다. 중요한 것은 그녀가 간음한 죄인이라는 것이고, 그런 한에서 죽어 마땅한 존재자라는 것이다. 나는 예수 주위의 사람들 손에 돌이 들려 있는 것을 보고 땅바닥으로 허리를 굽혀 쥐기에 알맞은 크기의 돌 하나를 집어 든다. 땅바닥에 떨어져 있을 때는 그저 삶의 지반으로서의 대지에 속해 있던 돌이 내 손에 쥐어지고 나자 규범적 실천에 사용할 도구가 되었다. 그 돌의 도구성은 물론 고통을 주기 위한 것이기도 하고 죽음을 야기하기 위한 것이기도 하며, 도래할 죽음의 예기가 불안과 공포의 이유인 한에서, 누군가의 마음속에 불안과 공포를 불러일으키기 위한 것이기도 하다. 여기서 '누군가'는 누구인가? 물론 죽어 마땅한 죄인으로서의, 내게는 아직 익명일 뿐인, 여인이다. 익명의 현존재를 향해 있다는 점에서 내가 돌을 도구로 삼아 불러일으키고자 하는 불안과 공포 역시 단순히 한 개별자로서의 여인만을 향한 것은 아니다. 누구든 지금 예수 곁에서 떨고 있을 여인과 같은 죄인이면 사람들로부터 비난받아 마땅하고, 사람들이 던진 돌을 맞아 마땅하며, 그럼으로써 고통과 수치 속에 죽어 마땅하다. 물론 여기서의 '누구든'은 나 자신을 포함하는 모든 사람들을 지칭하는 말이다. 결국 내가 규범의 이름으로 그 존재를 부정하고자 하는 현존재는 모든 현존재이며, 그 까닭은 모든 현존재가 규범으로부터의 일탈 가능성으로서의 동물적 자연성을 그 자신의 자기-자체 안에 가지고 있기 때문이다. 모든 현존재는 그 자신의 동물적 자연성으로 인해 죽어 마땅한 죄인이 될 가능성의 존재자이며, 그런 한에서 고통스럽고 수치스러운 죽음의 가능성으로부터 현존재는 자유로울 수 없다. 기독교신학의 표현을 차용하자면, 모든 현존재는 근원적으로 죄에 얽매어 있는 존재자이며, 그런 한에서 영적으로는 죽을 수밖에 없는 존재자이고, 자신의 자유의지를 통해 자신을 죄와 죽음의 가능성으로부터 해방시킬 가능성을 조금도 지니고 있지 못한 존재자인 셈이다. 물론 규범의 이름으로 분노하는 현존재는 죄로 말미암아 죽으려고 그렇게 하는 것이 아니라 오직 죄와 죄인 됨이 야기할 고통스럽고 수치스러운 죽음으로부터 벗어나려고 그렇게 하는 것이다. 그러므로 내 손에 들린 돌은 무엇보다도 우선 죄로 말미암은 죽음으로부터의 해방이라는 나 자신의 근원적이고도 일상적인 존재기획의 표현이다. 물론 죄로 말미암은 죽음으로부터의 해방은 규범으로부터의 일탈 가능성, 즉 동물적 자연성을 함축하고 있는 나 자신의 자기-자체를 자기-아님으로서 부정하고 절멸함을 전제로 한다. 즉, 그것은 자신을 죽음으로부터 해방시키고자 자신을 죽이고자 하는 역설적이고 자가당착적인 존재기획이다. 물론 규범을 지키는 한에서 나는 죄로 말미암은 죽음을 당하지 않는다. 그러나 규범을 지켜야 하는 존재자로서, 규범과의 관계 속에서 자신의 존재를 이해해야 할 그러한 존재자로서, 존재함 자체가 죄로 말미암은 죽음을 당할 잠재적·현실적 가능성으로부터 벗어날 수 없는 존재자로서 존재함을 뜻한다. 즉, 규범의 이름으로 분노하며 나는 실은 죄로 말미암은 나의 죽음을 불특정한 미래로 유예할 뿐이며, 동물적 자연성 내지 규범으로부터 일탈할 가능성이 결코 소멸될 수 없는 것으로서 나의 자기-자체에 속해 있다는 점에서 보면, 부정될 수 없는 나의 자기-자체를 자기-아님으로서 부정하며 현존하는 셈이다.

한 가지 주의할 점은 죄로 말미암은 죽음의 가능성이 하이데거가 『존재와 시간』에서 말한 죽음의 가능성과 상이하다는 것이다. 하이데거가 말한 죽음은 본질적으로 규범과 무관한 것이고 (혹은 규범을 염두에 두지 않고 분석된 것이고), 회피할 수 없는 것이며, 그러한 것으로서, 오직 회피할 수 없는 그러한 것으로서만, 언제나 이미 임박해 있는 것이다. 죄로 말미암은 죽음의 가능성 역시 언제나 이미 임박해 있는 것이기는 하다. 현존재란 그 자신의 존재에 근원적으로 속해 있는 규범으로부터의 일탈 가능성으로 인해 매 순간을 죄를 범할 가능성의 순간으로서 체험할 수밖에 없는 존재자라는 뜻이다. 그러나 현존재는, 생물학적 의미의 죽음이든 하이데거가 『존재와 시간』에서 말하는 존재론적 의미의 죽음이든, 자신의 죽음을 죄로 말미암지 않은 것으로서 맞이할 가능성을 지니고 있다. 예컨대, 예수 곁의 여인이 간음한 죄인이라는 것을 알고 크게 분노하게 된 나는 사소한 죄만 범하고 나 자신의 죽음으로 이어질 살인이나 간음 같은 죄는 죽을 때가지 범하지 않을 수 있다. 이 경우 나는 생물학적 죽음은 피할 수 없는 것으로서 맞이하되 죄로 말미암은 죽음은 회피한 셈이다. 즉, 『존재와 시간』에서의 죽음과 달리 죄로 말미암은 죽음은 내가 회피할 수 있는 것으로서 예감되는 것이다. 그럼에도 나는 살아 있는 동안 결코 죄로 말미암은 죽음의 가능성으로부터 온전히 벗어날 수 없다. 그것은 회피할 수 있는 것으로서, 그러나 나 자신의 존재에 달라붙은 반영 없는 그림자처럼, 늘 내 곁에 임박해 있는, 그러한 가능성이다. 죄로 말미암은 죽음의 가능성은 왜 반영 없는 그림자 같은가? 그것은 규범의 이름으로 분노하는 내가 자기-아님으로서 부정하는 것이 실은 결코 온전히 부정될 수 없는 것으로서 있어온 나의 자기-자체이기 때문이다. 자기-아님으로서 부정하며 나는 실은 자기-자체만을 보고, 부정하는 자로서의 나는 실은 자기 자신의 존재에 대한 일종의 사형집행관이기에 오직 자기가 죽일 자기를 볼 뿐이다. 물론 부정당하는 자기 역시, 앞에서 말한 것처럼, 단순한 현사실로서의 자기-자체가 아니라 동시에 그 자신의 부정당함의 순간 안의 자기로서, 그 자신을 일상성에의 빠져 있음으로부터 되찾아오는 자기이다. 그러한 자기로서, 부정당하는 자기는 그 자신의 존재를 일상성과 근원적으로 무연관적인 것으로서 발견한다. 존재론적으로 보면, 부정당하는 자기의 죄로 말미암은 죽음의 가능성은 현존재의 존재의 일상성과의 근원적 무연관성이 그 자체 일상성의 한 부분으로서, 규범의 이름으로 부정당해 마땅한 것으로서, 일상성 속에 포섭되어 있음에서 찾는다. 한마디로, 나는 나의 동물적 자연성으로 말미암아 규범의 이름으로 단죄받을 잠재적·현실적 죄인이며, 이러한 나의, 그리고 동시에 모든 공동 현존재의, 잠재적·현실적 죄인 됨이 일상세계를 지배하는 규범적 의미연관의 존재론적 근거이고, 나로 하여금 분노하게 하는 규범의 존재 자체가 일상세계와 근원적으로 무연관적인 것으로서의 나의 동물적 자연성이, 규범의 이름으로 단죄받아 마땅한 것으로서 전환된 채, 일상성 속에 포섭되어 있음을 전제한다.

결국 규범의 이름으로 분노하는 현존재의 자기분열은 현존재가 그 자신의 존재로서의 탈자적 시간성의 시간화로서 체험하는 시간이 유한한 것이자 영원한 것임을 알린다. 그 시간이 유한함은 그것 역시 죄로 말미암은 죽음의 선구성과 결부된 것이기 때문이다. 그것은 내가 죽을 자로서 발견하는 시간이며, 나 자신의 존재를 죽을 수밖에 없는 자로서 죽음을 회피하는 그러한 존재자의 존재로서 드러내는 시간이다. 그러나 나 자신을 죽을 수밖에 없는 자로 만드는 그러한 의미의 죽음과 달리 죄로 말미암은 죽음은 내가 회피할 수 있는 죽음이다. 규범의 이름으로 분노하며 나는 죄로 말미암은 죽음을 회피하고, 되도록 이러한 회피가 오래도록 성공하도록 의지하며, 나의 분노와 의지가 나 자신에 의해 초세계적인 것으로서 절대화된 규범과 나 자신의 존재를 완전히 일치시키고자 하는 그러한 존재기획의 일환으로서 나타나는 한에서, 심지어 나는 회피할 필요 없는, 죄로 말미암은 죽음의 가능성으로부터 온전히 벗어난, 순연한 심판자가 되기를 꿈꾸고 있는 셈이다. 전통 철학의 용어를 차용하자면, 나는 규범의 이름으로 분노하며 순연한 심판자로서의 신이 되려는 존재기획의 존재자이다. 이러한 존재기획의 존재자로서 나는 영원으로 도약하는 셈이다. 즉, 규범의 이름으로 분노하는 나는 나 자신의 존재로서의 탈자적 시간성의 시간화로서 체험되는 시간의 근원적 유한성을 자각하면서도, 동시에 영원으로의 도약을 꿈꾸는 역설적인 존재자인 셈이다. 영원으로 도약하고자 하는 나의 꿈은 물론, 그것이 순수한 심판자가 되고자 하는 꿈으로서 본질적으로 규범으로부터의 일탈 가능성을 가지고 있는 모든 현존재의 자기-자체를 자기-아님으로서 부정함에 의거해 있는 한에서, 모든 현존재의 존재부정에의 꿈이기도 하다. 규범의 이름으로 분노하는 나는 물론 살고자 하며, 규범의 훼손이, 내가 단죄할 그 누군가의 죄인됨이, 나와 공동 현존재의 삶에 해가 됨을 염려한다. 그러나 존재론적으로 보면 나 자신이야말로 실은 가장 큰 살인자이다. 규범의 이름으로 분노하며 나는 모든 현존재의 존재를 부정하고자 하는 열망과 의지에 나 자신을 내맡기게 되는 것이다. 그것은 완전한 존재부정에의 존재기획으로서, 상상할 수 있는 것 가운데 가장 커다란 역설이고 자가당착이다.

2) 규범적 자기분열을 넘어서려는 현존재의 의지와 일상성의 분열의 경향적 심화

규범적 의미연관이 지배하는 일상세계에서 현존재의 존재는 이중으로 초세계적이다. 우선 현존재는 하나는 규범으로부터의 일탈 가능성을 그 자신의 자기-자체로서 지니는 한에서 본질적으로 초세계적이다. 여기서 초세계의 세계는 자연 일반과 같은 것이 아니라 현존재의 안에-있음의 한 방식으로서의 세계, 즉 일상세계이다. 다음으로, 현존재는 규범의 이름으로 분노하며 자신을 포함한 모든 현존재의 자기-자체를, 그 안에 규범으로부터의 일탈 가능성으로서의 동물적 자연성이 함축되어 있는 바, 자기-아님으로서 부정하는 한에서 본래적으로 초세계적이다. 여기서 초세계의 세계는 일상세계를 뜻하기도 하고 통념적 의미의 자연세계를 뜻하기도 한다. 앞에서 살펴본 것처럼 규범의 이름으로 분노하는 현존재는 순연한 심판자가 되고자 하는 존재기획의 존재자이다. 현존재는 그 자신의 존재를 초세계적 초월자의 이념과의 관계 속에서 이해하는 존재자이고, 그런 한에서 일종의 망념으로서 도래할 자기와 탈자적 관계를 맺는 존재자이기도 하다. 한마디로, 현존재가 도래할 자기로서 꿈꾸는 순연한 심판자는—통념적으로 표현하면—일종의 신적 존재자와 같고, 이러한 존재자가 단순한 형이상학적 이념으로서 제기된 것이 아니라 자신의 존재기획의 궁극적 지향점으로서 실제적으로 열망되는 것인 한에서, 현존재란, 적어도 그 규범적 일상성의 관점에서 보면, 근원적으로 망념에 사로잡힌 존재자라는 뜻이다.

이러한 망념으로부터 벗어나기 위해 현존재는 무엇을 어떻게 해야 할까? 결론부터 말하자면, 현존재가 이러한 망념으로부터 온전히 벗어날 가능성은 존재론적으로 있을 수 없다. 현존재의 존재에는 일상성이 근원적인 것으로서 속해 있고, 또한 현존재의 근원적 존재방식으로서의 일상성에는, 현존재가 세계-안에-있는 존재자로서 공동 현존재와의 공존을 모색할 수밖에 없다는 점에서, 규범성이, 일상성의 근원적인 성격 규정으로서, 속해 있을 수밖에 없는 것이다. 이러한 점은 현존재가 그 자신의 존재를 규정해온 일상세계의 규범적 의미연관의 모순과 한계를 자각할 때 도리어 더욱 더 강한 정도로 순연한 심판자로서 도래할 자기의 망념에 집착하게 된다는 존재론적 진실에서 극명하게 드러난다. 간음한 여인과 예수의 이야기를 예시로 삼아 이 문제에 관해 생각해보자.

간음한 여인을 율법에 따라 처단해야 하는지 아니면 큰 사랑의 정신으로 용서해야 하는지 즉각 대답하는 대신 예수는 잠시 생각에 잠긴 듯했다. 그런 예수의 태도는 나를 비롯한 사람들의 화를 돋울 뿐이었다. 대체 망설일 이유가 무엇이란 말인가? 신성한 율법이 간음한 여인은 돌로 쳐서 죽여야 한다고 명백하게 밝히고 있지 않은가? 예수의 망설임 자체가 그가 신에게 불순종하는 자임을 드러내는 것이 아닐까? 이런 생각을 하던 나는 문득 예수 곁에 고개를 숙인 채 서 있는 여인의 얼굴을 보고는 온몸이 얼어버린 듯한 느낌에 사로잡혔다. 그녀는 내가 평소 연모해오던 이웃집 여인이었다. 아마 단 한 순간의 시간이었을 것이다. 내가 그녀를 알아보자마자 곧바로 예수의 입에서 "너희 중 죄 없는 자가 먼저 돌을 던지라!"는, 거의 불가사의한 느낌의, 말이 나왔다. 사실 예수의 말 자체가 이해하기 어려운 것은 아니었다. 얼마나 간단한 말인가? 죄가 없거든 돌을 던지고, 죄가 있거든 돌을 던지지 말라는, 아주 단순한 전언이다. 나는 그의 의도가 무엇인지 완벽하게 이해했다. 그는 율법을 따를 것인지 말 것인지 결정할 책임을 율법으로 인해 분노하게 된 사람들에게 돌린 것이다. 그러나 실제로는 이미 그가 결정을 내린 셈이었다. 대체 한 인간으로서 죄 없는 자가 어떻게 있을 수 있단 말인가? 그러니 죄 없는 자가 먼저 돌을 던지라는 말은 아무도 돌을 던져서는 안 된다는 뜻을 지닐 수밖에 없다. 게다가 그 말은, 비록 예수의 음성은 온화했지만, 모두를 향한 준엄한 꾸짖음처럼 들리기도 했다. 스스로 죄 있음에도 불구하고 우리는 남의 죄를 용서하지 못한다. 규범의 이름으로 그 누군가를 향해 분노하게 된 자는 실은 위선자에 불과할 뿐이다. 그 자신 규범의 이름으로 단죄받아 마땅한 죄인에 지나지 않기 때문이다. 예수의 뜻이 무엇인지 나는 매우 분명하고 완벽하게 이해했다는 느낌을 받았다. 그러나 동시에 나는 아무것도 이해하지 못했고 또 이해할 수도 없다는 상반된 느낌도 받았다. 그것은 아마 그의 말을 듣기 전에 여인의 얼굴을 보아버렸기 때문일 것이다. 그녀를 향한 내 연모의 감정은 그녀를 향한, 아니 간음한 여인이라는 죄인의 낙인만을 지닌 익명의 여인을 향한, 내 분노의 감정을 삽시간에 얼어붙게 만들어버렸다. 나는 분노의 감정을 품어온 그때까지의 나의 자기-자체를 자기-아님으로서 부정하게 되었다. 그럼에도 불구하고 그러한 순간 안의 나는 자신을 여전히 여인을 향해 분노하던 그러한 자기로서 발견하지 않을 수 없었다. 즉, 나는 자기를 자기-아님으로 부정하는 자기이면서 동시에 부정하는 자기 자신을 자신에 의해 부정된 자기로 재발견하는 자로서 거기 있었다. 나는 나 자신이 이제 자기-아님으로서 부정하고자 하는 자기, 여인을 향해 돌을 던지려 하던 그러한 자기를 자기로서 재발견하기를 그칠 수 없음을 안다. 결국 나는 일종의 저주를 받은 셈이다. 영원히 자기를 긍정할 수 없는, 자신의 존재기획이 자기 자신의 온전한 존재부정에의 의지로부터 벗어날 수 없는, 그러한 존재자로서 살 수밖에 없게 되었다. 나는 나 자신을 긍정할 수도 없고, 온전히 나 자신의 존재를 부정할 수도 없으며, 바로 그러한 까닭에 나 자신의 존재에서부터 자기의 존재를 온전히 부정하고자 하는 그러한 의지의 화신으로서밖에는 존속할 수 없게 된 것이다.

예수의 말이 내게 불가사의했던 것은 그것이 마치 세상의 모든 인간들을 내가 지금 겪고 있는 것과 같은 그러한 저주의 운명을 향해 가도록 몰아세우는 것처럼 느껴졌기 때문이었다. 그가 그런 말을 들려주기 전까지는 모든 것이 얼마나 단순하고 분명했는가? 우리는 간음과 같이 율법이 엄히 금하는 죄를 범하면 안 되고, 죄를 범하면 율법이 이르는 방식에 따라 처벌받아야 한다. 형식적 규범이 사람들의 삶을 지배하고 있을 때는 자기 자신에 대해서든지 아니면 다른 누구에 대해서든지 복잡한 생각 같은 것은 할 필요가 없다. 형식적 규범이 알려주는 대로 그냥 행하면 될 뿐이다. 그러나 예수의 선언 이후 사람들은 자기 자신에 대해 생각하게 되었고, 규범의 정당화를 보증해줄 그 존재론적 근거가 무엇인지 묻게 되었으며, 이러한 물음 가운데서 자기 자신을 영원한 죄인으로, 자기-아님으로서 부정하고자 하지만 끝끝내 자기 자신으로서 되살아올 위선자이자 잠재적·현실적 살인자로, 자신을 재발견하게 되었다. 모두가 이러한 저주의 운명을 지니게 된 것은 근본적으로 예수의 선언이 모두로 하여금 그때까지 있어온 그 자신의 현사실로서의 자기-자체를 자기-아님으로서 부정하는 순간 안의 자기, 일상세계를 지배하는 규범적 의미연관에의 구속으로부터 규범적 의미연관과 본래 무연관적인 존재자로서의 자기를 되찾아오는 그러한 순간 안의 자기가 되게 하였기 때문이다, 물론 존재론적으로 보면 예수의 선언이 있기 전에도 모든 인간 현존재는 지금까지 있어온 한 현사실로서의 자기-자체를 자기-아님으로서 부정하는 순간 안의 현존재이기를 그칠 수 없었다. 그러나 순간 안의 자기로서도 사람들은 일상적 규범에 복종하는 자기를 부정하는 순간 안의 자기와 일상적 규범에 복종하기를 거부하는 순간 안의 자기 사이에서 진동을 거듭해왔을 뿐 그 자신의 존재의 본래적 위선성과 자가당착성을 온전히 직시할 수는 없었다. 예수의 선언 이후로 이제는 누구도 자신의 본래적 위선성과 자가당착성을 직시하지 않을 수 없게 되었다. 모두가 자기 자신의 온전한 존재부정에의 의지로부터 벗어날 수 없는 음울한 존재자가 되어버린 것이다.

이러한 존재론적 언명들은 우리에게 무엇을 말해주는가? 그것은 현존재란 본래 규범의 이름으로 분노하는 자기로서 존속하도록 운명 지어진 존재자라는 존재론적 진실이다. 여기서 운명이란 어떤 인과율의 작용에 의해 행운을 누리거나 반대로 재난을 당하도록 정해져 있음이라는 의미가 아니라 현존재의 존재의 실존론적 존재구조 그 자체에서부터 그러한 존재자로서 존재하도록 규정됨이라는 의미를 지닌다. 현존재가 세계-안에-있는 존재자라는 존재론적 규정이 그 대표적인 예가 될 것이다. 우리는 앞에서 규범의 이름으로 분노하는 자기는 온전히 자기의 존재를 긍정하고자 하는 존재기획의 존재자로서의 자기와 온전히 자기의 존재를 부정하고자 하는 존재기획의 존재자로서의 자기로 분열될 수밖에 없음을 살펴보았다. 이러한 자기분열이 결국 규범에 기인하는 것이니 규범의 이름으로 심판하기를 그치면 분열된 자기가 다시 하나가 될까? 물론 그럴 수는 없다. 현존재의 존재는 규범적 일상성을 그 자신의 근원적 존재방식의 하나로서 지닐 수밖에 없기 때문이다. 실은 그 반대이다. 즉, 현존재란 그 자신의 규범적 자기분열을 넘어서려 하는 순간 도리어 더욱 더 중층적이고 심화된 분열에 직면하게 되는 자기모순적 존재자이다.

간음한 여인과 예수의 이야기로 돌아가 보자. 여인이 간음의 죄를 범했다는 것을 알게 된 나에게서 나타날 수 있는 반응은 크게 두 가지이다. 하나는 그녀에게서 더욱 더 큰 분노와 배신감을 느끼는 것이다. 내가 그녀를 연모했던 것은, 그녀를 향한 나의 연모가 실질적으로 간음에의 충동과 다를 바 없었다는 점에서 보면 자가당착적이게도, 그녀가 순수하고 무구한 여인이라는 느낌 때문이었다. 그런데 그녀가 더러운 죄인임이 드러났으니 나는 더 이상 그녀를 연모할 수 없고, 오직 죄인으로서 낙인찍을 뿐이다. 물론 이러한 반응은 내가 여전히 형식적인 율법에 완전히 사로잡혀 있음을 드러낸다. 그리고 그런 한에서 나는 규범의 이름으로 분노하는 나 자신이 실은 존재론적 자기분열을 일으키고 있음을 분명히 자각하지 못하고 있고, 또 그렇기에 그러한 자기분열을 넘어서려는 실제적인 시도도 하지 않고 있다. 또 하나의 반응은 그녀의 처지를 안타깝게 여기고, 되도록 그녀를 사랑하고 용서하려 애쓰는 것이다. 그녀를 사랑하고 용서하려면 나는 내가 지금까지 절대시해온 형식적 율법의 한계로부터 벗어나야 한다. 나는 율법을 절대시해온 지금까지의 자기를 자기-아님으로서 부정해야 하며, 그럼으로써 율법의 이름으로 더 이상 심판하지 않는 새로운 자기가 되어야 한다. 이러한 반응은 내가 율법의 이름으로 분노하는 순간 나타나는 존재론적 자기분열을 스스로 넘어서려 시도하고 있음을 드러낸다. 나는 그녀에 대해, 비록 온 세상이 그녀를 죄인이라 부른다 해도, 어떤 분노의 마음도 품고 싶지 않다. 나는 그녀를 사랑하고 싶고, 기꺼이 용서하려 하며, 심지어 나 자신에게서 그녀를 용서해야 한다는 마음마저도 지우고 싶다. 그녀를 남몰래 연모해온 나에게는 처음부터 그럴 자격이 없는 것이다.

이러한 결의 속에서 나는 존재론적으로 무엇을 이루게 되는가? 내가 진실하고 또 성실한 인품의 소유자인 경우 나는 내 마음에서 여인을 향한 증오와 분노의 감정을 완전히 지워버릴 것이다. 즉, 여인에게서 내가 느끼는 감정은 사랑과 연민 같은 긍정적 감정뿐이다. 내게서 일어나는 이러한 변화는 내가 굳은 결의에 의해 움직이는 존재자라는 것을, 무조건적인 사랑과 용서를 내 행위의 굳건한 준칙으로 삼고 있다는 것을, 알려준다. 전통적 윤리학의 관점에서 보면 이러한 나는, 만약 내가 사적으로 연모하는 여인뿐 아니라 모든 사람들을 향해 사랑과 용서의 마음만을 보일 수 있는 성인군자와도 같이 된다면, 아마 자신과 남을 가르는 어떤 외적 구분도 없이 모든 것을 자기의 존재 안에 포용하는 일종의 우주론적 정신의 소유자로서 규정될 수 있을 것이다. 그러나 존재론의 관점에서 보면 사태가 그리 단순하지 않다. 설령 내가 우주론적 정신의 소유자라 하더라도 나는 규범의 이름으로 심판하는 존재자이기를 그칠 수 없다. 우선 죄인마저도 사랑과 용서의 마음으로 대해야 한다는 나의 생각과 결의 자체가 이미 그 누구를 사랑하고 용서해야 할 죄인으로서 심판하고 있음을 전제로 한다. 설령 내가 누구를 만나든 조금도 죄인으로 인식하지 않고 온전히 사랑할 수 있게 되었다 하더라도 내가 사람에 대해 규범의 이름으로 심판하기를 그쳤다는 의미는 될 수 없다. 그러한 나는 세상을 지배하는 이런저런 규범을 근거로 삼아 자신이나 남을 심판하는 모든 사람들을 지금까지의 자신이 아닌 그 무엇이 되어야 할 존재자로서 이미 심판하고 있는 것이다.

아마 온전한 성인군자에게는 이러한 심판이 실제적인 분노와 증오로 이어지지 않을 것이다. 그것은 마치 자식을 지극히 사랑하는 현명한 부모가 그 사랑과 현명함으로 인해 미성숙한 자녀를 향한 실제적인 분노와 증오의 감정을 품지 않게 되는 것과 같다. 설령 자녀의 잘못을 야단치더라도 그것은 자식에 대한 지극한 사랑의 표현일 뿐이다. 그것은 물론 자식이 결국 훌륭하게 되리라는 믿음과 희망의 표현일 수도 있다. 하지만 설령 자식이 큰 장애나 마음의 상처를 가지고 있어 훌륭하게 되기 어려워도 지극한 사랑을 품은 부모는 바로 그 사랑으로 인해 자식 사랑하기를 멈출 수 없다. 사랑의 지극함이 사랑을 무조건적인 것으로 만드는 것이다. 그러나 엄밀히 말해 성인군자란 일종의 윤리적 인간의 이념, 현존재가 마땅히 그리로 가야할 현존재의 존재기획의 궁극적 도달점으로서 상정되는 이상적 인간상일 뿐이다. 대다수 인간들에게는 무조건적인 사랑과 용서의 이념이 또 다른 종류의 분노와 증오를 품게 할 이유가 되기 십상이라는 뜻이다. 존재론적으로 보면 성인군자의 이념은 분노와 증오의 감정을 품을 가능성으로부터 자유롭지 못한 모든 현존재의 존재에 대한 일종의 부정이다. 즉, 그것은 모든 현존재의 존재부정에의 의지의 드러남이다. 결국 규범의 이름으로 분노하는 현존재에게서 필연적으로 나타나는 현존재의 자기분열이 무조건적인 사랑과 용서의 이념을 통해서도 극복되지 않고 남게 되는 셈이다. 한편 무조건적인 사랑과 용서의 이념에 의거해 생각하고 행동하는 현존재는 모든 현존재의 존재긍정을 그 자신의 궁극적 존재기획으로 삼은 존재자이다. 그는 크나큰 죄인조차도 기꺼이 한 인간으로서 긍정하려 하는 것이다. 그러나 다른 한편 이러한 현존재는 모든 현존재의 존재부정을 그 자신의 궁극적 존재기획으로 삼은 존재자이기도 하다. 무조건적인 사랑과 용서의 이념에 의해서만 생각하고 행동할 수 없는 모든 현존재가 바로 그러한 이유로 부적절하고 올바르지 못한 존재자로서 심판되고 있기 때문이다.

규범적 의미연관이 지배하는 일상세계에서 공동 현존재와 이해관계가 뒤얽힌 관계를 맺고 살아가는 구체적 현존재에게는 사랑과 용서의 이념이 가혹한 딜레마에 처하게 하는 원인으로 작용하기 마련이다. 여기서 가혹함이란 현존재에게 실제적인 고통을 안겨줌을 뜻하는 말이 아니라 현존재 자신이 추구하는 사랑과 용서의 이념에 어긋나는 생각과 행동을 하지 않을 수 없게끔 몰아세움을 뜻하는 말이다. 즉, 사랑과 용서의 이념을 그 자신의 존재기획의 지향점으로 삼는 모든 현존재는 그 존재에서부터 사랑과 용서의 이념과 정 반대의 방향으로 향해가는 그러한 자기를 만날 운명에 처해 있는 존재자이다.

성경 속에서 예수의 선언을 들은 유태인들은 돌을 던지고 뿔뿔이 흩어져 집으로 돌아간다. 두 가지 경우를 생각해보자. 하나는 성경에 묘사된 대로 모두가 형식적 율법의 절대성에 의문을 품고 간음한 여인을 향해 돌을 던질 마음을 버린 경우이다. 또 다른 하나는 나 자신을 제외한 사람들 중 일부 혹은 전부가 예수의 선언을 무시하고 여인을 향해 돌을 던지려 하는 경우이다.

후자의 경우 나는 무엇을 어떻게 해야 하는가? 물론 여러 가지 선택지가 있다. 나는 사람들을 적극적으로 만류하며 여인을 보호하려 애쓸 수도 있고, 여인을 향한 자신의 감정이나 예수의 선언이 안겨준 새로운 깨달음을 무시한 채 사람들과 함께 돌을 던질 수도 있으며, 이도 저도 아닌 태도를 취할 수도 있다. 물론 여인과의 관계만을 염두에 두면 무조건적인 사랑과 용서의 이념에 어울릴 수 있는 선택지는 첫 번째뿐이다. 그러나 여인을 보호하기 위해 나는 어느 선까지 행동해야 할 것인가? 최대한 만류하되 그래도 사람들이 뜻을 꺾지 않으면 여인이 죽도록 내버려두어야 하는가, 아니면 설령 사람들이 다치거나 죽게 되더라도 여인을 지키기 위해 필요한 경우라면 사람들을 공격해야 하는가? 여인이 죽도록 내버려두는 경우 그녀를 향한 나의 소위 무조건적인 용서와 사랑의 마음은 다른 사람들을 비폭력적으로 만류하는 한에서만 그 마음을 따른다는 조건을 지니게 되는 셈이고, 그럼으로써 무조건적인 용서와 사랑의 마음이기를 그치게 된다. 반대로 사람들을 공격하는 경우 나의 소위 무조건적인 용서와 사랑의 마음은 여인을 향한 것으로서만 한정되게 되고, 여인의 존재에 조건 지어진 것이 되며, 따라서 역시 무조건적인 용서와 사랑의 마음이기를 그치게 된다.

설령 전자의 경우처럼 모두가 형식적 율법의 절대성에 의문을 품게 된 경우라고 하더라도 가혹한 딜레마가 사라지는 것은 아니다. 간음이란, 다른 죄와 마찬가지로, 그 누군가와의 약속과 신뢰를 저버림, 그럼으로써 그에게 고통이나 죽음을 초래하게 됨이라는 의미로 죄이다. 그러니 '누구든 죄 없는 자가 먼저 돌을 들어 던지라!' 는 예수의 선언은, 설령 누군가에게 고통이나 죽음을 초래한 자가 있어도, 사랑하고 용서해야 함이라는 의미를 담고 있는 셈이다. 아니, 사랑하고 용서해야 함이라는 말은 예수의 선언이 담고 있는 의미를 온전히 드러내지 못한다. 돌을 던짐은 일종의 법적 단죄이다. 그런 점에서 예수의 선언은, 적어도 지금까지 존재해온 규범과 관습에 따른 방식으로는, 법적 단죄를 하지 말라는 뜻과도 같다. 즉, 그것은 규범적 일상생활의 현실적 토대로서의 법의 부정이자 규범을 어긴 자를 법의 이름으로 심판하고 단죄할 가능성의 부정이다. 그렇다면 약속과 신뢰를 저버리는 자에 의해 고통과 죽음을 겪게 된 사람들의 수가 늘어나는 경우 그 책임은 누가 질 것인가? 그러한 사람들이 늘어나도 그냥 내버려두는 것이야말로 사랑과 용서의 정신에 위배되는 것 아닐까?

아마 '죄는 미워하되 사람은 미워하지 말라!'는 격언은 형식적 규범의 절대성으로부터 벗어나 사랑의 정신에 입각해 생각하고 행동하려는 현존재가 당면하게 되는 가혹한 딜레마를 해소할 목적으로 생겨난 말일 것이다. 이러한 격언에 따르면 우리는 죄인을 법의 이름으로 단죄해야 한다. 그러나 한 인간에 대한 증오와 분노의 마음 때문에 마땅히 단죄하는 것이 아니라 그를 향한 사랑에도 불구하고 어쩔 수 없이 단죄하는 것이 되어야 한다. 그런데 이 경우 우리는 실질적으로 형식적 규범의 절대성을 다시 끌어들이는 셈이다. 규범을 어긴 자는 아무튼 단죄를 받아야 한다는 생각을 긍정하는 것이니 말이다. 물론 간음한 여인을 돌로 쳐 죽이는 대신 일정 기간 교도소에 수감되도록 함으로써 반성할 기회를 주는 식의 형벌의 인간화는 나타날 수 있다. 그러나 규범을 어기는 자의 자기, 규범을 어길 가능성으로부터 벗어날 수 없는 그러한 자의 자기는 바람직하지 못한 것으로서 부정당해야 한다는 전제는 여전히 유효하다. 결국 여기서도, 즉 분노의 대상이 현존재가 아니라 현존재가 행한 죄를 향하는 경우에도, 규범의 이름으로 분노하는 현존재가 자가당착적이고 모순된 존재자로서 존재론적 자기분열을 일으키게 된다는 점이 달라지는 것은 아니다. 그 근원적 존재방식에 규범적 일상성이 속해 있는 한에서, 현존재는 어떤 경우에도 자신을 포함한 모든 현존재의 존재긍정의 존재기획과 존재부정의 존재기획으로 갈라진 시간성을 그 자신의 존재로서 지닐 수밖에 없는 존재자인 것이다.

대다수 현대인의 상식에서 보면 아무튼 가혹한 처벌이 존재하는 사회보다 처벌의 인간화가 이루어진 사회가 바람직할 것이다. 그리고 이러한 관점에서는 현존재의 존재에게서 발견되는 자기분열의 문제가 철학적 공론의 문제에 불과할 뿐 실제적인 생활과는 무관하다는 생각이 들기 쉽다. 그러나 분노란 대개 분노의 대상의 제거와 함께 해소되기 마련인 감정이다. 또한 분노란 현존재가 살과 피를 지닌 존재자로서 고통과 죽음에 취약하기에 생겨나는 감정이기도 하다. 아무 고통도 죽음도 겪을 수 없는 존재자는 분노할 이유를 지니지 못한다는 뜻이다. 그러니 사실 중죄를 지은 자에게 가해질 가혹한 처벌에 호소하지 않아도 사람들이 만족하는 경우란 두 가지뿐이다. 하나는 고통이나 죽음을 크게 두려워하지 않아도 좋을 만큼 사람들이 충분히 강하고 성숙해진 것이다. 또 하나는 고통이나 죽음을 크게 두려워하지 않아도 좋을 만큼 사회제도가 적절하게 잘 운영되고 있는 것이다. 현실적으로 보면 첫 번째 경우는 한정된 의미만을 지니는, 그리고 어떤 의미에서는 자가당착적인, 일종의 변수에 불과하다. 사회마다 사람들의 정신의 강함과 성숙함은 차이가 있을 수 있지만 그것이 가혹한 처벌에 호소하지 않을 충분한 이유는 될 수 없다는 뜻이다. 더욱이 범죄로 인해 위협에 처하게 되는 것이 나 자신뿐 아니라 주위의 공동 현존재이기도 하다는 점에서 보면 강하고 성숙한 정신의 소유자가 중죄를 저지르는 자를 가혹한 처벌을 받지 않고 생활하도록 내버려두는 것은 공동 현존재에 대해 자신이 무책임한 자라는 것을 드러낼 뿐이다. 그렇다면 중죄를 지은 자에게 가해질 가혹한 처벌에 호소하지 않아도 사람들이 만족하는 경우는 현실적으로 두 번째 경우뿐인 셈이다. 그런데 이러한 경우의 분노의 경감은, 사회제도의 적절한 운영에 의존하고 있다는 점에서, 실은 크게 분노할 이유가 없기 때문에 일어나는 자연스러운 현상에 지나지 않는다. 즉, 그것은 규범의 이름으로 분노하는 현존재의 존재론적 자기분열을 해소하는 것과 무관한 경우이다. 사회제도의 적절한 운영에 의존하고 있는 자로서 나는 나의 삶을 위협할 가능성으로부터 자유롭지 못한 모든 현존재에 대해 이중의 입장을 지니게 되는 존재자이다. 한편 사회제도의 적절한 운영 자체가 조화로운 공존을 위한 것이라는 점에서 나는 모든 현존재의 존재긍정의 존재기획으로서 존재하는 존재자이다. 그러나 모든 현존재가 규범으로부터의 일탈 가능성을 그 자신의 현사실로서 지니는 존재자라는 점에서 나는 동시에 모든 현존재의 존재부정의 존재기획으로서 존재하는 존재자이다.

일상세계를 절대화된 형식적 규범이 지배할 뿐 아니라, 간음한 여인과 예수의 이야기에서처럼, 그러한 규범의 모순과 한계에 대한 의식이 형성되는 경우, 현존재의 자기분열은 더욱 중층적이 되고 또 심화되기 마련이다. 형식적 규범의 절대화는 한편 나 자신의 안전의 보루이기도 하고 또 다른 한편 나 자신의 존재가 크나큰 고통과 죽음의 가능성에 노출되어 있다는 표지이기도 하다. 형식적 규범이 무조건적이고 절대화된 것으로서 작동하는 한에서 나는 규범을 함부로 어기는 자에 의해 해를 당할 가능성을 그만큼 적게 가지게 된다. 그러나 동시에 그러한 규범은, 적어도 내가 규범으로부터 일탈할 가능성을 지니고 있는 구체적이고 현실적인 존재자인 한에서, 나 자신이 겪게 될 엄혹한 고통과 죽음의 잠재적·현실적 원인이기도 하다. 그러니 현존재는 절대화된 형식적 규범이 열어놓은 일상세계의 의미연관을 그 자신의 존재긍정을 위해 고수하려는 경향과 반대로 혁신하고자 하는 경향 모두에 사로잡히게 된다. 혁신하고자 하는 경향이 압도적인 우위를 점하게 되는 경우에도 고수하려는 경향이 아주 사라지는 것은 아니다. 혁신의 이유가 결국 자신이나 그 밖의 공동 현존재의 안위에 있기에 자신 및 공동 현존재의 안위를 위협할 요인들을 엄격하게 통제하고 제압하려는 결의가 생겨날 수밖에 없는 것이다. 즉, 형식적 규범을 절대화하도록 만든 근본 원인은 여전히 남아 있는 셈이다.

결국 일상세계를 지배하는 규범적 의미연관의 모순과 자가당착에 대한 자각은, 그리고 그러한 자각이 가능하게 하는 새로운 규범적 의미연관에의 모색은, 현존재의 존재론적 운명으로서의 자기분열을 중층적으로 심화시켜나가는 방향으로 작용하는 셈이다. 지금까지의 규범적 의미연관의 모순과 자가당착을 분명하게 자각하지 못했을 때 현존재의 존재는 규범에 의거해 자신 및 공동 현존재의 존재를 긍정하고자 하는 경향과 규범으로부터 일탈할 가능성을 지닌 그 자신의 동물적 자연성을 긍정하고자 하는 경향 사이에서 결정적인 전환점 없이 진동할 뿐이다. 그러나 지금까지의 규범적 의미연관을 혁신하고자 하는 결의가 생기자 현존재의 존재는, 한편 지금까지의 규범적 의미연관으로 인해 겪게 된 자기분열에 더해, 지금까지의 규범적 의미연관을 고수하고자 하는 경향과 혁신하고자 하는 경향 사이에서의 새로운 자기분열을 겪게 된다. 이러한 새로운 자기분열은 혁신하고자 하는 경향이 우세해짐으로써 해소될 수 있는 성격의 것이 아니다. 이전의 규범이 일상세계-안에-있음을 친숙하고 안전한 것으로서 만드는 데 이바지했던 것은 새로운 규범적 의미연관이 지배하는 일상세계에서도 보존되어야 하기 때문이다.

어쩌면 현존재의 존재의 운동은, 수학과 현대 물리학의 개념을 차용하자면, 칸토르 집합의 추상적 구조형식 내지 카오스 프랙탈(fractal)의 구조형식 속에서 움직이는 것인지도 모른다. 현존재는 언제나 지금까지 있어온 그 자신을 자기-아님으로서 부정하는 순간 안의 존재자이다. 그것은 현존재의 존재에게 일종의 존재론적 공동(空洞)이 열리는 순간과도 같다. 그러나 그러한 공동 속에서 일어난 현존재의 자기분열은 단순히 그 자신의 존재의 일부를 소실함을 뜻하는 것이 아니라 새로운 자기분열이 일어날 가능성의 장이 이중화되었음을 뜻할 뿐이다. 그렇다면 현존재의 자기는 끝없이 분열할 수 있는가? 물론 현실적으로는 불가능하다. 현존재의 존재로서의 시간성 자체가 근원적으로 유한하기 때문이다. 그러나 규범적 의미연관에 귀속된 현존재의 존재에게서 일어나는 자기분열이 초세계적인 것으로서 도래할 두 가지 상이한 자기의 망념을 향해 가려는 상반된 방향의 존재기획의 드러남인 한에서 현존재는 그 자신의 존재를 끝없는 자기분열의 이념적 가능성과 함께 자각하는 존재자인 셈이다. 끝없는 자기분열의 이념적 가능성을 자각함으로써 현존재의 존재는 실제적 존재와 가능적 무 사이의 중간자가 된다. 이러한 문제에 대한 구체적 분석과 해명은 다음 장의 주제인 '현존재의 근본 기조인 불안과 시간 및 윤리'를 다루면서 제시될 것이다.

제7장

현존재의 근본 기조인 불안과 시간 및 윤리

규범적 의미연관에 귀속된 현존재가 자신의 존재를 끝없는 자기분열의 이념적 가능성과 함께 자각함은 존재론적으로 현존재의 근본 기조로서의 불안과의 관계 속에서만 온전히 파악될 수 있다. 지금까지 있어온 자신을 자기-아님으로서 부정하는 순간 안의 현존재란, 초세계적인 것으로서 도래할 두 가지 상이한 자기의 망념을 향해 가려는 상반된 방향의 존재기획의 존재자로서, 자기의 존재를 세계와의 근원적 무연관성과 함께 이해하는 존재자이기 때문이다.

앞장에서 우리는 현존재의 존재의 세계와의 근원적 무연관성이 규범적 의미연관에 귀속된 현존재에게서 두 가지 상반된 의미를 지니게 됨을 확인했다. 하나는 모든 현존재의 존재긍정의 존재기획 속에서 나타나는 현존재의 존재의 세계와의 근원적 무연관성이다. 다른 하나는 모든 현존재의 존재부정의 존재기획 속에서 나타나는 현존재의 존재의 세계와의 근원적 무연관성이다. 그렇다면 현존재의 근본 기조로서의 불안 역시 두 가지 상반된 불안의 통일로서 파악되어야 할까? 모든 현존재의 존재긍정의 존재기획과 모든 현존재의 존재부정의 존재기획으로 갈라진 현존재의 존재로서의 시간성은, 그것이 두 갈래의 방향성 모두에서 자신의 존재의 세계와의 근원적 무연관성에 대한 현존재의 각성을 드러낸다는 점에서, 결국 두 가지 상반된 불안과의 관계 속에서만 파악될 수 있는 것이 아닌가? 그러나 문제는 그렇게 간단하지 않다. 주어진 물음에 대해 그렇다고 답하거나 반대로 아니라고 답하기가 모두 어려운 모호함이 있기 때문이다.

모든 현존재의 존재를 긍정하려는 존재기획이나 부정하려는 존재기획 모두 세계 안에서 세계내부적으로 만나는 존재자로서의 공동 현존재를 위한 일종의 배려(Fürsorge)로서—긍정하려는 긍정적 배려와 부정하려는 부정적 배려로서—나타날 수밖에 없기 때문이다. 엄밀히 말해 모든 현존재의 존재에 공동 현존재뿐 아니라 존재기획하는 현존재 자신이 포함된다는 점에서 그것은 배려이자 동시에 마음 씀(Sorge)이다. 공동 현존재를 위한 배려이자 자신의 존재를 위한 마음 씀으로 나타나는 한에서 모든 현존재의 존재를 긍정하려는 존재기획과 부정하려는 존재기획은 모두 일종의 일상적 존재방식에 속한다. 간단히 말해, 모든 현존재의 존재를 긍정하려는 존재기획과 부정하려는 존재기획의 가능근거로서의 초세계성의 이념은 현존재를 일상세계로부터 벗어나도록 하기는커녕 도리어 일상세계 안으로 더욱 빠져들게 한다. 그것은 마치 죽음의 가능성이 일깨우는 자신의 존재의 세계와의 근원적 무연관성이 도리어 현존재로 하여금 죽음의 가능성의 현실화를 최대한 유예하고자 더욱 더 확고부동한 방식으로 일상적 삶을 영위하려 애쓰게 하는 것과 같다. 다만 죽음이 일깨우는 자신의 존재의 세계와의 근원적 무연관성은 오직 죽음을 최대한 망각하려 함의 방식 속에서 현존재의 존재가 일상세계 안으로 더욱 빠져들게 하는 근거로 작용함에 반해 초세계성의 이념은, 그것이 그 자체로서 현존재에게 자신의 존재의 세계와의 근원적 무연관성을 일깨우는 것임에도 불구하고, 도리어 그것을 최대한 기억하려 함의 방식 속에서 현존재의 존재가 일상세계 안으로 더욱 빠져들게 하는 근거로 작용한다.

왜 이러한 결과가 생겨나는 것일까? 그것은 현존재에게 자신의 존재의 세계와의 근원적 무연관성을 일깨우는 죽음의 가능성이 어떤 초세계성의 이념과 결합하는 경우 죽음의 존재론적 의미가 은폐되고 존재의 가치로의 전환이 일어나기 때문이다. 나는 왜 모든 현존재의 존재를 긍정하려는 존재기획으로서 존재하게 되는가? 그것은 내가 현존재의 존재를 긍정할 만한 가치가 있는 것으로서 발견하거나 발견하려 하기 때문이다. 마찬가지로 내가 모든 현존재의 존재를 부정하려는 존재기획으로서 존재하게 되는 까닭 역시 내가 현존재의 존재를 근원적으로 무가치한 것으로서 발견하거나 발견하려 하기 때문이다. 사르트르식으로 표현하자면 모든 현존재의 존재를 긍정하려 하거나 반대로 부정하려 하는 존재기획으로서 존재하는 현존재는 '세계를 지배하는 심각한 정신'에 포획된 존재자이다. 존재의 가치로의 전환을 추구하는 존재기획이라는 점에서 모든 현존재의 존재를 긍정하려는 존재기획과 부정하려는 존재기획은 철두철미 일상성에 의해 지배되는 존재기획인 것이다. 그러나 이러한 사실을 빌미로 그것이 현존재의 근본 기조로서의 불안과 무관한 것이라는 식의 결론을 내려서는 안 된다. 현존재의 존재론적 종말로서의 죽음의 가능성에 대한 각성이 현존재의 존재를 긍정하거나 부정하려는 존재기획의 가능조건이기 때문이다.

"불안의 무엇 앞에서는 세계-안에-있음 그 자체이다"[1]라는 존재론적 명제는 초세계성의 이념에 사로잡힌 현존재에게서도 여전히 유효하다. 불안이 일깨우는 자신의 존재의 세계와의 근원적 무연관성이 현존

1 M. Heidegger, *Sein und Zeit*, Tübingen 1993, 186. 원문에서의 강조.

재의 존재론적 개별화의 근거이고, 오직 불안 속에서 개별화된 존재자로서의 현존재만이 마음 쓰거나 배려하며 일상세계 속으로 빠져 들어갈 수 있다. 모든 현존재의 존재를 긍정하거나 부정하려는 존재기획은 죽음이 일깨우는 불안, 즉 현존재의 존재의 세계와의 근원적 무연관성에 대한 각성을 지워버리고 자신 및 공동 현존재의 존재를 철두철미 가치적인 것으로 전환해 일상성과 완전히 통합하고자 하는 현존함의 경향이다. 물론 이러한 경향은 존재론적으로 역설적이고 자가당착적이다. 그러한 경향의 가능근거로서의 죽음의 가능성에 대한 각성은 그러한 경향 속에서 무화되는 것이 아니라 도리어 강화되는 것이기 때문이다. 결국 모든 현존재의 존재를 긍정하거나 부정하려는 존재기획은 죽음의 가능성이 일깨우는 현존재의 존재의 세계와의 근원적 무연관성의 토대 위에 현존재의 존재를 완전히 포섭하는 일상성을 구축하고자 하는 시도와 같다.

1. 불안과 시간

초세계성의 이념은 존재론적으로 언제나 이미 현존재의 존재를 자가당착 속으로 몰아넣는 망념일 뿐이다. 자신을 자기-아님으로서 부정하는 순간이란, 현존재가 일상세계를 지배하는 규범적 의미연관에 귀속된 존재자인 한에서, 자가당착의 새로운 가능성에로 끝없이 분열해나갈 존재론적 공동(空洞)이 열리는 순간과 같다는 뜻이다. 각각의 순간 열리는 존재론적 공동은, 마치 카오스 프랙탈(fractal)의 구조형식 속에서 발견되는 존재의 운동과도 같이, 끝없이 생성될 존재론적 공동의, 이념적으로 무한한, 분화 가능성을 지시할 뿐 아무 실체적 존재자도 드러내지 않는다.

규범적 일상성 및 그것이 암묵적이거나 공공연한 방식으로 전제하는 초세계성의 이념이 자아내는 존재론적 공동에 관한 논의를 계속 이어가기 전 우선 두 가지를 먼저 확인하도록 하자. 첫째, 규범적 일상성이 전제하는 초세계성은 두 가지 상반된 의미로 해석될 수 있다. 하나는 규범의 절대성을 보증해줄—전통 철학적으로 신의 이념으로 제시되는—초세계적 존재자의 존재자성으로서의 초세계성이고 또 다른 하나는 규범의 상대화 및 근원적 무의미성을 암시함으로써 절대화된 규범을 해체하는 방향으로 작용하는—전통 철학적으로 인간의 철저한 자연화의 방식으로 수행되는—비역사적 존재자로서 상정된 현존재의 실체적 존재자성으로서의 동물성이다. 전자뿐 아니라 후자 또한 현존재의 일상성에서는 일종의 규범적 사유 및 행위의 근거로서 작용하는 바, 이는 신이나 이성의 이름으로 절대화된 규범에 대한 비판과 부정 역시 현존재의 일상성에서는 규범적 성격을 띨 수밖에 없기 때문이다. 둘째, 규범적 일상성이 전제하는 초세계성은 자신의 존재가 세계와 근원적으로 무연관적이라는 존재론적 진실에 대한 현존재의—초세계성의 이념에 의해 왜곡된 방식으로 일어나는—자각이 그 자체 규범적 일상성에 의해 촉발되고 또 강화되는 것이라는 것을 알린다. 그렇다면 현존재의 근본 기조로서의 불안은 두 가지 상반된 시간성으로 이어지는 셈이다. 하나는 초시간성의 이념을 중심축으로 삼아 초현실적 존재자의 존재자성으로서의 비현실적 이념과 일상적 현실 사이에서 진동하는 현존재의 존재의 운동에서 발견되는 시간성이다. 또 다른 하나는 이러한 현존재의 존재의 운동 자체에 대한 일종의 거리두기에서 발견되는 시간성으로서, 현존재가 자신의 존재를 언제나 이미 존재의 전체성의 표현으로서 이해하고 있을 뿐 아니라 그 존재의 전체성의 근본 의미를 존재 자체의 시간성, 즉 존재시간성(Temporalität)으로 해석하고 있음을 암시하는 시간성(Zeitlichkeit)이다.

1) 초시간성과 존재시간성

초세계성의 이념은 동시에 초시간성의 이념이기도 하다. 전통 철학적으로 표현하자면, 세계란 변화와 운동의 과정 속에 머물고 있는 모든 존재자들의 총체성을 지시하는 말이기 때문이다. 존재론적으로도, 현존재의 근본적 존재방식으로서의 마음 씀이 자신의 존재 및 세계내부적으로 만나게 되는 존재자들의 존재의 시간적인 성격을 전제한다는 점에서 존재론적 세계의 초월성이란, 비록 이러한 이념 자체가 존재론적으로 부적절한 것이기는 해도, 결국 초시간성을 지시할 수밖에 없는 것이다.

그런데 초시간성의 이념이 일깨우는 불안 역시 현존재의 근본 기조로서 파악되어야 할까? 이러한 물음은 근본 기조의 '근본'이라는 용어의 의미를 어떻게 이해하는가에 따라 달라진다. 만약 근본을 가장 시원적인 것이라는 의미로 이해하면 초시간성의 이념이 일깨우는 불안은 근본 기조이기 어렵다. 죽음의 선구성이 일깨우는 불안을 그 근거로 삼고 있기 때문이다. 신이나 영혼 실체의 존재를 상정하든, 아니면 인간의 불변하는 속성으로서의 순연한 동물성을 상정하든, 아무튼 그 전제는 인간이 죽을 자로서 여기 있다는 각성에 있을 수밖에 없다. 전자는 죽을 자로서의 인간의 존재의 근원적 무상함과의 대비를 함축하는 관념이라는 점에서, 후자는 순연한 동물성 자체가 인간과 마찬가지로 죽을 자로서 여기 있는 동물들의 본성 내지 속성으로서 파악되는 관념이라는 점에서 그러하다. 그러나 죽음의 선구성이 일깨우는 불안이 초세계성의 이념이 일깨우는 불안에 대해 지니는 시원성은 순전히 논리적인—물론 여기서의 논리는 기초존재론적 논리라는 특별한 의미를 지니는 것이기는 하지만—것에 지나지 않는다. 현존재는 언제나 이미 일상적으로 존재하는 존재자이고, 규범성이 일상세계의 근원적 구성요소라는 점을 고려해보면, 현존재는 언제나 이미 윤리적 규범과의 관계 속에서 존재하는 존재자라는 결론이 따라 나온다. 즉, 현존재는 언제나 이미 일상세계를 지배하는 윤리적 규범의 근거로서의 초세계성의 이념과의 관계 속에서 자신의 존재의 의미를 헤아리는 존재자이다. 물론 우리들 중에는 두 가지의 초세계성, 즉 신, 영혼 실체, 이성 등등의 초세계성과 불변하는 속성으로서의 순연한 동물성의 초세계성을 모두 거부하는 자가 있을 수 있다. 그러나 이러한 거부가 초세계성의 이념이 일깨우는 자기의 존재의 세계와의 근원적 무연관성 및 그 존재론적 각성의 표현으로서의 불안이 자신의 존재와 무관해짐을 뜻하는 것은 아니다. 오히려 거부하는 자로서 그는 자신의 존재가 초세계성의 이념에 의해 언제나 이미 잠식당해 왔음을 아무런 거부의 몸짓도 보이지 않는 자보다 더욱 더 날카롭게 자각하고 있다. 결국 현존재의 존재가 근원적으로 일상적이라는 바로 그러한 이유로 현존재는 초시간성의 이념이 일깨우는 불안을 일종의 근본 기조로서 지닌다는 결론이 나오는 셈이다. 즉, 현존재는 자신의 존재가 세계와 근원적으로 무연관적인 것임을 죽음의 선구성과의 관계뿐 아니라 규범적 일상성의 가능근거인 초세계성의 이념과의 관계 속에서 자각한다. 현존재의 근본 기조로서의 불안 및 그 존재론적 가능근거로서의 자신의 존재의 세계와의 근원적 무연관성이 현존재에게는 언제나 이미 이중의 의미로 갈라져 있는 것이다.

자신이 예수로 인해 율법의 정당성에 심각한 의문을 품게 된 유태인이라고 상상해보자. 죄인을 심판함에 있어서 내가 이전과 달리 수미일관하지 못하고 불안정한 모습을 보이게 되었다는 것을 알게 된 한 친구가 예수의 가르침은 무시하고 오직 기존의 율법에 입각해서만 생각하고 행동할 것을 다음과 같은 말로 충고한다:

“율법의 절대성에 대한 예수의 도전은 오직 두 가지 결과를 통해서만 정당화될 수 있을 뿐이다. 하나는 기존의 율법을 대체할 새로운, 그리고 기존의 율법과 마찬가지로 절대적으로 보편타당한, 율법을 제시하는 것이다. 신이 존재한다면 인간을 향한 신의 의지의 표현으로서의 율법은 응당 절대적으로 보편타당해야 하기 때문이다. 그러나 예수가 이렇게 하는 경우 결과적으로 기존의 율법이 절대적으로 보편타당한 것임을 부정하는 셈이다. 절대적으로 보편타당한 것은 변할 수도, 다른 것에 의해 대체될 수도 없기 때문이다. 나는 기존의 율법이 다른 것에 의해 대체될 수 있다고 생각하지 않는다. 그러나 설령 장차 예수에 의해 기존의 율법이 새로운 것으로 정당하게 대체될 수도 있으리라 상정해도 그가 실제로 새로운 율법을 우리에게 제시하기 전까지는, 그리고 그 절대적 보편타당성을 설득력 있게 증명하기 전까지는, 마땅히 기존의 율법에 따라 생각하고 행동해야 한다. 무근거하게 자신과 공동체를 혼란에 빠트리는 일은 정당할 수 없기 때문이다. 또 다른 하나는 신이 존재하든 존재하지 않든 상관없이 인간을 향한 신의 의지의 표현으로서의 율법 따윈 애초부터 허명에 지나지 않는 경우이다. 율법이, 기존의 것이든 장차 마련될 새로운 것이든, 허명에 불과하다면, 율법의 절대성에 대한 도전은 윤리적으로 아무 문제도 되지 않을 것이기 때문이다. 그러나 이 경우 대체 무엇 때문에 율법의 절대성에 도전하는가라는 문제가 남는다. 율법이 허명에 지나지 않는다면 세상은 힘의 논리에 의해 지배되는 셈이다. 이 경우 인간은 순연한 동물에 지나지 않는다는 결론을 피하기 어렵고, 정당성과 부당성, 정의와 불의 등등을 따지는 것은 다 무근거한 것이 되어버리고 만다. 설령 인간이 동물 이상의 존재라는 것을 인정해도 절대적 율법이 허명에 지나지 않는 세상에서는 결국 자신에게 최대한 유리한 것을 정당화하려는 강자의 논리가 규범의 근원적 근거일 수밖에 없다는 결론을 피하기는 어려울 것이다. 그렇다면 최대한 자신에게 유리한 결정을 내리는 자가 현명한 자라는 결론이 나온다. 즉, 기존의 율법에 도전함으로써 자신에게 화를 자초하는 것은 어리석은 일에 불과하다. 그러니 어떤 경우든 예수의 가르침은 무시하고 기존의 율법에 입각해서만 생각하고 행동하거나 적어도 그러한 시늉이라도 하는 것이 자신을 위해 마땅하고도 올바른 일이다."

친구의 충고는 나에게 무엇을 알려주는가? 그것은 한마디로 강자의 뜻과 의지에 순응함이 생각과 행위의 유일무이한 준칙이어야 한다는 것이다. 인간을 향한 신의 의지의 표현으로서의 율법이 존재하는 경우 나는 인간 현존재보다 근원적으로 강한 존재자로서의 신의 뜻과 의지에 순응해야 한다. 그렇지 않으면 영원한 화가 나를 기다릴 것이다. 율법이 허명에 불과한 경우 나는 사회의 지배적 권력의 뜻과 의지에 순응해야 한다. 그렇지 않으면 지상에서 사는 동안의 한시적 화가 나를 기다릴 것이다. 물론 한시적 화라고 해서 가볍게 여길 이유는 없다. 화가 내게 미치는 동안의 그 한시적 시간이 내 삶과 존재의 전부이다. 지상에서의 삶이 끝나고 나면 나의 존재 자체가 완전한 허무 속으로 사라져버릴 것이기 때문이다.

주목할 점은, 현존재의 생각과 행위의 유일무이한 준칙으로서 상정된 것이 강자의 뜻과 의지에 순응함이라는 점에서 알 수 있듯이, 자신과 외적 대립의 관계에 서 있는 강자의 존재가 전제되었다는 점이다. 강자가 초월자로서의 신인 경우 자신과 외적 대립의 관계에 서 있는 강자의 시간성은 초시간성이며, 자신의 시간성은 초시간성의 부정으로서의—보통 무상함 내지 덧없음이라는 말로 표현되는—시간성이다. 반면 신이 아니라 특정한 현존재 및 어떤 사회적 조직이 강자인 경우, 그리고 초월자로서의 신, 영혼 실체, 이성 등등의 존재가 부정되는 경우, 초시간성으로서의 시간성은 우선 자신에게서 발견된다. 순연히 동물적인 존재자로서 나는 사는 동안 근원적으로 비윤리적인 존재자이기를 그칠 수 없을 것이다. 나고 자라고 늙어간다는 점에서, 결국 죽게 될 것이라는 점에서, 나는 초시간적인 존재자로서가 아니라 시간적인 존재자로서 존재한다. 그러나 나의 속성 내지 본성으로서의 동물성은, 근원적으로 비윤리적이라는 바로 그러한 점에서, 초시간적이다. 물론 이러한 의미로 초시간적이기는 공동 현존재 역시 마찬가지이다. 일상세계에서 일어나는 모든 변화는, 일상세계 자체의 변화까지 포함해서, 모든 현존재의 근원적 비윤리성 및 그것이 함축하는 어떤 초시간성의 이념을 중심축으로 삼아 그때마다 일어나는 구심력 운동과도 같다. 시간적인 것으로서 초시간성의 이념의 밖에서 움직이지만 존재자 운동은 그 중심점인 초시간성의 이념을 향한 운동일 뿐이다. 윤리적인 모든 사념과 말과 행위는 결국 무화되어 초시간성의 이념 안으로 빨려 들어가기를 기다리는 방식으로 시간성을 띠고 있다.

보다 일반화해서 말하자면, 초시간성의 이념은 초시간적이지 않은 모든 종류의 시간성을, 즉 현존재의 존재로서의 시간성(Zeitlichkeit)과 존재시간성(Temporalität) 및 양자의 특별한 표현으로서의 이런저런 파생적 시간성들을 모두, 무화되어 초시간성의 이념 안으로 빨려 들어가기를 대기하도록 하는 방식으로, 시간화한다. 나와 외적 대립의 관계를 형성하는 강자가 신인 경우 나는 나 자신의 존재로서의 시간성 및 공동 현존재의 시간성, 일상세계의 시간성 등을 모두 신의 존재의 초시간성 앞에서 무화될 위기에 처해 있는, 그리고 결국 무화되어버리고 말, 그러한 시간성으로서 이해하는 셈이다. 여기서 존재시간성은 무상한 존재자의 드러남으로서의 존재시간성과 그러한 존재시간성을 통해 은폐되거나 탈은폐되는 초시간성, 자신과 외적 대립의 관계를 형성하는 모든 존재자와의 관계를 통해서만 반(反)시간성으로서 드러나게 되는 역설적인 시간성으로 분화된다. 이와 달리 나와 외적 대립의 관계를 형성하는 강자가 공동 현존재 및 어떤 사회조직인 경우 초시간성은 무상한 존재자의 속성 및 무상한 존재자들 사이의 관계의 항구성으로서 발견될 뿐이다. 즉, 여기서 존재자의 존재로서의 시간성은, 그것이 현존재의 존재로서의 시간성이라는 의미이든 존재시간성이라는 의미이든, 근원적으로 무상하다. 모든 존재자가, 신, 영혼, 이성 등 실체적이고 초시간적인 존재자의 존재가 부정된다는 점에서, 결국 생성과 소멸의 과정으로부터 자유롭지 못하기 때문이다. 흡사 존재자로서 존재하는 모든 것의 시간성이 존재자로서 비-존재하는 그 무엇의 초시간성 안으로, 즉 사물-아님으로서의 무(無)의 반(反)시간적 시간성 안으로, 빨려 들어가기를 기다리고 있는 식이다. 물론 그 기다림의 끝은, 그 끝의 도래를 상정할 수 있는 경우, 절대적 허무 외에 다른 아무것도 아니다. 모든 존재자가, 그리고 존재자로서 존재하는 모든 것의 시간성이, 무가 되어버림으로써 사물-아님으로서의 무(無)의 반(反)시간적 시간성 또한 절대적으로 사라져버릴 것이기 때문이다. 결국 반(反)시간적 시간성이 지시하는 사물-아님으로서의 무란 그것이 신이나 영혼, 이성 등의 정신적 실체의 무가 아닌 한에서, ―사르트르가 말하는 그러한― 존재로서의 무가 아니라 존재자에의 기생성의 표현으로서의 무인 것이다.

2) 불안의 이중구조와 본래적 현재로서의 순간

현존재의 근본 기조로서의 불안이 그 근거인 자신의 존재의 세계와의 근원적 무연관성을 죽음의 선구성과 초시간성의 이념 양자에 두고 있음은 본래적 현재로서의 순간이 지니는 존재론적 의미 역시 중층적일 수밖에 없음을 암시한다.

한편 자신의 존재의 세계와의 근원적 무연관성을 초시간성의 이념에 근거를 둔 것으로서 발견하는 현존재의 존재기획은 시간적인 모든 것의 부정을 지향한다. 초시간성의 이념에 잇닿아 있는 존재시간성은, 초시간성의 이념의 두 상반된 근거 이념인 신과 자연적 동물성이 모두 사물-아님으로서의 무(無)라는 점에서, 근원적으로 무의미한 것으로서만 발견된다. 여기서 존재시간성의 근원적 무의미성은, 아마도 형이상학을 포함해 보편성과 법칙성의 발견을 지향하는 모든 학문적 사유의 암묵적 전제일, 참된 존재의 근원적 비시간성 및 영원성이라는 상관 개념과의 관계 속에서 나타난다. 달리 말해 초세계성의 망념에 그 가능근거를 지니는 본래적 현재로서의 순간은 지금까지 있어온 자신의 존재로서의 시간성 자체를 자기-아님으로서 부정하는 순간이다. 어떤 점에서 이러한 순간의 본래성은, 비록 그것이 지금까지 있어온 자신의 존재에 대한 부정의 순간에 잇닿아 있다는 바로 그러한 이유로 본래성이라 명명되기는 해도, 극한의 비본래성이기도 하다. 지금까지 있어온 자신의 존재를 시간성이라는 그 근본 의미에서부터 부정하도록 하는 그 근거가 규범적 일상세계 구성의 근원적 근거로서의 초시간성의 이념이기 때문이다. 사르트르식으로 표현하자면, 그것은 가장 시원적이고도 본래적인 자기기만의 표현이다. 지금까지 있어온 자기의 근원적 존재로서의 시간성을 스스로 부정하게 되는 이유가, 그러한 부정의 근거가 초시간성의 이념이라는 점에서, 기만적 자기이해의 근원적 근거이기도 하다는 점이 철두철미 감추어져 있다.

다른 한편, 즉 현존재가 자신의 존재의 세계와의 근원적 무연관성을 죽음의 선구성에 근거해서 발견하는 경우, 현존재는 자신의 근원적 존재로서의 시간성을 보존하는 방식으로 지금까지 있어온 자신의 존재를 부정한다. 결국 일상세계에 속한 모든 것은, 초시간성의 이념에 근거를 둔 규범적 일상성까지 포함해서, 죽음과 더불어 사라질 것으로서 거기 있다. 물론 내가 죽는다고 일상세계가, 마치 한 사물의 실재성이 순식간에 소멸해버리는 것과 같은 방식으로, 사라지는 것은 아니다.

그러나 적어도 죽음의 선구성은, 존재론적으로 일상세계를 포함하는 모든 종류의 세계의 세계성의 근원적 근거가 현존재의 존재라는 점에서, 현존재의 존재의 유한성에 의해 세계의 존재 역시 근원적으로 유한한 것으로서 규정되어 있다는 것을 일깨운다. 한마디로, 현존재에게 자신의 존재의 세계와의 근원적 무연관성을 일깨우는 죽음의 선구성은 규범적 일상세계의 이념적 근거로서의 초시간성이 실은 망념에 불과하다는 것을 알린다.

결국 현존재의 존재가 규범적 일상세계 안의 존재라는 것을 존재론적으로 확정함으로써 발견된 불안의 이중구조는 현존재가 그 근원적 존재기획에서부터 그 자신의 근원적 존재(규정)인 시간성(Zeitlichkeit)을 둘러싼 투쟁이라는 것을 드러낸다. 본래적 현재로서의 순간은 자신의 근원적 존재(규정)인 시간성을 부정하는 순간이기도 하고 동시에 보존하고 긍정하는 순간이기도 하다. 물론 자신의 존재인 시간성을 둘러싼 현존재의 투쟁은, 이러한 존재론적 투쟁이 현존재의 근원적 존재방식이기도 한 바, 존재시간성을 둘러싼 투쟁이기도 하다. 자신의 존재인 시간성을 스스로 부정하는 순간의 현존재는 그럼으로써 존재시간성을 초시간성의 망념에 의해 열리는 무의미의 나락 속으로 밀어내는 존재자이며, 반대로 자신의 존재인 시간성을 보존하고 긍정하는 순간의 현존재는 존재시간성을 초시간성의 망념에 의해 무의미의 나락 속으로 소멸해버릴 위기로부터 구해내는 존재자인 것이다.

그런데 하이데거의 철학에서는 불안의 이중구조가 전혀 발견되지 않은 채 남아 있을 뿐만 아니라 실은 죽음의 선구성이 일깨우는 불안이 어떻게 현존재로 하여금 자신의 존재인 시간성과 존재시간성을 보존하고 긍정하게 할 근거로 작용하게 되는지 역시 거의 드러나 있지 못하다. 하이데거가 불안의 이중구조에 관해 침묵할 수밖에 없었던 것은 그가 현존재의 근원적 존재방식의 하나인 일상성을 도구적·기술적 측면에서만 고찰할 뿐 일상세계의 일상성이 근원적으로 규범적이기도 하다는 점을 간과했기 때문이다. 죽음의 선구성, 불안, 시간성 및 존재시간성의 보존과 긍정의 관계에 관해서는 하이데거의 철학에서도, 비록 수미일관하지 못한 방식으로이기는 하지만, 중요한 언명들이 발견된다. 예컨대 전회(Kehre) 이후의 하이데거가 「예술 작품의 근원」에서 "세계와 대지의 대립"을 "하나의 투쟁"으로 규정하며 그것을 "고유한 자기 존재가 유래하고 있는 은닉된 근원성"에 관해 말할 때, 우리는 세계의 현상성을 통해 탈은폐됨과 동시에 은폐되는 존재의 진리가 초시간성의 망념을 통해서가 아니라 고유한 자기 존재로서 존재를 내어주고 또 되돌려 받는 그 근원적 역능의 (존재)시간성을 통해 규정되고 있음을 간파할 수 있다.[2] 문제는 그러한 하이데거의 성찰이 그가 『존재와 시간』에서 수행한 죽음 및 불안 분석과 어떻게 연결되는지 구체적으로 알게 해줄 존재론적 논증이 하이데거의 저술에서는 거의 발견되지 않는다는 점이다. 아마 혹자는 이 점을 빌미로 삼아 『존재와 시간』이 실패한 저술이라거나 전회 이후의 하이데거 철학이 『존재와 시간』의 기초존재론과 이질적이라는 식의, 필자의 소견으로는 명백히 잘못된, 통념적 견해를 되풀이할지도 모르겠다. 그러나 이러한 의견 표명은, 죽음의 선구성, 불안 등등에 관한 하이데거의 기초존재론적 언명들이 어떤 점에서 오류를 범하고 있는지 정밀하고 분명하게 밝혀내는 작업이 선행되지 않는 한에서, 일종의 정황론적 오류추론의 결과일 뿐이다. 지금 우리에게 중요한 것은 무근거한 오류추론에 관심을 기울이는 것이 아니라 죽음의 선구성이 일깨우는 불안이 과연 현존재에게 자신의 존재인 시간성과 존재 자체의 시간성으로서의 존재시간성을 보존하고 긍정할 근거로서 작용할 수 있는지 밝혀내는 것이다. 이러한 문제는

---

2 M. 하이데거, 신상희 옮김, 『숲길』, 나남 2008, 67.

하이데거 자신에 의해 확실하게 밝혀졌는가?

우선 다음과 같은 점에 대해 먼저 생각해보자: 죽음은 탄생과 더불어 현존재의 존재가 유한성에 의해 규정되어야 함을 알리는 그 존재론적 근거이다. 여기서 유한성이란 산술적·수학적 무한성의 상관개념도 아니고 그 부정을 통해—보통 신이라는 이름으로 지칭되는—형이상학적 실체 존재의 무한성을 암시하게 될 부정신학적 논증의 단초로서의 유한성도 아니다. 그것은 다만 현존재의 존재를 그 근원적 전체성의 관점에서 드러나도록 하는 그러한 유한성이다. 하이데거가 "근원적 시간은 유한하다"[3]라고 지적할 때 그가 말하고자 하는 바는 현존재의 존재가 죽음과 더불어 끝나니 현존재의 존재인 시간성 역시 죽음과 더불어 끝나는 유한한 것으로서 규정되어야 한다는 식의 형식논리적 결론에 있지 않다. 존재론적으로 죽음의 선구성이 중요한 까닭은 현존재의 존재로서의 시간성의 유한성을 '현존재가 반드시 죽을 자로서 존재한다'는 명제가 논리적으로 확증해주기 때문이 아니라 도리어 언제나 이미 임박해 있는 자신의 죽음에 대한 자각이 현존재의 존재를 그 전체성에서 드러내기 때문이다. 이러한 존재의 전체성은 존재론적으로 어떠한 의미를 지니는가? 혹시 죽음의 선구성을 통해 비로소 온전히 드러나는 현존재의 존재의 전체성이란 현존재의 존재를 그 근원적 허무성과 고립된 개별성에서 고찰하도록 하는 개념이 아닐까? 죽음과 더불어 현존재로서 현존함의 시간이 완결되는 것이니 죽음의 선구성이 드러내는 현존재의 존재의 전체성이란 결국 개별자로서의 현존재를 제외한 다른 모든 존재자들이, 현존재가 세계내부적인 것으로 만나게 되는 것이나 그렇지 않은 것이나 상관없이, 현존재와 본래 철두철미 무관하게 존재하는 것임을 암시하지 않는가? 그러나 이 경우 죽음

---

3 M. Heidegger, *Sein und Zeit*, Tübingen 1993, 331.

의 선구성과 불안에 의해 발견되는 현존재의 존재의 세계와의 근원적 무연관성이란 존재론적으로 현존재의 기망 외에 다른 아무것도 표현하지 않는다는 결론을 피하기 어렵다. 만약 현존재의 존재가 죽음으로 인해 그 근원적 허무성 및 고립된 개별성에서 규정되어야 하는 것이라면 현존재는 죽음의 선구성이 암시하는 자신의 존재의 세계와의 근원적 무연관성에도 불구하고 철두철미 세계에 속한, 철두철미 일상적일 뿐인, 그러한 존재자일 수밖에 없다. 세계와의 무연관성에서의 '무연관성'이라는 표현이 실은 한갓 죽음과 더불어 소멸해버릴 존재자로서 존재함이라는 것 외에 다른 아무것도 의미하지 않기 때문이다. 이 경우 현존재는 일상세계에서 일상적인 존재자로서 존재하다가 죽음과 더불어 존재하기를 순연하게 그치는 그러한 존재자로서 규정될 수 있을 뿐이다.

앞에서 살펴본 것처럼, 현존재의 근원적 존재방식으로서의 규범적 일상성 속에서 드러나는 불안의 이중구조는 현존재가 그 근원적 존재기획에서부터 그 자신의 근원적 존재(규정)인 시간성(Zeitlichkeit)을 둘러싼 투쟁이라는 것을 뜻한다. 이러한 투쟁은 물론 본래적 현재로서의 순간마다에서 일어난다. 결국 현존재가 규범적 일상성을 지배하는 이런저런 초시간성의 망념에 의해 규정된 자신을 자기-아님으로서 부정하는 본래적 시간이 바로 현재이기 때문이다. 그렇다면 순간은 초시간성의 망념으로 인해 자신의 근원적 존재로서의 시간성 및 존재시간성을 스스로 부정하게 될 위기에 맞서기 위해 무엇보다도 우선 현존재의 존재를, 죽음의 선구성에 의해 드러나는 현존재의 존재의 전체성을, 탄생과 죽음 사이-존재로서의 존재를 넘어서는 것으로서의 현존재의 존재로서의 시간성 및 존재시간성의 의미를 발견해야 하는 과제가 수행되는 순간이기도 한 셈이다. 형식논리적으로 보면 이러한 과제는 그 자체로 자가당착적이다. 현존재의 근원적 존재로서의 시간성이

유한성으로서 특징지어져야 한다는 존재론적 진실은, 적어도 형식논리적 추론에 입각해서 보면, 현존재의 존재가 철두철미 탄생과 죽음 사이-존재로, 오직 이러한 존재로서만, 규정되어야 함을 알리고 있기 때문이다. 만약 현존재의 존재가 탄생과 죽음 사이-존재로서의 존재를 넘어서는 것이라면 바로 그러한 것으로서 현존재의 존재는 무한성에 의해 규정되어야 하는 것이 아닐까? 그리고 이 경우 현존재의 근원적 존재로서의 시간성을 유한성으로 규정하는 기초존재론적 사유는 그 토대를 잃어버리는 것이 아닐까? 이러한 물음은 불안과 공동 현존재, 그리고 윤리의 관계를 일종의 감각 존재론에 바탕을 두고 해명할 것을 요구한다. 오직 감각에 대한 존재론적 해명만이 시간성을 구원할 근거를 마련할 수 있다는 뜻이다.

2. 불안, 윤리, 공동 현존재의 실존론적 관계의 근원으로서의 감각

감각 존재론이라는 이 낯선 용어는, 그것이 낯설게 느껴지는 바로 그러한 만큼, 하이데거의 존재론으로부터 멀리 떨어져 있는 어떤 새로운 철학을 일컫는 말일까? 결코 그렇지 않다. 적어도 새로움을 이전의 것에 대한 단순한 단절과 부정의 관점에서 보는 경우 우리는 감각 존재론이 하이데거의 존재론에 대해 새로운 것이라는 생각을 해서는 안 된다. 이러한 새로움이란 실은 새로움이 아니라 단순한 이질성을 일컫는 말에 지나지 않기 때문이다. 그러나 모든 새로운 것에는 그 새로움을 가능하게 하는 그 근거로서의 이전의 것이 있기 마련이고, 바로 그러한 점에서 그것은 이전의 것에 대해 단순히 이질적인 것으로서가 아니라 도리어 이전의 것을 새롭게 하는 것으로서, 이전의 것과 구분되는 지금의 것 안에서 이전의 것을 새롭게 보존하는 것으로서, 생겨난다.

감각 존재론과 하이데거의 존재론 사이의 관계가 바로 그러하다. 감각 존재론은 하이데거의 존재론을 새롭게 보존하는 그러한 의미로 새로운 존재론으로서 이해되어야 한다는 뜻이다. 필자가 이러한 주장을 펼치는 이유는 두 가지이다. 하나는 하이데거의 존재론이 이미 감각 존재론을 그 암묵적 전제로서 지닌다는 점이다. 또 다른 하나는 이전의 것과 새로운 것이 지니는 이러한 관계에 대한 이해가 불안, 윤리, 현존재와 공동 현존재 사이의 실존론적 관계를 해명하는 데 꼭 필요하다는 점이다.

아마 이전의 것과 새로운 것 사이의 관계에 대한 이 글의 설명이 헤겔의 변증법과 잇닿아 있는 것이라고 여기는 이가 있을지도 모르겠다. 그러나 소위 정반합의 운동이란 하나의 존재자를 여타 존재자와 외적으로 구분되는 관계에 있는 것으로서 정립함을 전제하고 있다. 후설식으로 표현하자면 그것은 현상학적 의식이 그 자신의 부단한 흐름 가운데 하나의 계기에 주목함으로써 정립된 개별자를 그러한 개별자의 존재를 가능하게 한 존재의 전체성의 표현으로서의 현상학적 의식과 무관한 것처럼 잘못 전제함에서 출발하는 것이다. 일렁이는 하나의 파도가 스러지고 또 다른 파도가 새롭게 일렁이거나, 하나의 파도가 또 다른 파도와 만나 더욱 큰 새로운 파도가 나타날 때, 혹은 반대로 스러져 버릴 때, 우리는 어떤 경우에서든 한 개별자로서의 파도가 여타 존재자와 정과 반의 관계를 이루며 새로운 종합을 향해 나아가는 과정 속에 있었노라는 식으로 말해서는 안 된다. 이러한 식의 오류추론은 의식하는 의식, 자신과 자신이 아닌 것을 구분하며 이렇게 저렇게 인식하는 의식을 인식의—인식이란 그 자체로 언제나 이미 모종의 외적 대립을 전제하는 바—형태에서뿐 아니라 그 존재에서도 자신이 아닌 것과 외적 대립의 관계를 이루는 것처럼 오인함으로써 생겨난다. 실은 의식하는 의식 자체가 존재의 전체성의 표현으로서의 현상학적 의식의 표면에 순간순간 일렁이는 파도 같은 존재에 불과한 것이다.

1) 일상성의 근원적 규범성의 존재론적 근거로서의 감각

하이데거의 존재론이 이미 감각 존재론을 그 암묵적 전제로서 지닌다는 점에 대해 생각해보자. 우리는 이러한 주장의 근거를 이미 제3장에서 살펴본 바 있다. 하이데거에 따르면 "[…] '참'이란 그리스적 의미로, 게다가 언급된 로고스보다 더 근원적인 의미로, 아이스테시스(αἴσθησις), 즉 그 무엇을 순연히(schlicht) 감각적으로 받아들임(Vernehmen)이다."[4] 아이스테시스, 즉 그 무엇을 순연히 감각적으로 받아들임이 근거로서 작용하지 않으면 로고스(λόγος)적 진리 역시 가능하지 않다. 하이데거에 따르면 "로고스는 일종의 보게 함(Sehenlassen)이기 때문에 참이거나 거짓일 수 있다." 물론 그 무엇을 보게 하려면 보게 할 그것을 앞서 감각적으로 받아들임이 선행해야 한다. 그렇지 않은 경우 보게 할 그 무엇도 주어지지 않기 때문이다. 바로 이러한 이유로 하이데거는 로고스가 근원적으로 "발견함"이라고 지적한다. 로고스가 보게 하는 것은 탈은폐된 것(Unverborgenes)로서의 존재자이며, 여기서 존재자의 탈은폐란 아이스테시스, 즉 그 무엇을 순연히 감각적으로 받아들임에 의해 일어나는 사건이라는 뜻이다.[5]

아이스테시스와 로고스의 관계에 대한 하이데거의 설명은 존재론적 진리에 대한 두 가지의 이해 가능성을 암시한다. 하나는 발견함으로서의 로고스를 중심으로, 하이데거가 『존재와 시간』 및 그 외 저술에서 거듭거듭 강조하는 것처럼, 탈은폐된 것의 발견이라는 관점에서 진리를 설명하는 것이다. 또 다른 하나는 하이데거 자신이 로고스보다 더

4 M. Heidegger, *Sein und Zeit*, Tübingen 1993, 33.

5 Ibid., 32.

욱 근원적이라고 밝힌 아이스테시스를 중심으로, 아이스테시스란 '그 무엇을 순연히 감각적으로 받아들임'을 뜻하기에, 로고스적 발견함보다 근원적인 의미의 진리에 관해 설명하는 것이다. 이러한 의미의 진리는 대체 무엇을 뜻하는가? 한 가지 흥미로운 사실은, 하이데거의 설명 속에서 진리는 언제나 봄, 보이게 함, 발견함, 발견됨, 발견되어 있음 등등의 표현을 통해 설명된다는 것이다. 한마디로 말해, 하이데거에게 진리란, 그것이 어떠한 방식으로 열어 밝혀지든, 늘 알레테이아(ἀλήθεια)라는 근본 규정을 지닌다. 게다가, 하이데거가 로고스보다 더욱 근원적인 것이라고 말하는 아이스테시스 역시 시각적으로 봄을 중심으로 설명하는 것을 보면, 아이스테시스 역시 하이데거의 관점에서는 일종의 시각적으로 드러남인 셈이다. 간단히 말해, 하이데거는 아이스테시스를 순연히 감각적으로 봄 혹은 인지함(das Vernehmen)으로 규정하면서 이렇게 인지된 것을 그 무엇으로서(als etwas)로서—언어적으로—해석함을 로고스적 발견함이라고 본다. 바로 그 때문에 하이데거는—논리적으로 판단함과 존재론적으로 구분되어야 하는—발견함으로서의 로고스를 그 무엇을 "(으)로서"[6] 발견하고 해석함이라는 관점에서 설명하는 것이다.

우선 다음과 같은 점을 분명히 해두자: 발견함과 봄은 언제나 발견하는 현존재와 현존재가 발견한 존재자 사이의 외적 대립 및 이런저런 존재자들 사이의 외적 대립의 관계에 대한 각성을 수반한다. 경우에 따라, 예컨대 현존재가 그 어떤 존재자에게 완전히 몰입해가는 형식으로 그 존재자를 받아들이는 경우, 현존재와 현존재가 발견하는 존재자 사이의 외적 대립은 우선 잠재된 채 남아 있을 수 있다. 그러나 이 경우에도, 적어도 이 받아들임이 시각적으로 봄의 사태로서 파악되는 한

6 Ibid., 159.

에서, 그 무엇을 그것이 아닌 이런저런 존재자들과 구분함이 그 전제로 남아 있다. 즉, 존재론적 진리가 로고스적 발견함의 사태를 중심으로 설명되고 또 그 근원적 근거로서의 아이스테시스 역시 시각적 봄을 중심으로 설명되는 한에서, 보이지 않고 또 발견되지 않는 모든 것은 진리-아님으로서 규정될 수밖에 없다는 결론이 나온다. 그리고 이 경우 현존재는 존재를 언제나 이미 파편화된 것으로서만 발견할 수 있을 뿐이다. 존재의 전체성의 표현으로서의 진리란 하이데거적 현존재에게 언제나 이미 비-진리로서만 발견될 수 있을 뿐이다. 시각적으로 보인 모든 것들은, 그리고 그러함 보임 내지 봄의 사태에 근거를 두고 있는 모든 로고스적 발견함은, 언제나 이미 존재 자체에 대해 행사되는 일종의 파편화의 결과일 수밖에 없다는 뜻이다.

이러한 문제에 대한 해결책은 감각의 존재론적 의미를 시각적 봄을 중심으로 헤아리기를 그칠 때에만 비로소 주어질 수 있다. 모든 감각은 오직 자기에게서 일어나는 변화의 형식 속에서만 일어날 수 있다. 그것은 감각이란 나에게서 일어나는 것이지 내가 아닌 다른 존재자에게서 일어나는 것이 아니라는 단순하고도 분명한 사실에 대한 또 다른 표현일 뿐이다. 그렇다면 현존재에게 존재론적 진리란, 진리의 근원적인 자리가 순연하게 감각적으로 받아들임(vernehmen)으로서의 아이스테시스라는 점에서, 자기에게서 일어나는 변화로서, 오직 그러한 것으로서만, 발견되는 셈이다. 잘 알려져 있듯이, '받아들임'의 독일어 원어인 'vernehmen'은 '이해하다, 알아내다' 등의 의미를 함축하고 있다. 아이스테시스라는 이름의 근원적 진리의 자리에서 현존재는 무엇을 이해하고 또 알아내는가? 아이스테시스를 시각적 봄의 관점에서 고찰하는 경우 현존재는 아이스테시스에서 한 존재자를 자신과 우선 외적 대립의 관계를 형성하는 그러한 존재자로서 이해하고 알아낼 뿐이다. 물론 존재론적으로 현존재는 자신이 발견하는 존재자와 단순히 외적 대립의 관계를 형성하지 않는다. 현존재의 존재는 그 자체로 고립된 실체로서의 존재가 아니라 그 무엇의 곁에-있음이기 때문이다. 그러나 곁에-혹은 밖에-있음은 현존재가 자신과 자신이 아닌 그 무엇을 구분함을 전제로 할 수밖에 없다. 현존재의 존재에 대한 실존론적 이해 자체가 자신이 아닌 한 존재자를 보고 발견하는 현존재에게 자신과 자신 아닌 것 사이의 외적 대립의 관계에 대한 의식이 언제나 이미 형성되어 있음을 부정하는 것일 수 없다는 뜻이다. 그러나 아이스테시스에서 현존재가 이해하고 알아내는 것을 순연한 감각 그 자체, 즉 현존재의 자기에게서 일어나는 변화로서 이해하는 경우, 우리는 이러한 외적 대립의 관계에 대한 의식에 앞서서 자기의 존재와 존재자의 존재의 근원적 불가분성(不可分性)에 대한 각성이 주어져 있음을 발견할 수 있다. 즉, 현존재는 본래 한 존재자를 발견하는 것이 아니라 자기에게서 일어나는 변화를 발견하는 것이며, 이러한 변화의 발견의 의미를 아직 잃어버리지 않은 현존재에게는, 이러한 변화에 대한 발견이 존재자의 존재에 대한 발견을 가능하게 하는 그 존재론적 근거인 한에서, 자신과 순연한 외적 대립의 관계를 형성하는 어떤 존재자도 존재하지 않는 것이다.

아마 이러한 현존재, 즉 존재자가 실은 자기에게서 일어나는 변화의 양태 속에서 일어나는 것임을 늘 자각하고 있는 그러한 현존재의 존재방식을 사랑이라는 말로 표현하는 것은 성급하고 부적절한 일일 것이다. 감각이란 현존재에게 긍정적인 것으로서뿐 아니라 부정적인 것으로서도 일어나는 것이기 때문이다. 즉, 현존재에게 감각이란 자기에게서 일어나는 긍정적인 변화일 수도 있고 부정적인 변화일 수도 있다. 어쩌면 외적 대립의 관계에 대한 의식이란 현존재의 자기에게서 일어나는 부정적인 변화로서의 감각으로 인해 형성되는 것인지도 모른다. 자기에게서 일어나는 긍정적인 변화로서의 감각은, 그것이 긍정적이라는 바로 그러한 이유로, 떨쳐내기보다 애착해야 하는 감각인 반면 자기에게서 일어나는 부정적인 변화로서의 감각은, 그것이 부정적이라는 바로 그러한 이유로, 애착하기보다 떨쳐내야 하는 감각이기 때문이다. 아름다울 뿐 아니라 자신에게 그윽한 호의의 시선을 보내기까지 하는 사람에게서나 추하고 적의를 나타내는 사람에게서나 우리는 늘 자신에게서 일어나는 변화를 함께 느끼게 된다. 물론 전자로 인해 일어나는 변화는 자신에게 긍정적이고 후자로 인해 일어나는 변화는 자신에게 부정적이다. 전자에 대해 우리는 매력을 느끼고 반대로 후자에 대해서는 혐오감과 적개심을 느낀다. 전자에 대해서는 왠지 이미 자신과 하나가 된 듯한 기분에 사로잡히는 반면 후자에 대해서는 기어이 분열하고자 할 뿐이다. 이러한 성향은 한 존재자의 존재에 대한 분명한 의식 내지 인식이 수반되지 않는 경우에도 마찬가지로 나타난다. 자신이 어떤 감각을 느끼며 잠에서 깨어나는 경우를 생각해보라. 감각이 긍정적인 경우, 즉 그것이 자기에게서 일어나는 쾌적하거나 달콤한 변화로서 느껴지는 경우, 우리는 얼른 잠에서 깨어나기보다 오래도록 그 감각을 감각 자체로서 느끼려고 한다. 그러나 반대로 감각이 부정적인 경우 우리는 한사코 그 감각을 떨쳐내고자 한다. 우리는 되도록 얼른 눈을 뜸으로써 그 부정적 감각의 원인을 알아내고, 더 나아가 자신으로부터 멀리해야 하는 것이다.

이제 감각에 대한 이러한 성찰을 근거로 현존재와 공동 현존재 사이의 존재론적 관계에 대해 생각해보자. 현존재의 존재에 대한 존재론적 규정의 하나인 일상성은 근원적으로 규범적이다. 즉, 현존재의 존재의 존재론적 규정의 하나는 규범성 내지 규범적 일상성이다. 그런데 그 근거 역시 실은 현존재의 자기에게서 일어나는 변화로서의 감각일 수밖에 없다. 자신의 말과 행위가 공동 현존재에게, 그리고 공동 현존재의 말과 행위가 자신에게, 자기에게서 일어나는 변화로서의 감각을 불러일으키지 않는 경우 현존재는 자신과 공동 현존재의 관계를 긍정적이거나 부정적인 관계로서 파악할 수 없을 것이기 때문이다. 결국 어떤 공동 현존재의 폭력성이 규범적 비난과 처벌의 이유인 까닭은 그것이 나에게서 일어날 부정적 변화로서의 감각의 잠재적·현실적 원인이기 때문이다. 마찬가지로 어떤 공동 현존재의 선함과 부드러움이 규범적 칭찬과 촉진의 이유인 까닭은 그것이 나에게서 일어날 긍정적 변화로서의 감각의 잠재적·현실적 원인이기 때문이다. 물론 때로 우리는 감각이 아니라 실제적인 결과에 대해 생각하기도 한다. 즉 폭력이 야기할 고통이 아니라 그 결과로 일어날 신체상의 상해를, 선함이 야기할 좋은 기분이 아니라 그 결과로 일어날 실질적 이득을, 타산적으로 헤아릴 수도 있다. 그러나 이러한 타산 역시 그 근거에는 긍정적·부정적 감각, 즉 자기에게서 일어나는 긍정적·부정적 변화에 대한 기억 및 예기가 있을 수밖에 없을 것이다. 결국 규범의 근거인 초시간성의 이념 역시 자기에게서 일어나는 변화로서의 긍정적·부정적 감각에 대한 현존재의 마음 씀에 그 존재론적 근거를 두고 있다는 결론이 따라 나온다. 신은, 지극히 선하고 공의로운 존재자로서 상정되는 한에서, 현존재 및 공동 현존재에게 자기에게서 일어나는 부정적 변화로서의 감각의 발생은 억제하고 긍정적 변화로서의 감각의 발생은 증진시키는 그러한 존재자로서 초시간적이어야 한다. 인간 현존재가 순연한 동물성에서 본질(이) 규정되는 경우 일상성의 근원적 규정으로서의 규범성은 그 순연한 동물성이 야기할 긍정적 감각, 즉 자기에게서 일어나는 긍정적 변화로서의 감각은 극대화하고 반대로 부정적 감각, 즉 자기에게서 일어나는 부정적 변화로서의 감각은 최소화하고자 하는 현존재의 마음 씀의 표현이다. 물론 긍정적 감각의 극대화를 강렬한 쾌락의 극단적 강화라는 식으로 이해할 필요는 없을 것이다. 잔잔하고 평온한 감각 역시 바로 그러한 것으로서 현존재에게는 자기에게서 일어나는,

현존재의 성향에 따라서는 더할 나위 없는 것으로서 받아들여질 수 있을, 긍정적 변화이기 때문이다.

2) 불안의 존재론적 근거로서의 감각과 불안 속에서 드러나는 현존재의 존재의 전체성

이제 자기에게서 일어나는 긍정적·부정적 변화로서의 감각에 대한 이해를 바탕으로 불안과 윤리의 문제에 대해 생각해보자. 앞에서 살펴본 것처럼 하이데거는 그가 로고스보다 더 근원적인 진리의 자리라고 명명한 아이스테시스를 시각적 봄의 관점에서 바라본다. 하이데거에게 로고스가 시각적 봄에 그 근거를 둔 발견함 및 그 무엇을 '~(으)로서' 발견하고 해석함을 뜻한다는 점에서, 하이데거는 존재론적 진리를, 아이스테시스의 층위에서든 로고스의 층위에서든, 존재자를 시각적으로 보거나 발견하는 것과 같은 것으로 설명하는 셈이다. 물론 시각적으로 보이고 발견되는 것은 다른 것과 외적으로 구분되는 것으로서 보이고 발견되는 것이다. 즉, 존재론적 진리의 근거가 시각적 봄으로서의 아이스테시스에 있는 한에서 진리는 존재의 전체성의 파편화 외에 다른 아무것도 아니다. 이러한 문제는 죽음의 선구성 및 불안에 대한 하이데거의 고찰에서도 잘 드러난다. 불안 속에서 드러나는 자신의 존재의 세계와의 근원적 무연관성은 현존재에게 구체적으로 무엇을 의미하는가? 불안 속에서 일상성으로 환원될 수 없는 현존재의 존재의 전체성이 죽음을, 죽을 자로서 존재함을, 언제나 이미 임박해 있는 죽음의 가능성을 함축하는 것으로서 파악되어야 한다는 것은 현존재의 일상성의 근원적 규정성으로서의 규범성을 위해 어떠한 의미를 지니는가? 필자의 소견으로는, 죽음의 선구성 및 현존재의 근본 기조로서의 불안에 대한 하이데거의 존재론적 성찰 역시 그 무엇을 시각적으로 보고 발견함의 관점에 의해 이끌리고 있다. 보이고 또 발견되는 것으로서, 설령 그 발견의 주체가 현존재 자신인 경우에도, 현존재는 자신이 아닌 것과 외적 대립의 관계를 이루는 것으로서 이미 선(先)-파악되어 있다. 그런 점에서 『존재와 시간』의 현존재는 궁핍한, 자신이 아닌 다른 모든 존재자들을 자기-아님의 근원 사태 가운데서 파악하도록 내몰리는 고독하고 불우한 존재자이다. 『존재와 시간』의 현존재가 고독한 까닭은 일상세계에서 그 도구적 의미연관 가운데 열린 이런 저런 존재자들과의 일상적 친숙함조차도 죽음의 선구성 및 불안 속에서 열린 현존재의 존재의 세계와의 근원적 무연관성으로 인해 언제나 이미 무화될 위기에 처해 있는 것으로서 발견되기 때문이다. 또한 『존재와 시간』의 현존재가 불우한 까닭은 그러한 무화에의 위협에 맞서 자신과 여타 존재자 사이의 친숙함을 근원적인 것으로서, 일상세계의 도구적 의미연관에 그 근거를 둔 일상적 친숙함으로 한정될 수 없는 본래적인 것으로서 열어 밝힐 가능성이 막혀 있기 때문이다. 이 모든 존재론적 문제의 궁극적 근원은 하나이다. 존재론적 진리의 근원적 자리로서의 아이스테시스를 시각적 봄을 중심으로 고찰함으로써 존재의 전체성의 파편화로서만 진리가 개념 파악되도록 함이 그것이다.

보고 발견하고 이해하는 현존재는—하이데거가 기피하는 전통 철학적 용어를 사용하는 경우—깨어 있는 의식으로서 그때-거기 있다. 깨어 있는 의식으로서의 현존재는—의식의 지향적 구조에 대한 현상학적 성찰이 알려주듯이—고립된 실체와도 같이 있는 것이 아니라 그 자신으로 환원될 수 없는 그 무엇과의 실존적·실존론적 관계 속에서 있다. 깨어 있는 의식으로서의 현존재가 실존적·실존론적 관계를 맺는 그 어떤 존재자는 어떻게 주어지는가? 보이고 발견되는 것인 한에서 그것은 그 무엇을 순연하게 감각적으로 받아들임으로서의 아이스테시스이다. 그러나 그 무엇을 순연하게 감각적으로 받아들이는 현존재는 이미 깨어 있는 의식으로서 그때-거기 있으며, 그런 한에서 이미 그 깨어 있음을 가능하게 하는 그 무엇과의 관계 속에서, 보고 발견하고 헤아리는 현존재의 의식이 그러한 의식으로서 존재하도록 하는 것으로서, 언제나 이미 보이고 발견되고 또 헤아려진 것과의 실존적·실존론적 관계 속에서 있다. 결국 존재론적 진리의 근원적 자리를 시각적 봄으로서의 아이스테시스에서 찾는 경우 우리는 보고 발견하고 이해하는 현존재의 존재의 가능근거를 또다시 보고 발견하고 이해하는 현존재의 존재에서 발견해야 할 일종의 무한퇴행의 오류에 내몰리게 되는 셈이다. 왜 이런 문제가 생겨날까? 그 이유는 단순하고 분명하다. 감각이란 언제나 감각하는 존재자의 존재에게서 일어나는 변화 외에 다른 아무것도 아니라는 점이 간과되거나 불명료하게 고찰되기 때문이다.

감각이란 감각하는 존재자에게 언제나 우선 수동적으로 일어나는 것이다. 평소 쾌적한 환경에서 별 문제 없이 이런저런 사물들을 보며 생활하는 동안 우리는 우리의 시각이 본래 수동적인 것이라는 사실을 망각하고 자신이 순수한 봄의 주체인 것처럼 여기게 된다. 그러나 무언가 강렬한 빛과 색상이 우리의 눈을 찔러오는 경우, 그래서 고통에 시달리며 한편 그 영향력으로부터 벗어나려 애쓰고 동시에 그 영향력의 근원이 무엇인지 알아내려 시도하면서, 우리는 문득 자신이 봄의 주체로서가 아니라 늘 자신에게서 일어나는 변화로서의 감각에 수동적으로 응답하는 존재자로서 존재해왔음을 자각하게 된다. 감각을 시각적으로, 즉 보고 발견하고 이해하는 현존재의 관점에서 고찰하는 경우, 우리는 현존재가 발견하는 모든 것을 현존재와 우선 동떨어진 것으로서, 하이데거식으로 표현하자면 현존재 자신과 거리를 두고 떨어져 있는 눈앞의 것으로서, 파악해야 할 위험에 처하게 된다. 물론 하이데거의 존재론에서 현존재는 존재자를 우선 눈앞의 존재자로서 발견하지 않는다. 눈앞에-있음은 손안에-있음의 파생양태이며, 그런 점에서 존재자는 우선 현존재와 물리적 거리를 두고 있는 개체와도 같은 것으로서가 아니라 도구적으로 친숙하거나 반대로 친숙하지 않은 것으로서 발견되는 것이다. 그러나 도구적 친숙함조차 실은 모종의 거리를 전제로 해서만 가능한 개념이다. 비록 그 거리의 의미가 물리적으로 계산할 수 있는 순연하게 공간적인 거리와도 같은 것이 아니라고 할지라도 말이다.

그러나 보고 발견하고 이해하는 현존재란 자신에게서 일어난 변화로서의 감각에 의해 일깨워진 존재자 외에 다른 아무것도 아니다. 현존재의 의식이 자기에게서 일어난 변화로서의 감각에 대한 직접적이고도 무매개적인 의식이기를 그치고 그 시선을 외부로 돌릴 때 현존재는 감각을 자신과 거리를 두고 떨어져 있는, 그리고 바로 그러한 것으로서 자신과 외적 대립의 관계를 이루고 있는, 그러한 존재자로서 개별화하고 또 외화하게 된다. 그러나 현상학적으로 존재의 전체성의 표현으로서의 현상학적 의식과 외적 대립의 관계를 이루고 있는 것은 본래 보일 수 없고 발견될 수도 없다. 현존재는 자신이 보고 발견하는 모든 것을 자신과 외적 대립의 관계에 있는 것으로서 헤아리지만 그러나 이러한 헤아림과 이해의 사태는 감각 및 감각을 통해 알려진 모든 것은 실은 감각하는 현존재 자신의 존재에게서 일어나는 변화 외에 다른 아무것도 아니라는 근원적인 진실이 망각되어 있음을 알릴 뿐인 것이다. 달리 말해, 현존재에게 알려진 모든 외적 대립의 원인은 자기에게서 일어나는 변화로서의 근원적 감각에 대한 망각의 결과이다. 근원적 감각, 즉 자기에게서 일어나는 변화로서의 감각에 응답하는 현존재에게 본래 자신의 존재와 외적 대립의 관계를 형성하고 있는 그러한 존재자는 존재하지 않는다. 깨어 있는 의식으로서의 현존재, 보고 발견하고 이해하는 것으로서 그때-거기 있는 현존재는 자기에게서 일어나는 변화로서의 감각에 응답하는 존재자이며, 이때의 응답이란 현존재가 개별화된 존재자로서 응답에 앞서 미리 정립되어 있음을 뜻하는 그러한 의미를 지니는 것이 아니라 현존재의 존재에 대한 근원적 정립으로서의 의미를 지닌다. 현존재는 응답하는 순간 존재하는 것이며, 그것도 자신에게서 일어난 변화로서의 감각에 의해 자기와 자기-아님의 분별을 양자 사이의 근원적 통일성과 더불어서만 발견할 수 있는 그러한 존재자로서 존재하는 것이다. 여기에는 이해하지 못할 아포리아 같은 것은 조금도 없다. 현존재란 오직 자신의 감각 및 지각역량에 상응하는 방식으로 일어난 존재자만을 경험할 수 있다는, 그렇게 경험되고 또 발견된 존재자는 오직 감각적인 것의 총화로서만 거기 있을 수 있다는, 그리고 감각이란 오직 현존재의 자기에게서 일어나는 변화 외에 다른 아무것도 아니라는 자명한 현상학적 진실로부터 필연적으로 따라 나오는 그 귀결일 뿐이다.

이제 이러한 성찰을 바탕으로 삼아 탄생과 죽음 사이-존재로서의 현존재의 존재에 관해 생각해보자. 『존재와 시간』의 하이데거가 부딪혔던, 그리고 끝내 치밀하고 수미일관한 논리로서 풀어낼 수 없었던, 존재론의 근본 문제 가운데 하나는 죽음의 선구성 및 불안 속에서 열린 현존재의 존재의 전체성이 여타 존재자와 무관한 고립된 개별자의 존재의 전체성과 같이 발견된다는 점이다. 존재론적으로 시간은 근원적으로 유한하다. 시간이란 현존재의 존재인 시간성에 그 근거를 두고 알려지는 것이고, 현존재의 존재가 죽음을 향한 존재이기에, 시간 역시 근원적으로는 유한하다. 문제는 존재론적 시간의 근원적 유한성이 현존재의 탄생과 죽음 사이 외에 다른 아무것도 지시하지 않는 것처럼 보인다는 점이다. 그렇다면 시간이란 제각각 저마다의 탄생과 죽음 사이-존재인 현존재에게서 개별화되고 원자화되는 것인가? 불안이 자신의 존재의 세계와의 근원적 무연관성에 대한 자각의 표현이라는 존재론적 언명은 이러한 의심을 더욱 짙게 한다. 세계란 결국 현존재와 공동 현존재를 포함하는 이런저런 존재자들이 함께 모여드는 존재의 장으로서 발견되는 것이다. 만약 각각의 현존재가 불안 속에서 자신의 존재를 세계와 근원적으로 무연관적인 것으로서 발견한다면 각각의 현존재는 자신의 존재인 시간성을 개별화하고 원자화하는 방식으로 존재한다는 결론을 피하기 어려운 것 아닐까?

앞에서 암시한 바와 같이 존재론적으로 이러한 문제가 생겨나는 근본 원인은 진리의 자리인 아이스테시스를 시각적 봄과 발견함의 관점에서 고찰하는 것에 있다. 순연하게 감각적으로 받아들임인 한에서, 그리고 감각이란 자기에게서 일어나는 변화의 형식 속에서만 일어나는 것이기에, 아이스테시스란 본래 존재의 전체성의 표현으로서의 현상학적 의식이 자기에게서 일어나는 변화로서의 감각을 자기-아님으로서 분화하면서 동시에 그러한 분화의 근원적 불가능성을 자각하는 순간이다. 탄생이란, 그것이 보고 발견하며 또 헤아리는 그러한 의식의 출현을 뜻하는 경우, 자기와 자기-아님의 분화가 그 근원적 불가능성에 대한 자각과 함께 일어나는 순간이다. 즉, 탄생의 순간 현존재는 순연한 차이로서의 자기의 존재와 더불어 그러한 개별화의 존재론적 근거로서의 존재의 근원적 통일성과 전체성을 함께 자각하게 된다. 결국 탄생의 순간의 현존재는 응답하는 존재자로서 개별화된 것이고, 그러한 개별화를 통해 순연한 차이로서의 자기-존재가 된 것이며, 여기서 응답이란 현존재의 존재의 개별화에 추후로 뒤따르는 것이 아니라 그 자체로서 현존재의 존재가 개별화되는 근원사건으로서의 의미를 지니는 것이다.

그렇다면 죽음이란, 현존재의 근본 기조인 불안의 존재론적 근거로서의 죽음의 선구성 속에서 발견되는 바로 그러한 것으로서, 현존재의 존재가 개별화되는 근원사건으로서의 응답에 대한 최종적이고도 궁극적인 응답으로서의 성격을 지니는 셈이다. 그것은 바로 자기와 자기-

아님의 분화의 근원적 불가능성에 대한 수용이다. 어떤 의미에서 죽음의 선구성이란 자기와 자기-아님의 분화의 근원적 불가능성에 대한 의식적 반란의 근거이자 동시에 그 수용의 근거이기도 한 셈이다. 죽음의 선구성이 일깨우는 불안이 현존재로 하여금 더욱 더 강한 정도로 일상세계 안으로 빠져들게 하는 경우 죽음의 선구성은 자기와 자기-아님의 분화의 근원적 불가능성에 대한 망각에의 의지이자 반란의 근거로 작용한다. 그러나 자신이 결국 죽을 자로서 여기 있다는 사실을 담담하게 인정하는 현존재에게, 죽음의 가능성이 언제나 이미 임박해 있을 뿐 아니라 일어나지 않을 수도 있는 그러한 가능성으로서가 아니라 언젠가 반드시 이루어지고야 말 그러한 가능성으로서 임박해 있음을 부정하지 않는 현존재에게, 죽음의 선구성은 자기와 자기-아님의 분화의 근원적 불가능성에 대한 수용의 근거로 작용한다. 실은 죽음의 순간이 의식의 망집(妄執)에 의해 망각되어 있었던 그러한 불가능성이 불가능성으로서 명백하게 고지되는 순간인 것이다.

자기에게서 일어나는 변화로서의 감각에 대한 존재론적 성찰은 죽음의 선구성과 불안, 윤리의 관계를 존재론적으로 해명할 근거를 제공한다. 윤리의 가능근거는 무엇인가? 로고스의 층위에서 말하는 경우 그것은 무엇보다도 우선 현존재의 보고 발견하고 이해 또는 해석하는 능력이다. 2000여 년 전의 유태인으로서 자신이 한 여자를 간음의 죄를 범한 죄인으로서 고발했다고 생각해보자. 이러한 고발의 행위는 우선 두 남녀가 성관계를 하는 장면을 봄, 양자를 혼외정사를 벌이는 자들로 발견함, 그리고 혼외정사를 율법이 금하는 죄악으로서 해석함이라는 것을 전제로 이루어진다. 물론 이러한 과정이 반드시 순차적으로 일어나는 것은 아니다. 두 남녀가 성관계를 하는 장면을 보는 즉시 나의 마음속에서는 분노가 치솟아 올랐다. 보는 즉시 나는 두 남녀가 율법이 금하는 간음의 죄를 범하고 있다는 것을 알아차렸던 것이다. 그런데 이러한 보고 발견하고 해석하는 나의 능력은 나에게서 일어나는 긍정적·부정적 변화로서의 감각의 체험을 전제로 할 수밖에 없다. 두 남녀가 성관계를 하는 장면을 보는 것은 두 개의 사물이 서로 접촉하거나 부딪히는 장면을 보는 것과 다르다. 나는 그들이 육체적 쾌락에 탐닉하고 있음을 즉각 알아차렸고, 이러한 알아차림은 내가 내게서 일어나는—순연한 감각의 층위에서만 보면—긍정적인 변화로서의 감각을 성적으로 체험해본 기억이나 지금 이 순간 목격하며 내게서 일어나는 성적 감각 체험에 의거한 것이다. 혼외정사를 간음으로 규정하고 단죄하는 율법의 제정을 가능하게 하는 것은 무엇인가? 세 가지의 깨달음이다. 하나는 성행위가 불러일으키는 감각이 순연한 감각의 층위에서는 자기에게서 일어나는 긍정적 감각이기에 사람은 성행위에의 유혹을 받기 마련이라는 깨달음이다. 또 다른 하나는 혼외정사가 일상세계에서 일상적인 방식으로 삶을 영위하는 사람들에게, 예컨대 혼외정사를 벌이는 자의 배우자나 자녀에게, 자기에게서 일어나는 부정적 감각으로서의 고통의 원인이 되기 마련이라는 깨달음이다. 마지막 하나는 자기에게서 일어나는 부정적 감각으로서의 고통이 일어나도록 하는 모종의 처벌을 통해 자기에게서 일어나는 긍정적 감각으로서의 쾌락에의 유혹을 억제할 수 있다는 깨달음이다. 효율적으로 억제하기 위해서는 장차 자신에게 닥치게 될지도 모를 고통이 크고 격렬해야 하고, 그 고통에의 예기가 불러일으키는 두려움 역시 크고 격렬해야 한다. 바로 그 때문에 누구든 간음한 자는 돌로 쳐 죽여야 한다는 식의 엄격한 윤리적·법적 규정이 필요하다. 성적 쾌락처럼 자기에게서 강렬하게 일어나는 긍정적 변화로서의 감각에의 유혹을 억제하려면 그러한 유혹에 무너지는 경우 자신에게 닥쳐오게 될 고통과 두려움 역시 그 이상으로 강렬한 것으로서 예기되어야 하기 때문이다.

규범이란, 윤리적인 것으로서든 법적인 것으로서든, 무엇보다도 우선 인간 현존재가 고통과 손실의 원인이 되는 행위를 하지 못하도록, 그러한 행위에의 유혹을 스스로 이겨낼 것을 강권하며, 금지하는 성격을 띠기 마련이다. 규범의 근본 규정으로서의 이러한 금지는 신이나 이성과도 같은 초시간성의 이념을 공공연하거나 암묵적인 방식으로 전제한다. 오직 그러한 초시간성의 이념을 통해서만 규범에 의한 금지가 정당화될 수 있기 때문이다. 물론 혹자는 신과 이성과 같은 초시간성의 이념을 전제하지 않고서 다만 공공의 번영을 위해 필요하기 때문에 이런저런 규범이 제정되어야 한다고 주장할 수도 있다. 그러나 이러한 주장을 근거로 삼아 제정된 규범의 체계는, 공공의 번영을 저해하지 않는 방향으로 생각하고 행위하는 것이 윤리적으로 잘못된 일임을 알려주는 최종의 심급이 부재하다는 점에서, 사상누각과도 같을 뿐이다. 바로 그 때문에 규범이 제정되고 실시되는 곳에서는 어디서나 공공연하거나 암묵적인 방식으로 신, 이성, 혹은 양심과도 같은 초시간성의 이념이 인간 현존재의 삶을 근원적으로 규정하는 것으로서 전제되기 마련인 것이다. 그렇다면 모든 규범은 현존재의 일상성을 두 상반된 초세계성의 이념을 향한 현존재의 존재의 운동 사이에서 언제나 이미 가리가리 찢길 위험에 처해 있는 것으로서 정립하는 셈이다. 하이데거처럼 현존재의 일상성을 도구적 의미연관의 관점에서 고찰하는 경우 일상성의 위기는 오직 일상적이지 않은 특별한 순간에만 찾아온다. 전쟁이 발발한다든지 천재지변이 일어난다든지 하는 식으로 거대한 재난이 발생하는 경우 일상세계는 큰 위기를 겪게 되고 가구를 만들 목재에 갑작스런 균열이 생겼다든지 도끼자루가 부러져버렸다든지 하는 식으로 소소한 문젯거리가 생겨나는 경우 일상세계는 작은 위기를 겪게 된다. 그러나 기본적으로 일상세계는 안정되어 있고 평온하다. 적어도 일상세계를 지배하는 도구적 의미연관에 익숙해져 있는 사람의 일상세계는 그러하다. 그러나 규범적 일상세계는 위기가 상시화

(常時化)된 세계이다. 규범이란, 규범이 없는 경우 우리가 아무 제약 없이 기꺼워할, 자기에게서 일어나는 긍정적 변화로서의, 감각에의 유혹을 억제하는 것이기에, 유혹은 언제나 이미 내 삶에 임박해 있고, 유혹이 임박해 있음은 단죄와 처벌의 가능성, 즉 자기에게서 일어나는 부정적 변화로서의 감각에의 예기와 그러한 예기가 불러일으키는 두려움 또한 언제나 이미 내 삶에 임박해 있음을 알린다.

현존재에게 신, 이성, 양심 등의 초시간성의 이념에 대한 모종의 확신이 있는 경우 그는 일상세계의 위기를 최대한 인간의 동물성을 억제하거나 제거하는 방식으로 극복하려 할 것이다. 이 경우 그는 모든 현존재의 존재를 긍정하려는 존재기획으로서 존재하면서 동시에 모든 현존재의 존재를 부정하려는 존재기획으로서 존재하는 셈이다. 그가 모든 현존재의 존재를 긍정하려는 존재기획으로서 존재하는 까닭은 물론 신, 이성, 양심 등의 초시간성의 이념이 자신이나 몇몇 특정한 자들에게만 배타적으로 주어져 있는 것이 아니라 인간적 삶의 근본 규정으로서 주어져 있음을 인정하기 때문이다. 그리고 오직 이러한 경우에만 규범은 정당화될 수 있는 바, 규범이란 결국 신, 이성, 양심 등의 초시간성의 이념에 의거해 스스로 유혹을 이겨낼 수 있음을 전제로 제정되는 것이기 때문이다. 그가 모든 현존재의 존재를 부정하려는 존재기획으로서 존재하는 까닭은 규범이 금하는 바가 인간 현존재의 근원적이고도 본래적 가능성에 잇닿아 있기 때문이다. 인간은 본래 자기에게서 일어나는 긍정적 변화로서의 감각을 지향하는 존재자이며, 이러한 지향적 성향이 반드시 윤리적 성격을 띠어야 할 현실적 근거는 부재하다. 결국 모든 인간은, 설령 신, 이성, 양심과도 같은 초시간성의 이념을 긍정한다고 하더라도, 고통과 기쁨의 처소로서의 살과 몸을 지닌 그 자신의 근원적 존재에서부터 규범이 금하는 바를 기꺼이 수행하고자 하는 성향으로부터 자유로울 수 없는 존재자인 것이다. 규범적 일상세계의 위기가 극복되려면 이러한 존재자는 물론 절멸되어야 한다. 결국 일상세계의 위기를 극복하고자 하는 현존재의 존재기획은, 그가 신, 이성, 양심의 초시간성을 긍정하는 한에서, 일상세계 및 그 안에서 일상적인 방식으로 삶을 영위하는 모든 인간 현존재의 완전한 절멸과 무화를 통해서만 성취될 수 있는 셈이다. 물론 그러한 존재기획은 본래 무망하다. 긍정되어야 할 모든 존재자가 온전히 절멸되고 난 뒤에야 성취될 수 있는 존재기획이란 기망과 자가당착적 사유의 결과일 뿐이다.

왜 이러한 결과가 생겨날까? 신, 이성, 양심과도 같은 초시간성의 이념이 규범적 일상세계에서는 언제나 인간 현존재와 외적 대립의 관계를 이루며 인간 현존재의 일거수일투족을 감시하는 초월적 감시자로서 기능할 수밖에 없기 때문이다. 즉, 신, 이성, 양심과도 같은 초시간성의 이념에 입각해 모든 현존재를 긍정하거나 반대로 부정하려는 존재기획으로서 존재하는 현존재는 스스로 초시간성의 이념의 화신이 되어 주위의 모든 공동 현존재를 두 상반된 방향으로 몰아세우는 존재자이다. 하나는 신, 이성, 양심의 부름에 온전히 순응하면서 이러한 초시간성의 이념에 걸맞은 존재자가 될 것을 촉구하는 몰아세움이다. 또 다른 하나는, 바로 이러한 몰아세움에 자신을 내맡기면서 스스로 자신의 존재를 온전히 부정할 것을 촉구하는 몰아세움이다. 물론 초시간성의 이념에 걸맞은 존재자가 될 것을 촉구하는 몰아세움이든지 아니면 자신의 존재를 온전히 부정할 것을 촉구하는 몰아세움이든지, 이러한 몰아세움에는 끝이 있을 수 없다. 규범의 가능근거가 신, 이성, 양심의 부름에 온전히 순응할 수 없음이고, 이는 곧 현존재란 초시간성의 이념에 걸맞은 존재자가 될 것을 촉구하는 몰아세움에도, 자신을 온전히 부정할 것을 촉구하는 몰아세움에도, 진실로 응답할 수 없는 존재자이기 때문이다.

이 두 가지 몰아세움은 실은 동일한 종류의 몰아세움인가? 논리적으로만 보면 그렇다. 신, 이성, 양심 등의 초시간성의 이념에 걸맞은 존재자가 됨은 현실적으로 그렇지 못한 자신의 존재를 스스로 온전히 부정함을 전제로 하는 것이기 때문이다. 그러나 전자가 희망의 약속과 함께 몰아세움인 반면 후자는 순연한 절망과 체념으로 이어질 몰아세움이다. 전자가 희망의 약속과 함께 몰아세움인 까닭은 신, 이성, 양심에 대한 이해가, 설령 평균적이고 모호한 것에 불과할지라도, 규범적 일상성을 자신의 존재규정으로서 지니는 현존재의 근원적 존재방식에 속하기 때문이다. 즉, 현존재는 신, 이성, 양심이 무엇인지 언제나 이미 이해하고 있으며, 이러한 초세계성의 이념의 부름에 응답해야 하는 자로서 자신의 존재를 헤아리고 있다. 응답해야 하는 자로서 그는 자신의 응답할 수 있음을 언제나 이미 긍정하는 자이다. 자신의 응답할 수 있음을 긍정하는 자만이 응답해야 할 의무감 또한 느낄 수 있기 때문이다. 후자가 순연한 절망과 체념으로 이어질 몰아세움인 까닭은, 전자가 도래할 미래의 자기에 대한 예기를 수반하는 몰아세움인 반면, 후자는 그 도래의 순연한 불가능성을 일깨우는 몰아세움이기 때문이다. 결국 나는 유혹을 느낄 잠재적·현실적 가능성과 더불어 존재하는 존재자이며, 이러한 가능성은 신, 이성, 양심의 부름에 온전히 응답하고자 하는 희망과 의지에 의해 무화될 수 있는 성격의 것이 아니다. 나는 살과 몸을 지닌 자이고, 그런 한에서 언제나 이미 육화된 정신이며, 육화된 정신에게 살이란 기쁨과 고통의 처소로서의 의미를, 도래할 미래의 자기를 자기에게서 일어나는 긍정적 변화로서의 감각과 부정적 변화로서의 감각의 상반된 가능성의 관점에서 미리 앞질러 달려가 봄의 가능근거로서의 의미를, 지니기 때문이다.

현존재에게 신, 이성, 양심 등의 초시간성의 이념에 대한 확신이 없는 경우 현존재는 두 가지 상반된 방식으로 규범적 일상세계의 위기를 대하게 된다. 하나는 사회적 강자로서, 자신의 불신을 드러내지 않으면서, 공동 현존재에게 신, 이성, 양심 등의 초시간성의 이념에 걸맞은 존재자가 될 것을 촉구하고 강요할 가능성을 모색하고 실현시킴으로써 위기를 넘어서려는 방식이다. 또 다른 하나는 사회적 강자의 지배 아래 놓인 자로서, 자신의 불신을 드러내지 않으면서, 공동 현존재에게 자신이 신, 이성, 양심 등의 초시간성의 이념에 걸맞은 존재자가 되려고 노력하고 있음을 믿게 하려는 방식이다. 전자에게서 나타나는 모든 현존재를 긍정하거나 반대로 부정하고자 하는 존재기획은 모든 공동 현존재를 자기기만의 상태 안으로 빠져들도록 몰아세움이다. 결국 자신의 요구대로 스스로 초시간성의 이념에 걸맞은 존재자가 될 것을 결의하는 공동 현존재의 존재는 긍정되어야 하지만 그렇지 않은 공동 현존재의 존재는 부정되어야 하기 때문이다. 현실적으로 긍정되어야 할 공동 현존재의 존재와 부정되어야 할 공동 현존재의 존재가 언제나 나뉘어 있을 수밖에 없음에도 불구하고 모든 현존재를 긍정하거나 반대로 부정하려는 존재기획으로서의 성격은 여기서 필연적이다. 규범적 일상세계 안에서 머물도록 허용되는 모든 현존재는 그 자신의 존재에서부터 규범에 순응할 가능성과 규범을 어길 가능성의 양 극단으로 갈라진 미래를 가지고 있기 때문이다. 규범에 순응할 가능성의 존재로서의 모든 현존재는 자신에게 내려질 처벌과 단죄가 유예된 현존재이며, 유예의 기간 동안 긍정되어야 할 존재자로서 존재해야 하고 또 존재할 수 있는 존재자이다. 그러나 규범에 순응할 가능성이 그 반대의 가능성, 즉 규범을 어길 가능성을 언제나 이미 함축하고 있는 한에서, 이러한 존재해야 함과 존재할 수 있음은 존재하지 말아야 함과 무화될 수 있음의 지반을 공공연하거나 은밀하게 감추어진 것으로서 지니기 마련이다.

존재론적으로 한 가지 분명한 진실은 신, 이성, 양심 등의 초시간성의 이념에 대한 확신이 있는 경우나 없는 경우나 규범적 일상성에 포섭된 현존재의 존재는 그 자신의 존재를 통해 개별화된 존재의 전체성을 끝없이 파편화하는 존재기획의 존재라는 점이다. 한편 그 이유는 초시간성의 이념이 규범적 일상세계에서 언제나 현존재와 외적 대립의 관계를 형성하는 일종의 초월적 강자로서, 감시자로서, 잠재적·현실적 처벌자로서 통용되기 마련이라는 점에서 찾을 수 있다. 초시간성의 이념이 초월적 강자로서 현존재 일반과 외적 대립의 관계를 형성하게 될 뿐 아니라 현존재와 공동 현존재 사이의 관계가 초시간성의 이념을 내면화한 그 화신으로서 서로에 대해 유사-초월자로서 기능하는 그러한 존재자들 사이의 관계로 전환되어버리는 것이다. 그러나 더욱 근원적인 이유는 시각적 봄을 중심으로 자신과 공동 현존재의 관계를 이해하면서 근원 감각, 즉 자기에게서 일어나는 긍정적이거나 부정적인 변화로서의 감각을 보이고 발견되고 해석된 공동 현존재에게 추후로 부가할 상벌의 근거로서 적용하려는 경향이다. 규범적 일상세계에서 초월적 강자로서, 감시자로서, 잠재적·현실적 처벌자로서 통용되는 초시간성의 이념은 바로 이러한 현존함의 경향을 그 가능근거로서 지니는 것이다.

죽음의 선구성 및 불안, 그리고 불안 속에서 드러나는 자신의 존재의 세계와의 근원적 무연관성에 대한 자각은 규범적 일상세계에서 지금까지 있어온 자신의 존재를 자기-아님으로서 부정하는 본래적 현재로서의 순간이 자신의 존재를 양 극단의 방향으로 찢어발기는 일종의 상징적 처형의 순간이 되게 한다. 지금까지 있어온 것으로서 부정되는 자기란 대체 어떠한 자기인가? 그것은 물론, 그 자기를 부정하는 지금 이 순간의 자기와 마찬가지로, 자기에게서 일어나는 긍정적이거나 부정적인 변화로서의 감각을 자신의 존재를 오롯이 긍정하거나 반대로 오롯이 부정해야 할 이유로서 발견하게 되는 자기이다. 왜 지금 이 순간의 자기는 지금까지 있어온 자기를 오롯이 긍정해야 할 자기로서 발견해야 하는가? 그것은 무엇보다도 우선 모든 결의의 순간은 자신의 존재를 온전히 보전하고 긍정하고자 하는 결의의 순간이라는 점에서 찾을 수 있다. 설령 고통과 불안, 공포 등에 내몰려 스스로 목숨을 끊게 되는 그러한 순간이 찾아오는 경우에도 현존재는 이러한 순간을 극한의 고통과 불안, 공포 등으로 인해 차라리 순연한 무가 되기를 갈망하게 될 그러한 존재자로 전락해버리게 됨을 예방하려는 순간으로서 맞이하게 된다. 그러한 순간은 자신이 긍정하고자 하는 존재의 반대편 극단을 향해 치달아 감을 스스로 용이할 수 없고 또 견딜 수 없다는 것이 명백해지는 순간인 것이다. 그렇다면 왜 지금 이 순간의 자기는 지금까지 있어온 자기를 오롯이 부정해야 할 자기로서 발견해야 하는가? 그 이유는 지금까지 있어온 것으로서 부정되어야 할 자기가 부정하는 지금 이 순간의 자기와 마찬가지로 자기에게서 일어나는 긍정적이거나 부정적인 변화로서의 감각을 자신의 존재를 오롯이 긍정하거나 반대로 오롯이 부정해야 할 이유로서 발견하게 되는 자기라는 점에 이미 주어져 있다. 나는 이러한 자기로서 존재하기를 그칠 수 없다. 육화된 정신으로서의 나는 영원히 가리가리 찢긴 정신으로서의 나이며, 그러한 부단한 분열로 인해 모든 공동 현존재를 불구대천의 원수이자 무조건적인 사랑의 대상으로서 발견해야 하는 나이다. 왜 모든 공동 현존재는 나에게 불구대천의 원수로서 발견되어야 하는가? 바로 그들의 존재가, 그들과의 함께-있음이 나의 존재의 근원적이고도 본래적인 방식이라는 바로 그러한 점이, 지금까지 있어온 자신의 존재를 자기-아님으로서 부정하는 본래적 현재로서의 순간이 자신의 존재를 양극단의 방향으로 찢어발기는 일종의 상징적 처형의 순간이 되게 하는 그 존재론적 근거이자 이유이기 때문이다. 결국 규범적 일상세계 안에 처해 있음의 근본 구성요소는 공동 현존재인 것이다. 그렇다면 왜 모든 공동 현존재는, 그들이 나에게 불구대천의 원수로서 발견되어야 함에도 불구하고, 무조건적인 사랑의 대상으로서 발견되어야 하는가? 오직 자신과 공동 현존재 사이의 분열이 존재론적으로 무근거하고 부당한 것으로서, 근원적이고도 본래적인 방식으로 불가능한 것으로서, 발견되는 경우에만 나는 매 순간이 스스로 자신에 대해 행사하는 처형이 실현되는 순간이 될 존재론적 필연성으로부터 벗어날 수 있기 때문이다. 이러한 발견의 가능성은 그 자체로 현존재의 존재의 가장 근원적이고도 본래적인 방식 속에 이미 주어져 있다. 감각이란, 자기에게서 일어나는 긍정적인 변화로서든 부정적인 변화로서든, 본래 감각하는 현존재의 존재가 일어나도록 하는 그 가능조건이기 때문이다. 왜 감각은 감각하는 현존재의 존재가 일어나도록 하는 그 가능조건인가? 그것은 보고 발견하고 이해하는 현존재란 오직 감각에 의해 일깨워진 의식 내지 정신으로서만 존재할 수 있다는 점과, 감각이란 감각하는 현존재와 동떨어진 것으로서가 아니라 현존재의 존재를 구성하면서 동시에 그 자신을 현존재에게, 현존재와의 근원적 통일성에도 불구하고, 현존재와 나뉘어 있는 것으로서 내어주는 것이라는 점에서 찾을 수 있다.

결국 규범적 일상성을 그 자신의 근원적 존재규정으로서 지니는 현존재는 모든 현존재의 존재를 긍정하려는 존재기획과 부정하려는 존재기획이라는 상반된 존재기획의 통일적 담지자로서 규정되어야 한다. 현존재에 대한 이러한 규정은 죽음의 선구성 및 불안에 대해 무엇을 알려주는가? 규범적 일상성의 관점에서 고찰되는 한에서 죽음의 선구성 및 불안은 단순히 고립된 개체와도 같은 그러한 방식으로 나 자신이 세계와 근원적으로 무연관적이라는 자각의 원인일 수 없다. 실은 바로 이 무연관성이야말로 현존재가 자신의 존재를 자신이 언제나 이미 그 안에서 살아온, 그리고 바로 그러한 점에서 결코 자신의 존재와 무연관적일 수 없는, 그러한 세계를 완전히 무화하거나 온전한 존재긍정의 자리로서 승인하고자 하는 결의의 표현이다. 무연관성이란, 규범적 일상성의 관점에서 보면, 완전히 무화된 것이거나 반대로 순연하게 승인되어야 할 것으로서 도래할 세계와 본래적으로—왜냐하면 세계는 결코 그 양 극단 중 하나가 될 수 없을 것이기에—무연관적임 외에 다른 아무것도 뜻하지 않는다는 것이다. 죽음의 선구성 및 현존재의 근본 기조로서의 불안 속에서 자각되는 자기의 존재의 세계와의 근원적 무연관성은 일상세계를 서로에게 불구대천의 원수로서 존재하는 모든 현존재의 공통된 존재지반으로서 부정하고 또 절멸하고자 하는 결의와 서로를 무조건적인 사랑의 대상으로서 발견하는 그러한 존재자들의 공통된 삶의 지반으로서 온전히 성화(聖化)하고 또 긍정하려는 결의의 존재론적 원인이다.

아마 현존재의 규범적 일상성에 처해 있음이 드러내는 이러한 현존재의 존재의 역설을 부적절한 방식으로나마 드러낸 것이 바로 원죄(原罪)라는 관념일 것이다. 만약 인간의 원죄에 대한 기독교적 교설이 존재론적으로 정당화될 수 있다면 우리는 그 근거를 바로 규범적 일상성을 자신의 근원적 존재규정으로서 지니는 현존재의 존재가 상반된 방향으로 치달아가려는 양 극단의 존재기획의 통일로서 규정될 수 있다는 점에서 찾을 수 있을 것이다. 현존재는 결코, 적어도 규범적 일상성을 그 자신의 근원적 존재규정을 지니는 그러한 존재자로서는, 지금까지 있어온 자신의 존재를 자기-아님으로서 부정하는 본래적 현재로서의 순간을 지니기를 멈출 수 없다. 현존재는 자신의 존재에 대해 자발적으로 상징적 처형을 되풀이하는 참수자이다. 현존재는 모든 현존재를 무조건적인 사랑의 대상으로서 발견하려는 자신의 또 다른 존재기획에 대한 영원한 배반자로서 존재할 운명에 처해 있는 것이다.

제8장

존재론적 초월 개념과 윤리

규범적 일상성에 처해 있는 현존재의 존재가 두 상반된 존재기획, 즉 모든 현존재를 긍정하려는 존재기획과 부정하려는 존재기획의 역설적 통일성으로 특징지어져야 하는 것은 존재론적으로 무엇을 의미하는가? 그것은 혹시 현존재란 그 자신의 근원적 존재규정의 하나인 규범적 일상성으로 인해 본래적 현재로서의 순간마다 자신의 존재에 대해 자발적으로 상징적 처형을 매 순간 되풀이해야 하는 운명을 떠안고 있음을 뜻할까? 분명 그렇다. 그것은 규범적 일상성이 현존재의 근원적 존재규정이라는 명제로부터 자명하게 따라 나오는 결론이다.

그러나 존재론적 의미의 운명은 결코 현존재의 존재규정이 운명이라는 말이 지시하는 그러한 존재방식에 국한된 존재방식만을 지님을 뜻하지 않는다. 예컨대, 일상성은 현존재의 존재의 근본 규정의 하나이며, 그런 한에서 현존재는 언제나 이미 하나의 비본래적 자기로서 존재하고 있다. 존재론적으로 현존재의 자기의 비본래성은 본래성을 향한 결의를 통해 극복될 수 있는 것으로서의 의미를 지니지 않으며,

그런 한에서 현존재에게 주어진 일종의 운명적 존재방식을 뜻한다. 그러나 비본래성은 오직 본래성에 정초된 것으로서만 가능하다. 오직 본래적으로 존재해왔고 또 존재해온 그러한 존재자만이 그 자신의 근원적 존재규정으로서 비본래성을 가질 수 있다는 뜻이다. 이러한 사정을 하이데거는 "실존하는 현존재에게 각자성(Jemeinigkeit)이 본래성과 비본래성의 가능조건으로서 속해 있다"[1]는 말로 표현한다. 여기서 각자성이란 무엇보다도 우선 각각의 현존재가 자신을 고유하고 개별적인 자기로서 발견하고 받아들임을 뜻한다. 일상적 용어로 표현해보자면, 현존재는 체험의 매 순간마다 자신을 개별적이고 고유한 '나'로서 발견하게 된다는 것이다. 체험의 매 순간마다 자신을 개별적이고 고유한 '나'로 발견함이 존재론적으로 본래성과 비본래성의 가능조건이다. 오직 언제나 이미 개별적이고 고유한 '나'로서 자신을 발견해온 존재자로서의 현존재만이 평균화된 일상성 안으로 빠질 수 있으며, 그 자신이 평균화된 일상상 안으로 빠져 있는 비본래적 자기로서 현존함을 자각할 수 있고, 또한 이러한 자각을 통해 본래성을 회복할 결의를 품을 수 있다. 존재론적으로 본래성에의 결의와 결단은 지금까지 철두철미 비본래적으로 있어온 자신의 존재를 자기-아님으로서 부정하고 새로운 자기를 본래적 자기로서 창조하려는 그러한 결의와 결단이 아니다. 그것은 오직 그 자신의 근원적 존재방식으로서의 각자성을 자신의 또 다른 근원적 존재규정으로서의 일상성 및 비본래성에 맞설 존재론적 투쟁의 근거로 삼음을 뜻할 뿐이다. 현존재에게 존재기획이란 언제나 이미 평균화된 비본래적 시간성에 맞서 자기-존재의 각자성에 상응하는 현존재의 존재규정으로서의 본래적 시간성을 회복하려는 투쟁으로서의 존재의 운동인 것이다.

---

1 M. Heidegger, *Sein und Zeit*, Tübingen 1993, 53.

분명 현존재는, 그 자신의 근원적 존재규정의 하나인 규범적 일상성에 따라, 본래적 현재로서의 순간마다, 즉 지금까지 있어온 자신의 존재를 자기-아님으로서 부정하는 그러한 때마다, 자신의 존재에 대해 자발적으로 상징적 처형을 매 순간 되풀이해야 하는 운명을 떠안고 있다. 그러나 동시에 현존재는 자신의 존재의 이러한 운명에 대해 언제나 이미 존재론적 투쟁을 감행하고 있다. 실은 바로 이러한 투쟁이야말로 존재론적으로 참된 윤리의 가능근거이자 일상세계를 지배하는 모든 규범윤리의 정당성을 보증해줄 그 궁극적 지향점이다. 현존재의 존재론적 투쟁에 정초되어 있지 않은 모든 윤리는 이미 윤리로서의 정당성을 상실해버렸다는 뜻이다. 이 점에 대한 해명은 무엇보다도 우선 존재론적 초월 개념에 대한 감각 존재론적 재해석을 요구한다.

1. 초월과 공동 현존재

『존재와 시간』에 따르면, "존재는 순연한 초월이다."[2] 그런데 존재론적으로 초월이란 대체 무엇을 뜻하는 말인가? 전통적 인식론의 관점에서 보면, 초월이란 주체의 의식에 내재하는 표상이나 관념에 대비해 의식초월적으로 의식의 영역 밖에 있는, 즉 어떤 대상이 인식하는 의식주체에 대해 지니는 존재방식을 지칭하는 말이다. 신학의 관점에서 보면 우연적으로 존재하는 유한한 존재자와 달리 필연적으로 존재하는 무한자이자 절대자로서의 신의 존재방식을 가리킨다. 인식론적으로든 신학적으로든, 전통 철학적 의미의 초월은 대체로 한 존재자의 존재영역 너머에 있는 그 어떤 존재자의 존재방식을 뜻하는 말이다.

2 M. Heidegger, *Sein und Zeit*, Tübingen 1993, 38.

즉, 전통 철학적으로 초월은 존재자의 존재자성에 대한 규정으로서 통용되어 왔다. 이와 달리 하이데거의 존재론은 초월을 현존재의 존재의 실존적 구조의 관점에서 고찰할 것을 요구한다. 달리 말해 존재론적 의미의 초월은 오직 언제나 이미 존재이해와 더불어 존재하는 특별한 존재자로서의 현존재의 존재에 대한 존재론적 해명을 통해서만 그 온전한 의미가 드러날 수 있다.

우리는 앞장에서 하이데거가 근원적 진리의 자리로서의 아이스테시스를 시각적 봄의 관점에서 해석한다는 점과, 이러한 해석이 결국 현존재를 비롯한 존재자들 사이의 관계를 외적 대립의 관점에서 고찰하게 만든다는 점을 확인해보았다. 다시 한번 강조하건대, 현존재의 실존적 구조에 대한 하이데거의 존재론적 언명들은 존재자들 사이의 관계가 외적 대립의 관점에서 고찰될 수 있음을 부정하는 것이 아니라 다만 그 외적 대립의 관계 속에서 알려지는 존재자의 존재를 단순한 눈앞에-있음과도 같이 고찰할 수 없음을 드러낼 뿐이다. 이는 실존이 자신의 존재로 환원될 수 없는 그 무엇의 밖에-혹은 곁에-있음으로서 규정된다는 점에서도 잘 드러난다. 그 무엇의 밖에-혹은 곁에-있음의 가능근거는, 전통 철학적 용어로 표현하자면, 존재자를 자신과 외적 대립의 관계 속에서 발견함이기 때문이다. 물론 감각 존재론의 관점에서 보면, 자신과 외적 대립의 관계 속에서 발견되는 존재자의 존재 자체가 현존재 자신에게서 일어나는 변화로서의 감각으로서 알려지는 것이기에, 이러한 외적 대립에 대한 의식은 그 존재론적 부정으로서의 존재의 근원적 전체성에 대한 의식과 더불어 형성될 수밖에 없다. 하이데거는 이러한 점에 주목하지 못했으며, 바로 그 때문에 진리를 봄 및 발견함에 의해 주도되는 존재의 전체성의 파편화에 의거한 것으로 규정할 수밖에 없었던 것이다.

필자의 소견으로는, 이러한 문제의 근원은 하이데거가 스스로 존재에 대한 순연하고도 근본적인 규정으로 제시한 초월 역시 시각적 봄으로서의 아이스테시스에 의해 정초된 것으로서 고찰한다는 점에서 발견된다. 간단히 말해, 하이데거에게 초월이란 초월로서의 존재로 규정된 한 존재자를 그 하나(임)에서, 그것이 형성하는 다른 것과의 외적 구분과 대립의 관계에서, 발견함을 뜻하는 말이다. 초월에 대한 이러한 규정은 그 자체로는 아무 문제가 없다. 초월이란 '경계를-넘어' 라는 형식규정을 지니는 것으로서 필연적으로 상이한 존재자들 사이의 외적 대립의 관계를 전제할 수밖에 없기 때문이다. 그러나 감각 존재론의 관점에서 보면 초월이란 이러한 외적 구분과 대립의 관계의 근원적 무근거성과 더불어 발견된다. 초월이란 본래 초월의 근원적 불가능성과 함께 자각된다는 뜻이다. 실은 바로 이 점을 간과한 것이 하이데거가 『존재와 시간』에서 현존재와 공동 현존재 및 여타 현존재가 세계 내부적으로 만나게 되는 존재자들 사이의 관계를 존재론적으로 해명해나가는 데 여러 어려움에 봉착하게 만든 근본 원인이다.

1) 초월, 각자성, 함께-있음

아마 하이데거의 실존론적·존재론적 초월 개념의 기원은 그가 교수자격 논문의 주제로 다룬 둔스 스코투스일 것이다. 『둔스 스코투스의 범주론 및 의미론』이라는 제목의 이 논문에서 하이데거는 스코투스가 '하나' 라는 단어를 두 가지로 구분한다는 점에 주목한다. "수로서의 하나"(Unum als Zahl)와 "초월적 하나"(Unum transcendens)의 구분이 그것이다. 수로서의 하나는 이런저런 존재자를 수적으로 헤아리는 데 사용되는 것으로서, 존재자에 대한 대상적 이해를 전제로 한다. 수로서의 하나가 지시하는 존재자는 각각의 존재자가 지니는 고유성과 단일성이 사상된 채 몰개성적 객체로서 추상화되어 있는 존재자이다. 결국 수적으로 헤아림에서 중요한 것은 다수성의 구성요소로서의 수적 하나(임)일 뿐 각각의 존재자가 지니는 고유성과 단일성은 고려되지 않는 것이다. 그러나 다수성의 구성요소로서의 수적 하나(임)은, 비록 그것이 각각의 존재자가 지니는 고유성과 그러한 고유성의 형식적 근거로서의 단일성이 사상된 것이기는 해도, 각각의 존재자를 단일자로서, 개별자로서, 이해함을 전제로 할 수밖에 없다. 물론 수적 하나(임)이 전제하는 단일성은 존재자의 고유성의 형식적 근거로서의 단일성과 같은 것이 아니다. 그것은 고유성의 근거로서의 단일성이 아니라 수량화될 수 있는 것으로서 이런저런 존재자들이, 각각의 존재자의 고유함을 가능하게 하는 질적 요소들 등에 대한 고려 없이, 다른 것과 외적으로 구분되어 있음을 지시할 뿐인 단일성이기 때문이다. 그럼에도 실은 이러한 단일성조차 존재자가 하나(임)을 그 필연적인 존재형식으로서 지니는 것으로서 발견됨에 근거 지어져 있다. 달리 말해, '하나'는 "한 대상적 존재의 무엇"이 아니라 "모든 대상들에게" 적용될 수 있는 "한 동일한 규정성"이다. 즉, '하나'는 본래 특정한 존재자의 존재자성으로서 규정될 수 없는, 그럼에도, 혹은, 바로 그러한 이유로, 모든 개별 존재자의 존재를 근원적으로 규정짓는, "어떤 동일한 규정성"이다. 바로 이러한 점에서 그것은 근원적으로 "초월적 하나"인 것이다.[3]

『존재와 시간』의 초월 개념에 대한 이해에서 가장 중요한 것은 그것이 각자성 내지 개별성의 근거로서 제시되었다는 점이다. 하이데거에 따르면 "현존재의 존재의 초월은, 그 안에 가장 급진적인 개별화(Individuation)의 가능성과 필연성이 놓여 있다는 점에서, 하나의 탁월한

3 M. Heidegger, *Die Kategorien- und Bedeutungslehre des Duns Scotus*, in: ders., *Frühe Schriften* (Gesamtausgabe Bd. 1), Frankfurt a. M. 1978, 224. 다음 역시 참조: 한상연, 「종교와 실존: 하이데거의 둔스 스코투스 및 슐라이어마허 연구」, 『하이데거 연구』(현 『현대유럽철학연구』, 2006년 봄호), 209 이하.

초월이다."[4] 현존재의 존재의 초월이란 대체 무엇을 뜻하는 말일까? 왜 현존재의 존재의 초월 안에 가장 급진적인 개별화의 가능성과 필연성이 놓여 있는가? 이러한 물음에 대한 대답은 필자가 앞에서 지적한 것처럼 하이데거가 초월을 시각적 봄으로서의 아이스테시스에 의해 정초된 것으로서 고찰한다는 점에서 찾을 수 있다. 예컨대 하이데거는 "눈앞의 것의 주제화가, 즉 자연에 대한 학문적[과학적] 기획투사가, 가능해지려면 **현존재**가 주제화된 존재자를 **초월해야 한다**"[5]고 말한다. 달리 말해, 초월은 존재자를 눈앞에 있음으로 주제화함의, 객체화의, 근거이다. "초월이 객체화에서 성립되는 것이 아니고 도리어 후자가 전자를 전제한다"[6]는 뜻이다. 객체화가 초월을 전제한다는 것은 대체 무엇을 뜻할까? 그 대답을 우리는 둔스 스코투스의 초월범주로서의 하나 개념 및 그에 대한 하이데거의 해석에서 발견할 수 있다. 초월범주로서의 하나는 존재자가 존재자로서 발견되도록 하는 그 근거이다. 존재자는 오직 그 고유성과 단일성 가운데서만, 즉 초월적 하나(임)으로서만, 발견될 수 있다는 뜻이다. 존재자의 객체화가 초월을 전제한다는 하이데거의 말은 하나의 존재자가 객체적인 것으로서 해석되려면 그에 앞서 객체화될 존재자가 그 근원적이고 초월적인 하나(임)을 통해 여타 존재자들과 외적 대립의 관계를 형성하는 것으로서 발견되어야 함을 뜻한다.

교수자격 논문에서 하이데거는 "경험적 현실은" 개별적 존재자들로 이루어진 것으로서 "절대적 다양성"의 세계, 즉 어떤 동질적 매개체도 내포하고 있지 않은 질적 차이의 세계라고 지적한다. 여기서 경험적 현실이란 개별 존재자가 존재의 전체성과 가지는 존재론적 관계가 고

---

4 M. Heidegger, *Sein und Zeit*, Tübingen 1993, 38. 원문에서의 강조.

5 Ibid., 363. 원문에서의 강조.

6 Ibid.

려되지 않은 채 고유성과 단일성 가운데 알려지는 개별자들의 단순한 총체성으로서 파악된 현실을 뜻한다. 존재의 전체성과의 관계가 고려되지 않은 채 고유성과 단일성 가운데서만 알려지는 개별자들 사이의 관계는 물론 순연한 차이의 관계이고, 그런 한에서 절대적 다양성의 세계로 규정된 경험적 현실은 일종의 카오스일 수밖에 없다. 그렇기에 "경험적 현실이란, 그것이 절대적 다양성으로서 파악되는 한에 있어서, 결국 한계 개념이다."[7]

지금까지의 논의를 요약하면 다음과 같다. 첫째, 초월은 하이데거에게 존재자를 그 고유성과 단일성의 초월범주로서의 하나(임)에 대한 현존재의 발견을 지시하는 말이다. 둘째, 그런 점에서 초월은 하나의 존재자를 그 밖의 다른 것과 구분되는, 달리 말해 외적 대립의 관계를 형성하는, 개별자로서 드러나게 함이다. 셋째, 그러므로 존재론적 초월의 관점에서 보면 각각의 존재자들은 서로서로 어떤 동질적 매개체도 전제하지 않는 순연한 차이의 관계를 이루고 있다. 넷째, 존재자의 눈앞에 있음 및 객체화의 근거는 바로 이 순연한 차이의 관계가 전제하는 존재자의 근원적 개별성을, 초월범주로서의 하나(임)을, 근원적 존재형식으로서 가짐이다. 다섯째, 앞선 네 개의 요점들은 모두 초월 개념에 대한 하이데거의 존재론적 논의가 존재자의 존재를 순연하게 감각적으로 받아들임으로서의 아이스테시스를 시각적 봄의 관점에서 고찰함을 그 암묵적 전제로서 지님을 드러낸다. 여섯째, 그렇기에 초월이란 하이데거에게 존재자가 여타 존재자들과 외적 대립의 관계를 형성하는 것으로서 발견되는 것임을 알린다.

하이데거의 존재론적 초월 개념이 지니는 이러한 특성을 알고 나면

---

7 M. Heidegger, *Die Kategorien- und Bedeutungslehre des Duns Scotus*, in: ders., *Frühe Schriften* (Gesamtausgabe Bd. 1), Frankfurt a. M. 1978, 254.

우리는 『존재와 시간』을 보다 분명하게 이해할 단초를 얻게 된다. 예컨대, 하이데거는 함께-있음이 현존재의 존재의 근본 규정성의 하나임을 지적하면서 다음과 같이 밝힌다: "함께-있음은 각각 고유한 현존재의 한 규정성이다. 함께-거기에-있음은 타자의 함께-있음을 특징짓는 바, 그것이 하나의 함께-있음을 위해 그 세계를 통해서 자유롭게 주어져 있는 한에서 그러하다. 고유한 현존재는 함께-있음의 본질구조를 가지는 한에서만 타자들을 위해 만나면서 함께-있음으로서 존재한다."[8] 교수자격 논문에서의 하이데거의 어법을 사용해보자면, '함께-있음이 각각 고유한 현존재의 한 규정성'이라는 존재론적 언명은 '현존재가 자신의 존재와 타자의 존재를 모두 그 초월적 하나(임)의 관점에서 발견함이 현존재의 존재규정으로서의 함께-있음의 가능근거이다'라는 것을 뜻한다. 고유한 현존재란 자신의 존재를 그 각자성 내지 개별성 가운데서 발견하는 현존재이고, 이러한 발견함의 가능근거는 자기-존재의 하나(임)이며, 공동 현존재 역시 오직 하나(임)으로 존재하는 하나의 자기로서 발견되는 한에서만 하나의 나로서, 즉 나와 같은 하나의 현존재로서, 받아들여질 수 있기 때문이다. '고유한 현존재가 함께-있음의 본질구조를 가진다'는 말은 현존재가 자기 존재 및 공동 현존재의 존재를 하나(임)의 근원적 규정을 가지는 것으로서, 즉 제각각 고유한 개별자로서의 존재규정을 가지는 것으로서, 발견한다는 점에서 현존재와 공동 현존재 사이의 관계가, 아직 눈앞에-있음이나 객체적 존재자로서 추상화되지 않은 한에서, 함께-있음의 본질구조 외에는 순연한 차이의 관계로서 파악되어야 함을 지시한다. 함께-있음의 본질구조 외에는, 혹은 더 정확하게 말해 함께-있음 및 그 존재론적 가능근거인 안에-있음 등의 현존재의 실존론적 존재구조 외에는,

---

8 M. Heidegger, *Sein und Zeit*, Tübingen 1993, 121.

현존재와 공동 현존재가 순연한 차이의 관계를 맺고 있는 것이기에 일상세계에서 일어나는 평균화에의 경향은 현존재와 공동 현존재 사이의 순연한 차이의 관계의 무화, 순연한 차이의 관계를 통해서만 본래적일 수 있는 함께-있음의 무화를 뜻한다. 이 말은 곧, 비록 함께-있음에 관한 『존재와 시간』의 언명들이 거의 일방적으로 일상적 현존재의 비본래성에 관한 것임에도 불구하고, 함께-있음이란 근원적으로 제각각 자신의 각자성을 자각하고 있는 본래적 현존재들 사이의 관계를 지시하는 용어라는 것을 뜻하기도 한다. 하이데거가 적절하게 지적한 것처럼 "손안에 있는, 주위세계적인, 도구연관에서 '만나는' (begegnenden) 타자들은 우선 단지 눈앞에-있는 [것일 뿐인] 사물에 덧붙여 생각된(추정된) 것이 아니라, 오히려 이러한 '사물들'이 타자들을 위해 있는 세계로부터 만나게 되는 바, 이 세계는 또한 처음부터 이미 언제나 나의 세계이다."[9] 타자란, 비록 주위세계적인 도구연관에서 만나게 되는 존재자이기는 해도, 손안에-있는 도구로서 발견되는 것이 아니라 도리어 도구적 존재자들인 이런저런 사물들이 그를 위해 있는, 세계 안에서 여타 존재자들과 공약 불가능한 각자성을 지닌, 하나의 현존재로서 발견되는 것이다. 함께-있음의 가능근거는 현존재와 공동 현존재가 서로를 그 각자성과 고유함, 개별성 가운데서 발견함이라는 뜻이다.

2) 초월의 가능근거로서의 감각과 초월의 근원적 의미로서의 내재로의 초월

초월의 가능근거는 무엇인가? 의식초월적 존재자의 존재를 자명한 것으로 받아들이는 자연적 의식태도의 관점에서 보면 이러한 질문은

---

9 Ibid., 118.

단순한 난센스처럼 들리기 쉽다. 현존재에게 현존재가 발견하는 모든 존재자들은 그 하나(임)에서 발견되는 것이고, 개별자로서 발견되는 것이며, 그런 한에서 이미 현존재의 존재의 영역을 넘어서 있는 것으로서 존재하고 있다. 이보다 더 단순하고 분명한 진실이 또 있을까? 인식론적으로 초월 내지 초월자의 발견의 가능근거가 무엇인지 묻는 것은 타당하다. 결국 발견이란 그 무엇을 발견할 수 있고 또 이해할 수 있는 특별한 존재자, 즉 현존재의 존재에 그 가능근거를 두고 있는 것이기 때문이다. 그러나 초월의 가능근거를 묻는 것은, 적어도 개별 존재자들의 존재 자체를 의심하지 않는 한에서는, 혹은 개별 존재자들의 존재 자체는 의심스러운 것으로 여겨진다고 하더라도 코기토로서의 자기의 존재를 의심하지 않는 한에서는, 자명한 것을 자명하지 않은 것으로서 제시하려는 무의미한 시도일 뿐이다. 아무튼 코기토로서 존재하는 현존재에게 그가 발견하고 인식하는 모든 것은 그 자신의 존재에 대해 초월적인 것이며, 설령 개별적인 이런저런 것은 그 존재가 의심될 수 있다고 하더라도 그 가능근거로서의 어떤 존재(자)의 초월성이란 의심할 수 없는 것이다. 그렇지 않을까? 그러나 문제가 그렇게 단순한 것은 아니다. 한 존재자의 발견이 언제나—시각적 봄을 포괄하는—감각에 의거해 있는 것이라는 점에서, 감각에 의거해 발견되는 모든 존재자는 그 자체 감각적인 것의 통일성으로서 규정될 수 있는 것이라는 점에서, 그리고 감각이란 감각하는 존재자와 외적 대립의 관계를 이루고 있는 어떤 초월적 존재의 영역이 아니라 바로 감각하는 존재자의 존재 그 자체에게서 일어나는 것이라는 점에서, 현존재가 초월적인 것으로서 발견하는 어떤 존재자도 실은 초월적인 것으로서 존재하는 것이 아니라는 결론을 피하기 어려운 것이다.

아마 이러한 점을 현상학적 존재론의 확립을 위해 가장 적극적으로 적용한 사상가는 바로 장 폴 사르트르일 것이다. 제4장에서 살펴본 것처럼 사르트르는 『존재와 무』를 다음과 같이 물으며 시작한다: "근현대 사유는 실존하는 것을 그것이 명백하게 드러나도록 하는 현상들의 배열로 환원시키면서 주목할 만한 진전을 이루었다. 사람들은 이를 통해 철학을 당혹스럽게 했던 여러 가지 이원론을 철폐하고 그것을 현상 일원론으로 대체하기를 원했다. 그것은 이루어졌는가?"[10] 여기서 '실존하는 것을 현상들의 배열로 환원시킴'이란, 감각(함)이 실존하는 것으로서 파악된 현상들의 가능근거라는 점에서, 우리에게 실존하는 것으로서 알려지는 모든 존재자들은 감각적 현상들로서 거기 있는 것이라는 것 외에 다른 아무것도 뜻하지 않는다. 사르트르의 현상학적 존재론이 지향하는 현상 일원론이란 바로 이러한 점에서 의식초월적으로 존재하는 어떤 초월적 존재자의 관념을 일종의 철학적 망념으로 규정함을 전제로 하는 것이다.

초월 등의 개념에 대한 사르트르의 관점에 관해서는 이미 제4장에서 다루었으므로 다시 반복할 필요는 없을 것이다. 우선 초월이란, 그것이 일종의 의식초월과도 같은 것을 뜻하는 한에서는, 현상학적으로 무근거한 것이라는 점만 분명히 해두자. 그럼 우리는 다시, 초월의 발견의 근거로서의 감각을 도외시하는 경우 제기되지 않을, 난감한 문제에 봉착하게 된다. 현존재의 존재에게서 일어나는 감각을 근거로 삼아 존재자를 그 하나(임)에서, 현존재 자신과 외적 대립의 관계를 형성하는 그 개별성에서, 초월자로서, 발견하게 됨의 가능근거는 무엇인가? 해명의 단초를 하이데거처럼 시각적 봄에서 찾는 경우 존재자를 초월자로서 발견하게 됨의 근거는 시각적 의미의 아이스테시스, 즉 그 무엇을 순연하게 감각적으로 받아들임이다. 그런데 이 경우 우리는 현존재가 순연하게 감각적으로 받아들일 그 무엇으로서의 존재자는 어떻

---

10 J.-P. Sartre, *L'être et le néant*, Paris 1988, 11.

게 그렇게 감각적으로 받아들여질 것으로서 거기 있게 되었는가, 라는 물음을 피할 수 없게 된다. 그것은 현존재와 독립적인 존재자로서 현존재가 발견하기 이전부터 그냥 거기 있었는가? 그렇다고 대답하는 경우 하이데거의 철학은 현상학적 존재론으로서의 성격을 잃어버리고 전통적인 실재론으로 전락해버리고 만다. 그리고 그것은, 존재론적으로 존재 물음의 해명이 무엇보다도 우선 현존재의 존재에 대한 해명을 요구한다는 점에서, 하이데거가 수용할 수 있는 대답이 아니다. 하이데거는 "실재론에 비해 관념론은 [···] 일종의 원칙적 우위를 가지고 있다"고 말한다. 그 까닭은 "존재와 실재성은 오직 '의식 안에' 만 있을 뿐이라고 관념론이 강조할 때, 존재는 존재자에 의해서 설명될 수는 없다는 데 대한 이해가 표현되고 있다"는 점에 있다. 이 말은 곧, 존재론적으로 존재자가 '의식 안' 의 것으로서 규정될 수 없다는 점에서, 의식과 다른 층위에서 현존재의 존재를 해명해야만 존재자의 존재근거를 밝힐 수 있다는 것을 뜻한다. 달리 말해, 하이데거의 관점에서 보면, 존재자의 존재는 오직 현존재의 존재에 의거해서만 발견될 수 있는 것이지만, 존재자의 존재의 발견을 가능하게 하는 현존재의 존재를 일종의 표상적 의식내용물로서 존재자를 자기 안에 가지는 의식의 관점에서 고찰하는 경우 "관념론"의 오류, 즉 "실재성의 해석을 허공에 세우는" 오류를 저지르게 된다는 것이다.[11]

그렇다면 존재론적으로 존재자의 존재가 어떻게 초월일 수 있는지 해명하기 위해서는 우선 두 가지 점에 유의해야 하는 셈이다. 첫째, 존재자의 존재를 현존재의 존재와 무관하게 독립적으로 실재하는 것으로서 이해해서는 안 된다. 둘째, 존재자의 존재의 가능근거인 현존재의 존재를 자신의 내용물로서 존재자의 존재를 지니는 의식의 관점에

11 M. Heidegger, *Sein und Zeit*, Tübingen 1993, 207.

서 고찰해서는 안 된다. 전통 철학적 관점에서 보면 이 두 가지 전제는 서로 모순되는 것처럼 보이기 쉽다. 감각이 현상의 근거인 한에서 현상이란 실재적 존재자일 수 없고, 바로 그런 점에서 존재자의 존재는 현존재의 존재와 무관한 것일 수 없다. 그런데 감각을 그 근거로서 지니는 현상은 결국 의식에 내재하는 것으로서 파악되어야 하지 않을까? 의식초월적인 존재자의 실재성을 인정하지 않는 한에서 이러한 결론을 피하기는 어려운 것 아닌가? 이러한 문제를 풀기 위해서는 통념적 의미의 의식과 현상학적 의식, 즉 체험연관의 부단한 흐름으로서 의식하는 의식으로 환원될 수 없는 존재의 전체성의 표현으로서의 의식이 구분되어야 한다.

우선 의식하는 의식이란 표상이나 기억 이미지 같이 통념적으로 의식내용으로 판단될 그러한 존재자 현상에 대해서도 외적 대립의 관계를 형성하는 것임을 분명히 해두자. 마당에 핀 꽃을 방안에서 떠올릴 때 내가 보는 꽃은 실재하는 꽃이 아니라 기억 이미지이고, 그런 한에서 의식 '안'에 있는 것이지만, 그럼에도 의식하는 의식으로서의 기억하는 나와 외적 대립의 관계를 형성하며 기억되고 보인다. 의식하는 의식은 실재하는 것으로서 상정된 의식초월적 존재자와의 관계에서뿐 아니라 표상되거나 기억된 의식내재적 현상과의 관계에서도 자신이 의식하는 모든 것을 자기-아님으로서 정립하는 의식이라는 뜻이다. 물론 의식을 의식초월적으로 존재하는 존재자와 모순관계에 있는 모든 것을 지칭하는 말로 이해하는 한에서 표상되거나 기억된 의식내재적 현상은, 비록 의식하는 의식은 그것과 외적 대립의 관계를 형성하지만, 의식이 아니라고 말할 수 없다. 통념적 의미의 의식이란, 그것이 의식내재적 대상들을 포함하는 의미로 사용되는 경우, 의식하는 의식 이상인 어떤 것이라는 뜻이다. 한마디로, 의식하는 의식은 의식초월적 존재자뿐 아니라 의식내재적 현상 역시 일종의 초월(자)로서 정립한다. 우리가 의식내재적 현상과 실재적 대상을 구분할 수 있는 것은 의식내재적 현상이 초월로서의 성격을 지니지 않기 때문이 아니라 실은 의식내재적 현상을 초월자로서 정립하면서 동시에 의식하는 의식으로서의 나의 초월의 운동이 의식 밖의 세계가 아니라 세계와 외적 대립의 관계를 형성하고 있는 의식의 고유한 영역 안을 향하고 있다는 것을 자각하고 있기 때문이다.

이제 이러한 성찰을 바탕으로 의식하는 의식과 감각의 관계에 관해 생각해보자. 감각이란 본래 현존재의 자기에게서 일어나는 변화 외에 다른 아무것도 아니다. 따라서 감각을 그 존재근거로서 둔 모든 존재자 현상은 본래 현존재가 자기에게서 일어난 변화에 주목함으로써 발견되는 셈이다. 한마디로, 존재자 현상 자체가 현존재의 자기에게서 일어난 변화로서 나타나는 것이다. 현존재가 존재자를 보면서 그것을 초월(자)로서 발견하고 해석함은 그 존재자 자체가 자기에게서 일어난 변화로서 자신의 존재와 불가분의 관계에 있음을, 실은 감각하고 보는 순간의 자기의 존재의 구성적 요소의 하나임을, 망각함에 그 근거를 두고 있다. 이러한 현상학적 진실을 이해하기 위해서는 현존재의 존재를 고립된 사물의 존재와도 같이 해석하는 통념적 사고방식의 한계가 먼저 분명해져야 한다. 현존재는, 그 무엇을 의식하며 존재하는 한에서, 의식할 거리가 주어져 있는 한에서만 존재한다. 그렇다면 현존재의 의식할 거리는 어떻게 주어지는가? 그것은 물론 현존재의 자기에게서 일어난 변화, 즉 감각을 통해서이다. 현존재는 자신이 그때마다 발견하는 이런저런 존재자들과 무관하게 독립적으로 존재하는 존재자가 아니라 실은 오직 그때마다 이런저런 존재자들이 발견될 것으로서 주어져 있는 한에서만 존재한다. 현존재가 발견하는 이런저런 존재자들만이 현상적인 것으로서 감각에 그 근거를 두고 있는 것이 아니라 실은 현존재의 존재 자체가 오직 감각에 의해 일깨워진 의식과 더불어서만, 일깨워진 의식으로서 그 일깨움을 가능하게 한 감각에 의해 자기에게서 일어난 변화로서 나타나는 그때마다의 존재자 현상과의 관계 속에서만, 가능한 것이다. 따라서 현존재가 그때마다 초월(자)로서 발견하는 존재(자)는, 비록 초월(자)인 한에서 현존재와 외적 대립의 관계를 형성하는 것으로서 발견되는 것이기는 해도, 실은 그것을 발견하는, 즉 전통 철학적으로 말해 그것을 의식하는, 현존재와 함께 현존재의 전체성을 구성한다. 발견하는 현존재, 하나의 존재자가 발견되도록 초월적 하나(임)으로서의 존재자를 정립하고, 그렇게 정립된 존재자와 지향적 관계를 맺으며, 초월의 운동 속에 머무는 그러한 현존재는 자기 존재의 근원적 전체성을 분열시키고 파편화하는 존재자로서 이미 자기 존재의 근원적이고도 실존적인 구조에 대한 망각 속에 빠져 있는 것이다.

아마 예민한 정신의 소유자라면 '현존재의 자기에게서 일어나는 변화' 라는 표현이 '현존재의 존재에게서 일어나는 변화' 라는 표현으로 대체될 수 있는 것은 아닌지 궁금해할지도 모르겠다. 감각이란 언제나 자기에게서 일어나는 변화이다. 감각이란 현존재 자신에 의해 자기에게서 일어나는 변화로서 자각되는 것이기 때문이다. 그러나 감각의 순간은 현존재가 자기에게서 일어나는 변화를 자각하며 동시에 그 변화 자체를 자신과 외적 대립의 관계에 있는 것으로서 정립하는 순간이다. 그것은 깨어 있는 의식, 의식하며 존재하는 의식이 그 자신이 의식하는 모든 것과의 관계 속에서 외적 대립의 관계를 형성하기 마련이라는 자명한 진실의 필연적 귀결이다. 즉, 감각이란, 앞에서 살펴본 것처럼, 현존재의 존재의 전체성이 자체 안에서 자기와 자기-아님으로 분화되는 순간이다. 만약 자기를 이러한 분화를 통해 파편화된 자기를 뜻하는 말로 이해하는 경우 감각 및 감각에 그 근거를 둔 모든 존재자 현상은 '현존재의 자기에게서 일어나는 변화' 라고 말하는 것보다 '현존재의 존재에게서 일어나는 변화' 라는 말하는 것이 존재론적으로 더 적절할 것이다. 현존재의 존재는 파편화된 자기의 존재가 아니라 그러한 자기가 그때마다 자기-아님으로서 정립하는 모든 존재자들의 존재를 함께 아우르는 것이기 때문이다. 한마디로, 현존재의 존재란 존재론적으로 존재의 전체성이 그때마다 그 자신을 개별화되는 방식으로 이루어지는 부단한 초월에의 운동, 그때마다 초월(자)를 발견하고 또 그렇게 발견된 초월(자)로서의 존재(자)와 지향적 관계를 맺는 현존재의 자기와 그러한 자기의 근원적 구성요소로서의 존재자가 분화하며 동시에 하나의 전체를 이루는 존재의 운동을 뜻한다.

이러한 존재의 운동으로서의 현존재의 존재는 무엇을 향해 있는가? 언제나 자신의 존재 자체를 향해 있다. 현존재의 자기가 그때마다 지향해온 모든 것이, 지금 지향하고 있고 또 장차 지향하게 될 모든 것이, 자기에게서 일어난 변화로서의 감각에 그 근거를 두고 있기 때문이다. 이는 곧 현존재의 초월은 언제나 내재로의 초월이라는 것을 뜻한다. 물론 여기서의 내재는 어떤 밖을 전제하는 그러한 '안' 에 있음을 뜻하지 않는다. 현존재의 존재 자체가 그 근원적인 의미에서는 어떤 고립된 존재자의 존재가 아니라 존재의 전체성의 개별화된 표현이기 때문이다. 자신과 외적 대립의 관계를 이루는 한 존재자를 향해 있는 한에서 현존재는 자기의 근원적 존재로부터 파편화된 의식으로서 자신을 이해하는 셈이다. 그러나 현존재는 본래 자신과 외적 대립의 관계를 이루고 있는 것으로서 발견되는 바로 그러한 존재자와의 관계 속에서 그때마다 새롭게 존재하게 되는 무상한 존재자일 뿐이다. 왜 현존재는 그때마다 새롭게 존재하게 되는가? 현존재의 존재의 가능근거인 감각 자체가 무상한 흐름과도 같기 때문이다. 감각의 무상한 흐름 위에서 현존재는 자신의 존재의 근원적 구성요소인 존재(자)를 초월(자)로서 발견하면서, 초월이란 본래 자신의 존재의 근원적 전체성을 향한 운동, 즉 내재로의 초월로서만 가능함을 망각하고 있다.

필자는 하이데거의 존재론이 이러한 망각의 극복을 위해 마련된 철학이라고 본다. 그러나 역설적이게도 실은 하이데거의 존재론 자체가 이러한 망각의 토대 위에 서 있다. 그렇기에 하이데거는 감각을 현존재의 자기에게서 일어나는 변화로서, 즉 그때마다 현존재에게 현존재의 자기와 외적 대립의 관계를 형성하면서 동시에 이러한 대립관계의 근원적 불가능성을 일깨우는 그러한 존재운동의 순간으로서, 이해하지 못하고, 존재자들 간의 외적 대립의 관계를 전제하는 시각적 봄의 관점에서 고찰하는 것이다. 이 말은, 하이데거의 존재론은 오직 감각을 현존재의 자기에게서 일어나는 변화로서 고찰하는 그러한 종류의 감각 존재론을 통해서만 완성될 수 있다는 뜻이기도 하다. 오직 감각 존재론을 통해서만 초월이 왜 내재로의 운동인지, 현존재의 존재가 왜 존재의 전체성의 개별화된 표현으로서 그때마다 존재하는 그러한 존재자의 존재로서 이해되어야 하는지, 왜 존재론은 전통 철학적 실재론을 거부하면서도 동시에 실재성을 '의식 안'의 존재로 이해하는 관념론적 공허에 빠지지 않을 수 있는지, 온전히 해명할 수 있기 때문이다. 이러한 해명은 존재론적 윤리의 근본 토대를 밝히는 작업이기도 하다. 현존재의 자기에게서 일어나는 변화로서의 감각에 대한 존재론적 이해가 드러내는 초월의 근본 규정, 즉 초월이란 어떤 밖도 전제하지 않는 그러한 안으로의 운동을 뜻할 뿐이라는 존재론적 진실이 존재론적 윤리의 정초를 가능하게 하는 그 근원적 근거라는 뜻이다.

2. 내재로의 초월이 지시하는 존재시간성과 윤리

필자의 소견으로는, 『존재와 시간』 서론에서 존재시간성이라고 명명된 그러한 개념에 대한 해명은 하이데거에 의해 온전히 수행된 적이 없다. 그 까닭은 하이데거가 감각을 자기에게서 일어나는 변화로서 규정하기보다 일방적으로 시각적 봄을 중심으로 이해하려 했기 때문이다. 앞에서 살펴본 것 같이, 보고 발견하고 이해하는 현존재의 자기는 그 자신의 존재의 근원적 전체성을 망각하고 있으며, 그런 한에서 언제나 이미 파편화된 자기이다. 이러한 존재론적 진실에 대한 수미일관한 이해의 결여가 존재시간성 개념에 대한 올바른 해명을 불가능하게 한 것이다.

하이데거에 따르면 존재시간성이란 존재의 근원적 의미를 시간적으로 규정함을 뜻하는 말이다. "존재와 그 성격 그리고 그 양태의 근원적인 의미를 시간에서부터 근원적으로 규정한 것"이 "존재시간적인 규정"이고, 그 때문에 "존재 그 자체를 해석해야 하는 기초적 존재론의 과제는 자체 안에 존재의 존재시간성을 산출하는 일도 포괄하고 있다"[12]는 것이다. 그렇다면 존재와 그 성격 그리고 그 양태의 근원적인 의미에 대한 시간적 규정으로서의 존재시간성에 대한 이해를 가능하게 하는 근거는 무엇인가? 그것은 물론 현존재의 존재로서의 시간성이다. 존재란 존재론적으로 존재이해와 더불어 존재하는 그러한 존재자로서의 현존재의 이해 속에서만 있는 것이기 때문이다. 그렇다면 현존재의 존재로서의 시간성이 그것과 구분되는 또 다른 시간성으로서의 존재시간성의 존재론적 근거가 됨은 어떻게 설명될 수 있는가? 그것은 혹시 현존재가 자기의 존재로서의 시간성을 존재자에게 객체적으로 투영함의 결과인 것인가? 이러한 설명은 그 단초에서부터 오류를 범하고 있다. 현존재에게 존재자는 존재자 일반과도 같은 것이 아니라 그때마다 한 존재자로 발견되는 것이고, 구체적 상황과의 연관

12 Ibid., 19.

속에서 알려지는 것이다. 즉, 존재자는 언제나 이미 그 자체 시간적인 것으로서 현존재에게 보이고 발견될 뿐이다. 이미 발견된 존재자에게 현존재가 자신의 존재로서의 시간성을 객체적으로 투영함으로써 비로소 그것이 시간성을 띠게 되는 것이 아니라 언제나 이미 시간적인 것으로서만, 즉 자체의 시간성을 가지는 것으로서만, 존재자는 발견될 수 있다는 뜻이다.

존재시간성의 가능근거에 대한 물음을 해명할 단초는 현존재가 그때마다 발견하고 이해하는 존재자가, 비록 그것이 현존재에게 자신과 외적 대립의 관계를 이루는 것으로서 의식된다고 하더라도, 실은 현존재의 존재 자체를 그때마다 가능하게 하는 그 근원적 요소라는 점에서 발견할 수 있다. 현존재의 자기와 현존재가 자기-아님으로서 정립하는 그러한 존재자의 분화를 가능하게 하는 것은 결국 현존재가 자기에게서 일어나는 변화로서 자각하는 감각이다. 감각 자체가 일종의 무상한 흐름으로서 자각되는 것이기에 감각에 의해 자신의 존재의 분화를 겪게 되는 현존재는 자신의 존재뿐 아니라 자신이 보고 발견하고 이해하며 자신과 외적 대립의 관계를 형성하는 것으로서 오인하는 존재자의 존재 역시 그 근원적 시간성 가운데서 인지하게 된다. 현존재의 존재로서의 시간성과 존재 자체 및 그 성격 그리고 그 양태의 근원적인 의미규정으로서의 존재시간성은 모두 절대적으로 내재적인 감각의 평면 위에서 감각의 근원적 무상성에 대한 파편화된 반영으로서 나타나는 시간성이라는 뜻이다.

1) 시간성 및 존재시간성을 부정할 존재기획으로서의 현존재의 존재인 내재로의 초월

현존재의 존재로서의 시간성과 존재시간성이 모두 감각의 근원적 무상성에 대한 파편화된 반영이라는 것을 이해하고 나면 우리는 규범적 일상성이 지니는 근원적 역설과 모순을 발견할 수 있다. 규범적 일상성이란 결국, 규범이 단죄하는 현존재와 단죄받는 현존재의 외적 대립을 전제하는 한에서, 현존재의 존재의 근원적 전체성의 파편화에 근거를 두고 있는 것인 셈이다. 심판하고 단죄하는 현존재에게서 발견되는 현존재의 자기와 심판받고 단죄받는 공동 현존재의 자기가 모두 자기 존재의 근원적 전체성에 대한 망각의 산물이기 때문이다.

어쩌면 독자들 가운데서는 공동 현존재란, 그것이 전통 철학적으로 자신의 고유한 의식을 지니는 일종의 주체를 뜻하는 용어라는 점에서, 존재가 자기에게서 일어나는 변화로서의 감각에 앞서 언제나 이미 초월적인 것으로서 존재해온 그러한 존재자의 존재로서 파악되어야 함을 알리는 그 근거라고 여기는 이가 있을지도 모르겠다. 의식이 없는 사물의 경우, 그 존재가 언제나 감각을 매개로 해서 알려지는 것이라는 점에서, 자기에게서 일어나는 변화로서의 감각과 같은 것이라고 볼 수 있을지도 모른다. 그러나 공동 현존재의 의식 내지 정신이란, 그것이 감각을 통해 직접적으로 주어지는 것이 아니라는 점에서, 그리고 그것이 나의 의식의 시간성 및 역사성과 구분되는 그 자체 고유한 시간성과 역사성을 지니는 그러한 것으로서 발견되는 것이라는 점에서, 이미 발견하고 이해하는 현존재의 존재와 무관한 일종의 자체-초월로서 규정되어야 하는 것이 아닐까? 그러나 이러한 의문은 현존재의 존재가 존재의 전체성의 개별화된 표현이라는 말을 현존재가 전체로서의 존재를 산출해내는 창조적 주체라는 말로 오인하기에 제기되는 것이다. 존재의 전체성의 개별화된 표현으로서 현존재는 주체도 아니고 형이상학적 절대자도 아니다. 그가 어떤 밖도 전제하지 않는, 절대적으로 내재적인, 감각의 평면 위에 머물고 있음은 그가 주체나 형이상학적 절대자로서 존재함을 드러내는 것이 아니라 실은 고립된 주체로서의 자기의 사념이나 행위에 의해 근거 지어질 수 없는, 감각(함)의 사건에 의해 체험의 순간마다 그때그때 현존하게 되는, 근원적으로 무상한 존재자임을 드러낼 뿐이다. 현존재 자신을 포함해 감각(함)의 사건에 의해 그때마다 존재하는 것으로서 발견되는 모든 존재자는, 감각 자체와 마찬가지로, 근원적으로 무상한 존재자로서 성격 규정되어야 하는 것이다.

앞에서 우리는 초월이란 존재론적으로 늘 내재로의 초월이라는 것을 확인했다. 이 점은 규범적 일상성에 의거해 일어나는 모든 심판의 행위에서도 동일하게 적용된다. 자신이 약 이천 년 전의 유대인으로서 간음한 여인을 둘러싼 군중들 속에 있다고 상상해보자. 공동 현존재의 존재는, 존재가 순연하게 초월이라는 존재론적 규정에 따라, 초월로서의 존재이며, 이는 공동 현존재가 현존재와 실존적 관계를 맺고 있음과 현존재에게 고유한 개별자로서, 초월적 하나(임)으로서, 발견됨을 뜻한다. 공동 현존재를 단죄받을 죄인으로 심판함은, 예컨대 한 여인을 간음한 자로, 돌로 쳐 죽여 마땅한 죄인으로, 심판함은, 대개 이미 초월(자)로서 정립된 공동 현존재에게 그 죄인 됨이 추가로 덧입혀지는 방식으로 이루어진다. 결국 공동 현존재는 대개 단죄받을 심판으로서가 아니라 아직 죄인이 아닌 자로서 거기 있는 것이다. 물론 경우에 따라서는 사전에 죄인이라는 사실을 먼저 알게 된 후 해당되는 공동 현존재를 만나게 될 수도 있다. 이 때 공동 현존재는 우선 죄인이 아닌 공동 현존재로서 발견된 뒤 추후로 죄인으로서 심판되는 것이 아니라 이미 죄인으로서 심판된 뒤 발견되는 셈이다. 어떤 경우든 공동 현존재에 대한 심판은 눈앞의 존재자나 손안의 존재자에게서 직접적으로 발견할 수 있는 감각적 요소와 같은 것에 근거를 둔 것은 아니다. 장미를 붉은 꽃으로 판단함은 눈앞의 존재자로서의 꽃, 혹은, 꽃을 장식품이나 돈 받고 팔 상품으로 간주하는 경우, 손안의 존재자로서의 장미에게서 직접 발견할 수 있는 그 감각적 요소이다. 이와 달리 공동 현존재의 죄인 됨은 순연하게 감각적으로 직접 알려질 수 있는 것이 아니다. 그렇다면 한 죄인으로서의 공동 현존재의 초월은, 그의 죄인 됨이 감각을 통해 직접 순연하게 감각적으로 발견되는 것이 아니라는 바로 그러한 이유로, 순연한 내재로의 초월로서 규정될 수 없는 것이 아닐까? 이러한 물음은 보다 일반화된 형태로 표현될 수도 있다. 존재자의 사물성, 도구성, 가치성 등 우리는 존재자에게서 감각을 통해 직접 순연하게 감각적으로 발견되는 것이 아닌 이런저런 의미들을 발견한다. 이러한 의미들은 존재자가 현존재의 존재와 별개의 존재영역을 구성하고 있는 그러한 방식으로 초월자라는 것을 지시하지 않을까? 이러한 물음을 올바로 해명하기 위해서는 우선 사물성, 도구성, 가치성 등은 모두 현존재가 존재자에게서 그때마다 발견하는 이런저런 구체적 의미들을 추상화함으로써 얻어진 관념들이라는 점을 분명히 해야 한다. 나는 존재자의 사물성을 발견하는 것이 아니라 돌의 돌-성, 나무의 나무-성, 꽃의 꽃-성 등을 발견하며, 이러한 각각의 —성을 사물성으로서 추상화하는 근거는 발견된 존재자의 고유한 개별성, 즉 초월적 하나(임)이다. 결국 고유한 개별자만이, 초월적 하나(임)을 자신의 근원적 존재규정으로서 지니는 그러한 존재자만이, 자체의 고유한—성을 가지는 사물로서 개념 파악될 수 있는 것이다. 그렇다면 그러한—성 자체의, 즉 사물성으로서 추상화된 그러한—성이 아니라 그때마다 현존재에게 발견되는 이런저런—성의 근원적 근거는 무엇인가? 그것은 바로 감각이다. 오직 감각적인 것으로 알려진 것만이 그 자신의 감각성을 근거로 삼아 이런저런—성의 담지자로 자신을 드러낼 수 있기 때문이다.

공동 현존재의 죄인 됨, 혹은, 그 죄인-성은 감각과 대체 어떠한 관계에 있는가? 여기서도 우선 죄인-성은 추상적 관념일 뿐이라는 점을 분명히 해야 한다. 즉, 실제적으로 현존재가 발견하는 것은 살인, 강도, 도둑질, 간음 등등 공동 현존재가 이미 저질렀거나 장차 저지를 구체적이고도 개별적인 행위이고, 이러한 개별 행위에 대한 이해와 해석이 한 공동 현존재를 그 죄인-성이라는 추상적이고 일반적인 규정을 통해 발견하게 할 근거이다. 그렇다면 이런저런 개별적 행위는 왜 심판과 단죄의 대상으로서 구분되는가? 그 근원적 근거는 자기에게서 이미 일어났거나 장차 일어나게 될 부정적 변화로서의 감각이다. 이미 같거나 비슷한 유형의 행위가 자신에게 일어나는 부정적 변화로서의 감각의 원인인 적이 있거나 장차 그러한 원인이 될 수 있으리라는 것이 전제가 되지 않으면 각각의 행위는 심판과 단죄의 대상으로서 구분될 수 없다는 뜻이다. 결국 감각(함)에의 기억과 예기가 공동 현존재를 심판하고 단죄할 대상으로 분류함의 근원적 근거라는 결론이 나온다. 그런데 역설적이게도 감각(함)에의 기억과 예기에 의해 근거 지어진 모든 심판과 단죄는, 욕망 및 의지와 무관한 우연한 사고에 대한 기억과 예기에 의해 근거지어진 것이 아닌 한에서, 언제나 이미 자신을 잠재적·현실적 죄인으로서 이해함을 전제하고 있다. 나에게 일어나는 부정적 변화로서의 감각의 원인이 되는 행위가 누군가에게는 긍정적 변화로서의 감각의 원인이 되는 행위가 되리라는 것에 대한 이해가 심판과 단죄의 근거인 바, 이러한 이해를 가능하게 하는 것은 하나의 행위가 나에게 일어나는 긍정적 변화로서의 감각의 원인이 되도록 하려는 그러한 존재기획으로서 내가 이미 존재해왔거나 장차 존재할 수 있다는 것에 대한 기억과 예기이기 때문이다.

한 여인을 간음한 죄인으로서 심판하고 단죄하는 경우에 대해 생각해보자. 그녀가 간음한 사람임을 나는 어떻게 알게 될까? 물론 성적 욕망과 의지, 그리고 그 욕망의 충족을 통해 경험한 쾌락, 즉 자기에게서 일어나는 긍정적 변화로서의 감각에의 기억과 예기를 통해서이다. 그렇다면 간음으로 규정된 성관계가 금지되어야 하는 것임을 나는 어떻게 알게 될까? 물론 그러한 성관계가 하나의 행위로서 나나 그 밖의 누군가에게 야기하는 고통, 즉 자기에게서 일어나는 부정적 변화로서의 감각에 대한 기억과 예기를 통해서이다. 한 여인을 간음한 사람으로서 알게 하는 그 근거인 쾌락에의 기억과 예기는, 쾌락이 순연한 감각의 층위에서는 자기에게서 일어나는 긍정적 변화로서의 감각이라는 점에서, 나 역시 잠재적이거나 현실적으로 그 쾌락을 추구하는 존재자로서 여기 있음을 알린다. 간음으로 규정된 성관계가 금지되어야 하는 것을 알게 하는 고통에의 기억과 예기는, 고통이 순연한 감각의 층위에서는 자기에게서 일어나는 부정적 변화로서의 감각이라는 점에서, 나 역시 잠재적이거나 현실적으로 그 고통을 회피하는 존재자로서 여기 있음을 알린다. 그렇다면 내가 죄인으로서 심판하고 단죄하려는 공동현존재는 실은 나의 존재의 거울로서 거기 있는 셈이다. 그는 결국 나와 동일한 존재기획으로서 존재하는 존재자이다. 그가 지향하고자 하는 것이 바로 내가 지향하고자 하는 것이고, 그가 회피하고자 하는 것이 바로 내가 회피하고자 하는 것이다. 다만 그와 나 사이에는 회피하고자 하는 것이 불러일으키는 두려움과 불안이 지향하고자 하는 것이 불러일으키는 욕망과 의지보다 더 큰가 작은가의 차이가 있을 뿐이다.

물론 소위 도덕적 인격의 차이에 대해 논할 수도 있다. 예컨대 간음한 여자에게는 도덕적 인격이 결여하거나 부족한 반면, 나에게는 도덕적 인격이, 적어도 큰 범죄에의 유혹에 지지 않을 만큼, 충분한 경우를 상정해볼 수 있다. 그러나 도덕적 인격이란 대체 무엇을 뜻하는 말인가? 공동 현존재를 향한 순연한 증오와 분노의 원인으로 작용하는 것은 어떠한 경우에도 참된 의미로 도덕적일 수 없다. 그것은 잘못을 저지른 자식을 향해 순연한 증오와 분노의 감정을 품는 부모가 도덕적일 수 없는 것과 같다. 잘못을 저지른 자식을 향한 순연한 증오와 분노의 감정은, 그것이 자식이 저지른 잘못에 대한 판단에 의해 야기된 것인 한에서, 결국 부모의 규범의식에 근거를 두고 있는 셈이다. 그러나 자식을 향해 순연한 증오와 분노의 감정을 품는 부모는 이미 부모로서 존재하기를 그친 존재자이며, 동시에 부모로서 자식을 심판할 권리를 상실해버린 존재자이다. 마찬가지로 공동 현존재에 대해 도덕의 이름으로 순연한 증오와 분노의 감정을 품는 현존재는 이미 도덕의 이름으로 공동 현존재를 단죄할 권리를 상실해버린 존재자이다. 이 말은, 적어도 존재론적으로는, 그러한 현존재의 비인격성을 비난해야 한다는 식의 뜻을 지니지 않는다. 그것은 다만 현존재와 공동 현존재 사이의 존재론적 관계에 관한 언명일 뿐이다. 오직 서로를 위해 마음 쓰는, 즉 서로 실존적 배려(Fürsorge)의 관계를 맺는 현존재들만이 서로에게 윤리적으로 이런저런 행위를 하거나 하지 말 것을 청유할 권리를 지닌다. 공동 현존재를 향한 순연한 증오와 분노의 감정은 그와 자기 사이에 맺어진 실존적 배려의 관계가 더 이상 존속하지 않음을 알린다. 결국, 통념적으로 표현하자면, 공동 현존재를 향한 순연한 증오와 분노의 감정은 윤리적·법적 심판을 단순한 복수와 분풀이로 바꾸어버림으로써 윤리적·법적 심판이 존재론적으로 무근거하고 부당한 것이 되게 하는 셈이다.

한 여인을 바라보고, 그녀를 간음한 죄인으로 심판하는 가운데 내가 느끼는 증오와 분노는 내가 나 자신의 존재를 그녀와 순연한 외적 관계를 형성하는 것으로서 파악함을 전제한다. 그리고 그런 한에서 그녀는 나에게 일종의 순연한 초월(자)로서 거기 있는 셈이다. 그녀가 나와 같은 한 인간이라는 사실, 그녀에게 나와 같은 살과 몸이 있다는 사실, 기쁨과 고통의 근원적 처소로서의 살과 몸을 지니는 자는 근원적으로 같은 것을 원하고 또 회피하려 하는 존재자라는 사실 등 그와 나 사이의 존재론적 동일성의 관계가 맺어져 있다는 사실은 모두 망각되어 있다. 나는 일상세계의 근원적 규정성으로서의 규범에 의해 잠식된 정신으로 여기 있을 뿐이고, 그러한 나에게 나의 자기는 죄인-아님으로서, 그리고 여인은 죄인으로서, 즉 그 논리적 모순관계 속에서 각각 파악된다. 그녀를 심판하고 부정하는 것은 동시에 잠재적 죄인으로서의 나 자신을 심판하고 부정하는 것과 같다. 결국 그녀와 내가 원하는 것이나 회피하고자 하는 것은 근원적으로 같기 때문이다.

결국 여인을 나와 순연하게 구분되어야 하는, 그리고 그런 점에서 나와 어떤 내적 연관성도 지니지 않은, 순연한 초월(자)로서 정립함은 실은 나 자신의 자기를 자신과 외적으로 구분되어야 하는 순연한 초월(자)로서 정립함과 같다. 즉, 심판의 순간이란, 심판하는 의식 자체는 심판의 대상을 순연한 타자로서 인식할지라도, 언제나 자신을 자기-아님으로서 부정하는 순간과 같다. 분명 그것은 하이데거가 본래적 현재라고 부르는 그러한 순간과도 같은 실존론적 구조를 지닌다. 내가 부정하는 것은 지금까지 있어온 나의 전체이며, 나 자신의 근원적 존재방식으로서의 현사실성이고, 그런 한에서 나는 나 자신을 부정하며 규범의 근거인 초시간성의 이념으로 도약하는 셈이다. 결국 초시간성의 이념을 자신의 존재의 근원적 표현으로 수용하는 존재자만이 일상적 현사실성으로서의 자기의 존재를 철저하게 자기-아님으로서 부정할 수 있기 때문이다. 그러나 실은 내가 자기-아님으로서 부정하는, 지금까지 있어온, 현사실적 자기는 부정하는 순간의 자기와 존재론적으로 동일하다. 나 자신의 근원적 존재방식으로서의 일상성이 규범성을 자신의 근원적 규정성으로서 지니기 때문이다. 결국 나는 언제나 이미 현사실적 자기를 자기-아님으로서 부정하는 그러한 존재자로서 존재해왔을 뿐이다. 그러므로 심판하며 나는 규범적 자기의 근원적 근거로서의 초시간성의 이념 및 그 이념에 의해 언제나 이미 부정당하며 존재해온 자신의 근원적 존재로서의 시간성이 편재해 있는 그러한 일상성 안으로, 자신의 존재 그 자체 안으로, 초월해나갈 뿐이다. 이러한 일상성은 어떠한 모습으로 있는가? 시간적인 모든 것들이 바로 자신의 시간성으로 인해 심판의 순간마다 공허의 어둠으로 고정되며 분화되는 그러한 절대적 안의 모습으로, 끝없이 공허의 어둠을 존재의 운동의 매 순간마다 남기는 그러한 방식으로, 일종의 카오스적 프랙탈 구조를 이루며, 존재를 끝없이 초시간성이라는 이름의 불가시적 망념을 향해 몰아세우는 불가항력적 운동의 중력장의 모습으로 있다.

'나는 심판한다, 그러므로 존재한다.' 이것이 규범적 일상성을 자신의 근원적 존재규정으로서 지니는 현존재의 근본 모토이다. 심판하며 나는 순간의 나, 지금까지 있어온 현사실적 나를 자기-아님으로서 부정하는 내가 된다. 그러나 심판하는 내가 부정하는 나는 과거의 나만이 아니다. 나는 실은 도래할 미래의 나 역시 자기-아님으로서 부정한다. 도래할 미래의 나 역시, 규범적 일상성을 근원적 존재규정으로서 지니는 현존재이기를, 초시간성의 이념에 시달리며 자신의 존재의 현사실성을 총체적이고 완전하게 부정해나갈 불합리한 존재기획으로서 존재하기를, 그칠 수 없기 때문이다. 결국 현존재의 근원적 존재기획의 하나는 심판이며, 이는 시간성을 자신의 근원적 존재규정으로서 지니는 존재자로서의 현존재에 의해 자신의 존재로서의 시간성 및 그 시간성에 근거해 알려지는 존재시간성이 모두 규범적 당위의 이름으로 존재할 정당성을 상실하도록 하는 방향으로 현존재가 존재할 수밖에 없음을 뜻한다. 현존재는 언제나 위기에 처해 있는 존재자이다. 또한 현존재는 그 자신의 근원적 위기로 인해 그가 세계내부적으로 만나는 모든 존재자 및 존재 자체를 위기에 처하도록 하는 존재자이다. 현존재는 언제나 이미 존재의 근원적 의미로서의 존재시간성을 부정할 존재기획으로서 존재하는, 그렇게 존재해왔으며 앞으로도 줄곧 그렇게 존재하게 될, 자가당착적 존재자이기 때문이다.

2) 감각이 자아내는 존재시간성의 근본 의미로서의 영원

존재론적 위기는 늘 구원의 가능성과 함께 주어져 있는 법이다. 현존재가 시간성 및 존재시간성을 부정할 존재기획으로서 존재함이 지시하는 현존재의 위기의 근원성은 절망의 이유가 아니라 도리어 희망의 이유로 파악되어야 한다는 뜻이다. 아니, 존재론적 위기에 관한 한에서, 절망이나 희망 같은 용어는 원래 부적절하다. 절망이나 희망은 위기의 극복할 수 없음 및 극복할 수 있음을 지시하는 말이다. 그러나 존재론적 위기는 극복할 수 없는 것으로서 주어져 있는 것도 아니고 극복할 수 있는 것으로서 주어져 있는 것도 아니다. 그것은 마치 현존재의 자기의 비본래성과 본래성이 모두 무화하거나 극복할 수 있는 것으로서가 아니라 현존재의 근원적 존재방식으로서의 의미를 지니는 것과 같다. 현존재는 결코 존재론적 위기로부터 벗어날 수 없다. 존재론적 위기의 근거가 현존재의 근원적 존재규정으로서의 규범적 일상성이기 때문이다. 그러나 동시에 현존재는 존재론적 위기로부터 벗어나 완전한 자유를 성취할 가능성을 자력에 의해서든 타력에 의해서든 결코 무화할 수 없다. 현존재의 존재기획 자체가 그 근원적 의미에서는 완전한 자유를 향한 존재기획, 자신의 근원적 존재규정으로서의 규범적 일상성으로부터 완전히 벗어나려는 존재론적 운동의 기획이기 때문이다.

그것은, 비유적으로 말하자면, 삶에의 맹목적 집착으로부터 벗어나려는 현자의 삶과도 같다. 살아 있는 동안 현자는 결코 삶에의 맹목적 집착으로부터 벗어날 수 없다. 삶이란 삶에의 맹목적 집착과 더불어 시작되는 것이고, 그 집착의 중단과 더불어 끝나는 것이기 때문이다. 그러나 현자는 삶에의 맹목적 집착으로부터 벗어날 가능성을 긍정하는 자 외에 다른 누구도 아니다. 까닭은 그가 살아 있는 동안 삶에의 맹목적 집착으로부터 완전히 벗어날 수 있다고 믿거나 삶에 대해 적대적인 태도를 지니고 있기 때문이 아니라 다만 삶에의 맹목적 집착으로부터 벗어나고자 하는 기획으로서만 삶이 긍정할 만한 것이 됨을 알고 있기 때문이다. 존재론적 위기란, 그것으로부터의 완전한 벗어남이 불가능에도 불구하고, 그것으로부터의 완전한 벗어남을 지향할 것을 현존재에게 촉구하는 것으로서 주어져 있다. 오직 위기로부터의 완전한 벗어남을 지향하는 현존재의 존재만이 긍정할 만한 것일 수 있기 때문이다.

존재론적 위기에 대한 이러한 언명은 결코 깨달음을 위해 논리적 비약을 감행할 것을 요구하는 어떤 잠언과도 같은 것으로 오인되어서는 안 된다. 그것은 다만 현존재의 실존론적 존재구조에 대한 존재론적 성찰의 표현일 뿐이다.

앞에서 살펴본 바와 같이 현존재의 존재는 탄생과 죽음 사이-존재이며, 그런 한에서 현존재의 존재로서의 시간성은 근원적으로 유한하다. 그러나 현존재의 존재로서의 시간성의 근원적 유한성은, 그것이 별도의 설명을 통해 시간적 유한성의 경계-넘음으로서의 초월적 시간성과 결합하지 않는 한에서는, 그 무엇을 순연하게 감각적으로 받아들임으로서의 아이스테시스를 시지각적 봄의 관점에서 이해하는 편향성을 지시할 뿐이다. 시지각적 봄의 관점에서 보면 모든 존재자는 그것과 그것 아님을 가르는 외적 경계와 공간적 거리를 통해 발견되는 것이다. 예컨대, 그 무엇을 한 송이 꽃으로 보고 이해함은 여기-이-꽃으로서의 한 존재자와 여기-이-꽃-아님으로서의 여타 존재자들의 구분을 전제하거나 수반한다. 마찬가지로 현존재의 자기이해 역시, 비록 타자의 몸을 보는 것처럼 직접 눈으로 보는 것은 아니라고 할지라도, 존재자에 대한 시지각적 체험과 이해가 그 근거가 되는 한에서는, 자기와 여타 존재자 사이의 구분을 전제하거나 수반한다. 이 점은 죽음의 선구성 및 현존재의 근본 기조로서의 불안에 대한 성찰에서도 마찬가지이다. 예컨대, 죽음의 가능성 앞에서 "그[현존재] 안에서는 다른 현존재와의 모든 연관들이 끊긴다"고 말할 때, 하이데거는 암묵적으로 현존재와 공동 현존재의 존재를 근원적으로 무연관적인 것으로서 파악하고 있는 것처럼 보인다. 그리고 이러한 전제는, 비록 일면적으로만 그러하기는 하지만, 존재론적으로 타당하다. 나와 공동 현존재 사이의 관계는 (일상)세계 안에서의 관계이고, 그런 한에서 나의 죽음은 공동 현존재와의 연관들, 더 나아가 세계 자체와의 연관들이 무화되는 사건일 수밖에 없다. 그러나 감각을 자기에게서 일어나는 변화라는 그 근원적 의미에서 이해하는 경우 나는 나의 존재를 탄생과 죽음 사이-존재로서만 받아들일 수 없다. 자기에게서 일어나는 변화로서의 감각에 의해 일깨워진 정신으로서의 현존재는 사이-존재로서의 자기를, 자신의 근원적 존재로서의 유한한 시간성을, 자신과 무연관적인 것으로서 탄생 이전과 죽음 이후를 배제하는 방식으로 받아들일 수 없기 때문이다.

탄생이란 대체 어떠한 순간을 뜻하는가? 탄생하는 것이 존재이해와 함께 존재하는 현존재인 한에서, 탄생은 존재론적으로 자기에게서 일어나는 변화로서의 감각에, 오직 이러한 감각에만, 응답하는 의식 내지 정신의 시원적 나타남이다. 의식 또는 정신이란 오직 의식할 거리와의 지향적 관계 속에서만 존속할 수 있는 바, 탄생의 순간이란 아직 어떤 사물적 존재자의 정립도 이루어지지 않은, 그리고 바로 그런 의미에서 순연하게 감각적인 것만이 의식할 거리로서 주어져 있는, 그러한 때이기 때문이다. 생물학적 의미의 탄생이 아니라 존재이해를 수행할 의식이 처음으로 일깨워지는 그러한 순간으로서의 탄생은 의식이 자신의 존재를 자신에게 의식할 거리로서 주어져 있는 것과 별개의 존재로서 받아들이는 순간이 아니다. 의식할 거리로서 주어져 있는 것이 자기에게서 일어나는 변화로서의 감각이기 때문이다. 최초로 자신을 일깨운 감각을 의식함은 의식하는 자기와 의식되는 자기, 자기에게서 일어나는 변화로서의, 그리고 그런 한에서 자신과 본래 외적 대립의 관계를 형성할 수 없는, 그러한 무상한 자기를 분화함이다. 물론 자기를 일깨운, 자기에게서 일어난 변화로서의 감각은, 의식하는 자기의 관점에서 보면, 자신의 존재로서의 시간성에 선행하는 어떤 무상한 흐름으로서의 시간성을 지시하는 것이다. 결국 감각이란 유한한 자기-존재의 시간성과 그러한 시간성에 선행하는 것으로서의 시간성이—유한한 자기-존재와 외적인 것으로서 분화된 것이라는 점에서 보면 타자의, 그러나 분화된 것이 자기에게서 일어나는 변화로서의 감각을 통해 알려지는 점에서 보면, 그리고 그런 한에서 유한한 자기-존재에 선행하는—무상한 자기의 시간성과 서로 하나를 이루며 동시에 분화되는 존재론적 사건을 뜻하는 셈이다. 한마디로, 탄생이란 존재론적으로 유한한 자기-존재의 시간성과 그 시간성에 선행하는 것으로서 의식의 각성 이전의 방향으로부터 경계 없이 흘러온 무상한 자기-존재의 시간성이 분화되는 순간이다. 여기서 무상(無常)한 자기-존재란 마치 영혼 실체와도 같이 현존재의 탄생 이전부터 줄곧 존재해온 동일하고도 순수한 자기의 존재와 같은 것을 뜻할 수 없다. 무상한 것으로서 그것은 실체적인 것이 아니라 그 자체 현상적인 것이기 때문이다. 또한 그것은 탄생 이전의 전 시간을 아우르며 존속해온 어떤 잠 들거나 잠 들지 않은 정신 내지 의식 같은 것을 뜻하지도 않는다. 그것은 다만 존재의 전체성의 개별화된 표현으로서의 현존재의 의식이 지니는 본래적 무상성과 한시성을 지시할 뿐이다. 무상하고 한시적인 것이기에 현존재의 의식은 오직 최초의 순간, 즉 그 자신의 존재가 감각에 의해 처음 일깨워진 그러한 순간을 지니는 것으로서만 존재할 수 있다. 그러나 자신을 일깨운 감각이 자신에게서 일어난 변화이기에 현존재는 최초의 순간 이전의 시간 역시 자기와 본래 어떤 외적 대립의 관계도 형성하지 않는, 그리고 바로 그러한 의미로 지금 깨어 있는 의식에 대해 시원적인 자기의, 시간으로서 받아들일 수 있을 뿐이다.

시원적인 자기의 시간은 영원이다. 여기서 영원이란 특정한 순간을 기점으로 삼아 이전으로든 이후로든 끝없이 갈 수 있음이라는 의미가 아니라 지금 깨어 있는 의식으로서의 현존재의 존재로서의 유한한 시간성과 전적으로 다른 시간성으로서 수용됨이라는 의미이다. 현존재의 존재가 자신을 포함하는 모든 현존재의 존재를 긍정하고자 하는 존재기획과 부정하고자 하는 존재기획으로 나뉨은 시원적인 자기의 존재로서의 시간의 영원성을 초시간적인 이념적 존재자의 시간성과 같은 것으로 오인함에 그 근거를 두고 있다. 시원적인 자기의 존재로서의 시간의 영원성은, 시원적인 자기가 감각의 무상(無常)한 흐름을 통해 알려진 그 자체 무상한 존재자라는 점에서, 그 자체 무상한 시간성으로서의 의미를 지닐 뿐이다. 왜 그 무한성은 현존재의 존재로서의 유한한 시간성과 논리적 대립의 관계에 서 있는 그러한 것으로서, 즉 현존재의 탄생 이전과 죽음 이후라는 상반된 방향으로 끝없이 이어질 그러한 것으로서, 파악되게 되는가? 그것은 시각적 봄에 의해 여타 존재자들과 외적 대립의 관계를 형성하고 있는 것으로서 발견된 존재자의 공간적·거리적 운동이, 운동의 공간적·거리적 연장성이, 시간의 운동으로서의 흐름과 같은 것으로 유비되기 때문이다. 마치 한 존재자가 시간적 간격을 두고 한 장소에서 다른 장소로 이동하는 것과 같이 무상한 흐름으로서의 감각 역시 시간적 간격을 두고 한 장소에서 다른 장소로 이동하는 것으로 사념함이 유한한 시간성과 논리적 대립의 관계에 서 있는 것으로서 영원성을 이해하게 되는 그 존재론적 원인이라는 뜻이다. 엄밀히 말하자면, 유한한 시간성에 대한 논리적 대립으로서의 영원성이란 시간에 대한 근원적으로 동질적인 이해를 전제로 하는 셈이다. 유한한 시간성도 영원성도 모두 개별화된 존재자의 운동의 공간적·거리적 연장성에 의해 동질화된 것으로서 개념 파악되고 있다는 뜻이다. 그러나 시원적인 자기의 시간의 영원성은 현존재에게 자기 존재로서의 유한한 시간성에 단순히 대립해 있는 것으로서 수용되는 것이 아니라 양자 사이의 근원적 불가분성과 함께, 즉 근원적으로 자기 존재로서의 유한한 시간성과 경계 지어질 수 없는 것으로서, 수용되는 것이다. 개별적 존재자의 정립에 선행하는 감각에 근거를 두고 수용되는 것이라는 점에서 탄생의 순간 현존재가 자각하게 되는 자기 존재로서의 유한한 시간성과 시원적 자기의 시간성의 근원적 불가분성은 어떤 개별적 존재자의 공간적·거리적 연장성에 유비된 것으로서의 영원성을 일깨울 수 없다. 그것은 다만 자기 존재로서 개별화된 시간성과 시원적 자기의 시간성 사이의 근원적 경계-없음을 뜻하는 영원성일 뿐이다. 어떤 점에서 영원성이란 현존재의 존재에 의거해 발견되는 모든 존재의 운동을 어떤 공간적 깊이도 허용하지 않는 블랙홀의 절대적으로 내재적인 평면 위의 운동으로 환원시켜버리는 중력과도 같다. 운동하는 개별적 존재자의 관점에서 보면 모든 운동은 무한히 분할 가능한 시공의 한 점에서 모든 방향으로 무한히 뻗어나갈 가능성과 더불어 일어나는 것으로서 발견된다. 무한의 높이로, 무한의 깊이로, 무한의 수평선으로, 무한의, 언제나 이미 무화되며 뻗어오는, 이전으로, 무한의, 언제나 이미 새롭게 발견되는, 이후로, 각각의 존재자가 운동하고 있다. 그러나 경계-지음에 근거 지어진 그 모든 운동들은 어떤 경계도 허락하지 않는 존재의 전체성의 시간적 표현으로서의 영원 속으로 끝없이 몰락해갈 뿐이다. 결국 경계란, 시간적인 것으로든 공간적인 것으로든, 개별화된 존재자의 실체성에 고착된 정신에게서 나타나는 일종의 망념 같은 것이기 때문이다.

이제 현존재의 존재로서의 유한한 시간성과 시원적이고 무상한 자기의 그 자체 무상한 것으로서의 영원한 시간성 사이의 관계에 대한 성찰을 바탕으로 현존재와 공동 현존재 사이의 윤리적 관계에 관해 생각해보자. 한 여인을 단죄할 죄인으로 심판함은 그녀와 내가 외적 대립의 관계를 형성함을 전제한다. 그러나 그녀를 단죄하고자 하는 나의 사념과 의지가 내게서 일어나는 변화로서의 감각에 근거를 두고 있는 한에서, 심판하고 단죄하고자 하며 내가 전제하는 그 외적 대립의 관계는 근원적으로 무근거할 뿐이다. 시원적 감각의 층위에서 보면 나는 다만 내게서 일어나는 변화로서의 감각을 부정적인 것으로 받아들였을 뿐이고, 이는 감각에 의해 새삼 일깨워진 자기를 부정적인 자기로서 받아들이면서 동시에 그러한 부정적인 자기의 존재론적 근거로서의 시원적 자기, 일깨워진 자기에 대해 그러한 변화를 가능하게 한 시원적 자기, 무상성과 영원성의 역설적 통합을 자기의 존재로서의 시간성의 근원적 근거로서 지니는 나 이전의 자기 또한 부정적으로 받아들였음을 뜻한다. 감각이 자기에게서 일어나는 변화로서의 근원적 의미를 잃어버리고 시각적 봄으로 한정되는 순간 나는 그 시원적 자기가 지금 이 순간의 자기의 존재론적 근거임을 망각하고 자신과 외적 대립의 관계를 이루는 순연한 타자를 발견하게 된다. 타자는 물론 나에 대해 실존하는 자로서 타자이고, 내게서 일어나는 부정적 변화로서의 감각 및 그러한 감각이 불러일으키는 두려움과 불안, 증오, 분노 등의 원인으로서 개념 파악되는 존재자이다. 그는 나의 순연한 타자인가? 어떤 의미에서는 그렇다. 언급되는 내가 그 무엇을 보고 발견하며 이해하는, 해석하는, 심판하는, 그러한 나인 한에서, 나는 자신에게 감각되거나 지각된 모든 존재자들을 자신과 외적 대립의 관계 속에 있는 타자로서 발견할 뿐이다. 그러나 타자는 타자로서 단순히 내 존재의 외연에 있는 것이 아니라 내연에, 나 자신의 근원적 존립 근거를 이루며 그때마다 드러나는 방식으로, 그때-거기 있다. 타자의 그때-거기-있음은, 나의 근원적 존재방식으로서의 안에-있음이 오직 타자의 그때-

거기-있음과 더불어서만 가능한 한에서, 나의 그때-거기-있음을 그때마다 가능하게 하는 그 근거라는 뜻이다. 그러한 존재자로서의 타자는 왜 심판과 단죄를 통해 그 존재가 부정되고 무화되어야 하는가? 그의 존재가 일깨운 나의 자기가 부정적인 자기, 기어이 부정되고 무화되어야 하는 그러한 자기이기 때문이다. 그러나 심판과 단죄가 부정되고 무화되어야 할 것으로서 지향하는 가장 근원적인 존재자는 바로 시원적인 자기, 무상성과 영원성의 역설적 통합을 자기 존재의 근원적 근거로서 지니는 나 이전의 자기이다. 결국 부정되고 무화되어야 할 것으로서 사념되고 해석된 나와 타자는 모두 그 시원적 자기의 분열에 의해 존재하게 된 파편적 존재자들이기 때문이다.

시원적인 자기, 무상하고도 영원한 그러한 존재자로서의 자기의 부정은 존재론적으로 무엇을 뜻하는가? 증오와 분노에 의해 지배당하는 정신으로서의 현존재는 그 의미를 발견할 수 없다. 그에게는 시원적 자기의 분열에 의해 존재하게 된 파편적 존재자로서의 자기가 자기의 전부로서 받아들여지고 있기 때문이다. 누군가 자신의 자식을 향해 분노와 증오 외에 다른 아무 감정도 지니지 않는 경우를 생각해보자. 그는 자식을 심판하고 단죄하는 데 아무 거리낌이 없을 것이고, 그로 인해 자식이 겪게 될 고통과 불안, 심지어 죽음에도 개의치 않게 될 것이다. 왜 그러한가? 자신과 자식의 관계를 순연한 외적 대립의 관계로 이해함으로써 스스로 부모로 존재하기를 그치게 되었기 때문이다. 즉, 그는 자식을 향한 분노와 증오로 인해 부모로서 존재할 수 있음이라는, 자신에게 주어진 근원적 존재가능의 하나를 무화하게 된 것이다. 표면적으로 보면, 대다수 사람들이 이러한 현존재에 대해 거부감을 지니게 되는 까닭은, 그가 그 자신의 선택의 결과로서 행복해지든 불행해지든 상관없이, 자식이 있음에도 불구하고 스스로 부모로서 존재하기를 거부함이 윤리적으로 용납될 수 없다는 규범적 판단 때문이다.

그러나 존재론적으로 보면, 이러한 현존재가 그 자신의 존재의 가능근거로서의 시원적 자기에 대한 부정과 무화의 원인이자 그 결과로서 존재하는 존재자이기 때문이다. 부모와 자식의 함께-있음은 우선 서로서로 소원한 거리를 두고 떨어져 있다가 서서히 거리를 없애는 방식으로 형성되는 관계가 아니다. 자식을 자신과 낯선 한 존재자로서, 자신과 거리를 두고 떨어져 있는 소원한 존재자로서 보고 발견하는 순간의 나는 아직 부모가 아니다. 나는 오직 내가 추후로 자식으로서, 나와 별개의 존재영역을 지니는 한 존재자로서, 나 자신과 구분되는 개별 존재자로서 받아들이게 되는 그러한 존재자가 내게 불러일으키는 긍정적인 변화로서의 감각에 의해 비로소 부모로서 존재하게 되는 것이다. 자식이 자신과 별개의 존재영역을 지니고 있음에도 나와 함께-있으며 하나를 이루는 까닭은 부모로서의 나와 자식으로서의 그가 시원적인 자기, 무상성과 영원성의 역설적 통합을 자기의 존재로서의 근원적 근거로서 지니는 나 이전의 자기로부터 분화되어 나온 존재자이기 때문이다. 시원적 자기의 분화는 그 분화의 결과로서 형성되는 모든 파편화된 자기에게 주어진 존재가능의 근원적 근거이다. 오직 그 시원적 자기 안에서 자신과 타자가 근원적으로 하나임을 자각하고 긍정하는 존재자만이 자기에게 주어진 존재가능을 온전히 현실화하며 온전한 자기로서의 존재자가 될 수 있는 것이다.

대다수 사람들은 설령 자식이 반복해서 큰 잘못을 저질러도, 심지어 부모를 부모로서 온전히 인정하고 존중하는 모습을 보이지 않아도, 좀처럼 자식을 남이라 여기고 버리지 못한다. 왜 그러한가? 나와 자식이 시원적인 자기 안에서 본래 하나였으며, 오직 그 파편화된 자기로서만 둘일 수 있다는 존재론적 진실이 부모로서의 나의 삶에서 강하게 작용하기 때문이다. 왜 그 존재론적 진실은 부모로서의 나의 삶에서 강하게 작용하는가? 자식의 존재가 내게 불러일으킨 긍정적 변화로서의 감각이 강렬하고 심원했기 때문이다. 이 말은 곧 내가 자식이나 그 밖의 가족 구성원이 아닌 남의 잘못에 대해 엄격한 심판의 정신만을 지니게 되는 이유가 남의 존재가 내게 불러일으킨 변화로서의 감각이 부정적이었거나 미약한 정도로만 긍정적이었기 때문이라는 것을 뜻한다. 통념적으로 말하자면, 누군가 타자의 잘못에 대해 내가 엄격한 심판의 정신을 주로 지니게 되는가 아니면 부드럽고 온화한 관용의 정신을 주로 지니게 되는가의 문제를 결정하는 것은 결국 사랑이다. 사랑이 부족한 사람은 엄격한 심판의 정신을 주로 지니게 될 것이고 사랑이 많은 사람은 부드럽고 온화한 관용의 정신을 주로 지니게 될 것이라는 뜻이다. 그러나 존재론적 관점에서 보면 그것은 궁극적으로 자신의 존재에 대한 긍정의 문제이다. 내가 심판하고자 하는 자가 누구이든 하나의 현존재로서의 나는 나의 의식이 자신과 다른 것으로서 정립하는 모든 것을 실은 자기의 존재의 존립근거로서, 자기의 존재와 나뉠 수 없는 하나의 전체를 이루는 것으로서, 무상성과 영원성의 역설적 통합을 자기 존재의 근원적 근거로 지니는 시원적 자기로부터 분화된 또 하나의 자기로서만 만날 수 있기 때문이다. 타자에 대한 긍정은 존재론적으로 자기 존재에 대한 긍정과 같다. 마찬가지로 타자에 대한 부정은 존재론적으로 자기 존재에 대한 부정과 같다. 타자를 긍정하며 나는 실은 그와의 존재론적 관계 속에서 존속하는 자신의 존재를 긍정적으로 받아들이는 것이고, 타자를 부정하며 나는 실은 그와의 존재론적 관계 속에서 존속하는 자신의 존재를 부정적으로 받아들이는 것이다. 타자에 대한 심판은 자신에 대한 심판과 같다. 타자에 대해 엄격하게 심판하는 순간순간마다 나는 자신의 존재를 스스로 존재하지 말아야 할 것으로서 부정하고 또 무화하는 것이다.

조금이라도 지혜가 있는 자는 누구나 이미 알고 있다. 남을 사랑할 능력이 부족하고, 그 때문에 남의 말과 행동에 대해 늘 까다롭게 심판하기나 일삼는 자의 삶은 추하고 빈곤하다. 존재론적으로 그 이유는 명백하다. 이러한 자는 자신에게 주어진 삶의 순간들을 대부분 스스로 자신의 존재를 부정하고 무화하며 허비하는 자이다. 이러한 자는 자신의 존재로서의 시간성을 무상성과 영원성의 역설적 통합으로서 받아들이지 못하고 한갓 무상한 것으로서만, 탄생과 죽음의 사이에 고립된 것으로서만, 근원적으로 무의미한 것으로서만, 규범적 심판의 근거인 초시간성의 이념을 향해 달아나지 않으면 견딜 수 없는 것으로서만, 받아들인다. 자신의 존재를 온전히 긍정할 줄 아는 현존재는 사랑할 능력이 많은 존재자인가? 물론 그렇다. 그러나 존재론적으로 사랑이라는 말은 엄밀하지 못하다. 자신의 존재에 대한 긍정은 그 무엇을 사랑함으로써, 즉 그 무엇을 사랑할 대상으로 삼음으로써 가능해지는 것이 아니라 자신의 존재를 전체로서 발견하고 긍정할 힘의 증가를 통해 가능해지는 것이기 때문이다. 이러한 힘의 증가를 가능하게 하는 것은 무엇인가? 자신의 무상한 삶을 영원에 잇닿아 있는 것으로서 발견하고 긍정할 현존재 고유의 역량이다. 그렇다면 이러한 현존재 고유의 역량의 가능근거는 무엇인가? 그것은 시원적 감각에 대한 기억이다. 보고 발견하고 이해하는 나의 의식은 자신에게 일어난 변화로서의 감각에 의해 일깨워진 것으로 존재하는 의식이고, 그러한 의식으로서 자신이 자기-아님으로 정립하는 모든 것에서 시원적 자기로부터 분화된 또 하나의 자기를 발견하기 때문이다. 물론 시원적 감각에 대한 기억을 통념적 의미로 그 무엇을 대상화하며 의식내재적 표상으로서 떠올림이라는 뜻으로 이해할 필요는 없다. 시원적 감각에 대한 기억이란 매 순간 새롭게 일어나는 감각을 통해, 감각이란 매 순간 자기에게서 일어나는 변화로서만 일어나는 것이라는 존재론적 진실을 통해, 그 자체 매 순간 새롭게 일깨워지는 것이기 때문이다. 탄생과 죽음 사이-존재로서의 나는 장차 죽음의 사건을 통해 소멸해버릴 것인가? 물론 그렇다. 탄생과 죽음은 모두 양자의 사이-존재로서의 현존재의 존재인 시간성을 통해 그것을 초월하는 존재시간성으로서 드러나는 것이기 때문이다. 그런 점에서 나는, 각각의 나로서의 현존재는, 본래 생성되지도 소멸하지도 않는 시간성의 담지자로서 여기 있는 셈이다. 탄생과 죽음 사이-존재로서의 현존재의 존재인 시간성을 초월하는 존재시간성이 그 자체로 현존재의 시원적 자기의 시간성이기 때문이다. 현존재가 그 자신의 존재로서의 유한한 시간성을 통해 드러내는 생성되지도 소멸하지도 않는 시간성은 존재시간성이라고 불려야 하는가? 아마도. 그것은 결국 개별 존재자로서의 현존재의 존재에 한정될 수 없는 그러한 존재의 시간성인 것이다. 그러나 그 시간성은 현존재의 존재인 유한한 시간성과 외적 대립의 관계를 이루는 것으로서 드러나는 것이 아니라 나뉠 수 없는 하나를 이루는 것으로서 드러난다. 어쩌면 그 하나(임) 앞에서는 현존재의 존재를 통해 드러나는 모든 의미들이, 심지어 시간성 및 존재시간성의 의미마저도, 다 부적절한 것으로서 발견되고 또 규정될 운명에 처해 있는 것인지도 모른다. 존재의 드러남의 가능근거로서의 현존재의 존재가 그 하나(임) 안에서 자신의 존재를 근거로 삼아 드러나야 할 것과 구분할 수 없는 것이 되기 때문이다. 그 하나(임)을 자신의 근원적 존재기획으로서 삼는 현존재는 스스로 자신의 존재를 부정하고 무화하려는 존재자인가? 도리어 그 반대이다. 오직 자신에게 주어진 삶과 존재의 매 순간을, 격렬한 고통과 절망 속에서 헤매던 그러한 순간 속의 자기 존재마저도, 기어이 그 자체로서 긍정하고 기꺼워할 역량을 지니는 현존재만이 참으로 그 하나(임)을 향한 근원적 존재기획으로서 자신의 존재를 헤아릴 수 있기 때문이다.

마치는 글

존재의 근원적 전체성의 회복을 위한 투쟁으로서의 현존재의 존재와 시간

'시간과 윤리'의 존재론적 관계에 관한 이 글은 기본적으로 존재의 전체성의 개별화된 서술과 표현으로서의 현상학적 의식과 현존재의 존재로서의 시간성의 관계에 관한 분석을 그 중추로 삼고 있다. 우리는 마지막 장에서 현존재의 존재로서의 시간성은 무상성과 영원성의 역설적 통합으로 파악되어야 함을 확인했다. 현존재의 존재로서의 시간성은 왜 무상성의 개념에 잇닿아 있는가? 탄생과 죽음 사이-존재인 현존재의 존재로서의 유한한 시간성이 바로 그러한 것으로서 무상성에 의해 특징지어져야 하기 때문이다. 그렇다면 왜 현존재의 존재로서의 시간성은, 그 근원적 유한성과 무상성에도 불구하고, 영원성과 역설적 통합을 이루고 있는 것으로서 파악되어야 하는가? 현존재의 존재의 실존론적 구조를 가능하게 하는 그 근거가 바로 감각에 의한 현존재의, 그 자체 존재의 전체성의 개별화된 서술과 표현인, 근원적 자기의 분화이기 때문이다. 현존재의 존재로서의 유한한 시간성은 자기에게서 일어나는 변화로서의 감각에 의해 현존재의 자기가 그 변화를 의식하고 감각하는 자기와 그러한 자기에 의해 자기-아님으로서 부정되는 자기로 분화됨에 의해 근거 지어진 시간성이다. 즉, 그것은 자기 존재의 근원적 전체성을 상실하고 언제나 이미 파편화된 자기로서 존재하게 된 그러한 자기-존재의 시간성이다. 그렇다면 존재의 전체성의 개별화된 서술과 표현으로서의 현존재의 자기는, 의식하고 감각하는 자기가 자기-아님으로서 부정하는 존재(자)까지 포괄하는 자기로서, 이미 그 존재에서부터 탄생과 죽음 사이-존재로서의 현존재의 존재의 근원적 유한성과 무상성을 넘어서고 있는 셈이다.

여기서 현존재의 존재에 덧붙여진 '근원적'이라는 서술어의 이중적 분화는 존재론적 언명의 모순과 자가당착이 아니라 현존재의 존재라는 말이 지니는 이중적 의미의 표현으로 파악되어야 한다. 하이데거의 기초존재론에서 현존재의 존재는, 그 본래성의 관점에서 보면, 지금까지 있어온 자기를 자기-아님으로서 부정하는 순간의 자기-존재로 개념 파악되고 있다. 이러한 의미의 현존재의 자기-존재는 유한성과 무상성의 존재방식을 지니는 존재자로서의 자기-존재이며, 이는 그 자기-존재가 그 자신의 전체성을 상실한, 언제나 이미 파편화되고 분열된, 자기-존재이기 때문이다. 즉, 하이데거가 본래적 현재라고 명명한 순간의 현존재의 존재는 근원적으로 파편화되고 분열된 자기로서 존재함이라는 특징을 지닌다. 그러나 우리는 동시에, 감각 존재론의 관점에 입각해서, 자기에게서 일어나는 변화에 대한 현존재의 자각에 대해, 그리고 그러한 자각 속에서 필연적으로 나타나는 존재의 전체성의 파편화와 분열이 일어나기 이전의 근원적 자기-존재에 대한 현존재의 각성에 관해 말할 수 있다. 하이데거가 이러한 의미의 근원성에 눈뜨지 못한 것은 그가 진리의 근원적 자리로서의 아이스테시스를 일방적으로 시각적 봄의 관점에서만 고찰했기 때문이다. 아이스테시스를 현존재의 자기에게서 일어나는 변화 및 그 변화에 대한 자각의 관점에서 고찰하는 경우 현존재가 자기와 단순한 외적 대립의 관계를 형성하는 어떤 존재자도 만날 수 없다는 것이 자명한 존재론적 진실로서 드러나게 된다. 현존재는 본래 그가 자기-아님으로서 부정하는 모든 것에서 실은 지금 이 순간 자기로서 긍정되는 자기보다 더욱 근원적인 자기를 발견해야 하는 역설적인 존재자인 것이다.

현존재의 존재가 지니는 근원성의 이 이중적 의미는 존재론적으로 무엇을 시사하는가? 그것은 하이데거가 말하는 본래적 자기로서의 현존재의 존재가 존재의 근원적 전체성의 회복을 위한 투쟁으로서 파악되어야 한다는 존재론적 진실이다. 본래적 자기로서의 현존재는 지금까지 있어온 자기를 자기-아님으로서 부정하는 존재자이다. 하이데거가 『존재와 시간』의 기초존재론에서 밝히지 못한 점은 이러한 자기부정의 운동이 구체적으로 무엇을 향한 운동으로 파악되어야 하는가라는 문제이다. 죽음의 선구성 및 불안은 『존재와 시간』에서 현존재가 자신의 존재를 세계와 근원적으로 무연관적인 것으로서 발견함의 존재론적 근거로 제시된다. 그런데 바로 이 지점에서 하이데거적 현존재 개념의 모순이 드러난다. 현존재의 존재는 존재론적으로 세계-안에-있음이다. 여기서 세계-안에-있음이란 세계와 무관한 개별자로서의 현존재가 역시 현존재의 존재와 무관하게 독립적으로 존재하는 세계의 안에서, 단순한 세계내부적 존재자와도 같은 방식으로, 존재함을 뜻하지 않는다. 두 가지 이유 때문이다. 첫째, 세계의 존재의 가능근거가 바로 현존재의 존재이기 때문이다. 둘째, 현존재 역시 그가 매 순간 실존론적 관계를 맺고 있는 그때마다의 존재자 및 그 존재론적 지평으로서의 세계와의 관계 속에서만 존속하는 존재자이기 때문이다. 에피쿠로스 및 스토아의 현자들이 각각 삶에 대한 상반된 관점에 입각해서, 그럼에도 의심의 여지 없이 동일한 사태를 가리키며 지적한 것처럼, 누구도 죽음을 체험할 수 없다. 그 무엇을 체험함이란 오직 산 자에게만 가능한 일이기 때문이다. 그렇다면 죽음의 선구성 및 불안이 현존재로 하여금 자신의 존재를 세계와 근원적으로 무연관적인 것으로서 발견하게 한다는 존재론적 언명은 대체 무엇을 뜻하는가? 그것은 다만 '죽고 나면 그뿐 나는 더 이상 존재하지 않게 된다'는 것을 뜻하는가? 아니면 혹시 '죽고 나면 이 세상이 아닌 어떤 존재의 영역으로 나의 내밀한 본질로서의 영혼이 넘어가게 된다'는 일종의 종교적 내세관을 암시하는가? 현존재의 존재가 근원적으로 세계-안에-있음인 한에서, 현존재의 존재는 죽음의 선구성 및 불안과의 관계에서도 세계와 무연관적인 것일 수 없다. 세계와 무연관적인 존재자로서의 현존재는 그 자체가 형용모순이기 때문이다.

이러한 문제를 해결하는 유일무이한 방법은 죽음의 선구성 및 불안이 현존재에게 일깨우는 자기-존재의 세계와의 근원적 무연관성을 현존재의 존재로서의 세계-안에-있음이 지시하는 현존재의 자기와 세계 사이의 외적 구분의 근원적 불가능성에 대한 불완전한 표현으로서 해석하는 것이다. 세계-안에-있는 존재자로서 현존재는, 존재론적으로 현존재의 자기와 세계가 근원적으로 불가분의 관계를 이루고 있음에도 불구하고, 자신의 존재를 세계와의 외적 대립의 관계 속에서 발견하는 존재자이다. 즉, 현존재는 세계-안에-있음인 그 자신의 존재가 근원적으로 세계와 하나임에도 불구하고, 세계 및 세계내부적 존재자들을 자기-아님으로서 부정하며 존속하는 존재자이다. 이러한 부정은 물론 현존재가 자신의 자기-존재에 대해 수행하는 부정이기도 하다. 현존재가 자기-아님으로서 부정하는 존재자는 그때마다 현존재의 존재의 가능근거로서 주어진 존재자이며, 그 존재론적 자리로서의 세계 역시 그때마다 현존재의 존재의 가능근거로서 주어진 세계이다. 바로 이 때문에 현존재가 자기-아님으로서 존재자를 부정함은 존재자와 근원적으로 하나인 자신의 존재, 그때마다 자신의 존재를 가능하게 하는 그 존재론적 근거로서의 존재의 근원적 전체성을 부정함과 같다. 결국 죽음의 선구성 및 불안이 현존재에게 일깨우는 자기-존재의 세계와의 근원적 무연관성이란 실은 자기-존재의 존재론적 근거로서의 존재의 근원적 전체성에 대한 부정으로서 존속해온 존재자로서의 현존재의 존재가 그 무성(無性) 가운데서 드러남을 뜻할 뿐이다. 세계와 무연관적인 것으로서 현존재의 본래적 자기가 드러나는 것이 아니라 현존재의 존재의 가능근거인 세계-안에 및 이러한 실존론적 존재구조가 지시하는 현존재의 자기와 자기-아님 사이의 분열의 근원적 불가능성이 드러난다는 뜻이다. 죽음은, 그것이 세계를 자기-아님으로서 부정해온 그러한 자기로서의 현존재의 마지막을 뜻하는 한에서, 현존재의 존재가 죽음과 더불어 비존재의 영역으로 넘어감을 알린다. 여기에는 결코 부정될 수 없는 확고부동한 존재론적 진실이 담겨 있다. 결국 현존재의 존재는 세계-안에-있음이고, 그런 한에서 죽음과 더불어 현존재가 더 이상 존속하지 않게 됨은 자명하다. 죽음이란 세계 안에 더 이상 현존하지 않게 됨을 뜻하기 때문이다. 그러나 죽음과 더불어 더 이상 현존하지 않게 되는 존재자의 존재란 세계와 구분된 존재자로서의 존재라는 의미를 함축하고 있다. 현존재는 물론 자신의 존재를 세계와의 외적 대립의 관계 속에서 발견하는 존재자이며, 그런 한에서 죽음과 더불어 더 이상 현존하지 않게 될 존재자 외에 다른 것일 수 없다. 그러나 자신의 존재가 세계와 근원적으로 하나임을 자각하는 현존재에게 죽음은 자신의 존재가 단순히 비존재의 영역으로 이행함과도 같은 것을 뜻할 수 없다. 비존재의 영역으로 이행하는 현존재는 세계와 외적 대립의 관계 속에서, 그 자신의 존재 자체에서부터 이미 자기와 자기-아님 사이의 분열을 지니는 방식으로, 존속해온 존재자로서의 현존재이다. 죽음의 선구성 및 불안이란 현존재로서의 자기가 죽음과 더불어 완전한 비존재의 영역으로 이행하면서 동시에 그러한 자기로 환원될 수 없는, 존재의 근원적 전체성의 개별화된 서술과 표현으로서의, 자신의 존재가 자기-존재의 근원적이고도 초월적인 형식으로서의 개별성을, 개별자로서 하나임을, 무화하게 되었음을 일깨운다. 오직 개별자로서만 현존재가 존속할 수 있는 한에서, 죽음은 분명 현존재의 존재의 무화이다. 그러나 '현존재의 존재의 무화'라는 표현에서의 존재란 개별자 내지 초월적 하나를 그 자신의 근원적 존재형식으로서 지니는 실존자로서의 존재를 뜻할 뿐이다. 현존재의 개별성의 무화는 물론 현존재의 개별성을 자신의 개별화된 서술과 표현으로서 지니는 존재의 전체성의 무화가 아니다. 죽음의 선구성 및 불안이란 존재론적으로 자기와 자기-아님 사이의 외적 대립의 관계 속에서만 자신의 존재를 발견할 수 있는 한 실존자로서의 현존재가 이러한 발견의 근원적 부당성 및 실존 속에서 드러나는 존재의 분열의 근원적 불가능성을 자각하게 할 그 근거로서 파악되어야 한다는 뜻이다.

하이데거는 현존재의 근원적 존재규정으로서의 일상성이, 역시 근원적으로, 규범적이라는 점을 간과했다. 자신의 존재론이 본질적으로 윤리학적인 성격을 지니고 있음에도 불구하고 하이데거는 도덕적·법적 규범이 현존재의 존재에 대한 존재론적 이해를 위해 어떠한 의미를 지니는지 풀어낼 수 없었고, 심지어 발견할 수도 없었던 것이다. 아마 그는 존재론적 윤리학이란 통념적 의미의 규범윤리학과 근본적으로 다른 것이어야 한다고 여겼을 것이다. 이러한 생각은 우선 옳다. 존재론적 윤리학은 규범윤리학의 존재론적 근거의 구명을 추구하는 것이지 특정한 종류의 규범의 정당화 및 절대화를 추구하는 것이 아니기 때문이다. 그러나 어떤 윤리학도 규범의 문제를 비껴갈 수 없다. 윤리학의 존재론적 근거를 마련하는 일은 규범의 이념을 윤리학의 영역 밖으로 몰아냄으로써 가능해지는 것이 아니라 규범의 이념에 대한 존재론적 이해와 재규정을 도모함으로써 가능해지는 것이라는 뜻이다.

규범의 근거는 무엇인가? 플라톤의 『국가론』 이래 서양 철학자들은 이러한 물음을 두 가지 상반된 관점에 입각해서 해명하려는 경향을 보여 왔다. 하나는 현실세계를 지배하는 힘의 논리에 의해 사회적 강자에게 유리한 것이 정당한 것으로서 규범화되었다는 관점이다. 또 하나는 신이나 이성 같은 초시간적 존재자의 부름이 절대적이고도 보편타당한 규범의 가능근거라는 관점이다. 양자는 대립적이다. 전자는 규범의 근거로서의 정의가 실은 개개인의 현실적 이해관계를 반영하는 상대적인 것에 지나지 않는다고 보는 반면, 후자는 절대적인 것이라고 본다. 그럼에도 양자는 한 가지 공통된 출발점을 지닌다. 규범에 순응하거나 거부할 현존재가 타자와 외적 대립의 관계에 서 있다는 관점이 그것이다. 전자의 경우, 규범의 기원으로서의 개개인의 이해관계의 충돌 자체가 이미 인간이란 사적 욕망과 이해에 의해 움직이는 존재자라는 인간관을 함축한다는 점에서 그러하다. 후자의 경우, 초시간적 존재자의 부름이 타자와 대립관계에 있는 자신의 사적 욕망과 이해에 입각해 생각하거나 행동하지 말 것을 촉구하는 성격을 지닌다는 점에서 그러하다. 전자의 관점에서 보면 규범은 두 가지 기능을 지닌다. 첫째, 사적 욕망과 이해에 의해 움직이는 개별 존재자들 사이의 갈등과 투쟁을 억제하는 기능이다. 둘째, 규범이 부재하는 경우 일어날 물리적 충돌을 정당성을 둘러싼 사변적 갈등과 투쟁으로 전환하도록 하는 기능이다. 후자의 관점에서는 규범이 모든 개별 존재자들에게 자신의 사적 욕망과 이해에 의거한 생각과 행위를 금지하거나 그 한계를 정하는 기능을 지니는 것으로서 파악된다. 이러한 외견상의 상반성에도 불구하고 양자는 한 가지 점에서 완전히 일치한다. 전통 철학에서 흔히 경험적 자아라는 말로 불려온 그러한 구체적 존재자로서의 현존재가 규범의 근거로서의 초시간적 존재자의 관점에서 보면 본래 철두철미 부정되어야 하는 존재자에 지나지 않는다는 암묵적 전제가 그것이다. 얼핏

전자는, 초시간적 존재자의 존재를 상정하지 않는다는 점에서, 구체적 존재자로서의 현존재의 존재를 그 자체로 긍정하는 관점처럼 보이기 쉽다. 그러나 실은 그 반대이다. 생각과 행위의 한계를 지시하는 규범의 현실적인 근거가 근원적으로 거부되기에, 구체적 존재자로서의 현존재는 자의적으로 타자의 존재를 부정할 수 있는 존재자로서, 그리고 역으로 타자 역시 자의적으로 현존재의 존재를 부정할 수 있는 존재자로서, 상정되어 있다. 전자에게 규범이란, 본래 어떤 윤리적 제약도 알지 못하는 인간 현존재의 순연한 자연성 및 동물성으로 인해 모든 인간 현존재가 끝없이 고통과 죽음의 위험에 처하게 되지 않도록, 구체적 실존자로서의, 즉 순연하게 자연적이고 동물적인, 인간 현존재의 존재를 부정되고 무화되어야 할 것으로서 파악하도록 하는 억압의 기제인 것이다. 물론 규범에 의거한 인간 현존재의 억압은 초시간적 존재자의 음성에 복종적인 새로운 인간 현존재의 생산 및 재생산을 위한 것이다. 규범이 현실적 구속력을 지니기 위해서는 규범에 복종할 대상으로서 상정된 인간 현존재가 그 자신의, 순연하게 자연적이고 동물적인 것으로서 파악된, 구체적 현실성을 부단히 자기-아님으로서 부정하는 존재자로서 새롭게 생성되어야 하는 것이다.

한마디로, 전통 철학적인 윤리관은, 초시간적 존재자의 이념을 전제하든 전제하지 않든, 현존재의 존재를 그 전체성에서 부정되어야 할 것으로서 상정하는 셈이다. 본문에서 수차례 언급되었던 '간음한 여인과 예수' 이야기는 규범이 근원적으로 실존적 존재자로서의 현존재의 존재에 대한 부정과 거부의 성격을 지닐 수밖에 없음을 극명하게 알려준다. 나는 왜 간음한 여인을 죄인으로서 심판하는가? 그녀가 자신의 순연한 자연성 및 동물성의 한계를 초극하고 초시간적 존재자로서의 신 내지 양심의 부름에 응답하지 못했기 때문이다. 즉, 그녀는 자신의 순연한 자연성 및 동물성을 스스로 부정하고 무화하라는 초시간적 존재자의 명령을 완수하는 데 실패했다. 그렇다면 초시간적 존재자의 이념을 망념에 불과하다고 여기는 경우 나는 그녀를 심판하지 않을 수 있는가? 이 경우 아마 나는 경우에 따라 심판자로서 기능하기를 그치게 될 수도 있을 것이다. 자신이 종종 성적 유혹에 시달리기도 하는 존재자라는 사실에 솔직한 경우, 그래서 성적 욕망의 무제약적 충족을 방해하는 규범의 존재를 못마땅해 하는 경우, 나는 간음한 여인을 죄인으로 보지 않고 나와 똑같은 한 자연적이고도 동물적인, 그리고 본래 규범과 무관한 존재자로서 존재한다는 점에서 근원적으로 무구한, 인간으로 받아들일 수도 있다. 그러나 규범을 무근거한 것으로 여기는 한에서, 본래 나는 규범을 내세워 그녀를 심판하지 말아야 할 어떤 근본적 이유도 알지 못하는 자이다. 그녀를 심판하고 또 단죄하는 것이, 다른 사람들과 함께 그녀를 향해 돌을 던지는 것이, 자신을 위해 유리하다고 판단되는 경우, 나로 하여금 그렇게 하지 말아야 함을 깨닫게 할 어떤 궁극적 심급 같은 것은 존재하지 않는다. 인간은 본래 철두철미 이기적인 존재자인가? 규범을 무근거한 것으로 여기는 나의 관점에서 보면 그럴 수도 있고 아닐 수도 있다. 그러나 어떤 경우든 인간이 두려움과 불안에 사로잡힐 가능성과 더불어 존재한다는 사실은, 두려움과 불안으로 인해 타인에게 잔인해질 가능성과 더불어 존재한다는 사실은, 그렇기에 인간들 사이의 관계란, 인간들 하나하나가 철두철미 이기적이든 그렇지 않든 상관없이, 본래 잠재적·현실적 갈등과 투쟁의 관계 외에 다른 아무것도 아니라는 점은 분명하다. 그러니 나는 본래 그녀를 비롯한 모든 인간들의 잠재적·현실적 심판자이자 단죄자로서 여기 있는 셈이다. 나는 본래, 초시간적 존재자의 이념을 받아들이거나 말거나 상관없이, 인간의 존재를 그 전체성에서 부정하고 또 무화하려는 경향 속에 빠져 있는 존재자이다. 바로 이것이 규범적 일상성을 자신의 근원적 존재규정으로서 지니는 현존재의 존재론적 운명인 것이다.

규범적 일상성을 자신의 근원적 존재방식으로 지니는 존재자로서 현존재는 언제나 이미 심판하고 있다. 현존재는 자신을 포함한 모든 현존재의 실존성에 대한 부정과 무화의 정신으로서 존재하는 존재자인 것이다. 그러나 존재론은 현존재에게 심판하며 존재하기를 그칠 것을 요구할 수 없다. 심판하며 존재함이, 규범적 일상성을 자신의 근원적 존재방식으로서 지니는 현존재라는 말에 이미 드러나 있듯이, 결코 중단될 수 없는 현존함의 근본방식이기 때문이다. 게다가 현존재에게 그 자신의 근원적 존재방식으로서의 규범적 일상성이란 그 자체로 현존재가 존재의 전체성을 부정하고 무화하려는 현존재 자신의 경향에 대해 투쟁하는 존재자로서 존재한다는 점을 알린다. 나는 간음한 여인에게 왜 분노하는가? 자신의 사적 욕망과 이해를 초극하지 못하는 그녀의 한계로 인해 나와 공동 현존재의 삶과 존재가 위험에 처하게 되었다고 판단하기 때문이다. 자신의 사적 욕망과 이해를 초극하지 못하는 현존재는 물론 자기와 자기-아님 사이의 외적 대립의 관계를 형성하며 존재하는 존재자, 그러한 관계의 현실성에 집착하며 자신이 아닌 모든 존재자의 존재보다 자신의 존재가 언제나 우선성을 지녀야 함을 암묵적이거나 공공연하게 받아들이는 존재자이다. 즉, 이러한 현존재는 존재의 전체성의 영원한 분열과 파편화를 지향하는 존재기획으로서 존재하는 존재자이다. 우리가 자신의 사적 욕망과 이해를 초극하지 못하고 공동체에 해악을 끼치는 자에게 쉽게 분노하는 까닭은 무엇보다도 우선 그가, 존재의 전체성의 분열과 파편화를 지향하는 존재기획으로 존재하는 한에서, 하나의 전체로서의 공동체 안에 그 구성원으로서 머물 자격을 지니지 않는다고 보기 때문이다. 근원적으로 규범적인 존재자인 현존재는 이러한 존재자를 용납할 수 없다. 이러한 존재자는 존재의 전체성의 회복을 불가능하게 할 그 잠재적·현실적 위협으로 존재하는 자이다. 그런데 현존재의 근원적 존재방식으로서의 규범적 일상성은 현존재의 존재가 그 일상적 현존에서부터 언제나 이미 이러한 위협에 맞서 투쟁함 외에 다른 아무것도 아니라는 것을 알린다. 즉, 존재론적으로 보면, 자신의 사적 욕망과 이해를 초극하지 못함으로 인해 공동체에게 위험을 초래할 잠재적·현실적 위협으로 존재하는 존재자는 현존재에게 본래 사면될 수 없는 존재자이다. 현존재로서 존재함이란 이러한 존재자에 대해 단호한 투쟁을 수행할 결의와 함께 존재함, 그러한 결의에 입각해 언제나 이미 심판하고 단죄하며 존재함 외에 다른 것일 수 없기 때문이다.

그러나 역설적이게도 존재의 전체성의 분열과 파편화 경향에 대한 현존재의 투쟁은, 그러한 투쟁의 근거가 현존재의 근원적 존재방식으로서의 규범적 일상성에 놓여 있는 한에서, 근원적으로 모든 존재자의 존재에 대한 부정과 무화에의 의지의 형태로 나타난다. 대체 우리들 중 누가 자신의 사적 욕망과 이해를 온전히 초극할 수 있을까? 존재론적으로 보면, 사적 욕망과 이해의 온전한 초극이란 현존재에게 본래 허용되지 않는다. 탄생과 죽음 사이-존재로서의 현존재의 존재가 근원적으로 무상하기 때문이다. 무상한 모든 것은 끝없이 변해가는 것이고, 그 변화를 한 방향으로 강제할 절대적 원리나 힘 같은 것은 존재하지 않는다. 사르트르가 적절하게 표현한 것처럼, 실존이란 본래 부조리한 것이라는 뜻이다. 그렇다면 사적 욕망과 이해의 초극이란 현존재의 존재가 지향할 수 있는 무수히 많은 방향들 가운데 하나일 뿐이다. 현존재가 신이나 이성, 영혼 등과 같은 어떤 형이상학적 실체 개념에 의해 그 근원적 존재방식이 규정될 수 있는 존재자가 아니라는 점에서, 현존재로서 존재함이란 언제나 이미 존재의 전체성의 회복을 불가능하게 할 그 잠재적·현실적 위협으로 존재함과 같다는 뜻이다.

결국 존재의 전체성의 회복을 향한 현존재의 투쟁은 이중의 방식을 지닐 수밖에 없다. 하나는 자신을 포함하는 모든 현존재로 하여금 자신의 존재에 깃들어 있는 존재의 전체성의 분열 및 파편화를 향한 경향에 맞서도록 함이다. 이것은 사적 욕망과 이해를 온전히 초극할 수 있는 강하고 성숙한 존재자가 되도록 자신과 타자 모두에게 촉구하고 또 배려함의 형식 속에서 이루어진다. 또 하나는 이러한 촉구와 배려가 함축하는 현존재의 구체적 실존성에 대한 부정과 무화에의 경향에 맞서도록 함이다. 왜 이러한 촉구와 배려는, 즉 모든 현존재로 하여금 자신의 존재에 깃들어 있는 존재의 전체성의 분열 및 파편화를 향한 경향에 맞서도록 하려는 그러한 마음 씀은, 현존재의 구체적 실존성에 대한 부정과 무화에의 경향을 띨 수밖에 없는가? 이러한 물음에 대한 해답은 이미 물음 자체 안에 들어 있다. 현존재의 존재 자체 안에 언제나 이미 존재의 전체성의 분열 및 파편화를 향한 경향이 깃들어 있기에, 이러한 경향에 대한 투쟁은 결국 현존재의 구체적 실존성에 대한 부정과 무화에의 경향 속에서 이루어질 수밖에 없는 것이다. 현존재의 존재가 함축하고 있는 이러한 역설과 자가당착의 표현이 바로 규범 및 규범의 이념이 암묵적이거나 공공연한 방식으로 전제하는 초시간적 존재자의 이념이다. 스스로 초시간적 존재자가 되기를 지향하면서, 타자에게 그러한 지향성 가운데 머물기를 기대하고 또 촉구하면서, 현존재는 사적 욕망과 이해를 온전히 초극하지 못하는 현존재의 존재에 의해 존재의 전체성이 분열되고 파편화되는 것을 막으려는 기획으로서 존재할 뿐 아니라, 동시에, 이러한 소망과 의지 그 자체 안에서, 존재를 전체로서 부정하고 무화해버리려는 기획으로서 존재하게 된다. 비유적으로 말하자면, 현존재는 상상할 수 있는 가장 현명한 짐승이면서 동시에 가장 아둔한 짐승이고, 가장 선한 정신의 소유자이면서 동시에 가장 악한 정신의 소유자이며, 궁극의 성스러움과 궁극의 악을 향한 경향성을 자기의 존재방식 속에 언제나 이미 함께 함축하고 있는 그러한 존재자이다.

왜 이러한 일이 생길까? 왜 현존재는 상반된 방향을 향해 나아가는 존재의 운동의 분열을 자기-존재 안에서 역설적으로 통합하고 있는 그러한 존재자로서 머물러야 하는가? 현존재가 육화된 정신, 기쁨과 고통의 근원적 처소로서의 살과 몸으로 현존하는 감각적 존재자이기 때문이다. 현존재가 사적 욕망과 이해에 얽매인 존재자로서 존재하게 되는 것도, 그러한 현존재의 사념과 행위가 규범적 일상세계에서 심판과 단죄의 대상이 되는 것도, 결국 인간 현존재가 살과 몸으로 인해 기쁨과 고통에 취약한 존재자로서 존재하기 때문이다. 나는 간음한 여인에게 왜 분노하는가? 그것은 무엇보다도 우선 그녀의 사념과 행위가 한 사적 개인으로서의 그녀 자신을 위해서만 기쁨과 쾌락을 산출할 뿐 공동 현존재에게는 도리어 고통과 슬픔의 원인이 되기 때문이다. 그러나 도덕적 분노의 근본 원인은 우리 실존의 보다 깊은 곳에 감추어져 있다. 규범적 일상성을 근원적 존재방식으로 지니는 존재자로서 나는 초시간적 존재자의 이념에 걸맞은 존재자로서 존재하기를 지향해야 하거나, 혹은, 내가 초시간적 존재자의 이념을 망념으로 받아들이는 경우, 그렇게 지향하는 것처럼 타자에게 자신을 내보여야 한다. 그러나 누군가의 사념과 행위를 통해 드러나는 한 인간의 존재의 죄-성은 이러한 나의 존재기획이 결국 좌절될 수밖에 없음을 밝히 드러낸다. 그는 왜 죄를 범하게 되었는가? 그가 육화된 정신으로 존재하기 때문이다. 육화된 정신으로서 그는 기쁨과 쾌락이 철두철미 사적인 성격을 띨 수 있음을, 그렇기에 공동에 해가 되고 자신에게는 이익이 되는 그러한 행위에의 유혹을 자신이 온전히 무화하는 일은 일어날 수 없음을, 언제나 이미 알고 있다. 나는 초시간적 존재자의 이념을 긍정하는가? 하지만 나는 죄를 범한 타자와 내가 모두 결코 초시간적 존재자의 이념에 온전히 상응하는 존재자일 수 없음을 이미 알고 있다. 타자로 하여금 죄인이 되도록 한 그 근원적 이유가 육화된 정신으로 존재함인 한에서, 그리고 나 자신 타자와 마찬가지로 육화된 정신으로 존재하는 한에서, 나는 모든 인간 현존재가 잠재적·현실적 범죄자로서 존재할 운명에 처해 있음을 자각하지 않을 수 없다. 나는, 설령 아직 공공에 해를 끼치는 실제적인 행위를 한 적이 없다고 하더라도, 범죄를 저지를 가능성에 언제나 이미 열려 있다. 초시간적 존재자와 달리 나는 시간적으로, 오직 시간적으로만, 존재하는 존재자이기 때문이다. 물론 나의 존재의 근원적 시간성 안에는 극단의 성스러움과 극단의 악을 향한 상반된 경향이 함께 깃들어 있다. 초시간적 존재자의 이념을 지향하는 한에서, 나는 극단의 성스러움을 추구하는 자이다. 반면 그러한 지향성으로 인해 실존하는 모든 현존재의 존재를 부정하고 무화하려는 결의의 존재자로서 존재하게 되는 한에서, 나는 극단의 악을 추구하는 존재자이다. 초시간적 존재자의 이념을 받아들이지 않는 경우, 나는 자신을 포함한 모두에게서 위선성과 아둔함을 발견할 뿐이다. 초시간적 존재자의 이념이 망념에 불과함을 알고 있는 타자는, 나와 마찬가지로 자신의 존재가 규범적 제약을 근원적으로 넘어서는 것임을 확신하면서도, 짐짓 규범이 상정하는 초시간적 존재자의 이념에 상응하는 존재자가 되려 애쓰는 척하는 위선자이다. 물론 초시간적 존재자의 이념이 망념임을 모르는 타자는 위선자가 아니다. 그러나 이러한 타자는 선하고 진실한 자가 아니라 자신이 누구인지 모르는 아둔한 자일 뿐이다. 그는 자신이 초시간적 존재자의 이념에 상응하는 방식으로 존재할 수 없음을, 그 때문에 초시간적 존재자의 이념에 상응하는 존재자가 되려 애써야 한다는 그 자신의 믿음이 자신을 포함하는 모든 현존재의 존재를 부정하고 무화하려는 결의 외에 다른 아무것도 아니라는 것을, 깨닫지 못하고 있다. 물론 타자를 아둔한 존재자로서 발견하는 나 역시 아둔하기는 마찬가지이다. 나는 내가, 자신의 개인적 믿음과는 상관없이, 언제나 이미 규범적 일상성을 자신의 근원적 존재방식으로서 지니는 그러한 존재자임을, 그렇기에 아둔한 타자와 마찬가지로 나 역시 자신의 존재에서부터 자신을 포함하는 모든 현존재의 존재를 부정하고 무화하려는 결의 속에 머물고 있음을 알지 못한다. 아니, 타자의 아둔함을 발견하는 자로서의 나의 아둔함은 보다 근원적인 의미를 지니고 있다. 설령 현존함의 비밀을 알고 있다고 하더라도 나는 그 비밀에 맞서 모든 현존재의 존재를 부정하고 무화하려는 결의를 포기할 수 없다. 일상적이고 비본래적인 자기에 의해서도, 하이데거가 『존재와 시간』에서 지금까지 있어온 자신을, 자신의 현사실성을, 자기-아님으로서 부정하는 순간 속의 존재자로 묘사한 본래적 자기에 의해서도, 나의 자기-존재가 그러한 결의 속에 근원적으로, 어떤 최종적 극복의 가능성도 없이, 함몰되어 있다는 존재론적 진실은 지워질 수 없기 때문이다. 간단히 말해, 현존재는 근원적으로 곤궁한 존재자이다. 현존재는 자신을 비롯한 그 누구에게서도 삶과 존재를 온전하고도 충만하게 긍정할 수 있는 정신을 발견할 수 없다. 도리어 도처에서 현존재는 삶과 존재를 스스로 부정하고 무화하려는 자가당착적인 경향을 발견할 뿐이다.

잘 알려져 있듯이, 성경 속의 예수는 간음한 여인을 향한 분노에 사로잡힌 군중을 향해 '너희 중 죄 없는 자가 먼저 돌을 던지라' 는 말을 남긴다. 아마 이 말의 일차적이고도 직접적인 의미는 '너희 모두는 이 여인과 마찬가지로 육화된 정신으로 존재한다' 일 것이다. 육화된 정신으로 존재하는 자는 기쁨과 고통의 근원적 처소로서의 살과 몸으로 인해 결코 죄에의 유혹으로부터 자유로울 수 없고, 바로 그러한 의미로 모든 현존재는 언제나 이미 잠재적·현실적 죄인이다. 그러나 예수의 전언이 이러한 의미만을 지니는 경우, 우리는 예수 역시 존재론적으로 모든 현존재의 존재를 부정하고 무화하려는 결의 속에 머물고 있는 존재자라는 결론을 내릴 수밖에 없다. 현존재의 삶과 몸을 죄로부터의 온전한 자유를 불가능하게 하는 그 존재론적 근거로서 헤아리는 자는 이미 심판하는 자이다. 그는 언제나 이미 모든 인간 현존재를 초시간적 존재자의 이념에 상반되는 방식으로 존재하는 존재자로서 심판하고 단죄하는 존재자인 것이다. 그렇다면 예수의 전언을 '타자를 죄인으로 심판하고 단죄하기를 무조건 그치라'는 의미로 이해하는 경우는 어떠할까? 일견 이러한 해석은 예수를 모든 현존재의 존재를 부정하고 무화하려는 결의로부터 자유로운 특별한 현존재로 이해할 단초를 마련하는 것처럼 보이기 쉽다. 그러나 실은 그 반대이다. 규범적 일상성을 자신의 근원적 존재방식으로서 지니는 현존재는 타자를 언제나 이미 심판하고 단죄하려는 결의 속에 함몰되어 있는 존재자일 수밖에 없기 때문이다. 만약 예수가 우리에게 심판과 단죄의 정신으로 존재하기를 그치라고 요구하는 경우, 그는 결국 우리로 하여금 우리 자신의 삶과 존재를 철두철미 부정하고 무화하라는 요구를 하는 셈이다. 물론 이러한 요구를 하는 자는 스스로 우리 자신의 삶과 존재를 철두철미 부정하고 무화하려는 결의 속에 머물고 있는 존재자이다. 은유적으로 말하자면, 그는 이 경우 신이 아니라 악마에 더 가까운 존재자이다. 그는 우리의 삶과 존재를 근원적으로, 그리고 그 전체에서, 부정하려는 존재자일 뿐만 아니라, 우리 모두에게 동일한 존재자가 되라는, 즉 스스로 자신의 삶과 존재를 철두철미 무화하고 부정하는 존재자로서 하나가 되라는 요구를 하고 있는 것이다.

예수의 전언은 오직 한 가지 해석을 통해서만 존재론적으로 유의미할 수 있다. 그것은 자신을 포함하는 모든 현존재를 향한 심판과 단죄가 오직 존재의 근원적 전체성의 회복을 가능하게 하는 그러한 방향으로만 이루어지도록 마음 쓰라는 의미의 해석이다. 아마 통념적으로 이러한 해석에 가장 잘 어울리는 것은 '참된 사랑의 정신이 되라'는 윤리적 명령일 것이다. 부모로서든 연인으로서든, 혹은 친구로서든, 참으로 사랑하는 자는 타자의 죄를 죄로서 발견하고 심판하는 경우에도 타자의 존재 자체를 부정하고 무화하려는 마음은 품지 않는다. 분명 이러한 사랑은 일상적이면서도 성스럽다. 그것이 일상적인 까닭은 평범한 사람에게도 그러한 사랑의 의미를 깨닫고 직접 그 사랑의 정신을 실현해나갈 가능성이 주어져 있기 때문이다. 그것이 성스러운 까닭은 일상세계를 지배하는 어떤 의미연관으로도 한정될 수 없는 존재자의 존재의 근원적 의미가 바로 사랑하는 자로서의 자신의 존재를 통해 밝히 드러나기 때문이다. 그러나 존재론적으로는 참된 사랑이라는 말조차 자신의 존재의 근원적 역설과 자가당착으로부터 벗어나기 어려운 현존재의 곤궁함을 드러낼 뿐이다. 아마 현존재가 지향하는 참된 사랑의 이념이 지니는 이러한 한계가 세상에 사랑의 이름으로 행사되는 폭력이 만연한 그 근본 이유일 것이다.

나는 자식을, 연인을, 친구를 왜 사랑하는가? 내 사랑의 대상이 자식으로서, 연인으로서, 친구로서, 사랑할 만하기 때문이다. 즉, 나의 사랑은 언제나 이미 그 대상이 내게 사랑할 만한 가치가 있는 존재자로서 거기 있음에 의해 조건 지어진 사랑이다. 아마 혹자는 참된 사랑이란 조건 지어진 것이 아니라 무조건적인 것이라고 지적할지도 모르겠다. 그러나 인간이 그 누군가를, 혹은 그 무엇인가를, 무조건적으로 사랑한다는 말은 사랑의 대상을 무조건적인 사랑의 대상이 되어야 할 존재자로서 절대화함 외에 다른 아무것도 뜻하지 않는다. 이러한 절대화는, 불교의 용어를 차용하는 경우, 결국 일종의 자아망집의 표현일 뿐이다. 현존재는 고립된 실체로서 존재하는 존재자가 아니라 자신이 아닌 다른 존재자와의 실존적 관계 속에서 존재하는 존재자라는 점을 상기하자. 나는 부모로서 자식을, 연인으로서 연인을, 친구로서 친구를 사랑한다. 그러나 부모로서의 나, 연인으로서의 나, 친구로서의 나는 내가 지금 나의 자식으로, 연인으로, 친구로 이해하고 있는 그러한 존재자와의 만남의 사건이 나의 자기에게 불러일으킨 긍정적 변화로서의 감각에 의해 추후로 생성된 존재자이다. 한 존재자로서의 자식, 연인, 친구는 모두 나와 무관한 객체적 존재자로서 거기 있는 것이 아니라, 그와의 만남의 사건에 의해 나의 자기에게서 일어난 긍정적 변화로서의 감각에 상응하는 방식으로 생성된, 그리고 바로 이러한 의미에서 새롭고도 무상한 나의 자기-존재에 그 존재근거를 둔 실존적 존재자로서 거기 있다. 무조건적인 사랑이라는 말이 함축하는 사랑의 대상의 절대화는 실은 그 대상의 존재의 존재론적 가능근거로서의 자기가 근원적으로 무상한 존재자임이 망각되어 있음을 드러낼 뿐이다. 그 누군가를 무조건적으로 사랑하며, 나는 그와의 만남의 사건에 의해 새롭고도 무상한 존재자로서 생성된 한 순간의 나의 자기에 상응하는 존재자로서 그가 영원히 머물러줄 것을 기대한다. 이러한 기대는 그 한 순간의 자기에 상응하는 존재자로서 거기 있는 내 사랑의 대상의 존재에게서 그 근원적 의미로서의 시간성을 박탈하고자 하는 의지의 드러남이다. 그는 사랑하는 자로서 내가 그에 대해 품고 있는 기대에 상응하는 존재자로서만 존재할 권리를 지닌다. 그에게서 발견되는 다른 모든 존재의 양상들은 서로 협력하며 그가 내 기대에 상응하는 존재자로서 끝끝내 존속하도록 하는 방향으로 작용하는 경우에만 긍정될 수 있다. 결국 무조건적인 사랑이란, 그것이 일종의 자아망집의 표현으로서 사랑의 대상조차 사랑의 한 순간에 걸맞은 존재자로서만 존속할 것을 요구한다는 점에서, 자신의 존재와 타자의 존재 모두를 그 구체적 실존에서 부정하고 무화하고자 하는 현존재의 결의의 표현일 뿐이다.

왜 수많은 철학자들과 신학자들에 의해 인간 현존재는—종종 신의 이름으로 정당화되고 또 절대화되는—무조건적인 사랑을 지향하는 존재자가 되도록 거듭거듭 요청되어 왔는가? 사랑조차, 특히 무조건적이고 절대적인 것으로서 실체화되고 또 신비화된 그러한 사랑이야말로 더욱 더 강한 정도로, 현존재의 존재를 그 구체적 실존에서, 실존의 전체성에서, 부정하고 무화하고자 하는 현존재의 결의의 표현에 지나지 않는다는 점이 간과되어 왔기 때문이다. 무조건적인 사랑의 이념은, 그 자체 근원적으로 역설적이고 자가당착적인 존재기획으로서의 현존재의 존재에 기인하는 것이면서도, 궁극의 성스러움을 향한 현존재의 존재의 경향성만 두드러지게 할 뿐 그 안에 함께 함축되어 있는 궁극의 악을 향한 경향성은 최고도로 교묘하게 은폐하는 그러한 이념이다. 무조건적인 사랑인 한에서, 그것은 한 존재자의 존재를 그 자체로서 긍정하고자 하는 결의의 표현이다. 그러나 자아망집 및 사랑의 대상의 실체화의 표현인 한에서, 그것은 한 존재자의 존재를 그 실존에서부터, 그 전체성에서부터 철두철미 부정하고자 하는 결의의 표현이기도 하다. 혹시 무조건적인 사랑이란 그 대상이 지금 내 눈앞에 드러내는 아름다움에 의해 조건 지어진 사랑이 아니라 장차 아름다운 존재자가 될 어떤 가능성에 대한 믿음의 표현일까? 그리고 이 경우 그것은 현존재의 존재를 부정하고 무화하고자 하는 결의와 무관한 것으로서 파악될 수 있을까? 그러나 이러한 가능성이란 그 자체 심판하고 단죄하는 정신에 의해서만 발견될 수 있는 그러한 가능성일 뿐이다. 지금 여기에서 나와 실존적 관계를 맺고 있는 존재자를 부정하고 무화하려는 정신만이 도래할 미래에의 예기를 근거로 삼아 그 존재자를 사랑할 수 있다. 바로 그 때문에 현존재는 사랑의 정신이 되기를 거부하며 악을 행하기도 하지만 동시에 사랑의 정신이 되기를 지향하며 악을 행하기도 하는 것이다. 아니, 어쩌면 규범적 일상성을 자신의 근원적 존재방식으로서 지니는 현존재에게 모든 악의 근원은 바로 사랑에의 지향인지도 모른다. 그 무엇을 사랑하는 자만이 그 무엇을 미워할 수 있다. 아니, 사랑이란 언제나 은밀한 증오의 표현이다. 그 무엇을 사랑하는 자는 언제나 이미 자신의 사랑이 지향하는 바와 상반되는 모든 것을 미워하는 자일 수밖에 없다. 사랑이란 규범적 일상성을 자신의 근원적 존재방식으로서 지니는 현존재의 존재기획이 지니는 역설과 자가당착을 해소할 근거이기는커녕 실은 그 가능근거인 것이다.

그렇다면 무엇을 어떻게 할 것인가? 자신의 근원적 존재방식으로서의 규범적 일상성으로 인해 자신이 수행하게 되는 모든 심판의 순간을, 심판의 정신이 지닌 근원적 부정성에도 불구하고, 개별자이자 실존자로서 존재하는 모든 무상한 존재자들의 존재를 그 자체로서 긍정할 가능성이, 그럼으로써 존재의 전체성을 회복할 가능성이 함께 고지되는 순간으로 발견하고 수용하는 것이 그 유일무이한 답이다. 그 누군가를, 혹은 그 무엇을, 부정되고 무화되어야 할 어떤 것으로서 심판하는 모든 순간은 동시에 자신이 그렇게 심판하고자 하는 존재자와 실존적 관계를 맺고 있는 자신의 존재를 부정되고 무화되어야 할 어떤 것으로서 심판하는 순간과 같다. 간음한 여인에 대해 분노하는 나는 그녀의 죄-성이 일깨운 나의 가능성, 기쁨과 고통의 근원적 처소로서의 살과 몸으로 인해 육체적 쾌락에 탐닉할, 혹은 그 결과로서 내게 형벌이 부과될 가능성 앞에서 두려움을 느낄 일상적 존재자로서의 나의 가능성을 무화하고 또 부정하고자 하는 존재자이다. 일상적 존재자로서 죄를 범할 유혹에 시달리는 나는 규범적 윤리의 관점에서뿐만 아니라 존재론적 윤리의 관점에서도 단호히 부정되어야 한다. 쾌락에의 유혹에 쉽게 빠지고, 그 때문에 형벌을 받을 가능성에 쉽게 노출되는 나는 바로 그러한 경향으로 인해 자신이 만나는 모든 존재자들을 자기-아님으로서 부정하게 되고, 그러한 부정을 통해 그러한 존재자들과의 실존적 관계 속에서 드러나는 그때마다의 자기-존재 또한 동시에 부정하게 될 것이기 때문이다. 그러나 성경 속의 간음한 여인과도 같이 자신이 속한 일상세계의 대다수 공동 현존재에 의해 죄인으로 심판받고 또 단죄되는 그러한 존재자와의 만남을 존재의 전체성을 회복하고 긍정할 자신의 가능성이 고지되는 순간으로서 발견하고 수용하는 나는 그를 부정되어야 할 존재자로서 심판할 뿐 아니라 동시에 나 자신에 의해 반드시 긍정되고 수용되어야 할 존재자로서 발견하게 된다. 결국 그녀의 존재에 대한 부정은 그녀와의 관계 속에서 실존하게 된 그때마다의 나의 존재에 대한 부정이기도 하다. 나는 그녀의 존재를, 그것도 그 실존 자체에서, 그 전체성에서 있는 그대로 긍정할 수 있는 존재자가 되어야 한다. 긍정할 수 없는 나, 자신의 존재의 가능근거로서의 실존적 존재자의 존재를 부정하고 무화하려는 결의 속에 함몰된 나는 부정되어야 하고, 그럼으로써 삶의 모든 순간을 긍정하고 수용하려는 결의의 존재자로서 거듭나야 한다. 이러한 나, 무조건적인 긍정의 정신으로 거듭나기를 원하는 나는 여전히 심판하는 나이며 부정하는 나이다. 아마 예수가 간음한 여인에게 '더 이상 죄 짓지 말라' 고 권고한 까닭이 바로 여기 있을 것이다. 예수가 말하는 죄 지음이란, 존재론적으로 정당한 의미를 지니는 경우, 간음과도 같은 구체적인 죄를 범함 자체를 가리키는 말이 아니라, 삶의 매 순간을 존재의 전체성을 회복할 자신의 가능성이 주어지는 순간으로 해석할 역량과 결의가 부족한 약한 존재자로서 존재함을 가리키는 말이다. 그것은 궁극의 부정이며 동시에 궁극의, 존재하는 모든 것을 그 실존 자체에서, 그 존재의 전체성에서, 기꺼워하도록 하는 긍정이다. 이러한 긍정의 정신 역시 무조건적인 사랑의 정신이라고 불릴 수 있을까? 원한다면 그렇다고 해도 상관은 없을 것이다. 그러나 이러한 긍정의 정신을 지니는 현존재의 존재는 그 누구를, 혹은, 그 무엇을 사랑하려는 의지나 사랑해야 한다는 의무감에 의해 추동되지 않는다. 그는 다만 자신을 존재의 전체성의 회복을 실현할 만큼 강하고 성숙한 존재자가 되도록 하는 데 전념할 뿐이다. 어떤 의미에서 그는 세상에서 가장 이기적인 존재자이다. 그러나 그가 이기적인 까닭은 자아망집이 아니라 망집할 자아의 결여이다. 그는 통념적 의미의 사랑에 의해 새롭게 생성된 자아의 무상함을 망각하는 대신, 사랑의 한 순간이 일깨운 존재자의 이미지를 실체화하고 영속화하는 대신 일상적 현존재에게는 가장 가증스럽고 타기할 만한 존재(자)의 이미지조차 기꺼워할 수 있는 존재자가 됨으로써 스스로 삶의 승리의 기념비가 되기를 지향할 뿐이다.

나는 영원히, 그리고 단호하게, 나 자신을 부정하고 무화한다. 스스로 삶의 승리의 기념비가 되기를 지향하는 그러한 현존재로서도 나는 심판하는 정신으로 존재하기를, 규범적 일상성을 자신의 근원적 존재방식으로서 지니는 그러한 존재자로서 존재하기를 그칠 수 없다. 그러나 나에 의해 부정되고 무화하는 나는 자신이 만나는 존재자를 부정되고 무화되어야 할 존재자로서 발견하는 나이다. 내가 부정되고 무화되어야 할 존재자로서 발견하는 존재자가 객체적으로 거기 있는 것이 아니라 실은 나 자신의 존재에 그 가능근거를 둔 실존자로서 거기 있음을 이해하기 때문이다. 존재론적으로, 타자의 허물은 바로 나의 허물이다. 타자의 죄-성이, 부정되고 무화되어야 할 존재자로서 그가 있음이 그를 순연하게 긍정할 내 역량의 결여에 그 근거를 두고 있기 때문이다. 타자의 허물이 곧 자신의 허물임을 이해하는 나는 타자에 대해 심판하기를 그쳐야 하는가? 물론 그렇다. 타자에 대한 심판은 타자의 존재에 대한 부정과 무화에의 의지의 표현이기 때문이다. 그러나 동시에 나는 죄인으로서 발견된 타자 역시 공동 현존재를 순연하게 긍정할 역량을 결여하는 존재자라는 것을 알고 있다. 그는 그를 죄인으로 심판하는 나와 마찬가지로 존재의 전체성에 대한 존재론적 반역에의 존재기획으로서 존재하는 존재자인 것이다. 그러므로 그 역시 죄 짓지 말아야 할 자로서 마땅히 심판되어야 한다. 까닭은 오직 이러한 심판을 통해서만, 그리고 그러한 심판의 정당성에 대한 자발적인 수용을 통해서만 그는 존재의 근원적 전체성을 회복하려는 투쟁으로서 존재할 수 있기 때문이다. 심판하는 존재자로서 나와 타자의 시간은 제각각 유한하며 무상하다. 그러나 존재의 근원적 전체성을 회복하려는 투쟁으로서 존재하는 존재자로서 나와 타자의 시간은 제각각 무한성과 영원성의 개별화된 서술과 표현이 된다. 무한성과 영원성의 개별화된 서술과 표현으로서 나와 타자의 시간은 언제나 이미 임박한 순연하고도 영원한 기쁨의 약속이 된다. 무한성과 영원에 의해 특징지어질 시간 속에서는 심판자와 심판받을 자의 구분도, 죄와 죄-아님의 구분도, 자기와 자기-아님의 구분도 모두 지양되어 있기 때문이다. 물론 언제나 이미 임박한 순연하고도 영원한 기쁨은 개별자로서 실존하는 나와 타자에게는 언제나 이미 유예된 기쁨이다. 개별자로서 실존하는 한에서, 나와 타자는 자신에 대해, 서로에 대해 심판하기를 그칠 수 없기 때문이다. 물론 현존재로서 존재함이 존재의 근원적 전체성을 회복하려는 투쟁으로서 존재함과 같다는 것을 이해하는 현존재에게 기쁨의 유예는 절망의 이유일 수 없다. 자신과 타자가 모두 존재의 전체성의 온전한 서술과 표현임을, 존재의 전체성이란 존재의 근원적 전체성의 회복을 위해 투쟁하는 존재자의 존재를 통해서만 유의미할 수 있음을 이해하고 있기 때문이다.

| 참고문헌 |

강돈구, 『슐라이어마허의 해석학』, 이학사, 2000.

강영안, 『칸트의 형이상학과 표상적 사유』, 서강대학교출판부, 2009.

강학순, 『존재와 공간. 하이데거 존재의 토폴로지와 사상의 흐름』, 한길사, 2011.

그라시아, G. (엮은이), 『스콜라철학에서의 개체화』, 이재룡·이재경 옮김, 가톨릭출판사, 2003.

김문환, 『예술과 윤리의식』, 소학사, 2003.

김선희, 「자아정체성에 기초한 철학상담 방법론」, 대한철학회 『철학연구』, 85(2), 2009.

김승철, 『역사적 슐라이어마허 연구』, 한들 출판사, 2004.

김종욱, 『하이데거와 형이상학 그리고 불교』, 철학과현실사, 2003.

김현태, 『명민한 박사 둔스 스코투스의 삶과 사상』, 철학과현실사, 2006.

김화영, 『사르트르』, 고려대학교출판부, 1990.

레비나스, E., 『윤리와 무한』, 양명서 옮김, 다산글방, 2005.

_____, 『시간과 타자』, 강영안 옮김, 문예출판사, 1999.

_____, 『후설 현상학에서의 직관 이론』, 김동규 옮김, 그린비, 2014.

______, 『존재에서 존재자로』, 서동욱 옮김, 민음사, 2003.

마르크스, W, 『현상학』, 이길우 옮김, 서광사, 1990.

모리스, P. S., 『의식과 신체: 사르트르의 인간 개념에 대한 분석적 접근』, 박만준 옮김, 서광사, 1993.

박병준, 「존재 지평의 해석학: E. 코레트의 해석학을 중심으로」, 한국해석학회, 『해석학연구』 제29집, 2012.

박성수·김창대·이숙영, 『상담심리학』, 한국방송대학교출판부, 2015.

박이문, 『현상학과 분석철학』, 지와사랑, 2007.

박찬국, 『하이데거와 윤리학』, 철학과현실사, 2002.

______, 『내재적 목적론』, 세창출판사, 2012.

반성택, 「해석학 전통의 형성: 슐라이어마허, 딜타이를 중심으로」, 철학아카데미, 『현대철학의 모험』. 도서출판 길, 2007.

발덴펠스, B., 『현상학의 지평』, 최재식 옮김, 울산대학교출판부, 1998.

백종현, 『칸트 이성철학 9서 5제』, 아카넷, 2012.

벤첼, Ch. H., 『칸트 미학』, 박배형 옮김, 그린비, 2012.

변광배, 『장 폴 사르트르 (시선과 타자)』, 살림, 2004.

보에르, Th. d., 최경호 옮김, 『후설 사상의 발달』, 경문사, 1986.

비멜, W., 『사르트르』, 구연상 옮김, 한길사, 1999.

사르트르, J.-P., 『존재와 무』, 정소정 옮김, 동서문화사, 2009.

______, 『상상계』, 윤정임 옮김, 기파랑, 2010.

______, 『변증법적 이성 비판 1』, 박정자 외 옮김, 나남, 2009.

______, 『변증법적 이성 비판 2』, 박정자 외 옮김, 나남, 2009.

______, 『변증법적 이성 비판 3』, 박정자 외 옮김, 나남, 2009.

셸러, M., 『동감의 본질과 형태들』, 조정옥 옮김, 아카넷, 2006.

슐라이어마허, F., 『기독교신앙』, 최신한 옮김, 한길사, 2006.

______, 『종교론. 종교를 멸시하는 교양인을 위한 강연』, 최신한 옮김, 대한기독교

서회, 2002.

_____, 『해석학과 비평』, 최신한 옮김, 철학과현실사, 2000.

스미스, A., 『도덕감정론』, 박세일 외 옮김, 비봉, 2009.

_____, 『국부론』, 유인호 옮김, 동서문화사, 2008.

스코투스, J. D., 『제일 원리론』, 박우석 옮김, 누멘, 2010.

양해림, 「슐라이어마허에 있어서 보편적 해석학의 언어문제」, 강원대학교, 『인문과학연구』, 제16집, 2006. p.213-240.

이남인, 『현상학과 해석학』, 서울대학교출판문화원, 2004.

이유택, 「하이데거의 과학 비판」, 『현대유럽철학연구』 제38집 (2015년 여름). pp.155-184.

전동진, 「사유의 입장적 성격」, 『존재론 연구』 (현 『유럽철학연구』) 제28집 (2012년 봄). pp.1-28.

정은해, 「하이네의 하이데거 시간론 비판에 대한 현상학적 검토」, 『존재론 연구』 (현 『현대유럽철학연구』) 제33집 (2013년 겨울호). pp.1-32.

조광제, 『존재와 충만 간극의 현존 1』, 그린비, 2013.

_____, 『존재와 충만 간극의 현존 2』, 그린비, 2013.

짐멜, G., 『근대 세계관의 역사. 칸트·괴테·니체』, 김덕영 옮김, 길, 2007.

최상욱, 「아리스토텔레스의 시간론에 대한 하이데거의 비판」, 『존재론 연구』 (현 『현대유럽철학연구』) 제35집 (2014년 가을호). pp.175-204.

최성희, 『휴머니즘 비판에 근거한 하이데거의 존재 윤리』, 부산대학교 출판부, 2012.

최신한, 『슐라이어마허』, 살림, 2003.

_____, 『슐라이어마허. 감동과 대화의 사상가』, 살림, 2003.

최홍덕, 「칼 바르트의 슐라이어마허 해석」, 『서울장신논단』(제13집, 2005). pp.60-93.

_____, 「슐라이어마허에게 있어서 신학과 학문체계」, 『신학사상』(제129집,

2005년 여름호). pp.123-152.

_____, 「슐라이어마허에게 있어서 신학과 철학」, 『해석학 연구』(제16집, 2005년 가을호). pp.1-41.

카푸토, J. D., 『HOW TO READ 사르트르』, 변광배 옮김, 웅진지식하우스, 2008.

칸트, I., 『순수이성비판 1』, 백종현 옮김, 아카넷, 2006.

_____, 『순수이성비판 2』, 백종현 옮김, 아카넷, 2006.

_____, 『실천이성비판』, 백종현 옮김, 아카넷, 2009.

_____, 『윤리형이상학 정초』, 백종현 옮김, 아카넷, 2014.

_____, 『도덕 형이상학을 위한 기초 놓기』, 이원봉 옮김, 책세상, 2002.

프랑크, M., 『현대의 조건』, 최신한 옮김, 책세상, 2002.

_____, 『신구조주의란 무엇인가? 1』, 김윤상 옮김, 인간사랑, 1998.

_____, 『신구조주의란 무엇인가? 2』, 김윤상 옮김, 인간사랑, 1999.

피셔, H., 『슐라이어마허의 생애와 사상』, 오성현 옮김, 월드북, 2007.

하이데거, M., 『숲길』, 신상희 옮김, 나남, 2008.

_____, 『존재와 시간』, 이기상 옮김, 까치, 2007.

_____, 『종교적 삶의 현상학』, 김재철 옮김, 누멘, 2011.

_____, 『칸트와 형이상학의 문제』, 이선일 옮김, 한길사, 2001.

한국해석학회 편저, 『종교 윤리 해석학』, 철학과현실사, 2003.

한상연, 「사르트르의 『존재와 무』에 나타난 윤리학적 문제의식에 관한 소고」, 『하이데거 연구』(제19집 2009년 봄호). pp.263-391.

_____, 「시간과 초월로서의 현존재—칸트의 시간 개념에 대한 하이데거의 이해와 그 존재론적 의의에 관한 소고」, 『철학과 현상학 연구』(제50집 2011년 가을). pp.177-212.

_____, 「사유와 존재—헤르더와 슐라이어마허의 존재론」, 『해석학연구』, 제21집, 2008. pp.1-30.

_____, 「은총과 역사—슐라이어마허의 신학사상과 그 철학적 전제에 관한 소고」, 『철학과 현상학 연구』(제 47집 2010년 겨울호). pp.69-100.

_____, 「살/몸과 해석. 슐라이어마허 해석학의 존재론적 근거에 관한 성찰」, 『해석학연구』, 제35집, 2014. pp,60-98.

_____, 「종교와 몸: 슐라이어마허의 '살/몸' 존재론에 관하여」, 『해석학연구』(제26집 2010년 가을호). pp.171-221.

_____, 「현상과 초월적 내재—하이데거 초기 사상에서의 현상학적 존재 분석과 그 신학적 기원에 관하여」, 『존재론 연구』, 2012년 봄호 (제28집). pp.263-329.

_____, 「종교와 실존: 하이데거의 둔스 스코투스 및 슐라이어마허 연구」, 『하이데거 연구』(제13집 2006년 봄호). pp.189-232.

_____, 「존재론적 당위성의 토대로서의 초월. 슐라이어마허의 존재론적 윤리학」, 『현대유럽철학연구』 제39집, 2015. pp.241-274.

_____, 「존재론적 개념으로서의 현사실성과 당위: 하이데거의 존재론에 함축된 윤리학적 관점들」 (『현대유럽철학연구』 제41집 2016년 봄). pp.131-170.

_____, 「시간과 감각: 제임스 조이스의 『젊은 예술가의 초상』을 예시로 삼아 전개된 시간의 존재론」 (『현대유럽철학연구』 제38집 2015년 여름). pp.279-316.

후설, E., 『순수현상학과 현상학적 철학의 이념들 1』, 이종훈 옮김, 한길사, 2009.

_____, 『유럽학문의 위기와 선험적 현상학』, 이종훈 옮김, 한길사, 2007.

Anderson, Thomas C., *Sartre's Two Ethics: From Authenticity to Integral Humanity*, Chicago: Open Court 1993.

Arndt, A., Zur Vorgeschichte des Schleiermacherschen Begriffs von Dialektik, in: Meckenstock, G. (Hrsg.), *Schleiermacher und die wissenschaftliche Kultur des Christentums*, Berlin / New York 1991, S. 313-333.

Aronson, R., *Jean-Paul Sartre – Philosophy in the World*, London 1980.

Barth, Karl, Nachwort (1968), in: *Schleiermacher-Auswahl. Mit einem Nachwort von Karl Barth*. besorgt von Heinz Bolli. 2. Aufl. Güttersloh 1980.

Beck, L. W., Nicolai Hartmann's Criticism of Kant's Theory of Knowledge, in: *Philosophy and Phenomenological Research*, Vol. 2, No. 4. (Jun., 1942). 472-500.

Beißer, F., *Schleiermachers Lehre von Gott. Dargestellt nach seinen Reden und seiner Glaubenslehre*, Göttingen 1970.

Benz, E., Rudolf Otto als Theologe und Persönlichkeit, in: ders. (Hrsg.), *Rudolf Ottos Bedeutung für die Religionswissenschaft und die Theologie heute. Zur Hundertjahrefeier seines Geburtstags 25. September 1969*, Leiden 1971, S. 30-48.

Betti, E., *Die Hermeneutik als allgemeine Methodik der Geisteswissenschaften*, Tübingen 1972.

Birkner, H. J., *Schleiermachers christliche Sittenlehre im Zusammenhang seines philosophisch-theologischen Systems*, Göttingen 1972.

_____, *Theologie und Philosophie. Einführung in Probleme der Schleiermacher-Interpretation*, München 1974.

Brandner, R., *Warum Heidegger keine Ethik geschrieben hat*, Wien 1922.

Brechtken, J., *Geschichtliche Transzendenz bei Heidegger. Die Hoffnungsstruktur des Daseins und die gott-lose Gottesfrage*, Meisenheim am Glan 1972.

Brunner, E., *Die Mystik und das Wort. Der Gegensatz zwischen moderner Religionsauffassung und christlichem Glauben dargestellt an der Theologie Schleiermachers*, Tübingen 1924.

Choi, S.-H., *Vermitteltes und unvermitteltes Selbstbewußtsein*, Frankfurt a. M. / Bern / New York / Paris 1991.

Crouter, R., *Friedrich Schleiermacher. Between Enlightenment and Romanticism*, Cambridge University Press, 2005.

Curran, T., *Doctrine and Speculation in Schleiermacher's Glaubenslehre*, Berlin / New York 1994.

Danto, A. C., *Jean Paul Sartre*, Göttingen 1992.

Daube-Schackat, R., Schleiermachers Divinationstheorem und Peirce's Theorie der Abduktion, in: Selge, K.-V. (Hrsg.) *Internationales Schleiermacher-Kongreß Berlin* 1984, Berlin / New York 1985, S. 263-277.

Deleuze, G. / Guattari, F., *Qu'est-ce que la philosophie?*, Paris: Minuit 1991.

Descartes, R., *Principia philosophiae*, Paris 1905.

Dilthey, W., *Leben Schleiermachers* II (in zwei Halbbänden) *Schleiermachers System als Philosophie und Theologie* (GS XIV), Göttingen 1966.

Eberhard, J., *Allgemeine Theorie des Denkens und Empfindens*, Hildesheim / Zürich / New York 1984. (Nachdruck der Ausgabe Berlin 1776)

Eck, S., *Über die Herkunft des Individualitätsgedankens bei Schleiermacher*, Gießen 1908.

Faye, E., *Heidegger l'introduction du nazisme dans la philosophie*. Albin Michel, 2005.

Feil, M., *Die Grundlegung der Ethik bei Friedrich Schleiermacher und Thomas von Aquin*, Berlin / New York 2005

Fetz, R., Ich, Seele, Selbst. Edith Steins Theorie personaler Identität, in: Luzius, R. / Rath, M. / Schulz, P., *Studien zur Philosophie von Edith Stein (Phänomenologische Forschungen 26/27)*, Freiburg / München 1993, S. 286-319.

Flückiger, F., *Philosophie und Theologie bei Schleiermacher*, Zürich 1947.

Frank, M., *Das individuelle Allgemeine. Textstrukturierung und Textinterpretation nach Schleiermacher*, Frankfurt a. M. 1985.

_____, *Das Sagbare und das Unsagbare. Studien zur deutsch-französischen Hermeneutik und Texttheorie*, Frankfurt a. M. 1990. (Erweiterte Neuausgabe)

_____, *Was ist Neostrukturalismus?*, Frankfurt a. M. 1984.

_____, Metaphysical foundations: a look at Schleiermacher's Dialectic, in: J. Mariña (Ed.), *The Cambridge Companion to Friedrich Schleiermacher*, Cambridge University Press, 2005.

Gadamer, H.-G., Das Problem der Sprache in Schleiermachers Hermeneutik, in: ders., *Kleine Schriften III. Idee und Sprache*, Tübingen 1972, S. 129-140.

_____, Erinnerungen an Heideggers Anfänge, in: Rodi, F. (Hrsg.), *Dilthey-Jahrbuch* Bd. 4 (1986-87), Göttingen 1987. 13-26.

Givsan, H., *Heidegger – das Denken der Inhumanität*, Würzburg 1998.

Grondin, J., Hermeneutik der Faktizität als ontologische Destruktion, in: Papenfuß D. / Pöggeler, O. (Hrsg.), *Zur philosophischen Aktualität Heideggers* Bd. 2, Frankfurt a. M. 1990, S. 163-178.

Häberle, A. *Der junge Schleiermacher*, Straßburg 1916.

Han, S.-Y., *Schleiermachers Religionsbegriff und die Philosophie des jungen Heideggers*, Bochum 2005.

Hartmann, N., Diesseits von Idealismus und Realismus : Ein Beitrag zur Scheidung der Geschichtlichen und Übergeschichtlen in der Kantischen Philosophie, in: *Kantstudien* vol. XXIX. 160-206.

Hatab, L. J., *Ethics and Finitude: Heideggerian Contributions to Moral Philosophy*, Rowman & Littlefield Publishers 2000.

Heidegger, M.: Aus einem Gespräch von der Sprache. Zwischen einem Japaner und einem Fragenden, in: ders., *Unterwegs zur Sprache*, Frankfurt a. M. 1959, S. 79-146.

_____, *Beiträge zur Philosophie (Vom Ereignis)*, Frankfurt a. M. 1989.

_____, Brief über den "Humanismus", in: ders., *Wegmarken* (Gesamtausgabe Bd. 9), Frankfurt a. M. 1976, S. 313-364.

_____, *Die Kategorien- und Bedeutungslehre des Duns Scotus*, in: ders., *Frühe Schriften* (Gesamtausgabe Bd. 1), Frankfurt a. M. 1978, S. 189-412.

_____, *Grundprobleme der Phänomenologie* (Frühe Freiburger Vorlesung Wintersemester 1919/20, Gesamtausgabe Bd. 58), Frankfurt a. M. 1993.

_____, *Grundzüge einer Metaphysik der Erkenntnis*, Berlin 1925.

_____, *Holzwege*, Frankfurt a. M. 1994.

_____, *Kant und das Problem der Metaphysik*, Frankfurt a. M. 1991.

_____, *Logik. Die Frage nach der Wahrheit*, Frankfurt a. M. 1976.

_____, *Ontologie (Hermeneutik der Faktizität)* (Frühe Freiburger Vorlesung Sommersemester 23, Gesamtausgabe Bd. 63), Frankfurt a. M. 1988.

_____, *Phänomenologie der Anschauung und des Ausdrucks. Theorie der philosophischen Begriffsbildung* (Frühe Freiburger Vorlesung Sommersemester 20, Gesamtausgabe Bd. 59), Frankfurt a. M. 1993.

_____, *Phänomenologie des religiösen Lebens*, Frankfurt a. M. 1995.

_____, *Sein und Zeit*, Tübingen 1993.

Herder, G. H., *Verstand und Erfahrung. Eine Metakritik zur Kritik der reinen Vernunft*. 1. Tl. (1799). *Vernunft und Sprache. Eine metakritik*, 2. Tl. (1799). sämtl. werke Bd. 21. Berlin 1881.

Hermann L., & Hermann F.,(Hg.), *Das Phänomen Angst, Pathologie, Genese und Therapie*, Frankfurt am Main, 1996.

Hicklin, A., *Das menschliche Gesicht der Angst*. Frankfurt am Main, 1994.

Hirsch, E. D., *Prinzipien der Interpretation*, München 1972.

Hodge, J., *Heidegger and Ethics*, Routledge; New York 1995.

Höffe, O., *Immanuel Kant*, München 1988.

Holm, S., Apriori und Urphänomen bei R. Otto, in: Benz, E. (Hrsg.), *Rudolf Ottos Bedeutung für die Religionswissenschaft und die Theologie heute*, Leiden 1971, S. 70-83.

Holz, H. H., *Jean-Paul Sartre*, Meisenheim / Glan 1951.

Howard, A., *Philosophy for Counselling and Psychotherapy - Pythagoras to Postmodernism*, palgrave Malaysia, 2000.

Huber, E., *Die Entwicklung des Religionsbegriffs bei Schleiermacher*, Leipzig 1972.

Hume, D., *A Treatise of Human Nature: A Critical Edition*, David Fate Norton and Mary J. Norton (eds.), Oxford 2007.

_____, *An Enquiry concerning Human Understanding*, edited by Tom L. Beauchamp, Oxford/New York 1999.

_____, *A Dissertation on the Passions and The Natural History of Religion*, edited by Tom L. Beauchamp, Oxford 2007.

_____, *An Enquiry concerning the Principles of Morals*, edited by Tom L.

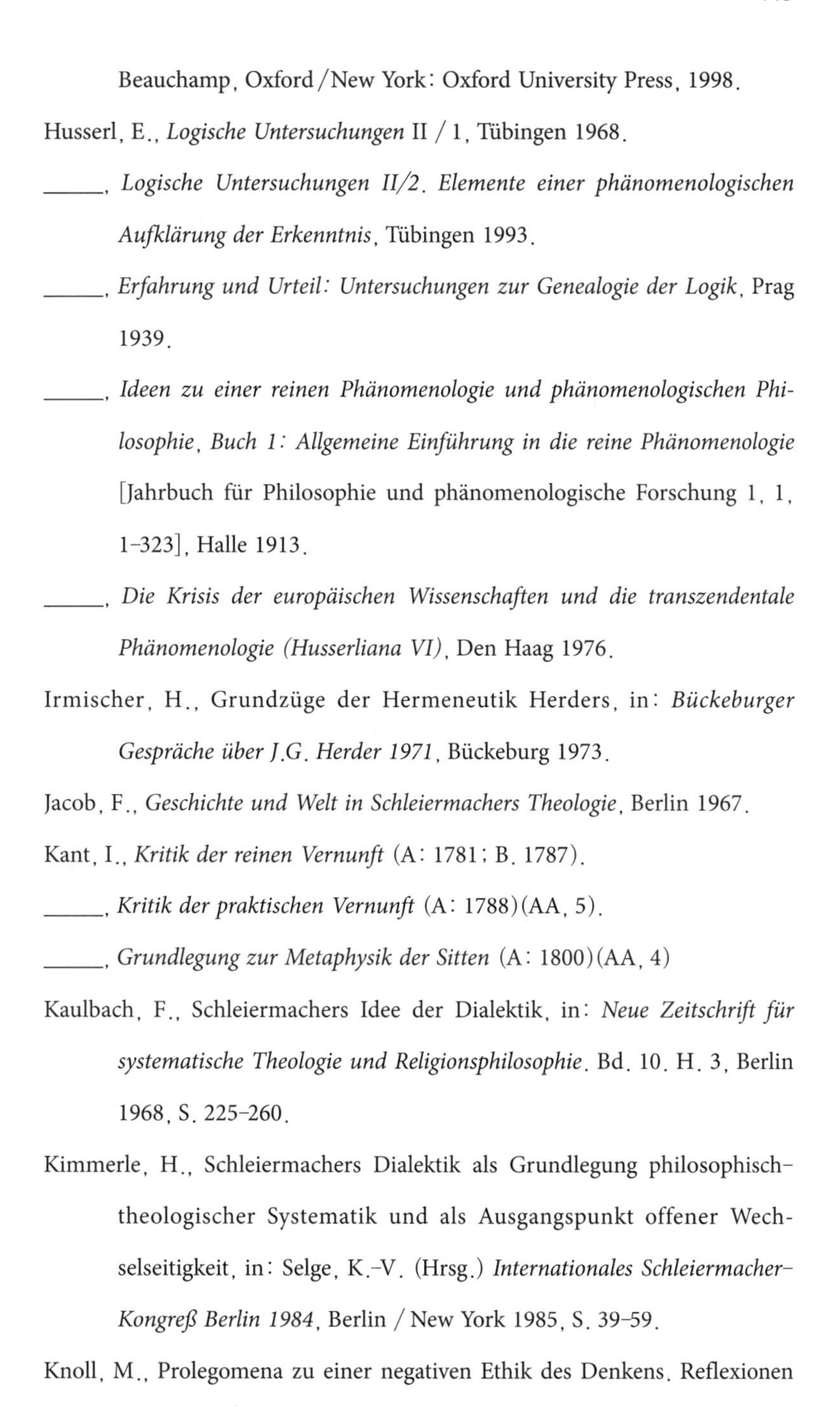

Beauchamp, Oxford/New York: Oxford University Press, 1998.

Husserl, E., *Logische Untersuchungen* II / 1, Tübingen 1968.

_____, *Logische Untersuchungen II/2. Elemente einer phänomenologischen Aufklärung der Erkenntnis*, Tübingen 1993.

_____, *Erfahrung und Urteil: Untersuchungen zur Genealogie der Logik*, Prag 1939.

_____, *Ideen zu einer reinen Phänomenologie und phänomenologischen Philosophie, Buch 1: Allgemeine Einführung in die reine Phänomenologie* [Jahrbuch für Philosophie und phänomenologische Forschung 1, 1, 1-323], Halle 1913.

_____, *Die Krisis der europäischen Wissenschaften und die transzendentale Phänomenologie (Husserliana VI)*, Den Haag 1976.

Irmischer, H., Grundzüge der Hermeneutik Herders, in: *Bückeburger Gespräche über J.G. Herder 1971*, Bückeburg 1973.

Jacob, F., *Geschichte und Welt in Schleiermachers Theologie*, Berlin 1967.

Kant, I., *Kritik der reinen Vernunft* (A: 1781; B. 1787).

_____, *Kritik der praktischen Vernunft* (A: 1788)(AA, 5).

_____, *Grundlegung zur Metaphysik der Sitten* (A: 1800)(AA, 4)

Kaulbach, F., Schleiermachers Idee der Dialektik, in: *Neue Zeitschrift für systematische Theologie und Religionsphilosophie*. Bd. 10. H. 3, Berlin 1968, S. 225-260.

Kimmerle, H., Schleiermachers Dialektik als Grundlegung philosophisch-theologischer Systematik und als Ausgangspunkt offener Wechselseitigkeit, in: Selge, K.-V. (Hrsg.) *Internationales Schleiermacher-Kongreß Berlin 1984*, Berlin / New York 1985, S. 39-59.

Knoll, M., Prolegomena zu einer negativen Ethik des Denkens. Reflexionen im Anschluß an Martin Heidegger, in: Ottmann, H. / Saracino, S. / Seyferth, P. (hrsg.) *Gelassenheit – Und andere Versuche zur negativen Ethik*, Berlin 2014. 45–72.

Lange, D., Das fromme Selbstbewußtsein, in: Meckenstock, G. (Hrsg.), *Schleiermacher und die wissenschaftliche Kultur des Christentums*, Berlin / New York 1991. S. 187–205.

Leuven, R., *Heil im Unheil. Das Leben E. Steins: Reife und Vollendung* (Edith Steinswerke Bd. X), Freiburg / Basel / Wien 1983.

Levinas, E., *De l'existence à l'existant*, Paris 1993.

_____, *Éthique et Infini, (dialogues d'Emmanuel Levinas et Philippe Nemo)*, Paris 1982.

_____, *Le Temps et l'Autre*, Montpellier, Fata Morgana, 1980 – PUF, 2011.

_____, *Théorie de l'intuition dans la phénoménologie de Husserl*, Paris 2000.

Lewis, M., *Heidegger and the Place of Ethics*, Continuum: London / New York 2006.

Locke, L., *An Essay Concerning Human Understanding*, New York Dover Publications 1959.

MacFarlane, J., Future Contingents and Relative Truth, in: *The Philosophical Quarterly*, Vol. 53. Nr. 212. July 2003. 321–336.

Maimon, M., *Versuch über die Transzendentalphilosophie*, Berlin 2004.

Marbach, E., *Das Problem des Ich in der Phänomenologie Husserls*, Den Haag 1974.

Marcuse, H., Existentialism: Remarks on Jean-paul Sartre's *L'Être et le Néant*, in: *Philosophy and Phenomenological Research. A quarterly Journal* Vol. VIII, No. 3 (March 1948). 309–336.

Margeiter, R. / Leidmeier, K. (hrsg.), *Heidegger Technik-Ethik-Politik*,

Würzburg 1991.

McNeill, W., *The Time of Life. Heidegger and Ethos*, State University of New York Press 2006.

_____, *The Glance of the Eye: Heidegger, Aristotle, and the Ends of Theory*, Albany: State University of New York Press 1999,

Meckenstock, G., *Deterministische Ethik und kritische Theologie. Die Auseinandersetzung des frühen Schleiermacher mit Kant und Spinoza 1789–1794*, Berlin / New York 1988.

Merleau-Ponty, M., *Phénoménologie de la perception*, Paris 1945.

_____, *La structure du comportement*, Paris 1990.

Mulert, H., *Schleiermacher*, Tübingen 1918.

Nygren, G., Die Religionsphilosophie Rudolf Ottos, in: Benz, E. (Hrsg.), *Rudolf Ottos Bedeutung für die Religionswissenschaft und die Theologie heute*, Leiden 1971, S. 84–96.

Ochwadt, C. / Tecklenborg, E., *Das Maß des Verborgenen. Heinrich Ochsner zum Gedächtnis*, Hannover 1981.

Offermann, D., *Schleiermachers Einleitung in die Glaubenslehre. Eine Untersuchung der "Lehnsätze"*, Berlin 1969.

Olafson, F. A., *Heidegger and the Ground of Ethics. A Study of Mitsein*, Cambridge University Press 1998.

Ott, H., *Martin Heidegger. Unterwegs zu seiner Biographie*, Frankfurt a. M. / New York 1988.

Ottmann, H. / Saracino, S. / Seyferth, P. (hrsg.) *Gelassenheit – Und andere Versuche zur negativen Ethik*, Berlin 2014.

Otto, R., *Das Heilige. Über das Irrationale in der Idee des Göttlichen und sein Verhältnis zum Rationalen*, München 1971.

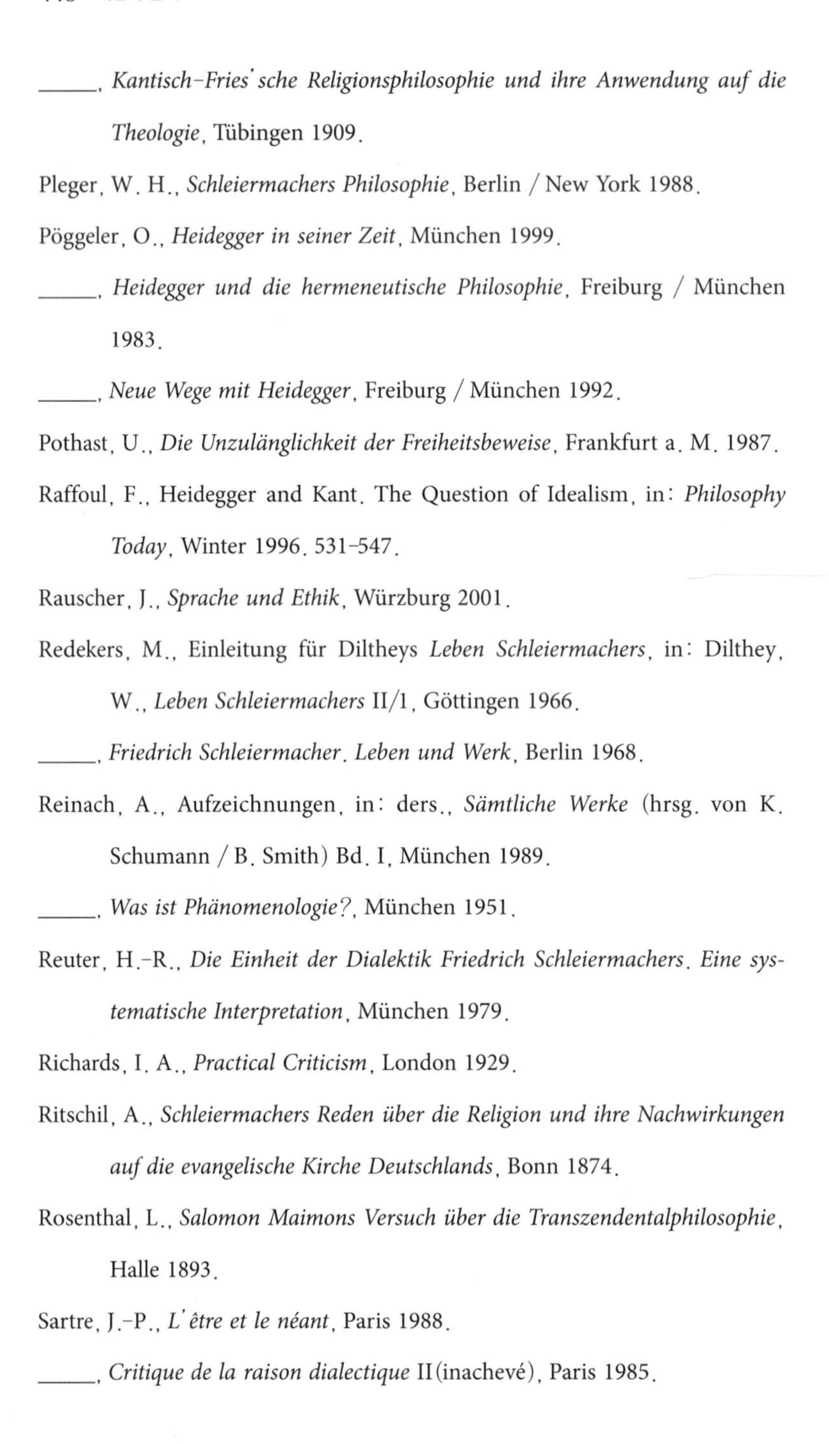

_____, *Kantisch-Fries'sche Religionsphilosophie und ihre Anwendung auf die Theologie*, Tübingen 1909.

Pleger, W. H., *Schleiermachers Philosophie*, Berlin / New York 1988.

Pöggeler, O., *Heidegger in seiner Zeit*, München 1999.

_____, *Heidegger und die hermeneutische Philosophie*, Freiburg / München 1983.

_____, *Neue Wege mit Heidegger*, Freiburg / München 1992.

Pothast, U., *Die Unzulänglichkeit der Freiheitsbeweise*, Frankfurt a. M. 1987.

Raffoul, F., Heidegger and Kant. The Question of Idealism, in: *Philosophy Today*, Winter 1996. 531-547.

Rauscher, J., *Sprache und Ethik*, Würzburg 2001.

Redekers, M., Einleitung für Diltheys *Leben Schleiermachers*, in: Dilthey, W., *Leben Schleiermachers* II/1, Göttingen 1966.

_____, *Friedrich Schleiermacher. Leben und Werk*, Berlin 1968.

Reinach, A., Aufzeichnungen, in: ders., *Sämtliche Werke* (hrsg. von K. Schumann / B. Smith) Bd. I, München 1989.

_____, *Was ist Phänomenologie?*, München 1951.

Reuter, H.-R., *Die Einheit der Dialektik Friedrich Schleiermachers. Eine systematische Interpretation*, München 1979.

Richards, I. A., *Practical Criticism*, London 1929.

Ritschil, A., *Schleiermachers Reden über die Religion und ihre Nachwirkungen auf die evangelische Kirche Deutschlands*, Bonn 1874.

Rosenthal, L., *Salomon Maimons Versuch über die Transzendentalphilosophie*, Halle 1893.

Sartre, J.-P., *L'être et le néant*, Paris 1988.

_____, *Critique de la raison dialectique* II(inachevé), Paris 1985.

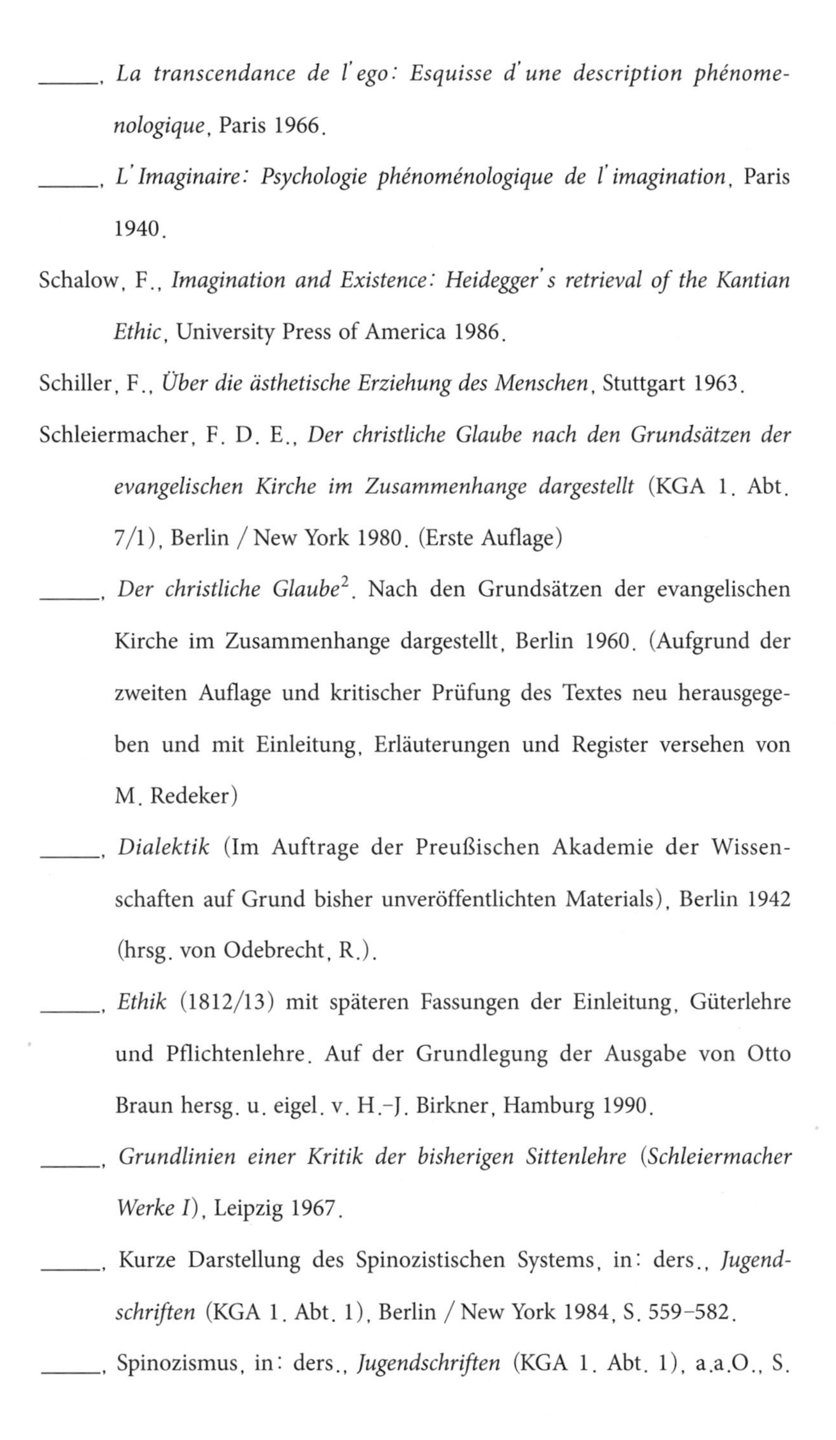

_____, *La transcendance de l'ego: Esquisse d'une description phénoménologique*, Paris 1966.

_____, *L'Imaginaire: Psychologie phénoménologique de l'imagination*, Paris 1940.

Schalow, F., *Imagination and Existence: Heidegger's retrieval of the Kantian Ethic*, University Press of America 1986.

Schiller, F., *Über die ästhetische Erziehung des Menschen*, Stuttgart 1963.

Schleiermacher, F. D. E., *Der christliche Glaube nach den Grundsätzen der evangelischen Kirche im Zusammenhange dargestellt* (KGA 1. Abt. 7/1), Berlin / New York 1980. (Erste Auflage)

_____, *Der christliche Glaube*[2]. Nach den Grundsätzen der evangelischen Kirche im Zusammenhange dargestellt, Berlin 1960. (Aufgrund der zweiten Auflage und kritischer Prüfung des Textes neu herausgegeben und mit Einleitung, Erläuterungen und Register versehen von M. Redeker)

_____, *Dialektik* (Im Auftrage der Preußischen Akademie der Wissenschaften auf Grund bisher unveröffentlichten Materials), Berlin 1942 (hrsg. von Odebrecht, R.).

_____, *Ethik* (1812/13) mit späteren Fassungen der Einleitung, Güterlehre und Pflichtenlehre. Auf der Grundlegung der Ausgabe von Otto Braun hersg. u. eigel. v. H.-J. Birkner, Hamburg 1990.

_____, *Grundlinien einer Kritik der bisherigen Sittenlehre* (*Schleiermacher Werke I*), Leipzig 1967.

_____, Kurze Darstellung des Spinozistischen Systems, in: ders., *Jugendschriften* (KGA 1. Abt. 1), Berlin / New York 1984, S. 559-582.

_____, Spinozismus, in: ders., *Jugendschriften* (KGA 1. Abt. 1), a.a.O., S.

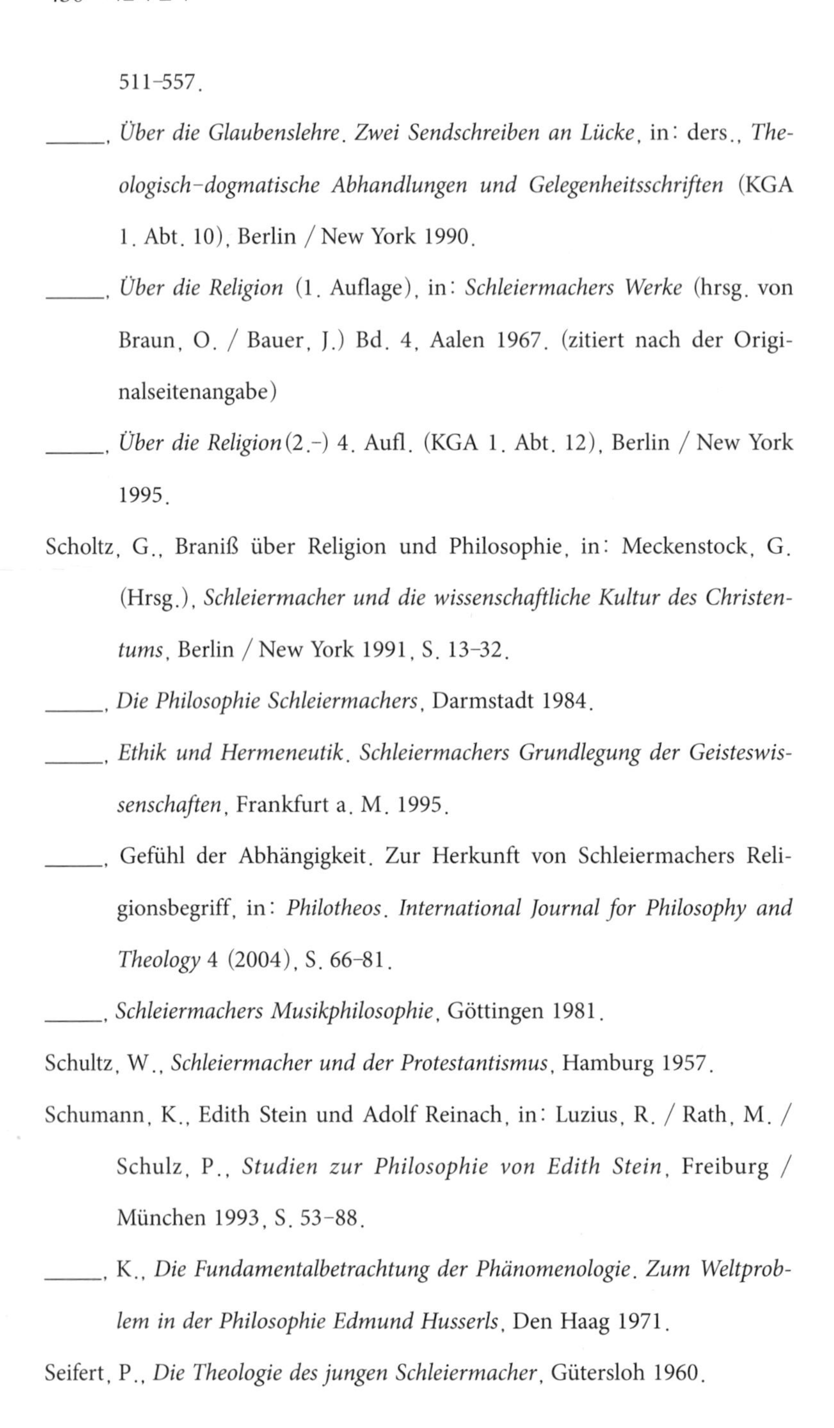

511-557.

_____, *Über die Glaubenslehre. Zwei Sendschreiben an Lücke*, in: ders., *Theologisch-dogmatische Abhandlungen und Gelegenheitsschriften* (KGA 1. Abt. 10), Berlin / New York 1990.

_____, *Über die Religion* (1. Auflage), in: *Schleiermachers Werke* (hrsg. von Braun, O. / Bauer, J.) Bd. 4, Aalen 1967. (zitiert nach der Originalseitenangabe)

_____, *Über die Religion*(2.-) 4. Aufl. (KGA 1. Abt. 12), Berlin / New York 1995.

Scholtz, G., Braniß über Religion und Philosophie, in: Meckenstock, G. (Hrsg.), *Schleiermacher und die wissenschaftliche Kultur des Christentums*, Berlin / New York 1991, S. 13-32.

_____, *Die Philosophie Schleiermachers*, Darmstadt 1984.

_____, *Ethik und Hermeneutik. Schleiermachers Grundlegung der Geisteswissenschaften*, Frankfurt a. M. 1995.

_____, Gefühl der Abhängigkeit. Zur Herkunft von Schleiermachers Religionsbegriff, in: *Philotheos. International Journal for Philosophy and Theology* 4 (2004), S. 66-81.

_____, *Schleiermachers Musikphilosophie*, Göttingen 1981.

Schultz, W., *Schleiermacher und der Protestantismus*, Hamburg 1957.

Schumann, K., Edith Stein und Adolf Reinach, in: Luzius, R. / Rath, M. / Schulz, P., *Studien zur Philosophie von Edith Stein*, Freiburg / München 1993, S. 53-88.

_____, K., *Die Fundamentalbetrachtung der Phänomenologie. Zum Weltproblem in der Philosophie Edmund Husserls*, Den Haag 1971.

Seifert, P., *Die Theologie des jungen Schleiermacher*, Gütersloh 1960.

Sherman, D., *Sartre and Adorno*, New York 2007.

Sigwart, C., Schleiermachers psychologische Voraussetzungen, insbesondere die Begriffe des Gefühls und der Individualität, in: *Jahrbücher für Deutsche Theologie* 2 (1857), S. 267-327.

Simon, M., *La philosophie de la religion dans l'œuvre de Schleiermacher*, Paris 1974.

Smith, A., *The Theory of Moral Sentiments*, London 1761.

_____, *An Inquiry into the Nature and Causes of the Wealth of Nations*, London 1776.

Stalder, R., *Grundlinien der Theologie Schleiermachers*, Wiesbaden 1969.

Stein, E., *Endliches und ewiges Leben. Versuch eines Aufstiegs zum Sinn des Seins* (Werke Bd. II), Freiburg 1950.

_____, *Erkenntnis und Glaube* (Werke Bd. XV), Freiburg / Basel / Wien 1993.

Stern, A., *Sartre. His Philosophy and Psychoanalysis*, New York 1953.

Taylor, C., *The Ethics of Authenticity*, Cambridge, Mass.: Harvard University Press 1991.

Timm, H., *Die heilige Revolution. Das religiöse Totalitätskonzept der Frühromantik. Schleiermacher – Novalis – Friedrich Schlegel*, Frankfurt a. M. 1974.

Trillhass, W., Der Mittelpunkt der Glaubenslehre Schleiermachers, in: *Neue Zeitschrift für systematische Theologie und Religionsphilosophie*. Bd. 10. H. 3, Berlin 1968, S. 289-309.

Tugendhat, E., *Wahrheitsbegriff bei Husserl und Heidegger*, Berlin 1970.

Vance, R., *Sin and Self-conciousness in the Thought of Friedrich* Schleiermacher, Lewiston, New York: The Edwin Mellen Press 1994.

Vogel, L., *The Fragile "We". Ethical Implication of heidegger's "Being and Time"*, Northwestern University Press 1994.

Vuillemin, J., Le Chapitre IX du De Interpretatione d'Aristote – Vers une réhabilitation de l'opinion comme connaissance probable des choses contingentes, in: *Philosophiques*, vol. X, nr. 1, April 1983. 15-52.

Wagner, F., *Schleiermachers Dialektik. Eine kritische Interpretation*, Güterloh 1974.

Waldenfels, B., *Phänomenologie in Frankreich*, Frankfurt a. M. 1983.

_____, *Einführung in die Phänomenologie*, München 1992.

Webb, D., Heidegger, *Ethics and the Practice of Ontology*, Continuum; London / New York 2009.

Wehrung, G., *Die Dialektik Schleiermachers*, Tübingen 1920.

Williams, R. R., Immediacy and Determinacy in Schleiermacher's Phenomenology of Self-conciousness, in: Selge, K.-V. (Hrsg.) *Internationales Schleiermacher-Kongreß Berlin 1984*, Berlin / New York 1985, S. 211-219.

_____, *Schleiermacher The Theologian. The Construction Of The Doctrine Of God*, Philadelphia 1978.

Wolz-Gottwald, W., *Transformation der Philosophie. Zur Mystik bei Husserl und Heidegger*, Wien 1999.

Wucherer-Huldenfeld, A., Zu Heideggers Verständnis des Seins bei Johannes Duns Scotus und im Skotismus sowie im Thomismus und bei Thomas von Aquin, in: Vetter, H. (Hrsg.), *Heidegger und das Mittelalter*, Frankfurt a. M. (u. a.) 1999, S. 41-59.

Yalom, I. D., *The Gift of Therapy: Reflections on being a therapist*, Piatkus Books Ltd. London, 2004.

| 찾아보기 |

|ㄴ|

|ㄷ|

|ㄹ|

|ㅁ|

|ㅇ|

|ㅈ|